El Diseño a las Armas

Armado pelo Design

Armés à Dessein

Armed by Design

Portada interior: Diseñador sin atribución, "Abonnez-vous dès Maintenant/Suscribase Ahora Mismo/Subscribe Now", *Tricontinental* 74 (contraportada interior), 1981.
Página 1: Designer não atribuído, imagem promocional (originalmente em preto e branco, colorida para esta publicação), *Tricontinental* 82 (contracapa interna), 1982.
Page opposée : Alfrédo Rostgaard, sans titre, *Tricontinental* 27/28 (quatrième de couverture), 1972.
Following page: designer unattributed, promotional image (originally in black and white, colorized for this publication), *Tricontinental* 85 (pg 160), 1983.

El Diseño a las Armas
Armado pelo Design
Armés à Dessein
Armed by Design

Interference Archive
Lani Hanna, Jen Hoyer, Josh MacPhee, Vero Ordaz, & Sarah Seidman

Common Notions (Philadelphia/US)
Coop El Rebozo (Monterrey/Mex)
Tumbalacasa ediciones (Ciudad de México/Mex)
sobinfluencia edições (São Paolo/Brasil)

TABLA DE CONTENIDO ÍNDICE TABLE

Introducción 8
Introdução 10
Introduction 12
Introduction 14
Lani Hanna, Jen Hoyer, Josh MacPhee, Vero Ordaz, & Sarah Seidman

1.

Sobre el Tricontinentalismo 20
Sobre o Tricontinentalismo 26
À propos du tricontinentalisme 32
On Tricontinentalism 37
Sarah Seidman

La lucha del Tercer Mundo en movimiento: el diseño de Alfrédo Rostgaard para OSPAAAL 46
Desafios do terceiro mundo em ação: o plano de Alfrédo Rostgaard para a OSPAAAL 52
Un tiers-monde en lutte : le projet d'Alfrédo Rostgaard pour l'OSPAAAL 62
Third World Struggle in Motion: Alfrédo Rostgaard's Design for OSPAAAL 68
Josh MacPhee

Introducción al Índice Visual de la Tricontinental 76
Introdução ao Índice Visual da Tricontinental 78
Introduction à l'index visuel du projet Tricontinental 82
Introduction to the Visual Index of the Tricontinental 84
Lani Hanna & Rob McBride

Índice Visual Índice Visual l'index visuel Visual Index 86

2.

Tan grande como el mundo: entrevista con Jane Norling 106
Tão grande quanto o mundo: uma entrevista com Jane Norling 112
Grand comme le monde : entretien avec Jane Norling 117
As Big as the World: An Interview with Jane Norling 122
Lani Hanna & Vero Ordaz

Cuba y la opción revolucionaria en el mundo árabe 132
Cuba e a alternativa revolucionária no mundo árabe 139
Cuba et l'option révolutionnaire dans le monde arabe 146
Cuba and the Revolutionary Option in the Arab World 154
Nate George

El caballo alado de la solidaridad mundial:
los carteles de OSPAAAL y la alianza entre Corea del Norte y Cuba 164
O Cavalo Alado da Solidariedade Global: Cartazes da OSPAAAL e a Aliança Norte Coreana-Cubana 169
Le cheval ailé de la solidarité internationale :
les affiches de l'OSPAAAL et l'alliance entre la Corée du Nord et Cuba 174
The Winged Horse of Global Solidarity: OSPAAAL Posters and the North Korean-Cuban Alliance 178
Sohl Lee

DES MATIÈRES   TABLE OF CONTENTS

El arte del cartel en Cuba y Estados Unidos: influencias recíprocas — 188
Influências entre a arte de pôster cubana e estadunidense — 194
Influences croisées entre affiches américaines et cubaines — 198
Influences Between US and Cuban Poster Art — 203
Lincoln Cushing

3.

La colección de carteles Carlos Vega — 212
A Coleção Carlos Vega de Impressos da OSPAAAL — 214
La collection d'affiches de l'OSPAAAL de Carlos Vega — 216
The Carlos Vega Collection of OSPAAAL Posters — 218
Jesse Maceo Vega-Frey

Génesis del héroe en los carteles de la OSPAAAL y en los cómics cubanos — 224
Gênese heróica em pôsteres OSPAAAL e quadrinhos cubanos — 228
Genèse du héros sur les affiches de l'OSPAAAL et dans les bandes dessinées cubaines — 232
Hero Genesis in OSPAAAL Posters and Cuban Comics — 236
Javier Gastón-Greenberg

Los carteles de la OSPAAAL y el efecto de halo — 244
Os pôsteres da OSPAAAL e o efeito halo/auréola — 248
Affiches de l'OSPAAAL et effet de halo — 251
The OSPAAAL Posters and the Halo Effect — 254
Ernesto Menéndez-Conde

Pasafronteras: notas sobre archivos, acción gráfica tricontinental y solidaridad — 262
Passafronteras: notas sobre arquivos, ação gráfica tricontinental e solidariedade — 268
Passafronteras : archives, actions graphiques tricontinentales et solidarité — 273
Passafronteras: Notes on Archives, Tricontinental Graphic Action, and Solidarity — 278
André Mesquita

Armed By Design Cartera Portfólio Portefeuille Portfolio — 282

Entre dos mundos: conversación con Joseph Orzal — 286
Entre dois mundos: uma conversa com Joseph Orzal — 289
Entre deux mondes : entretien avec Joseph Orzal — 292
Between Two Worlds: A Conversation with Joseph Orzal — 296
Jen Hoyer

Leitura adicional Leitura adicional Lectures complémentaires Additional Reading — 302

Índice por nación Índice por Nação Index par nation Index by Nation — 305

Material de Referencia Backmatter Retour Backmatter — 317

Introducción

ste libro reflexiona sobre la intersección del diseño gráfico y el trabajo de solidaridad política en la Cuba revolucionaria a través de la lente de la producción de la OSPAAAL, la Organización de Solidaridad de los Pueblos de África, Asia y América Latina. Con sede en La Habana, la OSPAAAL produjo cerca de 500 carteles, revistas y libros, iniciando a finales de los años sesenta, y culminando la mayor parte de su trabajo a finales de los años ochenta. La OSPAAAL surgió de la Conferencia Tricontinental, celebrada en La Habana en 1966, una reunión de delegaciones que representaban a movimientos de liberación nacional y partidos políticos de izquierda casi exclusivamente del Sur Global. Aunque la conferencia fue internacional, la producción cultural resultante fue creada casi en su totalidad por cubanos. La OSPAAAL fue y siguió siendo una organización política centrada en la lucha contra el imperialismo estadounidense y en el apoyo a los movimientos de liberación de todo el mundo hasta que se disolvió en 2019. La OSPAAAL se convirtió en propagandista de estos movimientos, apoyándolos a través de la producción de carteles, publicaciones periódicas y una serie de libros que incluían los escritos de sus liderazgos intelectuales.

Nuestro trabajo en este proyecto comenzó como una exposición en Interference Archive (Brooklyn, NY) en 2015. Esa exposición presentó la producción cultural de la OSPAAAL y se convirtió en un punto de partida para un mayor compromiso con la obra de la OSPAAAL, el trabajo solidario y los lenguajes internacionales del diseño gráfico. Esta segunda edición es una ampliación de aquel libro publicado cuando dicha exposición estaba en curso. Aunque nuestro trabajo original estaba profundamente vinculado a los objetos físicos exhibidos, años después hemos podido continuar el compromiso con las ideas y prácticas de la OSPAAAL en formatos de presentaciones, conversaciones y colaboraciones. Este volumen pone de relieve y profundiza este trabajo de continuidad desde múltiples perspectivas.

La primera sección de este libro ofrece una introducción a la OSPAAAL y su labor. La historiadora Sarah Seidman contextualiza la OSPAAAL y el clima político en el que se originó durante y después de la Conferencia Tricontinental (1966), en específico, los elementos que conformaban la ideología tricontinental: las críticas al imperialismo, el colonialismo, el racismo y el capitalismo. Por su parte, Josh MacPhee nos presenta a Alfrédo Rostgaard, director artístico de la OSPAAAL de 1966 a 1974. El trabajo de Rostgaard en la OSPAAAL fue fundacional para el lenguaje visual de solidaridad que se popularizó a través de los carteles y publicaciones que produjeron.

En su "Introducción al índice visual de la Tricontinental", Lani Hanna y Rob McBride describen el papel del *Boletín*, una revista bimestral que marcó la primera incursión de la OSPAAAL en la propaganda, en el contexto de otro conjunto de publicaciones, tales como panfletos, monografías y la revista *Tricontinental*, más grande y menos frecuente que la primera. Junto a la publicación editorial de textos, la producción de carteles de la OSPAAAL fue prodigiosa e impactante, como atestiguan varias contribuciones en este volumen. Estos carteles creados en solidaridad con los movimientos de liberación de todo el mundo llegarían a un público igualmente amplio e internacional, precisamente mediante el mecanismo único de distribución de las producciones de la *Tricontinental*.

En la siguiente sección, se examina más de cerca el impacto exterior de la OSPAAAL. La artista Jane Norling habló con nosotros sobre su propio trabajo imprimiendo y diseñando con la OSPAAAL, tanto en su sede de La Habana como en People's Press de San Francisco. Lincoln Cushing, bibliotecario, archivero, activista y creador de Docs Populi, escribe sobre los vínculos entre la imaginería gráfica en Estados Unidos y Cuba. Por otro lado, el historiador Nate George explora cómo el trabajo de la OSPAAAL y la Revolución Cubana en general impactaron las luchas de solidaridad del mundo árabe, mientras que el ensayo de Sohl Lee ofrece una visión de la solidaridad de la OSPAAAL con las luchas de liberación en Corea.

En nuestra sección final nos ocupamos del legado y la vigencia de esta obra en diversos ámbitos. Jesse Maceo Vega-Frey comparte reflexiones personales sobre cómo la producción gráfica de la OSPAAAL influyó en la vida y la práctica de su padre como organizador comunitario en el oeste de Massachusetts. Javier Gaston-Greenberg y Ernesto Menéndez Conde examinan las repercusiones que el arte de la OSPAAAL está teniendo en los artistas cubanos de hoy. Para mostrar el potencial de la solidaridad gráfica de la OSPAAAL, también se incluyen reflexiones desde el trabajo curatorial de André Mesquita y Joseph Orzal sobre cómo poner a conversar estos diseños con el trabajo organizativo y artístico contemporáneo, considerando la cuestión de los internacionalismos, las luchas compartidas y la solidaridad en la actualidad.

En consonancia con la importancia que la OSPAAAL concede a la comunicación mediante el diseño gráfico compartido, reproducimos muchos de los gráficos que se mencionan en los textos. Muchas de las reproducciones de la OSPAAAL que pueden verse aquí forman parte de las colecciones de Interference Archive, un archivo comunitario de la historia de los movimientos sociales con sede en Brooklyn, Nueva York.* Junto al trabajo de la OSPAAAL, compartimos también un conjunto de once carteles producidos por Interference Archive en 2015. Se trata de diseños originales de once artistas y colectivos artísticos inspirados por la OSPAAAL pero creados en solidaridad con los movimientos actuales.

Nuestro trabajo en torno a *Armed By Design* ha fomentado un número creciente de conversaciones a lo largo de los últimos nueve años. Juntos, los escritos de este libro exploran algunas de las cuestiones planteadas durante ese tiempo, son una forma de continuar el diálogo sobre la intersección entre diseño gráfico y solidaridad política. Este libro es asimismo nuestra oportunidad de experimentar con las colaboraciones editoriales multilingües similares a las que en su momento se embarcó la OSPAAAL. Ha sido un proceso de varios años el establecer relaciones con editores de Brasil (sobinfluencia edições) y México (Tumbalacasa Ediciones y Cooperativa El Rebozo), y el formar un equipo de traductores internacionales (Andrea Ancira, Alex Ratcharge, Fabiana Gibim Espinoza, Monyque Assis Suzano, Adrián Pío Flores, Lindsey Shilleh) para crear un libro en cuatro idiomas que, guardando las distancias, encarne el espíritu de cooperación y producción multilingüe de la OSPAAAL. Aunque ahora vivimos en un mundo con inteligencia artificial, resulta chocante el escaso número de libros que se traducen a varios idiomas, mucho menos que se publiquen en una sola edición.

El mundo ha cambiado profundamente desde el apogeo de la labor de la OSPAAAL, y su cierre en 2019 marcó el final de una era. Y, sin embargo, su producción proporciona uno de los ejemplos más sólidos de diseño político que jamás hayamos visto, pues ofrece un montón de posibilidades para pensar cómo el diseño es —y podría ser— desplegado hoy en la búsqueda de una transformación social más igualitaria.

*Agradecemos a las personas que han confiado estos materiales a Interference Archive. También estamos agradecidos con el Instituto Internacional de Historia Social de Ámsterdam y a Freedom Archives de San Francisco por compartir el acceso a sus colecciones.

Introdução

Esta obra reflete sobre a intersecção entre o design gráfico e o trabalho de solidariedade política na Cuba revolucionária, com foco na produção da OSPAAAL, a Organização de Solidariedade dos Povos da África, Ásia e América Latina. Com sede em Havana, a OSPAAAL produziu cerca de 500 cartazes, revistas e livros a partir do final dos anos 1960, com a maior parte de seu trabalho encerrando ao longo do final dos anos 1980. A OSPAAAL surgiu a partir da Conferência Tricontinental de 1966, em Havana, uma assembleia de representantes de movimentos de libertação nacional e partidos políticos de esquerda, principalmente do Sul Global. Embora a conferência fosse internacional, a produção cultural subsequente foi predominantemente criada por cubanos. A OSPAAAL foi e continuou sendo uma organização política focada na luta contra o imperialismo dos EUA e no apoio aos movimentos de libertação ao redor do mundo, até sua dissolução em 2019. A OSPAAAL se tornou difusora desses movimentos, apoiando-os por meio da produção de cartazes, publicações regulares e uma série de livros com escritos da liderança intelectual desses movimentos.

Nosso próprio trabalho neste projeto teve início com uma exposição no Interference Archive (Brooklyn, Nova York) em 2015. Essa exposição apresentou a produção cultural da OSPAAAL e serviu como ponto de partida para um maior envolvimento com a produção da OSPAAAL, o trabalho de solidariedade e as linguagens internacionais do design gráfico. Esta é uma segunda edição expandida, publicada simultaneamente com a exposição. Embora nosso trabalho original estivesse profundamente ligado aos objetos físicos em exibição, nos anos seguintes tivemos a oportunidade de continuar a nos envolver com as ideias e práticas defendidas pela OSPAAAL por meio de apresentações, conversas e colaborações. Este volume destaca e explora ideias e trabalhos a partir de múltiplas perspectivas.

A primeira seção deste livro apresenta uma introdução à OSPAAAL e ao seu trabalho. A historiadora Sarah Seidman contextualiza a OSPAAAL e o contexto político no qual esse trabalho surgiu, a partir da Conferência Tricontinental de 1966, em Havana, Cuba, e das críticas ao imperialismo, ao colonialismo, ao racismo e ao capitalismo que compunham a ideologia tricontinental. Josh MacPhee nos apresenta Alfrédo Rostgaard, diretor artístico da OSPAAAL de 1966 a 1974. O trabalho de Rostgaard na OSPAAAL foi fundamental para a linguagem visual de solidariedade que se popularizou por meio dos cartazes e publicações produzidos.

Na introdução ao índice Visual da Tricontinental, Lani Hanna e Rob McBride descrevem o papel do *Boletim*, uma revista bimestral que marcou a primeira incursão da OSPAAAL na propaganda, dentro do contexto de outras publicações baseadas em texto da OSPAAAL. Essas incluem panfletos, monografias e a revista *Tricontinental*, maior e menos frequente (à qual normalmente nos referimos simplesmente como *Tricontinental*). Além disso, a produção de pôsteres pela OSPAAAL foi volumosa, como várias contribuições nesta obra atestam, impactante. Por meio do mecanismo de distribuição exclusivo das publicações da *Tricontinental*, esses pôsteres criados em solidariedade aos movimentos de libertação em todo o mundo também alcançariam vasto público internacional.

A seção seguinte considera mais de perto o impacto externo da OSPAAAL. A artista Jane Norling compartilhou conosco seu próprio trabalho de impressão e design com a OSPAAAL, tanto em sua sede em Havana quanto na People's Press em São Francisco. Lincoln Cushing, bibliotecário, arquivista, ativista e criador do Docs Populi, escreve sobre as conexões entre as imagens gráficas nos Estados Unidos e em Cuba. O historiador Nate George explora como o trabalho da OSPAAAL e as consequências da Revolução Cubana tiveram impacto nas lutas de solidariedade no mundo árabe, e o ensaio de Sohl Lee oferece uma visão da solidariedade da OSPAAAL com as lutas de libertação na Coreia.

Na nossa última seção, abordamos o legado duradouro desse conjunto de trabalhos. Jesse Maceo Vega-Frey compartilha reflexões pessoais sobre o efeito que a produção gráfica da OSPAAAL teve no trabalho de vida de seu pai como organizador comunitário no oeste de Massachusetts. Javier Gaston-Greenberg e Ernesto Menendez Conde analisam o impacto que a arte da OSPAAAL está tendo sobre os artistas cubanos nos dias de hoje. Mudando para as possibilidades que a solidariedade gráfica da OSPAAAL nos apresenta, também incluímos reflexões de André Mesquita e Joseph Orzal sobre seus próprios trabalhos de curadoria, que posicionam os designs da OSPAAAL em diálogo com a arte e a organização do movimento contemporâneo, considerando a questão dos internacionalismos, da luta compartilhada e da solidariedade atualmente.

De acordo com a importância que a OSPAAAL deu à comunicação por meio do compartilhamento do design gráfico, reproduzimos muitos dos gráficos discutidos no texto. Muitas das reproduções da OSPAAAL que você vê aqui fazem parte das coleções do Interference Archive, um arquivo de história de movimentos sociais apoiado pela comunidade no Brooklyn, Nova York.* Juntamente com o trabalho da OSPAAAL, estamos compartilhando um conjunto de onze pôsteres produzidos pelo Interference Archive em 2015, com designs criados por onze artistas e coletivos de arte inspirados pela OSPAAAL e solidários com os movimentos atuais.

Nosso trabalho no *Armed By Design* promoveu um número crescente de conversas nos últimos nove anos. Juntos, os textos deste livro exploram algumas dessas questões como forma de dar continuidade ao diálogo sobre a interseção entre o design gráfico e a solidariedade política. Este livro também é a nossa oportunidade de experimentar as colaborações multilíngues de publicação em que a OSPAAAL embarcou. Foi um processo de vários anos de construção de relacionamentos com editoras no Brasil (sobinfluencia edições), e México (Tumbalacasa Ediciones e El Rebozo Cooperativa), bem como a formação de uma equipe de tradutores internacionais (Andrea Ancira, Alex Ratcharge, Fabiana Gibim Espinoza, Monyque Assis Suzano, Adrián Pío Flores, Lindsey Shilleh) para criar um livro em quatro idiomas, seguindo a inspiração dos esforços de produção multilíngue da OSPAAAL. Mesmo vivendo em um mundo com inteligência artificial computacional, é surpreendente a escassez de livros traduzidos para múltiplos idiomas, ainda mais em uma única edição publicada.

O mundo passou por mudanças profundas desde o auge do trabalho da OSPAAAL até seu encerramento em 2019, que marcou o fim de uma era. E, no entanto, sua produção fornece um dos exemplos mais robustos de design político que já vimos, proporcionando uma riqueza de oportunidades para pensar sobre como o design é — e poderia ser — implantado hoje na busca de uma transformação social mais igualitária.

*Somos gratos às pessoas que confiaram esses materiais ao Interference Archive. Também agradecemos ao International Institute of Social History, em Amsterdã, e ao Freedom Archives, em São Francisco, por compartilharem o acesso às suas coleções.

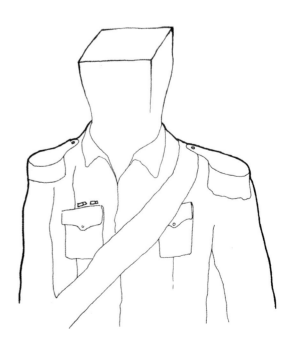

Introduction

Ce livre explore les liens entre graphisme et solidarité politique dans le Cuba révolutionnaire, à travers la production de l'Organisation de la solidarité des peuples d'Afrique, d'Asie et d'Amérique latine (OSPAAAL). De la fin des années 1960 à la fin des années 1980, l'OSPAAAL a produit près de 500 affiches, magazines et livres. L'organisation est née de la Conférence tricontinentale de 1966, au cours de laquelle des représentants de mouvements de libération nationale et de partis politiques de gauche, tous ou presque issus du Sud, se sont réunis à La Havane. Si la conférence a bel et bien été internationale, la production artistique qui en a découlé a surtout été l'œuvre de Cubains. Jusqu'à sa dissolution en 2019, l'OSPAAAL était une organisation politique dédiée à la lutte contre l'impérialisme américain et au soutien des mouvements de libération dans le monde entier. L'organisation a soutenu ces derniers en produisant des affiches de propagande, des publications régulières et des ouvrages de leurs leaders intellectuels.

Notre propre travail sur ce projet a commencé en 2015, par une exposition à Interference Archive (Brooklyn, New York) sur la production culturelle de l'OSPAAAL. Cette rétrospective a marqué le début d'une exploration plus poussée de l'Organisation, mais aussi du travail de solidarité et des langages graphiques internationaux. Le présent ouvrage est une réédition augmentée de celui publié dans le cadre de l'exposition. Si notre travail initial se focalisait sur les objets exposés, les années suivantes nous ont permis d'explorer les idées et pratiques de l'OSPAAAL par le biais de présentations, de conversations et de collaborations. Ce livre met en avant ces idées et ce travail sous de multiples angles.

La première section présente l'OSPAAAL et son œuvre. L'historienne Sarah Seidman contextualise l'Organisation et le climat politique de l'époque. Elle prend pour point de départ la Conférence tricontinentale de 1966 à La Havane, avec ses critiques de l'impérialisme, du colonialisme, du racisme et du capitalisme. Josh MacPhee évoque Alfrédo Rostgaard, directeur artistique de l'OSPAAAL de 1966 à 1974, qui a joué un rôle déterminant dans la création d'un langage visuel de la solidarité, popularisé à travers les affiches et les publications produites.

Dans leur introduction à l'index visuel du projet Tricontinentale, Lani Hanna et Rob McBride décrivent le rôle du *Bulletin*, magazine bimestriel et première incursion de l'OSPAAAL dans la propagande. Ils évoquent d'autres productions textuelles de l'Organisation, dont des pamphlets, des monographies et le magazine *Tricontinentale*, plus épais et publié moins fréquemment que le *Bulletin* (en règle générale, nous l'appelons simplement «Tricontinentale»). Parallèlement à ces publications, la production d'affiches de l'OSPAAAL a été prodigieuse et, comme en attestent plusieurs contributions, son impact a été considérable. Grâce au système de distribution des publications de *Tricontinentale*, ces affiches créées en solidarité avec les mouvements de libération du monde entier touchaient un vaste public international.

La section suivante se penche sur l'impact extérieur de l'OSPAAAL. L'artiste Jane Norling nous parle de son travail d'impression et de conception avec l'Organisation, tant au siège de la Havane qu'à People's Press à San Francisco. Lincoln Cushing (bibliothécaire, archiviste, activiste et créateur de Docs Populi) évoque les liens entre l'imagerie des États-Unis et celle de Cuba. L'historien Nate George explore l'influence du travail de l'OSPAAAL et de la révolution cubaine sur les luttes du monde arabe, tandis que Sohl Lee fait de même avec la Corée.

La dernière section étudie l'héritage de ce corpus. Jesse Maceo Vega-Frey évoque l'impact de l'OSPAAAL sur les pratiques de son père, travailleur social du Massachusetts. Javier Gaston-Greenberg et Ernesto Menendez Conde examinent l'influence de l'organisation sur des artistes cubains contemporains. Afin d'explorer l'élargissement du champ des possibles qu'a suscité la solidarité graphique de l'OSPAAAL, nous incluons des réflexions d'André Mesquita et de Joseph Orzal sur leur travail de conservation. Ce dernier fait dialoguer les posters de l'OSPAAAL avec des œuvres et des organisations contemporaines adeptes des internationalismes, des luttes et de la solidarité.

Vu l'importance qu'accordait l'OSPAAAL à la communication graphique, nous souhaitions inclure autant que possible les affiches évoquées. Beaucoup de ces reproductions proviennent des collections d'Interference Archive, qui documente l'histoire des mouvements sociaux à Brooklyn.* Nous reproduisons aussi onze affiches produites par Interference Archive en 2015, par onze artistes et collectifs inspirés par l'OSPAAAL, en solidarité avec des luttes actuelles.

Ces neuf dernières années, notre travail sur *Armed By Design* a suscité un nombre croissant d'échanges. Ce livre en explore certains, pour encourager le dialogue sur les liens entre graphisme et solidarité politique. C'est aussi l'occasion d'expérimenter un autre genre de collaboration typique de l'OSPAAAL : celui des éditions multilingues. Il nous a fallu des années pour nouer des relations avec des éditeurs au Brésil (sobinfluencia edições) au Mexique (Tumbalacasa Ediciones, El Rebozo Cooperativa), mais aussi pour recruter une équipe de traducteurs internationaux (Andrea Ancira, Alex Ratcharge, Fabiana Gibim Espinoza, Monyque Assis Suzano, Adrián Pío Flores, Lindsey Shilleh), afin d'obtenir un ouvrage en quatre langues. Bien que nous vivions aujourd'hui à l'époque de l'intelligence artificielle, il est choquant que si peu de livres soient traduits en plusieurs langues, et encore moins dans une seule et même publication.

Le monde a beaucoup changé depuis l'apogée de l'OSPAAAL, et sa fin en 2019 a aussi marqué celle d'une époque. La production de l'organisation n'en constitue pas moins un bel exemple de graphisme politique, offrant de nombreuses pistes de réflexions sur les façons dont le design d'aujourd'hui est, et pourrait être, mis au service de l'égalité et du changement social.

*Nous remercions les personnes ayant confié ces documents à Interference Archive, ainsi que l'institut international d'histoire sociale d'Amsterdam et les Freedom Archives de San Francisco, qui nous ont permis d'accéder à leurs collections.

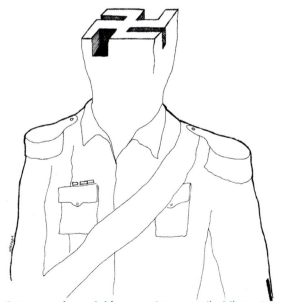

Cette page et les 3 précédentes : artiste non attribué, Ilustrações para o artigo « Torture: Psychiatric Considerations », *Tricontinental* 55 (pgs 78–82), 1977.

Introduction

This book reflects on the intersection of graphic design and political solidarity work in revolutionary Cuba through the output of OSPAAAL, the Organization of Solidarity of the Peoples of Africa, Asia, and Latin America. Based in Havana, OSPAAAL produced nearly 500 posters, magazines, and books beginning in the late sixties, with most of their work ceasing by the late eighties. OSPAAAL emerged from the 1966 Tricontinental Conference in Havana, a meeting of delegates representing national liberation movements and leftist political parties almost exclusively from the Global South. Although the conference was international, the ensuing cultural production was almost entirely created by Cubans. OSPAAAL as a political organization focused on fighting US imperialism and supporting liberation movements around the world until it folded in 2019. As a propagandist, it supported these movements through poster production, regularly produced publications, and a series of books featuring writing from the movements' intellectual leadership.

Our own work on this project began as a 2015 exhibition at Interference Archive (Brooklyn, NY) that presented OSPAAAL's cultural production as a starting point for further engagement with the organization's output, solidarity work, and the international languages of graphic design. This book is a second, expanded edition to the one published concurrently with the exhibition. Our original work was deeply tied to the physical objects on display; however, in the years since, we have continued to engage with OSPAAAL's ideas and practices through presentations, conversations, and collaborations. This volume further explores these ideas and works from multiple perspectives.

The first section of this book introduces OSPAAAL and its work. Historian Sarah Seidman contextualizes OSPAAAL and the political climate in which its work originated (i.e., the Tricontinental Conference of 1966 in Havana and the critiques of imperialism, colonialism, racism, and capitalism that shaped tricontinental ideology). Josh MacPhee introduces us to Alfrédo Rostgaard, OSPAAAL's artistic director from 1966 to 1974. Rostgaard's work at OSPAAAL was foundational to the visual language of solidarity that became popularized through their posters and publications.

In their "Introduction to the Visual Index of the Tricontinental," Lani Hanna and Rob McBride describe the *Bulletin*, a bimonthly magazine that marked OSPAAAL's initial foray into propaganda, and OSPAAAL's other text-based publications, including pamphlets, monographs, and the larger, less frequent *Tricontinental* magazine (which we typically refer to simply as *Tricontinental*). Alongside all of these, OSPAAAL's poster output was prodigious and, as several contributions in this volume attest, impactful. These posters—created in solidarity with liberation movements around the world—reached a wide international audience through the *Tricontinental* publication's unique distribution mechanism.

The following section closely considers OSPAAAL's outward impact. Artist Jane Norling spoke with us about her own work printing and designing with OSPAAAL, both at their Havana headquarters and at People's Press in San Francisco. Lincoln Cushing—librarian, archivist, activist, and creator of Docs Populi—writes about the links between graphic imagery in the US and Cuba. Historian Nate George explores how the Cuban Revolution and OSPAAAL's work shaped solidarity struggles in the Arab world. Sohl Lee's essay gives insight into OSPAAAL's solidarity with liberation struggles in Korea.

In our final section, we turn to the enduring legacy of OSPAAAL's work. Jesse Maceo Vega-Frey shares personal reflections on the impact OSPAAAL's graphic output had on his father's life work as a community organizer in Western Massachusetts. Javier Gaston-Greenberg and Ernesto Menendez Conde examine how OSPAAAL's art still impacts Cuban artists today. We have also included André Mesquita and Joseph Orzal's reflections on their own curatorial work, which puts OSPAAAL's designs into conversation with contemporary movement artwork and organizing to consider questions of internationalisms, shared struggle, and solidarity.

Following OSPAAAL, which prioritized communication through graphic design, we wished to reproduce many of the graphics discussed in the writing. Most of the OSPAAAL reproductions here are part of the collections at Interference Archive, a community-supported archive of social movement history in Brooklyn, New York.* We also share a set of eleven posters produced by Interference Archive in 2015. The designs were created by eleven artists and art collectives inspired by OSPAAAL and in solidarity with current movements.

Our work on *Armed By Design* has fostered a growing number of conversations over the last nine years. In writing this book together, we explore some of those questions to continue a dialogue about the intersection of graphic design and political solidarity. We also continue to experiment with the multilingual publishing collaborations so critical to OSPAAAL. This has involved a multi-year process of building relationships with publishers in Brazil (sobinfluencia edições) and Mexico (Tumbalacasa Ediciones and El Rebozo Cooperativa), as well as a team of international translators (Andrea Ancira, Alex Ratcharge, Fabiana Gibim Espinoza, Monyque Assis Suzano, Adrián Pío Flores, Lindsey Shilleh) to create a four-language book in the spirit of OSPAAAL's multilingual production efforts. Despite living in a world with artificial computer intelligence, shockingly few books are translated into multiple languages, especially within a single, published edition.

OSPAAAL's closing in 2019 marked the end of an era. Yet, their output provides one of the most robust examples of political design ever seen; it offers a wealth of opportunities for thinking about how design is—and could be—deployed today in the search for more egalitarian social transformation.

*We are grateful to the individuals who have entrusted Interference Archive with these materials. We're also grateful to the International Institute of Social History in Amsterdam and Freedom Archives in San Francisco for sharing access to their collections.

José Papiol Torrens, *World Day of Solidarity with Cuba*, offset printed poster, 1968.

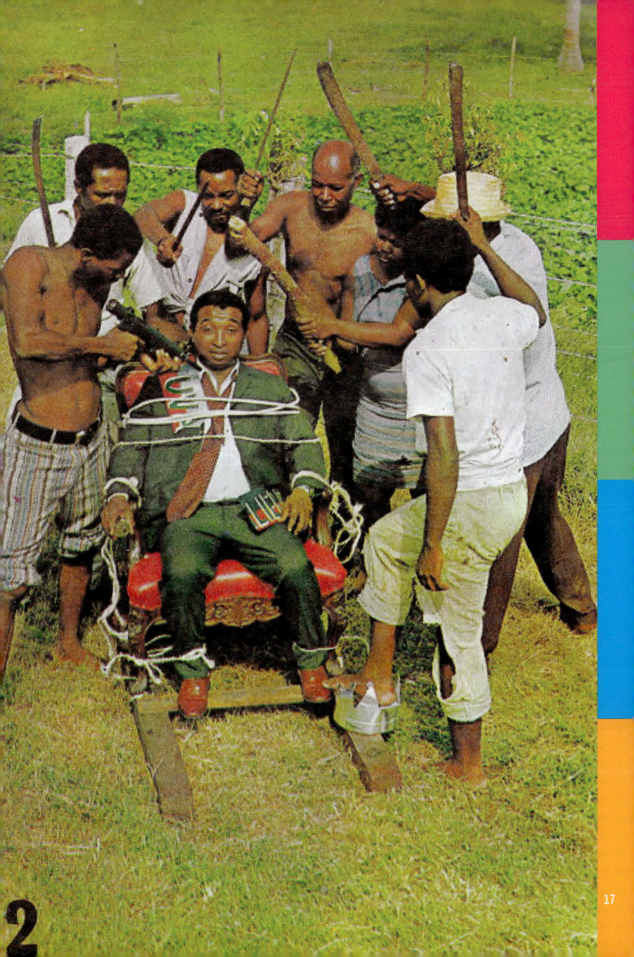

Sobre el Tricontinentalismo

Sarah Seidman

A partir de 1966, las publicaciones y carteles creados por La Organización de Solidaridad de los Pueblos de África, Asia y América Latina conformaron un poderoso lenguaje visual que interpeló e incluso conmovió a personas de todo el mundo. El "tricontinentalismo", término acuñado posteriormente para referirse a las ideas y actividades que surgieron en la Conferencia Tricontinental del mismo año, promovía la unidad de América Latina, Asia y África contra el imperialismo, el colonialismo, el racismo y el capitalismo.[1] El movimiento del que surgieron los carteles y las publicaciones de la OSPAAAL reflejaba las dimensiones globales de la Guerra Fría. Se trataba de un movimiento anticolonial y antiimperialista que, además de la coyuntura de la década, abarcaba el siglo XX, así como la política exterior internacionalista de la Revolución Cubana. Aunque los carteles han sido valorados durante mucho tiempo por quienes visitan Cuba y han despertado el interés de coleccionistas y curadores, es hasta hace muy poco que el tricontinentalismo ha recibido mayor atención propiamente histórica, incluyendo nuevas publicaciones desde la primera edición de este catálogo.[2]

La OSPAAAL fue concebida en la Conferencia Tricontinental (1966), el primer congreso que vinculó formalmente a América Latina, África y Asia con la intención de organizarse como un solo frente contra el imperialismo. Del 3 al 15 de enero de ese año, se reunieron en La Habana más de quinientos delegados de ochenta y dos países de los tres continentes, entre ellos, representantes de gobiernos de Estados poscoloniales o con historia colonial, como el entonces senador chileno Salvador Allende; luchadores insurgentes por la liberación nacional, como Marcelino Dos Santos, del FRELIMO (Frente de Liberación de Mozambique); y dirigentes de grupos marxistas, como Abdul Hamid Khan Bhashani, de la región de Pakistán que hoy es Bangladesh. También se sumaron a los eventos en el hotel Habana Libre —antes el Habana Hilton— más de doscientos observadores de organizaciones internacionales y países socialistas europeos, entre otros invitados especiales y periodistas.

La crítica al imperialismo, el colonialismo, el racismo y el capitalismo constituyó la base de la ideología tricontinental. El imperialismo fue el hilo conductor de los demás temas. Articuló las casi cien resoluciones de la conferencia aprobadas por las comisiones de política, cultura, economía y colonialismo, las cuales contemplaban desde el apoyo de movimientos específicos de liberación en naciones aún colonizadas, como Angola, hasta denuncias del amplio impacto del imperialismo en áreas como la cultura o la salud pública. Los documentos de la conferencia presentaban posturas un tanto divergentes sobre el socialismo: algunas planteaban el modelo soviético y la liberación nacional como dos vertientes de lucha paralelas; otras posturas hacían hincapié en la naturaleza entrelazada del capitalismo y el imperialismo, y en ese sentido, reivindicaban el socialismo en función de las condiciones de cada país. Se denunció abiertamente el racismo como un rasgo "típico del imperialismo" y de la desigualdad.[3] En particular, el énfasis puesto en el racismo contra los afroamericanos en Estados Unidos demostró que los activistas de la diáspora estaban incluidos como constituyentes tricontinentales. La intervención estadounidense en Vietnam, una parábola de la agresión imperialista, se consideró la "cuestión central" de la conferencia, y Estados Unidos, el principal blanco de las críticas.[4] La lucha armada se promovió ampliamente como táctica para lograr la independencia nacional e incluso, en el caso de las sociedades poscoloniales y neocoloniales, la autodeterminación y la liberación.

La Conferencia Tricontinental surgió de una larga sucesión de reuniones anticoloniales y antiimperialistas, desde el Congreso Panafricano de 1919 hasta la reunión afroasiática de Bandung, Indonesia, en 1955. La Organización de Solidaridad de los Pueblos Afroasiáticos (AAPSO), que surgió de Bandung y tenía un perfil más militante, planteó la posibilidad de incluir a América Latina cuando estaba a la cabeza de dicha organización el líder y activista marroquí Mehdi Ben Barka. Cuba había contemplado organizar una conferencia para los tres continentes casi desde la creación del Estado revolucionario, y a principios de 1960, propuso celebrar una cumbre para las "naciones subdesarrolladas". Tras muchas disputas políticas durante la tercera conferencia de la AAPSO celebrada en la actual Tanzania en 1963, los cubanos propusieron formalmente dicha conferencia, y en 1965 ultimaron los detalles en Ghana. El secuestro y asesinato político de Ben Barka poco antes de la conferencia resaltó lo mucho que estaba en juego en la labor antiimperialista y anticolonialista, y dio lugar a que Cuba desempeñara un papel central en la preparación de la conferencia y las condiciones del tricontinentalismo a través del mantenimiento de la OSPAAAL en los años siguientes.

La organización de la Conferencia Tricontinental por parte de Cuba en 1966 mostró una veta importante de internacionalismo en la política exterior de la Revolución. Una combinación de interés propio —la necesidad de aliados frente a la continua hostilidad de Estados Unidos—, humanitarismo e ideología impulsaron esta postura. Fidel Castro afirmó con toda claridad en 1962 que la Revolución Cubana era una inspiración, un mensaje para otros "de que la revolución es posible", y en efecto, su victoria y duración a lo largo de décadas inspiraron a personas de todo el mundo.[5]

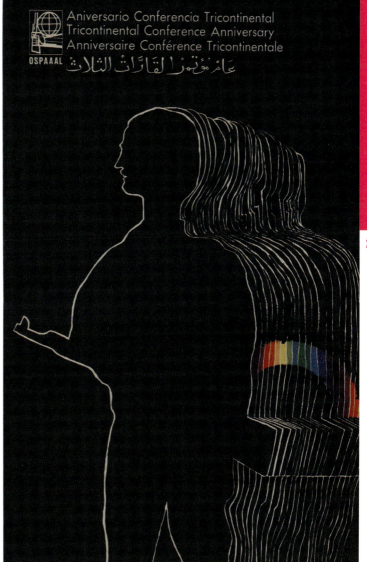

Páginas 16–17: Fotógrafo no atribuida, Ilustración fotográfica de 2 partes,, *Tricontinental* 45 (contraportada interior y contraportada), 1975.
Página 18: Diseñador sin atribución, "The Young Lords", *Tricontinental Bulletin* 60 (contraportada), March 1971.
Página 19: Alfrédo Rostgaard, "Liberation", *Tricontinental* 10 (portada interior), Jan-Feb 1969.
Arriba: Alfrédo Rostgaard, *Anniversario Conferencia Tricontinental*, cartel impreso en offset, 1971.
Página 23: Alfrédo Rostgaard, photo maquette, *Tricontinental* 25 (contraportada interior), Jul–Aug 1971.

Castro proyectó durante mucho tiempo la idea del excepcionalismo cubano y buscó que el papel de la nación en los asuntos mundiales trascendiera el tamaño de su territorio. Cuba envió brigadas de médicos al extranjero, empezando por Argelia en 1963, participó en insurgencias y conflictos militares desde Bolivia hasta Angola y, en algunos casos, entrenó a latinoamericanos para que regresaran a sus países de origen a fomentar la lucha armada. La sede de la Conferencia Tricontinental reflejó la posición de La Habana como un centro de intercambio internacional al que acudían personas de todo el mundo para relacionarse entre sí y a la vez ser testigos de la Revolución Cubana.

La conferencia ofreció una plataforma para que Cuba promoviera su revolución ante una audiencia mundial, al mismo tiempo que se beneficiaba internamente de esta posición internacionalista. El acontecimiento caló en toda La Habana: incluso los residentes más desinteresados, aquellos que eludían toda la gama de eventos culturales que acompañaron a la conferencia o su amplia cobertura en el diario *Granma*, no podían ignorar, por ejemplo, las luces especiales de Navidad en forma de fusil que decoraban sus calles recién limpiadas. El gobierno también aprovechó la conferencia para declarar nuevas cuotas de producción en los centros de trabajo e introducir nuevas materias escolares para los niños. Aunque la conferencia y su ideología resultante eran un proyecto global de colaboración, el Estado cubano equiparó los objetivos de la conferencia con los de la propia Revolución, incluso cuando no podía estar a su altura de su realización.

Sin duda el tricontinentalismo constituyó un extraordinario vínculo de solidaridad, sin embargo esta experiencia no dejó de estar permeada por los conflictos de la Guerra Fría. Aunque en la conferencia se reconocieron a la revolución rusa y la china como fuerzas detonadoras, las dos potencias terminaron enfrentándose en La Habana, y al final ninguna impulsó el proyecto tricontinental. Tampoco figuraron tanto en los materiales de la OSPAAAL. China trató de liderar el llamado a la lucha armada pero carecía de ayuda material para Cuba u otros países, lo que obstaculizó las relaciones sino-cubanas y su participación en la Tricontinental. Por otro lado, Cuba repudió la política de "coexistencia pacífica" de la Unión Soviética en los años posteriores a la Crisis de los Misiles, hasta que a regañadientes Castro se unió a los soviéticos en 1968. A la distancia, el gobierno estadounidense siguió de cerca la conferencia, considerándola una amenaza y a la vez una oportunidad para el contraespionaje.[6] Estados Unidos trabajó con sus embajadores y aliados regionales para organizar una respuesta por parte de la Organización de Estados Americanos (OEA), que calificó a los participantes de la conferencia como víctimas de una conspiración comunista: "la amenaza más peligrosa y grave que el comunismo internacional ha hecho hasta ahora contra el sistema interamericano".[7] En un informe sobre la conferencia el Senado de Estados Unidos se lamentaba:

Ya es suficientemente humillante que la conspiración comunista internacional se haga con el control de un país situado a sólo 60 millas de las costas estadounidenses... Se vuelve mil veces más humillante cuando ese país se transforma en un cuartel general de la subversión revolucionaria internacional mientras la OEA y nuestro poderoso país miran impotentes y aparentemente incapaces de tomar cualquier acción decisiva.[8]

Estas respuestas nos hablan de la amenaza ideológica real que suponía el tricontinentalismo para ciertos poderes. Pero la oposición de Estados Unidos y la OEA, la muerte del Che Guevara en Bolivia (1967) —en muchos sentidos el prototipo de sujeto tricontinental—, el sectarismo entre las superpotencias, así como el movimiento de los no alineados, entre otros factores, obstaculizaron el impacto geopolítico de la Tricontinental. Al grado que la segunda conferencia prevista para El Cairo en 1968 nunca se celebró.

La OSPAAAL surgió de la Conferencia Tricontinental. Pretendía continuar la misión de la Tricontinental: luchar contra el imperialismo y apoyar a los movimientos de liberación nacional a través de acciones culturales, económicas, políticas y, en ocasiones, militares. El funcionario político cubano Osmany Cienfuegos actuó como Secretario General, y doce secretarios, cuatro por continente, formaban la dirección de la OSPAAAL. En el día a día, la OSPAAAL recibía a visitantes en Cuba y asistía a reuniones en el extranjero; elaboraba informes de investigación sobre las condiciones en diferentes países; patrocinaba eventos culturales; producía y distribuía materiales impresos; y establecía días de solidaridad con diversos pueblos. En principio, la organización tendría su sede y dirección en Cuba únicamente hasta 1968, fecha en que debía celebrarse la segunda conferencia. Como ésta nunca se llevó a cabo, La Habana siguió siendo la sede de la OSPAAAL, y el gobierno cubano financió los materiales, la impresión y el personal hasta que la organización cerró en 2019.

En la OSPAAAL se respiraba la colaboración. Algunas anécdotas de visitantes de Estados Unidos —que se incluyen en este libro—esbozan una imagen de la oficina de La Habana en su primera década como un lugar ajetreado y un poco desordenado por el que pasaban grupos y personas inesperadas. Los libros y los recortes de prensa que la gente traía o enviaba se reelaboraban y aparecían en distintos materiales impresos. Por ejemplo, las imágenes de las personas que venían de Estados Unidos solían llegar por medio del Liberation News Service, a la vez que el artista Jesús Forjans utilizaba fotografías de un libro francés de esculturas de África central y occidental en múltiples carteles.⁹ Este espíritu de colaboración se refleja en el abanico de publicaciones y carteles que en ocasiones defendían las duras líneas del Estado cubano, pero en general expresaban menos rigidez que la mayoría de la producción cultural de la isla. Durante la crisis económica del "Periodo Especial" de la década de 1990, las publicaciones y los carteles se redujeron drásticamente, no obstante, hasta bien entrada la década de 2000 la OSPAAAL siguió siendo un lugar que recibía a visitantes —entre los que me incluyo— que se acercaban a hojear, comprar carteles y hablar con el personal.

La OSPAAAL produjo dos importantes publicaciones impresas: el *Boletín Tricontinental*, dedicado a la difusión mensual de noticias, a partir de abril de 1966, y la revista bimensual *Tricontinental*, más teórica e influyente, a partir del verano de 1967. La revista, que en ocasiones se imprimía en inglés, español, francés e italiano, alcanzó un tiraje máximo mundial de 50 000 ejemplares en 1968, pero la "reproducción parcial o total" que la revista fomentaba, así como el intercambio y reimpresión, contribuyeron a que llegase a más lectores. *Tricontinental* sirvió como plataforma para el pensamiento político de destacados intelectuales activistas del proyecto del Tercer Mundo a finales de la década de 1960, muchos de los cuales asistieron a la Conferencia. En un mundo sin computadoras, desde una isla que Estados Unidos intentaba aislar mediante el embargo, la revista reeditaba textos difíciles de encontrar de Frantz Fanon, Yasser Arafat y el Che Guevara, entrevistas originales con miembros del Partido de las Panteras Negras, actualizaciones sobre los movimientos desde Vietnam hasta Venezuela, etc. Stokely Carmichael, colaborador de *Tricontinental* y líder del Comité Coordinador Estudiantil No Violento, se refiere a esta revista como una "biblia en los círculos revolucionarios".¹⁰

Los carteles venían doblados dentro de la revista. La OSPAAAL produjo más de 330 carteles referentes a unos 30 países, más otras personas y territorios, y fueron realizados por unos 30 artistas gráficos aproximadamente, en su mayoría empleados de la revista. Alfrédo Rostgaard, director artístico de *Tricontinental* y prolífico creador de carteles, reconoció cómo las influencias globales, desde los carteles polacos hasta el arte pop, influyeron en la estética audaz y brillante de su trabajo y el de otros.¹¹ La fusión de estos estilos en una creación característicamente cubana se acercaba mucho a la propia ideología internacionalista de la Revolución Cubana, y llegó a ser identificada como su forma de arte "paradigmática".¹² Los carteles de la OSPAAAL demostraban la formación de los artistas en publicidad y en bellas artes: vendían la Revolución y la solidaridad mundial tanto al público cubano como al internacional. Como opina Susan Sontag en su libro sobre los carteles cubanos, los carteles de la OSPAAAL y otros carteles políticos publicados por el Estado cubano buscaban "elevar y complejizar la conciencia, el objetivo más elevado de la propia revolución".[13]

Los objetivos del tricontinentalismo y la Revolución Cubana, que se equipararon durante un tiempo, tuvieron un destino complejo. La Conferencia Tricontinental no acabó con el imperialismo en todas sus facetas. Durante el "periodo gris" o el quinquenio gris de 1971, las políticas de la Revolución Cubana provocaron la pérdida de aliados, incluidos los otrora editores de la *Tricontinental* en Italia y Francia. Al mismo tiempo, ciertos principios solidarios del tricontinentalismo persistieron y ayudaron a definir el decisivo papel de Cuba en Angola y en las luchas contra el apartheid en el sur de África en la década de 1980.[14]

En términos generales, a pesar de que se suele pasar por alto su lugar en la historia, la *Tricontinental* fue precursora del proyecto político del Tercer Mundo y del Sur Global, y está presente en varios movimientos radicales de hoy en día. Algunos estudios recientes han contribuido a esclarecer las raíces y la plataforma del tricontinentalismo, pero es necesario profundizar en las vías de circulación y colaboración, especialmente en los relatos que entrelazan experiencias y perspectivas cubanas y de otros países.[15] Las publicaciones y carteles de la OSPAAAL tienen una influencia profunda y duradera, como lo demuestra el elevado número de coleccionistas privados que han conservado y donado carteles, así como las exposiciones de los últimos años. Los colaboradores de *Armed by Design* exploran en detalle los orígenes y el diseño de estos gráficos, así como su significado para muchas personas de todo el mundo en el pasado y el presente. La importancia de la OSPAAAL radica en la ideología tricontinental articulada a partir de 1960, sobre todo la forma en que su visión de la solidaridad internacional ha sido recibida y reimaginada hasta nuestros días.

1   Robert J. C. Young, *Postcolonialism: an Historical Introduction* (Malden, MA: Blackwell, 2001), 5, 213.

2   Ver R. Joseph Parrott y Mark Atwood Lawrence, eds., *The Tricontinental Revolution: Third World Radicalism and the Cold War* (Cambridge: Cambridge University Press, 2022), y Anne Garland Mahler, *From the Tricontinental to the Global South: Race, Radicalism, and Transnational Solidarity* (Durham, NC: Duke University Press, 2018).

3   The General Secretariat of the Organization of Solidarity with the Peoples of Africa, Asia, and Latin America, ed., *First Solidarity Conference of the Peoples of Africa, Asia and Latin America* (Habana: OSPAAAL, 1966), 5, 25, 48.

4   The General Secretariat. . ., *First Solidarity Conference. . .*, 127.

5   Fidel Castro, *The Second Declaration of Havana*, 2nd ed. (1962; repr., Nueva York, NY: Pathfinder Press, 1991), 31.

6   Eric Gettig, "'A Propaganda Boon for Us': The Havana Tricontinental Conference and the United States Response," en *The Tricontinental Revolution: Third World Radicalism and the Cold War*, eds. R. Joseph Parrott y Mark Atwood Lawrence (Cambridge: Cambridge University Press, 2022), 216–241.

7   The Council of the Organization of American States, *Report of the Special Committee to Study Resolutions II.1 and VIII of the Eighth Meeting of Consultation of Ministers of Foreign Affairs on the First Afro-Asian-Latin American Peoples' Solidarity Conference and its Projections* (Washington, D.C.: Pan American Union, 1966), 1:57, 66.

8   Senate Committee on the Judiciary, *The Tricontinental Conference of African, Asian, and Latin American Peoples*, 89th Cong., 2d sess., (1966), S. Doc. 62-345, p. 4, 32.

9   Ver Barbara Frank, "Visual Citations and Techniques in Tricontinental Graphics," (Zuccaire Gallery Lecture, Stoney Brook University, Febrero 3, 2022), https://youtu.be/KL1Si75bn6Q, y investigaciones por Lani Hanna.

10   Stokely Carmichael y Michael Ekwueme Thelwell, *Ready for Revolution: The Life and Struggles of Stokely Carmichael (Kwame Ture)* (Nueva York, NY: Scribner, 2003), 697.

11   Luis Camnitzer, *New Art of Cuba*, Rev. ed (Austin, TX: University of Texas Press, 2003), 109.

12   David Craven, *Art and Revolution in Latin America, 1910–1990* (New Haven, CT: Yale University Press, 2002), 95.

13   Susan Sontag, "Posters: Advertisement, Art, Political Artifact, Commodity," en *The Art of Revolution, Castro's Cuba: 1959-1970*, eds. Dugald Stermer and Susan Sontag (Nueva York, NY: McGraw Hill, 1970), xiii.

14   Mahler, *From the Tricontinental to the Global South*, 133, 179.

15   Ver Vijay Prashad, *The Darker Nations: A People's History of the Third World*, New Press People's History (Nueva York, NY: New Press, 2007), 105–115, y Jessica Stites Mor, *South-South Solidarity and the Latin American Left, Critical Human Rights* (Madison, WI: The University of Wisconsin Press, 2022).

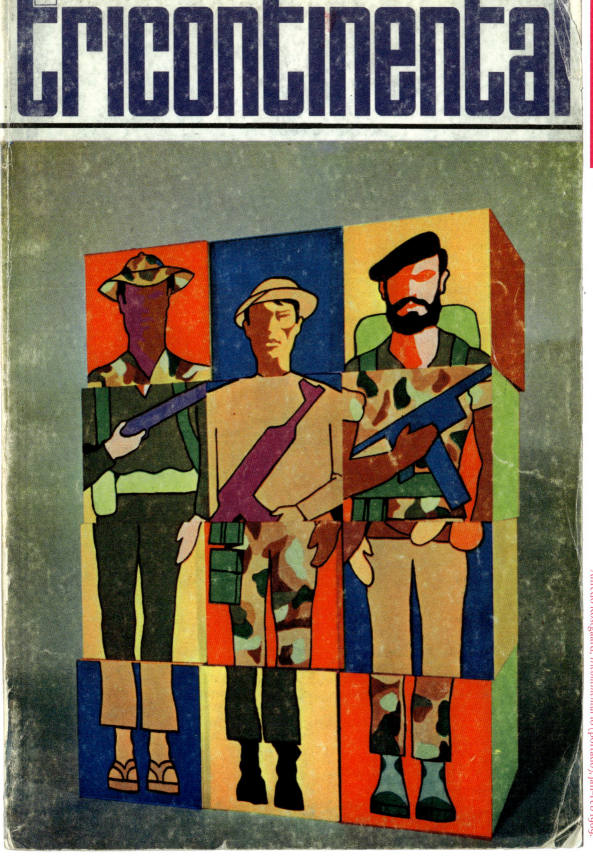

Sobre o Tricontinentalismo

Sarah Seidman

A publicação de cartazes e artigos desenvolvidos pela Organização de Solidariedade dos Povos da África, Ásia e América Latina (OSPAAAL) a partir de 1966, criou uma linguagem visual ousada que se comunicava com pessoas ao redor do mundo. Suas imagens também representavam uma ideologia mais ampla de internacionalismo promovida pela OSPAAAL, com a sua sede na cidade de Havana, em Cuba, por décadas. O "Tricontinentalismo", assim cunhado anos depois para se referir às ideias e atividades que surgiram da Conferência Tricontinental de 1966, promoveu a unidade da América Latina, Ásia e África contra o imperialismo, o colonialismo, o racismo e o capitalismo.[1] O movimento do qual surgiram os cartazes e publicações da OSPAAAL refletia as dimensões globais da Guerra Fria, foi um movimento anticolonial e anti-imperialista que abrange todo o século XX e a política externa internacionalista da Revolução Cubana. Embora os cartazes tenham sido muito apreciados pelos visitantes de Cuba e tenham chamado a atenção de colecionadores e curadores, o Tricontinentalismo só recebeu maior atenção histórica recentemente, incluindo várias novas publicações desde a primeira edição deste catálogo.[2]

A OSPAAAL nasceu da conferência da Tricontinental, o primeiro encontro a reunir formalmente a América Latina com a África e a Ásia com a intenção de que se organizassem em conjunto contra o imperialismo. De 3 a 15 de janeiro de 1966, a conferência reuniu mais de quinhentos delegados de oitenta e dois países de três continentes em Havana, incluindo funcionários governamentais de nações pós-coloniais, como o então senador Salvador Allende, do Chile; lutadores insurgentes pela libertação nacional, como Marcelino Dos Santos da FRELIMO (Frente de Libertação de Moçambique); e líderes de facções marxistas, como Abdul Hamid Khan Bhashani, da região do Paquistão, que atualmente é Bangladesh. Mais de duzentos membros de organizações internacionais e países socialistas europeus, convidados e jornalistas também participaram dos eventos no hotel Habana Libre, antigo Havana Hilton.

Críticas ao imperialismo, colonialismo, racismo e capitalismo compunham a ideologia da Tricontinental. O imperialismo era a bandeira sob a qual os outros temas se enquadravam. O tema esteve presente nas quase cem resoluções aprovadas pelas comissões de política, cultura, economia e colonialismo da conferência, desde aquelas que apoiaram movimentos de libertação específicos em nações ainda colonizadas, como Angola, até em outras que denunciavam o impacto mais amplo do imperialismo em áreas como cultura ou saúde pública. Os documentos da conferência foram mais conflitantes em relação ao socialismo: alguns apresentavam o modelo soviético e a libertação nacional como duas correntes paralelas; outros enfatizavam a natureza entrelaçada do capitalismo e do imperialismo e pediam o socialismo considerando as condições de cada país. O racismo foi denunciado de forma inquestionável como uma característica "típica do imperialismo" e da desigualdade.[3] É importante ressaltar que a ênfase da conferência em relação ao racismo contra afro-americanos nos Estados Unidos mostrou que os ativistas diaspóricos foram incluídos como membros constituintes da Tricontinental. A intervenção dos Estados Unidos no Vietnã, que foi vista como uma parábola da agressão imperialista, foi considerada a questão mais importante da conferência, e os Estados Unidos foram o principal alvo de críticas.[4] A luta armada era amplamente propagada como tática para alcançar não só a independência nacional, mas, em sociedades pós-coloniais e neocoloniais, como táticas de autodeterminação e libertação.

A Conferência Tricontinental teve a sua origem a partir de uma longa sequência de reuniões anticoloniais e anti-imperialistas anteriores, desde o Congresso Pan-Africano de 1919 até a reunião Afro-Asiática em Bandung, na Indonésia, em 1955. A Organização de Solidariedade dos Povos Afro-Asiáticos (OSPAA), que surgiu de Bandung, considerou incluir a América Latina, com Mehdi Ben Barka, ativista marroquino e líder da OSPAA, conduzindo a iniciativa. Cuba havia concebido uma conferência para os três continentes desde a criação do Estado revolucionário, com a ideia de uma cúpula para "nações subdesenvolvidas" proposta no início de 1960. Após muitas manobras políticas, os cubanos formalmente sugeriram o encontro na terceira conferência da OSPAA, realizada no atual território da Tanzânia, em 1963, e finalizaram os detalhes em Gana, em 1965. O sequestro político e assassinato de Ben Barka pouco antes da conferência não apenas destacou o que estava em risco para a atividade anti-imperialista e anticolonial, mas também resultou em um papel maior para Cuba na preparação da conferência e do tricontinentalismo, inaugurando e mantendo-se como OSPAAAL nos anos seguintes.

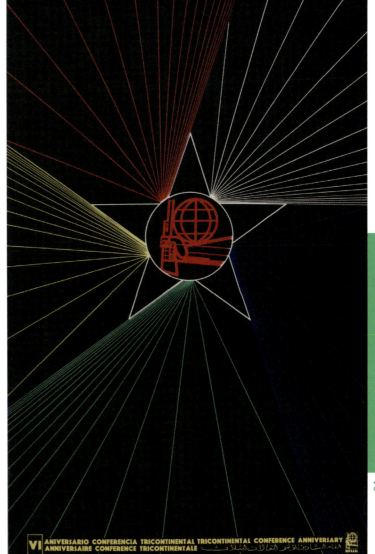

Lazaro Abreu, *6th Anniversary of the Tricontinental Conference*, cartaz impresso em offset, 1972.

A realização da Conferência Tricontinental por Cuba em 1966 demonstrou seu caráter internacionalista. Essa posição foi impulsionada por uma mistura de motivos. Em primeiro lugar, havia um interesse próprio, já que esses países precisavam de aliados diante da hostilidade dos Estados Unidos. Além disso, havia uma motivação humanitária para ajudar outras nações em dificuldade. Por fim, havia uma motivação ideológica, uma crença na importância de lutar contra o imperialismo e a favor da autodeterminação dos povos. Fidel Castro enfatizou, em 1962, que a Revolução Cubana era uma inspiração para todos, proclamando "que a revolução é possível", e sua vitória e longevidade inspiram pessoas em todo o mundo.[5] Castro havia projetado há muito tempo a ideia de excepcionalismo cubano e procurou que o papel da nação cubana nos assuntos mundiais ultrapassasse a sua dimensão atual à época. Cuba enviou brigadas de médicos para o exterior, começando com a Argélia, em 1963, participou de insurgências e conflitos militares da Bolívia a Angola e, em alguns casos, treinou latino-americanos para retornar a seus países de origem e fomentar a luta armada. O local da Conferência Tricontinental mostrou o papel de Havana como um centro de troca internacional, aonde pessoas de todo o mundo vinham para interagir entre si e testemunhar a Revolução Cubana.

A conferência também deu a Cuba uma oportunidade de divulgar sua revolução para um público global, além de beneficiar o país com sua posição internacionalista. A cidade de

Havana foi impregnada pelo evento: até mesmo os moradores mais indiferentes, que evitavam os eventos culturais que acompanhavam a conferência ou sua ampla cobertura no jornal cubano *Granma*, não conseguiam ignorar as luzes de Natal em formato de armas que decoravam as ruas recém-limpas da cidade. O governo também usou a conferência como uma oportunidade para anunciar novas metas de produção nos locais de trabalho e implementar mudanças nas escolas para as crianças. Embora a conferência e sua ideologia resultante tenham sido um projeto global colaborativo, o Estado cubano equiparou os objetivos da conferência aos objetivos da própria Revolução — mesmo quando não conseguiu alcançá-los completamente.

Embora o Tricontinentalismo fosse um impressionante eixo de solidariedade, ele caiu nas garras dos conflitos da Guerra Fria. A conferência creditou cuidadosamente tanto as Revoluçaõ Russa quanto a Chinesa como influências geradoras, mas os dois poderes entraram em conflito em Havana, e nenhum acabou liderando o projeto tricontinental — ou aparecendo frequentemente nos materiais da OSPAAAL. A China queria liderar a chamada para a luta armada, mas não contava com apoio material suficiente para Cuba e outros, o que acabou prejudicando as relações sino-cubanas e seu papel no Tricontinental. Enquanto isso, Cuba rejeitou a política de "convivência pacífica" da União Soviética nos anos seguintes à Crise dos Mísseis, até que Castro relutantemente se aliou aos soviéticos em 1968. O governo dos Estados Unidos acompanhou a conferência de perto, vendo-a como uma ameaça e também como uma oportunidade para contrainteligência.[6] Os Estados Unidos usaram seus embaixadores e aliados regionais para gerar uma resposta da Organização dos Estados Americanos, que caracterizou os participantes da conferência como vítimas de uma conspiração comunista que constitui "a ameaça mais perigosa e séria que o comunismo internacional já fez contra o sistema interamericano".[7] Um relatório do Senado dos Estados Unidos sobre a conferência lamentou:

"Já é humilhante o bastante ter a conspiração comunista internacional assumindo o controle de um país a pouco menos de 100 quilômetros das costas americanas... Torna-se ainda mais humilhante quando esse país se transforma em um centro de subversão revolucionária internacional enquanto a OEA e os poderosos Estados Unidos da América

olham impotentes e aparentemente incapazes de tomar qualquer ação decisiva."[8]

As respostas apresentadas apontavam para a ameaça ideológica representada pelo Tricontinentalismo. No entanto, diversos desafios, como a oposição dos EUA e da OEA, a morte de Che Guevara na Bolívia em 1967 —que em muitos aspectos, era o símbolo prototípico do tricontinentalismo— e o fracionamento entre as superpotências, assim como o de países em via de desenvolvimento, prejudicaram o impacto geopolítico do Tricontinental. A segunda conferência, que seria realizada no Cairo em 1968, acabou não acontecendo.

Em vez disso, surgiu a Organização de Solidariedade entre os Povos da África, Ásia e América Latina a partir da Conferência Tricontinental. A OSPAAAL buscou continuar a missão do Tricontinental de lutar contra o imperialismo e auxiliar nos movimentos de libertação nacional, principalmente por meios culturais, e também econômicos, políticos e, às vezes, militares. O líder da OSPAAAL era o oficial político cubano Osmany Cienfuegos, enquanto a liderança era composta por doze secretários — quatro para cada continente. Diariamente, a organização recebia visitantes em Cuba e participava de reuniões no exterior, além de produzir relatórios de pesquisa sobre as condições em diferentes países, patrocinar eventos culturais e distribuir materiais impressos, além de estabelecer dias de fraternidade/solidariedade/ação social com diversas comunidades. A OSPAAAL originalmente deveria ser sediada e dirigida exclusivamente por Cuba até a realização da segunda Conferência Tricontinental em 1968, mas como essa conferência nunca ocorreu, Havana permaneceu como sede da OSPAAAL. O governo cubano financiava os materiais, a impressão e o pessoal da organização até que as suas atividades se encerraram em 2019.

No entanto, ainda assim, a OSPAAAL cultivava um ambiente colaborativo. Relatos anedóticos provenientes dos Estados Unidos —incluídos neste volume— ajudam a completar o quadro do escritório movimentado e um pouco caótico em Havana durante sua primeira década, com grupos e indivíduos inesperados passando por lá. Livros e recortes de notícias trazidos ou enviados pelos visitantes eram retrabalhados e posteriormente impressos. Por exemplo, imagens de pessoas dos Estados Unidos muitas vezes vinham através do Liberation News Service, enquanto o artista da OSPAAAL Jesús Forjans utilizava fotografias de um livro francês específico de esculturas da África Central e Ocidental em vários pôsteres.[9] Esse espírito colaborativo está refletido na variedade de publicações e pôsteres, que às vezes defendiam as duras linhas do estado cubano, mas, em geral, sugeriam menos rigidez do que a maioria das outras produções culturais da ilha. Mesmo anos após as publicações e pôsteres quase terem cessado durante a crise econômica do "Período Especial" dos anos 1990, a OSPAAAL continuou sendo um lugar onde visitantes inesperados —inclusive eu— apareciam, examinavam e compravam pôsteres e interagiam com a equipe.

A OSPAAAL produziu duas publicações impressas importantes: o boletim mensal *Tricontinental Bulletin*, com foco em notícias, a partir de abril de 1966, e a revista teórica e influente *Tricontinental*, bimestral, a partir do verão de 1967. A revista, que em alguns momentos foi impressa em inglês, espanhol, francês e italiano, alcançou um pico global de circulação de 50 mil exemplares em 1968, mas encorajava "reprodução parcial ou total" e, sem dúvida, por meio de compartilhamento e reimpressão, atingiu mais leitores. A *Tricontinental* serviu como texto fundamental do pensamento político dos intelectuais ativistas do projeto do Terceiro Mundo no final dos anos 1960, muitos dos quais participaram da Conferência Tricontinental. Em um mundo pré-digital, em uma ilha que os Estados Unidos procuravam isolar por meio do embargo, a revista continha textos reimpressos difíceis de encontrar de Frantz Fanon, Yasser Arafat e Che Guevara; entrevistas originais com membros do Partido dos Panteras Negras e atualizações sobre movimentos do Vietnã à Venezuela. Stokely Carmichael, colaborador da *Tricontinental* e líder do Student Nonviolent Coordinating Committee, chamou a *Tricontinental* de "uma bíblia nos círculos revolucionários".[10]

Dentro das páginas da revista *Tricontinental*, estavam os pôsteres da OSPAAAL. Mais de 330 pôsteres foram produzidos, cobrindo

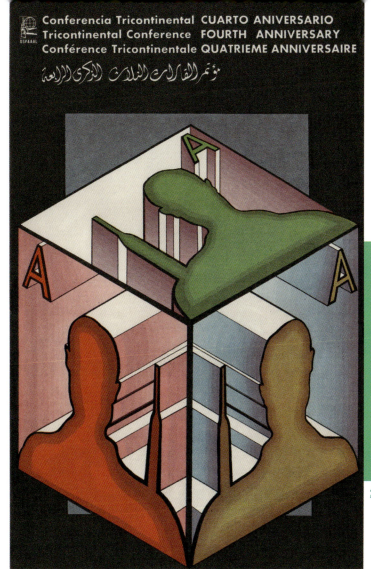

Acima: Alfrédo Rostgaard, *Cuarto Anniversario Conferencia Tricontinental*, cartaz impresso em offset, 1970.
Página 30: Rafael Morante, "Tricontinental XX Anniversario", *Tricontinental* 103 (contracapa), 1986.

pelo menos 30 países, além de indivíduos e territórios adicionais. Eles foram criados por pelo menos 30 artistas gráficos, a maioria dos quais trabalhava para a *Tricontinental*. Alfrédo Rostgaard, diretor artístico da *Tricontinental* e prolífico criador de pôsteres, reconheceu como influências globais desde pôsteres poloneses até a arte pop, que influenciaram a estética ousada e brilhante de seu trabalho e de outros artistas.[11] A fusão destes estilos em uma criação reconhecidamente cubana —que veio a ser identificada como a forma de arte "paradigmática" da Revolução Cubana— seguiu de perto a própria ideologia internacionalista da Revolução.[12] Demonstrando a formação pré-1959 de seus artistas em publicidade, bem como em belas artes, os pôsteres da OSPAAAL buscavam vender tanto ao público cubano quanto

ao internacional a Revolução e a solidariedade global. Como Susan Sontag observou em seu livro sobre os pôsteres cubanos, a OSPAAAL e outros pôsteres políticos divulgados pelo Estado cubano buscavam "elevar e complicar a consciência — o mais alto objetivo da própria revolução".[13]

Os objetivos do Tricontinentalismo e da Revolução Cubana, que por um tempo foram considerados equivalentes, tiveram um destino complexo. A Conferência Tricontinental não conseguiu derrubar o imperialismo em todas as suas formas. As políticas da Revolução Cubana, à medida que entrava em seu período repressivo conhecido como "quinquênio gris" em 1971, resultaram na perda de aliados, incluindo os antigos editores da *Tricontinental* na Itália e na França. No entanto, os preceitos restantes do tricontinentalismo ajudaram a definir o papel de Cuba nas lutas antiapartheid em Angola e no sul da África na década de 1980.[14]

De maneira mais ampla, apesar de geralmente esquecida na história, a *Tricontinental* é considerada precursora do projeto político do Terceiro Mundo e do Sul Global, e é visível em uma série de movimentos radicais atuais. A pesquisa recente contribuiu muito para esclarecer as raízes e a plataforma do Tricontinentalismo, mas há necessidade de mais informações sobre as rotas de circulação e colaboração, especialmente contas que incorporem experiências e perspectivas cubanas e de outros países além dos Estados Unidos.[15]

As publicações e pôsteres da OSPAAAL tiveram uma influência especialmente duradoura, como evidenciado pelo número de colecionadores privados que mantiveram e por fim doaram pôsteres, além de várias exposições nos últimos anos. Os contribuintes de "Armed by Design" exploram em detalhes as origens, o design e os significados dessas imagens interpretados por uma variedade de pessoas em todo o mundo, passado e presente. A importância da OSPAAAL reside tanto na ideologia tricontinental articulada a partir dos anos 1960 quanto em como sua visão de solidariedade internacional tem sido recebida e reimaginada até os dias atuais.

1   Robert J.C. Young, *Postcolonialism: An Historical Introduction* (Malden, MA: Blackwell, 2001), 5, 213.
2   Ver R. Joseph Parrott e Mark Atwood Lawrence, eds., *The Tricontinental Revolution: Third World Radicalism and the Cold War* (Cambridge: Cambridge University Press, 2022), e Anne Garland Mahler, *From the Tricontinental to the Global South: Race, Radicalism, and Transnational Solidarity* (Durham, NC: Duke University Press, 2018).
3   The General Secretariat of the Organization of Solidarity with the Peoples of Africa, Asia, and Latin America, ed., *First Solidarity Conference of the Peoples of Africa, Asia and Latin America* (Havana: O.S.P.A.A.A.L., 1966), 5, 25, 48.
4   Ibid., 127.
5   Fidel Castro, *The Second Declaration of Havana*, 2ª ed. (1962; repr., New York, NY: Pathfinder Press, 1991), 31.
6   Eric Gettig, "'A Propaganda Boon for Us': The Havana Tricontinental Conference and the United States Response," em *The Tricontinental Revolution: Third World Radicalism and the Cold War*, ed. R. Joseph Parrott and Mark Atwood Lawrence (Cambridge: Cambridge University Press, 2022), 216–241.
7   The Council of the Organization of American States, *Report of the Special Committee to Study Resolutions II.1 and VIII of the Eighth Meeting of Consultation of Ministers of Foreign Affairs on the First Afro-Asian-Latin American Peoples' Solidarity Conference and its Projections* (Washington, D.C.: Pan American Union, 1966), 1:57, 66.
8   Senate Committee on the Judiciary, *The Tricontinental Conference of African, Asian, and Latin American Peoples*, 89th Cong., 2d sess., (1966), S. Doc. 62-345, p. 4, 32.
9   Ver Barbara Frank, "Visual Citations and Techniques in Tricontinental Graphics," (Zuccaire Gallery Lecture, Stoneybrook University, February 3, 2022), disponível em https://youtu.be/KL1Si75bn6Q, e pesquisa de Lani Hanna.
10   Stokely Carmichael and Michael Ekwueme Thelwell, *Ready for Revolution: The Life and Struggles of Stokely Carmichael (Kwame Ture)* (New York, NY: Scribner, 2003), 697.
11   Luis Camnitzer, *New Art of Cuba*, Rev. ed (Austin, TX: University of Texas Press, 2003), 109.
12   David Craven, *Art and Revolution in Latin America, 1910–1990* (New Haven, CT: Yale University Press, 2002), 95.
13   Susan Sontag, "Posters: Advertisement, Art, Political Artifact, Commodity," em *The Art of Revolution, Castro's Cuba: 1959–1970*, ed. Dugald Stermer and Susan Sontag (New York, NY: McGraw Hill, 1970), xiii.
14   Mahler, *From the Tricontinental to the Global South*, 133, 179.
15   Ver Vijay Prashad, *The Darker Nations: A People's History of the Third World*, New Press People's History (New York, NY: New Press, 2007), 105–115, e Jessica Stites Mor, *South-South Solidarity and the Latin American Left*, Critical Human Rights (Madison, WI: The University of Wisconsin Press, 2022).

À propos du tricontinentalisme

Sarah Seidman

À partir de 1966, les publications et les affiches de l'OSPAAAL inventèrent un langage visuel audacieux qui s'adressait au monde entier. Leur esthétique était représentative d'une idéologie internationaliste propagée par l'OSPAAAL depuis La Havane et ayant perduré des décennies. Le « tricontinentalisme », terme apparu a posteriori pour qualifier les idées et activités issues de la Conférence tricontinentale de 1966, prônait l'alliance de l'Amérique latine, de l'Asie et de l'Afrique contre l'impérialisme, le colonialisme, le racisme et le capitalisme[1]. Les affiches et les publications de l'OSPAAAL reflétaient à la fois la dimension mondiale de la guerre froide, une lutte anti-coloniale et anti-impérialiste s'étendant sur tout le vingtième siècle, et la politique étrangère internationaliste de la Révolution cubaine. Si ces affiches sont chéries de longue date par les visiteurs de Cuba, les collectionneurs et autres conservateurs, le tricontinentalisme n'a que récemment fait l'objet d'une attention accrue de la part des historiens, avec plusieurs nouvelles publications depuis la première édition de ce livre[2].

L'OSPAAAL est née lors de la Conférence tricontinentale, premier rassemblement officiel de l'Amérique latine, de l'Afrique et de l'Asie pour s'organiser en bloc contre l'impérialisme. Du 3 au 15 janvier 1966, la conférence a attiré à La Havane plus de 500 délégués de 82 pays des trois continents, dont des responsables de pays postcoloniaux, à l'instar du sénateur chilien Salvador Allende, de combattants insurgés comme Marcelino Dos Santos du FRELIMO (Front de libération du Mozambique), et de dirigeants de factions marxistes comme Abdul Hamid Khan Bhashani, de la région du Pakistan aujourd'hui devenue le Bangladesh. Plus de 200 invités, journalistes et observateurs d'organisations internationales et de pays socialistes européens se sont aussi joints aux débats à l'hôtel Havana Libre, l'ancien Hilton local.

L'idéologie tricontinentale reposait sur la critique du colonialisme, du racisme et du capitalisme, avec l'anti-impérialisme comme boussole. Ce dernier faisait le lien entre la centaine de résolutions adoptées par les commissions sur la politique, la culture, l'économie ou le colonialisme, que l'on parle de celles qui soutenaient des mouvements de libération spécifiques dans des pays encore colonisés, comme l'Angola, ou d'autres qui dénonçaient l'impact plus vaste de l'impérialisme dans des domaines allant de la culture à la santé publique. En ce qui concerne le socialisme, les documents produits étaient plus contradictoires : si certains présentaient le modèle soviétique et la libération nationale comme deux courants parallèles, d'autres soulignaient la nature imbriquée du capitalisme et de l'impérialisme, et appelaient au socialisme en fonction du contexte de chaque pays. Le racisme, lui, fut dénoncé sans équivoque comme « caractéristique de l'impérialisme » et des inégalités[3]. L'accent mis sur le racisme à l'encontre des Afro-Américains aux États-Unis a montré que les militants de la diaspora étaient inclus dans la discussion tricontinentale. L'intervention américaine au Vietnam, parabole de l'agression impérialiste, était considérée comme « la question la plus importante », et les États-Unis comme la principale cible critique[4]. En règle générale, la lutte armée était perçue comme une tactique permettant d'obtenir l'indépendance, mais aussi, dans les sociétés post-coloniales et néo-coloniales, l'auto-détermination et la libération.

La Conférence tricontinentale s'inscrivait dans la longue lignée de réunions anticoloniales et anti-impérialistes l'ayant précédée, du Congrès panafricain de 1919 à la Conférence afro-asiatique de Bandung, en Indonésie, en 1955. L'Organisation de la solidarité des peuples afro-asiatiques (OSPAA), plus radicale, qui a émergée de la conférence de Bandung, avait envisagé d'inclure l'Amérique latine, comme le désirait notamment son leader, le militant marocain Mehdi Ben Barka. De son côté, Cuba envisageait une conférence tricontinentale depuis les premiers jours, ou presque, de la révolution : l'idée d'un sommet pour les « nations sous-développées » y avait été soulevée dès 1960. Après de nombreuses tractations politiques, les Cubains ont proposé la conférence lors de la troisième conférence de l'OSPAA, en 1963, dans ce qui est aujourd'hui la Tanzanie. Les détails ont été finalisés au Ghana en 1965. Peu avant la conférence, l'enlèvement politique et l'assassinat de Ben Barka ont mis en évidence les enjeux très réels des luttes anti-impérialistes et anti-coloniales, et ont aussi permis à Cuba de jouer un rôle plus important en préparant le terrain pour la conférence et le tricontinentalisme, en gardant l'OSPAAAL active lors des années suivantes.

En 1966, le fait d'accueillir la Conférence tricontinentale a illustré la politique étrangère internationaliste de Cuba. Cette position a été motivée par un mélange d'intérêts locaux (dont le besoin d'alliés face à l'hostilité permanente des États-Unis), d'humanitarisme et d'idéologie. En 1962, Fidel Castro proclama très clairement que Cuba montrait aux autres pays « que la révolution était possible », et avec le recul, il est clair que le succès et la longévité de la Révolution cubaine ont inspiré le monde entier[5]. Castro a longuement muri l'idée d'une exception cubaine, et il a cherché à ce que son pays occupe une place plus importante dans les affaires mondiales que ne le suggérait sa taille. Cuba envoya ainsi des brigades de médecins à l'étranger (à commencer par l'Algérie en 1963), participa à des insurrections et autres conflits armés de la Bolivie à l'Angola et, dans certains cas, forma des Latino-Américains pour qu'ils fomentent la lutte armée dans leur pays d'origine. Le site de la conférence tricontinentale reflétait le rôle de La Havane en tant que centre d'échanges internationaux, où les gens venaient du monde entier pour interagir avec, et voir de leurs propres yeux, la révolution cubaine.

Pour Cuba, la conférence devait servir à propager sa révolution dans le monde entier, tout en consolidant sa position internationaliste à l'échelle locale. Car l'événement a imprégné toute La Havane : même ses habitants les moins intéressés, ceux qui évitèrent la série d'événements culturels qui accompagna la conférence ou sa vaste couverture dans le quotidien *Granma*, auraient difficilement pu ignorer les décorations de Noël en forme de fusils qui illuminaient les rues fraîchement nettoyées de La Havane. Le gouvernement cubain a aussi profité de la conférence pour instaurer de nouveaux quotas de production sur les lieux de travail et proposer de nouveaux cours aux enfants. Bien que la conférence et l'idéologie qui en découle soient nés d'une collaboration mondiale, les objectifs de la Tricontinentale se fondaient dans ceux de la révolution, du moins pour l'État Cubain, y compris dans les cas où il n'a pas honoré ses objectifs.

S'il représentait un impressionnant réseau de solidarité, le tricontinentalisme n'a pas échappé aux dommages de la guerre froide. La conférence a pris soin de créditer les révolutions russe et chinoise en tant qu'influences, mais les deux puissances s'y sont affrontées, et aucune n'a fini par piloter le projet tricontinental — ni par apparaître bien souvent dans les documents de l'OSPAAAL. La Chine, qui désirait pourtant mener l'appel à la lutte armée, n'a apporté d'aide matérielle ni à Cuba ni aux autres pays, ce qui a fini par entraver les relations sino-cubaines, ainsi que son rôle dans le tricontinentalisme. Entre temps, Cuba a répudié la politique de « coexistence pacifique » de l'URSS dans les années qui ont suivi la crise des missiles, jusqu'à ce que Castro se range à contrecœur du côté des Soviétiques en 1968. Le gouvernement américain, qui y voyait une menace mais aussi une occasion de contre-espionnage[6], surveilla la conférence avec attention. Par le biais d'ambassadeurs et d'autres alliés régionaux, les États-Unis ont tout fait pour susciter une réponse de l'OEA (Organisation des États Américains), qui a qualifié les participants à la conférence de victimes d'une conspiration communiste qui constituait « la menace la plus dangereuse et la plus grave que le communisme international ait jamais proféré contre le système interaméricain »[7]. Un rapport du Sénat américain sur la conférence lamentait :

> Il est déjà assez humiliant de voir la conspiration communiste internationale prendre le contrôle d'un pays situé à seulement 100 kilomètres des côtes américaines... Mais la situation est mille fois plus humiliante quand ce pays est transformé en quartier général de la subversion révolutionnaire internationale, pendant que l'OEA et les puissants États-Unis d'Amérique observent, impuissants et incapables de toute action décisive[8].

Armés à Dessein

34

Antonio Mariño, *Journée de Solidarité avec le Guatemala*, affiche imprimée en offset, 1970.

Ceci semble illustrer à quel point le tricontinentalisme représentait une menace idéologique. Mais une série de contrecoups, tels que l'opposition des États-Unis et de l'OEA, la mort de Che Guevara (à bien des égards le prototype du sujet tricontinental) en 1967 en Bolivie, les querelles entre superpuissances et le mouvement des non-alignés entravèrent l'impact géopolitique de la Tricontinentale. Une seconde conférence, prévue au Caire en 1968, n'a jamais eu lieu.

La Conférence tricontinentale a donné naissance à l'Organisation de la solidarité des peuples d'Afrique, d'Asie et d'Amérique latine. L'OSPAAAL voulait marcher dans les pas de la Tricontinentale, en combattant l'impérialisme et en aidant les mouvements de libération nationale par des moyens essentiellement culturels, mais aussi économiques, politiques et parfois militaires. L'homme politique cubain Osmany Cienfuegos en était le secrétaire général, et douze autres secrétaires, soit quatre par continent, composaient le reste de sa direction. Au quotidien, l'OSPAAAL accueillait des voyageurs à Cuba, participait à des réunions à l'étranger, rédigeait des rapports sur les conditions de vie dans différents pays, parrainait des événements culturels, produisait et distribuait des documents imprimés, et instaurait des journées de solidarité entre divers peuples. L'organisation devait avoir son siège et être dirigée par Cuba uniquement jusqu'à la seconde conférence tricontinentale de 1968. Mais celle-ci n'ayant jamais eu lieu, La Havane est demeurée le siège de l'OSPAAAL, le gouvernement cubain finançant le matériel, l'impression et le personnel jusqu'à la fin de l'organisation en 2019.

Malgré tout, l'OSPAAAL exsudait la collaboration. Des anecdotes provenant des États-Unis (y compris dans ce volume) dépeignent le bureau de La Havane, au cours de sa première décennie, comme un lieu animé et quelque peu désordonné, régulièrement visité par d'étonnants groupes et individus. Des livres et coupures de presse que les gens apportaient ou envoyaient étaient retravaillés et publiés. Les images de personnes venant des États-Unis arrivaient souvent par le biais du Liberation News Service, tandis que l'artiste de l'OSPAAAL Jesús Forjans a utilisé des photographies d'un livre français de sculptures d'Afrique centrale et occidentale sur de multiples affiches[9]. Cet esprit de collaboration se reflète dans la gamme de publications et d'affiches, qui épousent parfois la ligne dure de l'État cubain, mais qui, dans l'ensemble, se montrent moins rigides que d'autres productions culturelles locales. Des années après que les publications et affiches se soient quasiment arrêtées pendant la crise économique de la « période spéciale » des années 1990, l'OSPAAAL est restée jusque dans les années 2000 un lieu où des visiteurs inattendus (dont j'ai fait partie) passaient, feuilletaient le magazine, achetaient des affiches ou échangeaient avec les employés.

L'OSPAAAL a produit deux publications importantes : le *Tricontinental Bulletin*, mensuel axé sur l'actualité à partir d'avril 1966, et le magazine bimensuel du même nom, plus théorique et influent, à partir de l'été 1967. Le magazine, parfois imprimé en anglais, en espagnol, en français ou en italien, a atteint un tirage maximal de 50 000 exemplaires en 1968, mais il encourageait la « reproduction partielle ou totale », et il est certain qu'il a touché davantage de lecteurs grâce aux partages et aux réimpressions. À la fin des années 1960, *Tricontinental* a servi d'*urtext* de la pensée politique aux principaux intellectuels activistes du projet tiers-mondiste, dont beaucoup ont participé à la Conférence Tricontinentale. Dans un monde pré-numérique, depuis une île que les États-Unis cherchaient à isoler par un embargo, le magazine contenait des textes réimprimés difficiles à trouver de Frantz Fanon, Yasser Arafat ou Che Guevara, des entretiens originaux avec des membres du Black Panther Party, ou des nouvelles des mouvements allant du Vietnam au Venezuela. Stokely Carmichael, collaborateur de *Tricontinental* et leader du Student Nonviolent Coordinating Committee (littéralement « Comité de coordination non-violent des étudiants ») a qualifié le magazine *Tricontinental* de « bible des cercles révolutionnaires »[10].

Les affiches étaient pour leur part pliées puis insérées entre les pages du magazine. L'OSPAAAL en a produit plus de 330 concernant au moins 30 pays, ainsi que d'autres personnes et territoires, réalisées par au moins 30 graphistes, pour la plupart employés de *Tricontinental*. Alfrédo Rostgaard, directeur artistique de *Tricontinental* et prolifique créateur d'affiches, a reconnu que des influences mondiales, des affiches polonaises au pop art, ont participé à donner vie à l'esthétique audacieuse et lumineuse de son travail et de celui des autres[11]. La fusion de ces influences en un style cubain reconnaissable, identifié comme la forme d'art « paradigmatique » de la Révolution cubaine, était étroitement liée à l'idéologie internationaliste[12]. Avec leurs artistes formés à la publicité et aux beaux-arts pré-1959, les affiches de l'OSPAAAL cherchaient à convertir le public cubain et international à la révolution et à la solidarité mondiale. Comme le dit Susan Sontag dans son livre sur les affiches cubaines, les posters politiques publiés par l'OSPAAAL et l'État cubain visaient à « élever et complexifier la conscience, soit le but suprême de toute révolution »[13].

Après avoir été considérés un certain temps comme des synonymes, ces objectifs du tricontinentalisme et de la révolution cubaine ont connu des destins complexes. La Conférence tricontinentale n'a pas fait tomber l'impérialisme sous ses multiples facettes. La politique de la Révolution cubaine, alors qu'elle entrait dans sa « période grise » (ou *quinquenio gris*) répressive en 1971, a entraîné la perte d'alliés, dont les anciens éditeurs de *Tricontinental* en Italie et en France, tandis que les principes du tricontinentalisme ont contribué à définir le rôle de Cuba en Angola et dans les luttes anti-apartheid en Afrique australe dans les années 1980[14].

Plus largement, malgré qu'elle soit souvent négligée par les livres d'Histoire, *Tricontinental* est considérée comme une influence du projet politique tiers-mondiste et du « Sud global », et son impact se ressent jusque dans certains mouvements radicaux actuels. De récentes études ont largement contribué à élucider les racines et le fonctionnement du tricontinentalisme, mais il est nécessaire d'en savoir plus sur les voies de circulation et de collaboration, en particulier si on aborde les récits intégrant les expériences et les perspectives des Cubains et des autres pays non-américains[15]. Les publications et les affiches de l'OSPAAAL ont eu une influence particulièrement durable (comme en témoigne le nombre de collectionneurs privés ayant conservé et finalement donné certaines affiches), avec plusieurs expositions au cours des dernières années. Les collaborateurs d'*Armed by Design* explorent en détail les origines, la conception et les significations de ces créations pour toute une série de personnes dans le monde, hier comme aujourd'hui. Car l'importance de l'OSPAAAL réside à la fois dans l'idéologie tricontinentale articulée à partir des années 1960, et dans la manière dont sa vision de la solidarité internationale a été reçue et réinventée jusqu'à aujourd'hui.

1 Robert J.C. Young, *Postcolonialism: An Historical Introduction* (Malden, MA: Blackwell, 2001), 5, 213.

2 Voir R. Joseph Parrott and Mark Atwood Lawrence, eds., *The Tricontinental Revolution: Third World Radicalism and the Cold War* (Cambridge: Cambridge University Press, 2022), and Anne Garland Mahler, *From the Tricontinental to the Global South: Race, Radicalism, and Transnational Solidarity* (Durham, NC: Duke University Press, 2018).

3 The General Secretariat of the Organization of Solidarity with the Peoples of Africa, Asia, and Latin America, ed., *First Solidarity Conference of the Peoples of Africa, Asia and Latin America* (Havana: O.S.P.A.A.A.L., 1966), 5, 25, 48.

4 Ibid., 127.

5 Fidel Castro, *The Second Declaration of Havana*, 2nd ed. (1962; repr., New York, NY: Pathfinder Press, 1991), 31.

6 Eric Gettig, « 'A Propaganda Boon for Us': The Havana Tricontinental Conference and the United States Response, » dans *The Tricontinental Revolution: Third World Radicalism and the Cold War*, ed. R. Joseph Parrott and Mark Atwood Lawrence (Cambridge: Cambridge University Press, 2022), 216–241.

7 The Council of the Organization of American States, *Report of the Special Committee to Study Resolutions II.1 and VIII of the Eighth Meeting of Consultation of Ministers of Foreign Affairs on the First Afro-Asian-Latin American Peoples' Solidarity Conference and its Projections* (Washington, D.C.: Pan American Union, 1966), 1:57, 66.

8 Senate Committee on the Judiciary, *The Tricontinental Conference of African, Asian, and Latin American Peoples*, 89th Cong., 2d sess., (1966), S. Doc. 62-345, p. 4, 32.

9 Voir Barbara Frank, « Visual Citations and Techniques in Tricontinental Graphics, » (Zuccaire Gallery Lecture, Stoneybrook University, February 3, 2022), disponible à https://youtu.be/KL1Si75bn6Q, et recherche par Lani Hanna.

10 Stokely Carmichael and Michael Ekwueme Thelwell, *Ready for Revolution: The Life and Struggles of Stokely Carmichael (Kwame Ture)* (New York, NY: Scribner, 2003), 697.

11 Luis Camnitzer, *New Art of Cuba*, Rev. ed (Austin, TX: University of Texas Press, 2003), 109.

12 David Craven, *Art and Revolution in Latin America, 1910-1990* (New Haven, CT: Yale University Press, 2002), 95.

13 Susan Sontag, « Posters: Advertisement, Art, Political Artifact, Commodity » dans *The Art of Revolution, Castro's Cuba: 1959–1970*, ed. Dugald Stermer and Susan Sontag (New York, NY: McGraw Hill, 1970), xiii.

14 Mahler, *From the Tricontinental to the Global South*, 133, 179.

15 Voir Vijay Prashad, *The Darker Nations: A People's History of the Third World*, New Press People's History (New York, NY: New Press, 2007), 105–115, et Jessica Stites Mor, *South-South Solidarity and the Latin American Left*, Critical Human Rights (Madison, WI: The University of Wisconsin Press, 2022).

On Tricontinentalism

Sarah Seidman

The publications and posters created by the Organization of Solidarity of the Peoples of Africa, Asia, and Latin America (OSPAAAL) formed a bold visual language that spoke to people around the world. Their graphics also represented a broader ideology of internationalism fostered by OSPAAAL from its home in Havana, Cuba, for decades to come. "Tricontinentalism," a term coined to refer to the ideas and activities that emerged from the Tricontinental Conference of 1966, promoted the unity of Latin America, Asia, and Africa against imperialism, colonialism, racism, and capitalism.[1]

OSPAAAL's posters and publications arose from a movement reflecting the global dimensions of the Cold War, the longer anti-colonial and anti-imperialist movements spanning the twentieth century, and the Cuban Revolution's internationalist foreign policy. While the posters have long been treasured by visitors to Cuba and garnered attention from collectors and curators, tricontinentalism has only recently received elevated historical attention (including in several publications since the first edition of this catalog).[2]

OSPAAAL was conceived at the Tricontinental Conference, the first meeting to formally bring Latin America together with Africa and Asia to organize against imperialism as one. From January 3–15, 1966, the conference drew more than five hundred delegates from eighty-two countries on the three continents to Havana. Attendees included government officials from postcolonial nations, such as then-senator Salvador Allende from Chile, insurgent national liberation fighters like Marcelino Dos Santos of FRELIMO (Mozambican Liberation Front), and leaders of Marxist factions such as Abdul Hamid Khan Bhashani from present-day Bangladesh. More than two hundred observers from international organizations and European socialist countries, invited guests, and journalists also joined the proceedings at the Habana Libre (Free Havana) hotel, the former Havana Hilton.

The tricontinental ideology comprised critiques of colonialism, racism, and capitalism; however, it was imperialism that encompassed all other themes. It was woven into the nearly one hundred resolutions passed by commissions on politics, culture, economics, and colonialism. Some resolutions supported specific liberation movements in still-colonized nations such as Angola, while others denounced imperialism's broader impact on areas like culture or public health. Conference documents were more conflicted on socialism: some presented the Soviet model and national liberation as two parallel strands, while others emphasized the intertwined nature of capitalism and imperialism and called for socialisms tailored to each country's conditions. Racism was unequivocally denounced as a characteristic "typical of imperialism" and inequality.[3] Notably, the conference's emphasis on racism against African Americans in the United States evidenced the inclusion of diasporic activists as tricontinental constituents. The US intervention in Vietnam, a parable of imperialist aggression, was considered the conference's "most important question," and the United States the conference's main target of critique.[4] Armed struggle was widely touted as the tactic to achieve not only national independence, but also self-determination and liberation in post-colonial and neo-colonial societies.

The Tricontinental Conference came from a long line of anti-colonial and anti-imperialist meetings before it, from the Pan-African

Congress of 1919 to the 1955 Afro-Asian meeting in Bandung, Indonesia. The more militant Afro-Asian People's Solidarity Organization (AAPSO) that emerged from Bandung considered including Latin America, with AAPSO leader and Moroccan activist Mehdi Ben Barka leading the charge. Cuba had also proposed a summit for "under-developed nations" since early 1960, shortly after the inception of the revolutionary state. After much political jockeying, the Cubans formally suggested the conference at the third AAPSO conference in present-day Tanzania in 1963, and finalized the details in Ghana in 1965. Ben Barka's political abduction and assassination shortly before the conference highlighted the very real stakes of anti-imperialist and anti-colonial work. It also resulted in a larger role for Cuba to set the stage for the conference and tricontinentalism by maintaining OSPAAAL in the years to come.

Hosting the Tricontinental Conference in 1966 solidified the internationalist strand of Cuba's revolutionary foreign policy. A combination of self-interest—particularly a need for allies in the face of ongoing hostility from the United States—humanitarianism, and ideology propelled this stance. In 1962, Fidel Castro proclaimed that the Cuban Revolution was an inspiration for others "that revolution is possible," and its victory and longevity inspired people across the world.[5] Castro had long projected the idea of Cuban exceptionalism and envisioned an outsized place in world affairs. Cuba sent brigades of doctors abroad (beginning with Algeria in 1963), partook in insurgencies and military conflicts from Bolivia to Angola, and, in some cases, trained Latin Americans to return to their home countries to foment armed struggle. The Tricontinental Conference reflected Havana's role as a hub of international exchange, where people came from around the world to interact with each other and witness the Cuban Revolution.

The conference offered a platform for Cuba to propagate its revolution to a global audience *and* benefit from its internationalist standing at home. The event permeated Havana: even the most disinterested residents—those who avoided the range of cultural events that accompanied the conference and its extensive coverage in the Cuban daily newspaper *Granma*—would have had a hard time ignoring the special gun-shaped Christmas lights decorating the freshly cleaned Havana streets. The government also used the conference to declare new production quotas in workplaces and introduce new school lessons for children. Although the conference and its resulting ideology was a collaborative global project, the Cuban state equated the goals of the conference with the aims of the Revolution itself—even when it did not live up to those goals.

While tricontinentalism was an impressive nexus of solidarity, it fell prey to Cold War conflicts. The conference carefully credited both the Russian and Chinese Revolutions as generative influences, but the two powers clashed in Havana, and neither ended up driving the Tricontinental project (or appearing often in OSPAAAL materials). China led the call for armed struggle but did not provide material aid for Cuba or others, ultimately hindering Sino-Cuban relations and China's role in the Tricontinental. Meanwhile, Cuba repudiated the Soviet Union's policy of "peaceful coexistence" in the years following the Missile Crisis (until Castro reluctantly threw in his lot with the Soviets in 1968). The US government closely watched the conference from afar, seeing it as both a threat and an opportunity for counterintelligence.[6] The United States worked through its ambassadors and regional allies to generate a response from the Organization of American States, which characterized conference participants as victims of a communist conspiracy that constituted "the most dangerous and serious threat that international communism has yet made against the inter-American system."[7] A US Senate report on the conference lamented:

> It is humiliating enough to have the international Communist conspiracy seize control of a country only 60 miles from American shores ... It becomes a thousand times as humiliating when that country is transformed into a headquarters for international revolutionary subversion while the OAS and the mighty United States of America look on, helpless and apparently incapable of any decisive action.[8]

Such concerns allude to the ideological threat tricontinentalism posed. However, the Tricontinental's geopolitical impact was ultimately hindered by many challenges including US and OAS opposition, Che Guevara's (the prototypical tricontinental subject) 1967 death in Bolivia, and factionalism between the superpowers and within the non-aligned movement.

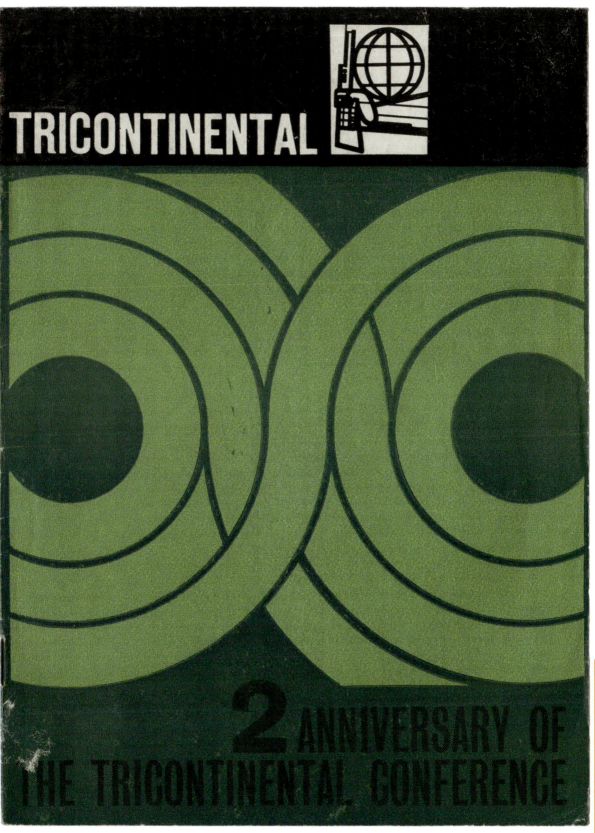

The planned second conference in Cairo in 1968 never took place.

Instead, the Tricontinental Conference produced the Organization of Solidarity of the Peoples of Africa, Asia, and Latin America. OSPAAAL continued the Tricontinental's mission to fight imperialism and aid national liberation movements through largely cultural, as well as ostensibly economic, political, and at times military means. OSPAAAL's leadership comprised Cuban political official Osmany Cienfuegos as Secretary General and twelve secretaries, four per continent. On a day-to-day basis, OSPAAAL hosted visitors to Cuba and attended meetings abroad, crafted research reports on conditions in different countries, sponsored cultural events, produced and distributed printed materials, and established days of solidarity with various peoples. Originally, the organization would have only been headquartered and directed by Cuba until the second Tricontinental Conference. Since this never occurred, Havana retained the OSPAAAL headquarters, with the Cuban government funding materials, printing, and staff, until the organization closed in 2019.

OSPAAAL exuded collaboration. Anecdotal accounts from the US—including in this volume—piece together a picture of the Havana office in its first decade as a busy and slightly haphazard place, with unexpected groups and individuals passing through. Books and news clippings (that people either brought in or mailed) were reworked and appeared in print. Images of people in the United States often came via the Liberation News Service, and OSPAAAL artist Jesús Forjans drew heavily on photographs from a French book about Central and West African sculptures.[9] This collaborative spirit was reflected in the range of publications and posters, which sometimes espoused the hard lines of the Cuban state but generally evoked less rigidity than other cultural productions from the island. Publications and posters came to a near-halt during the "Special Period" economic crisis of the 1990s. However, OSPAAAL remained in place, and unexpected visitors—myself included—dropped in well into the 2000s to peruse and purchase posters and interact with the staff.

OSPAAAL produced two important print publications: the monthly news-oriented *Tricontinental Bulletin* beginning in April 1966, and the more theoretical and influential bi-monthly *Tricontinental* magazine beginning in the summer of 1967. The magazine, at times printed in English, Spanish, French, and Italian, reached an official global peak circulation of 50,000 in 1968. However, it encouraged "partial or total reproduction" and undoubtedly reached more readers through sharing and re-printing. In the late sixties, *Tricontinental* served as an urtext of political thought from leading activist intellectuals within the Third World project, many of whom attended the Tricontinental Conference. In a pre-digital world, the magazine contained hard-to-find re-printed texts from Frantz Fanon, Yasser Arafat, and Che Guevara, original interviews with members of the Black Panther Party, and updates on movements from Vietnam to Venezuela. *Tricontinental* contributor and Student Nonviolent Coordinating Committee leader Stokely Carmichael called the *Tricontinental* "a bible in revolutionary circles."[10] For its part, the United States attempted to block the publications via embargo.

Posters were folded into the *Tricontinental* magazine. At least 30 graphic artists, most of them staff at *Tricontinental*, produced more than 330 posters depicting at least 30 countries and other individuals and territories. Alfrédo Rostgaard, *Tricontinental*'s artistic director and a prolific poster creator, drew on global influences—from Polish posters to pop art—to create a bold, bright aesthetic.[11] These styles merged into a recognizably Cuban creation that came to be identified as the "paradigmatic" art form of the Cuban Revolution and hewed closely to the Revolution's own internationalist ideology.[12] The artists' pre-1959 training was in advertising as well as fine art, and OSPAAAL posters were sold to both Cuban and international audiences to the Revolution and global solidarity. As Susan Sontag opined in her book on Cuban posters, OSPAAAL and other political posters put out by the Cuban state sought "to raise and complicate consciousness—the highest aim of the revolution itself."[13]

The aims of both tricontinentalism and the Cuban Revolution, which were seen as synonymous for a time, held a complex fate. The Tricontinental Conference did not bring down imperialism's many facets. As the Cuban Revolution entered its repressive "gray period" or *quinquenio gris* in 1971, it lost allies, including the onetime publishers of *Tricontinental* in Italy and France. Nevertheless, lingering tenets of tricontinentalism helped define Cuba's role in Angola and anti-apartheid struggles in southern Africa in the 1980s.[14]

Despite its generally overlooked place in history, the *Tricontinental* is considered a precursor to the Third World political project, the Global South, and a range of current radical movements. Recent scholarship has gone a long way toward clarifying the roots and platform of tricontinentalism, but more work is needed on its routes of circulation and collaboration, particularly from accounts that incorporate Cuban and other non-US experiences and perspectives.[15] OSPAAAL's publications and posters have had a particularly lasting influence, as evidenced by several exhibitions and the number of private collectors who have held onto and eventually donated posters. *Armed by Design* explores the origins, designs, and how a range of people around the world (past and present) interpreted the meanings of these graphics. OSPAAAL's significance lies both in the tricontinental ideology first articulated in the sixties and how international solidarity has been received and re-imagined today.

1   Robert J.C. Young, *Postcolonialism: An Historical Introduction* (Malden, MA: Blackwell, 2001), 5, 213.

2   See R. Joseph Parrott and Mark Atwood Lawrence, eds., *The Tricontinental Revolution: Third World Radicalism and the Cold War* (Cambridge: Cambridge University Press, 2022), and Anne Garland Mahler, *From the Tricontinental to the Global South: Race, Radicalism, and Transnational Solidarity* (Durham, NC: Duke University Press, 2018).

3   The General Secretariat of the Organization of Solidarity with the Peoples of Africa, Asia, and Latin America, ed., *First Solidarity Conference of the Peoples of Africa, Asia and Latin America* (Havana: O.S.P.A.A.A.L., 1966), 5, 25, 48.

4   Ibid., 127.

5   Fidel Castro, *The Second Declaration of Havana*, 2nd ed. (1962; repr., New York, NY: Pathfinder Press, 1991), 31.

6.   Eric Gettig, "'A Propaganda Boon for Us': The Havana Tricontinental Conference and the United States Response," in *The Tricontinental Revolution: Third World Radicalism and the Cold War*, ed. R. Joseph Parrott and Mark Atwood Lawrence (Cambridge: Cambridge University Press, 2022), 216–241.

7   The Council of the Organization of American States, *Report of the Special Committee to Study Resolutions II.1 and VIII of the Eighth Meeting of Consultation of Ministers of Foreign Affairs on the First Afro-Asian-Latin American Peoples' Solidarity Conference and its Projections* (Washington, D.C.: Pan American Union, 1966), 1:57, 66.

8   Senate Committee on the Judiciary, *The Tricontinental Conference of African, Asian, and Latin American Peoples*, 89th Cong., 2d sess., (1966), S. Doc. 62-345, 4, 32.

9   See Barbara Frank, "Visual Citations and Techniques in Tricontinental Graphics," (Zuccaire Gallery Lecture, Stoneybrook University, February 3, 2022), available at https://youtu.be/KL1Si75bn6Q, and research by Lani Hanna.

10   Stokely Carmichael and Michael Ekwueme Thelwell, *Ready for Revolution: The Life and Struggles of Stokely Carmichael (Kwame Ture)* (New York, NY: Scribner, 2003), 697.

11   Luis Camnitzer, *New Art of Cuba*, Rev. ed (Austin, TX: University of Texas Press, 2003), 109.

12   David Craven, *Art and Revolution in Latin America, 1910-1990* (New Haven, CT: Yale University Press, 2002), 95.

13   Susan Sontag, "Posters: Advertisement, Art, Political Artifact, Commodity," in *The Art of Revolution, Castro's Cuba: 1959–1970*, ed. Dugald Stermer and Susan Sontag (New York, NY: McGraw Hill, 1970), xiii.

14   Mahler, *From the Tricontinental to the Global South*, 133, 179.

15   See Vijay Prashad, *The Darker Nations: A People's History of the Third World*, New Press People's History (New York, NY: New Press, 2007), 105–115, and Jessica Stites Mor, *South-South Solidarity and the Latin American Left, Critical Human Rights* (Madison, WI: The University of Wisconsin Press, 2022).

Page 42: Artist unattributed, "Imperialist Aggression Has Made Us Stronger," photo maquette, *Tricontinental* 69/70 (inside back cover), 1979.

Page 43: Designer unattributed, "Precurseurs et Combattants Tombes Dans la Lutte Tricontinentale," *Tricontinental* 1 (édition française, inside front cover), 1968.

Page 44: Designer unattributed, "Aspects of the Struggle in Guatemala," *Tricontinental* 79 (inside front cover), 1980.

Page 45: Designer unattributed, "Sandino," *Tricontinental* 24 (inside back cover), 1971.

PRECURSEURS ET COMBATTANTS TOMBES
DANS LA LUTTE TRICONTINENTALE

Sandino, Nicaragua; Lumumba, Congo; Van Troi, Viet-Nam; Ben Barka, Maroc; Turcios Lima, Guatemala; Guido Gil, République Dominicaine; Domingo Ramos, Guinée dite portugaise. Le commandant Ernesto Ché Guevara dans son Message à la Tricontinentale: **Nos soldats doivent être ainsi, un peuple sans haine ne peut triompher sur un ennemi brutal.**

ASPECTOS DE LA LUCHA EN
ASPECTS DE LA LUTTE AU
ASPECTS OF THE STRUGGLE IN

GUATEMALA

SANDHO

La lucha del Tercer Mundo en movimiento
el diseño de Alfrédo Rostgaard para la OSPAAAL

Josh MacPhee

Ya fuera en los dormitorios de los estudiantes de cine maoístas en París, en las cabañas de los guerrilleros de la selva de Guinea-Bissau o en los quioscos de Beirut en plena guerra civil, los carteles de la Organización de Solidaridad de los Pueblos de África, Asia y América Latina jugaron un papel definitivo en la creación del imaginario de un Tercer Mundo liberado, a fines de los sesenta y principios de los ochenta. Hoy en día, estos objetos de diseño cubano se venden por más de 1 500 dólares en eBay, pero hace cincuenta años se distribuían gratuitamente en la revista *Tricontinental*.

Alfrédo Rostgaard fue el arquitecto visual de la revista y el director artístico de la OSPAAAL de 1966 a 1974. A diferencia de muchos de sus contemporáneos cubanos, no estudió arte en Estados Unidos o Europa, sino que se graduó en la Escuela de Arte José Joaquín Tejada de Santiago. Empezó a participar en la creación de cultura revolucionaria poco después del triunfo de la revolución, trabajando para *Mella*, una publicación de la Unión de Jóvenes Comunistas, el ala juvenil del Partido Comunista de Cuba. Empezó como caricaturista, y este compromiso con el humor, sus chistes y trucos visuales le serviría en su trabajo con la OSPAAAL.

Con este texto espero destacar la figura de Rostgaard como uno de los principales diseñadores y arquitectos visuales de la lucha popular de los años sesenta y setenta. Desgraciadamente, Rostgaard falleció en 2004 y apenas dejó constancia escrita de su pensamiento y su práctica del diseño. He encontrado dos entrevistas, una de 1974 con Marta Sosa, que fue distribuida originalmente por el servicio Cubano de noticias *Prensa Latina*, y después reeditada en la revista cultural de izquierdas estadounidense *Left Curve*. La otra apareció treinta años después, en 2004, en la revista internacional de cultura pop y diseño *Tokion*. Además, existe un breve artículo que Rostgaard escribió sobre su trabajo el cual se incluyó en un libro sobre los carteles de OSPAAAL, *Das trikontinentale Solidaritätsplaket/ The Tricontinental Solidarity Poster* de Robert Frick, publicado en 2003. En buena parte, este texto se inspira en estos tres documentos.

"Sentíamos que formábamos parte de un movimiento revolucionario, como si estuviéramos traduciendo el mensaje [de una película o ensayo] a otro medio". Entrevista de 1974.

El primer trabajo de Rostgaard fue diseñar las publicaciones de OSPAAAL. Al principio, el diseño era muy formal, con mucho texto y pocas fotografías. Pero una publicación mensual permitía la experimentación creativa, primero con la portada, y luego con el interior. Para las cubiertas de los primeros números del *Boletín*, Rostgaard creó un sistema cuadriculado: un campo visual cortado en cuatro secciones horizontales y cuatro verticales. La cabecera ocupaba todo el primer cuarto, mientras que en el segundo se utilizaba un bloque de color y líneas verticales. En la mitad inferior iba una imagen fotográfica e información sobre el número, dividida a su vez verticalmente en un bloque con el número; en otro bloque de doble ancho, una imagen sobre el contenido; y un último bloque con la fecha.

El resultado parece simple, pero se trata de una maquetación compleja. En cualquier caso, Rostgaard pronto se saldría de su propia cuadrícula para empezar a experimentar. El número 4 presenta una foto de prensa de un policía amenazando a un manifestante, y debajo de la

 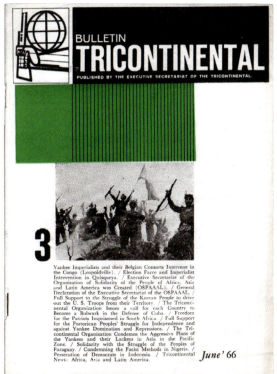

Arriba a la izquierda: Diseño de portada de Alfrédo Rostgaard, fotografía original sin acreditar, *Tricontinental Bulletin* 2 (portada), May 1966.
Arriba: Diseño de portada de Alfrédo Rostgaard, fotografía original sin acreditar, *Tricontinental Bulletin* 3 (portada), June 1966.

imagen Rostgaard destaca los elementos clave de la imagen (el policía, su macana y el manifestante) con puntos circulares que reflejan la fotografía superior. La portada del número 7/8 muestra una fotografía de un combatiente vietnamita con una foto más pequeña de un soldado estadounidense que agacha la cabeza en señal de angustia. Precisamente esta repetición y yuxtaposición de imágenes se convertiría en su firma para publicaciones posteriores y para los carteles que diseñó para OSPAAAL. Las portadas de los números 10 a 14 incluyen un uso extensivo del Zip-A-Tone, es decir patrones de punto para generar semitonos, colocados debajo y alrededor de fotografías, similar a lo que Emory Douglas comenzaba a experimentar para el periódico *The Black Panther*.

A mediados de 1967, Rostgaard diseñaba las portadas como minicarteles, utilizando 3 o 4 colores, efectos fotográficos y experimentos gráficos contundentes. La portada del número 30 presenta una foto muy estilizada y simplificada de un pequeño grupo de guerrilleros vietnamitas con un mortero en la selva. La contraportada muestra un caza estadounidense derribado y a punto de estrellarse (antes y después). En el número 48, la portada muestra un racimo de cócteles molotov etiquetados con banderas de Puerto Rico, el cual es lanzado contra un edificio cuyos ladrillos están formados por entidades corporativas estadounidenses. La contraportada muestra el edificio como un montón de cenizas humeantes. Una vez más, acción y resultado. En el *Boletín* se produjo un proceso similar. A finales de 1967, Rostgaard empezó a desafiar los límites de la reproducción de imágenes, comenzando con sencillos recursos de maquetación, como la repetición de fotografías en la misma página o la creación de imágenes reflejadas, por ejemplo la maqueta del artículo sobre Frantz Fanon del número 21. En 1968 experimentaba con superposiciones de gráficos y textos sobre fotografías, y a mediados de 1969 se lanzó de lleno al fotomontaje, las imágenes gráficas a toda página, las ilustraciones sobre fotografías, entre otros procesos. Las portadas de *Tricontinental* evitan el texto y se decantan en favor de gráficos provocativos, muchos de los cuales se extienden hasta la contraportada. En las portadas y contraportadas es que Rostgaard desarrolla el uso de la maqueta: Collages tridimensionales en los que a menudo se mezclan fotografías, papel recortado y objetos y figuras de la vida real, incluyendo personas, los cuales a su vez se montan y fotografían para crear ilustraciones. Por ejemplo, el número 29/30 presenta un arco iris de guerrilleros de cartón apuntalados, marchando, que son fotografiados en un campo de hierba real.

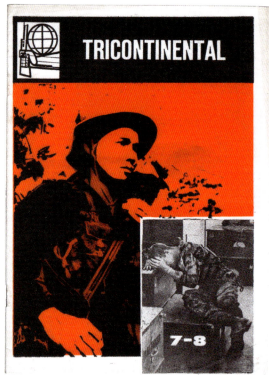

Arriba: Diseño de portada de Alfrédo Rostgaard, fotografía original sin acreditar, *Tricontinental Bulletin* 7/8 (portada), 1966.
Página opuesta: Diseño de portada de Alfrédo Rostgaard, fotografía original sin acreditar, *Tricontinental Bulletin* 30 (portada y contraportada), 1968.

se sitúa en un espacio en blanco en la parte superior de una página… A medida que se lee, en cada página, el avión avanza poco a poco hasta que en los últimos fotogramas se ve a través de una mira y luego es derribado en llamas. El ejemplo más conocido de este diseño *brechtiano* es su cartel de 1972 *Nixon-Vampire*, a veces llamado *Folding Nixon*. El espectador o lector desdobla un retrato de Richard Nixon, de estilo pop art, para ver otro retrato en el que Nixon empieza a abrir la boca; después se desdobla de nuevo y se revelan unos colmillos de vampiro saliendo de un fondo psicodélico. Hábilmente, Rostgaard induce al espectador y presenta al imperialismo estadounidense como si fuera un terrible "mal viaje".

"La OSPAAAL y el ya mencionado ICAIC reclutaron a jóvenes artistas para maquetar publicaciones y diseñar carteles que no funcionaban simplemente como material impreso o anuncios, sino como *agitprop* o propaganda de agitación. Queríamos establecer una comunicación clara, directa o indirecta, pero original, y no menospreciábamos ninguna iniciativa que nos permitiera ser eficaces y contemporáneos." Entrevista de 1974.

En esos años, los colegas de Rostgaard del ICAIC (Instituto Cubano de Cinematografía) también diseñaban carteles pero para la naciente industria cinematográfica cubana. Rostgaard fue invitado a colaborar en estos diseños. Sin embargo, lo interesante es observar cómo Rostgaard dotaba a la revista de una calidad propulsiva y cinematográfica mediante la fotografía fija, las ilustraciones y el diseño de vanguardia. Por ejemplo, desarrolló una serie de trucos para convertir el diseño de un texto en una tira de película. A veces tomaba una fotografía amplia y la reproducía una y otra vez, ampliando cada vez la imagen y dirigiendo la mirada del lector a un punto concreto de la foto. O bien, encargaba una serie de ilustraciones consecutivas que, puestas en orden, se convertían en algo parecido a un libro animado. La primera ilustración podía ser la de un estudiante pulcro caminando con sus libros de texto; en la segunda, la zancada del estudiante se ensancha y los libros se convierten en una botella; la imagen final muestra a la figura en pleno movimiento, lanzando directamente una molotov encendida hacia el lector. Una imagen de billetes y monedas se desdobla paso a paso para revelar lo que el dinero oculta. Un avión de guerra estadounidense

En retrospectiva, gran parte del contenido escrito de *Tricontinental* y del *Boletín* es difícil de leer, aunque esté disponible en cuatro o cinco idiomas. Manifiestos bienintencionados pero tediosos se mezclan con análisis políticos que suenan anticuados. Mientras tanto, la mayor parte del lenguaje visual de las publicaciones sigue siendo fresco a los ojos. En la misma entrevista el artista señala:

> Nos comunicábamos a través de las imágenes, era un lenguaje que todos entendíamos. [...] Lo que más nos ayudó en la búsqueda de nuestras propias formas de expresión fueron las condiciones a las que nuestro país estaba sometido por el embargo impuesto por Estados Unidos. Éste había limitado la llegada de materiales de diseño, y de ahí que, a partir de la necesidad de resolver nuestros problemas materiales, empezáramos a descubrir nuevas formas. Finalmente, a pesar del bloqueo, desarrollamos innovaciones y un modo de expresión legítimo.

Desde esta perspectiva, es probable que las cualidades repetitivas y fílmicas tengan que ver con esta limitación del material disponible, y por

otra parte, con una visión específica del diseño. Pues Rostgaard no se limitaba a ilustrar el contenido, sino que creaba nuevas formas de comunicación que cruzaban fronteras tanto geográficas como lingüísticas y culturales. Al convertir el contenido de Tricontinental en formas pictográficas, también rompía ciertas limitaciones para los lectores. En sus palabras:

> En nuestro trabajo al frente del equipo de diseño de la revista *Tricontinental* tomamos como punto de partida que se trata de una publicación internacional. Es decir, hay que tener en cuenta que la mayor parte de su tiraje está en el extranjero. Eso significa que cuando averiguamos qué mensaje hay que transmitir, preparamos un diseño acorde con lo que hoy se conoce como lenguaje gráfico internacional. Tenemos que hacer frente a los factores externos presentes allí donde circula la revista, como la propaganda capitalista y el nivel político de las personas a las que va dirigida. No nos apegamos a una sola forma, sino que, partiendo del objetivo que hay que expresar, hacemos uso de tantas técnicas modernas como sea necesario. Lo importante es que el mensaje que queremos transmitir llegue y sea comprensible para aquellos a quienes debe llegar. Nos servimos de un sinfín de técnicas como la fotografía, las composiciones, la pintura, la caricatura, los dibujos y otras… Una imagen es como una dirección para el pensamiento. En ella se pueden ver infinidad de cosas e ideas. Es por eso que resulta tan difícil transmitir un mensaje político a través de imágenes. Pero cuando se logra, los resultados son muy positivos porque el mensaje se capta en toda su dimensión. Creo, realmente, que la imagen supera a la palabra en la difusión de ideas. Entrevista de 1974.

Rostgaard y el equipo de diseño de la OSPAAAL intentaban crear un lenguaje visual para la solidaridad internacional. Con base en imágenes existentes de luchas obreras, nacionalistas y de otros tipos, la OSPAAAL intentó desarrollar un conjunto iconográfico común. Esto es evidente en el uso de imágenes de arte precolombino y otros elementos para evocar una identidad nacionalista singular, por país o incluso a nivel continental, que trascendiera la opresión colonial y capitalista. Al poner armas en las manos de esculturas africanas o glifos latinoamericanos, por ejemplo, los diseñadores promovían la lucha armada para la liberación de un modo distinto a otras clases de propaganda. Del mismo modo, los puños, las banderas, las cadenas rotas y otras armas se reimaginan y se vuelven a presentar como íconos de la liberación.

Claro que esta taquigrafía gráfica tiene sus pros y sus contras. En un siglo XXI en el que gran parte de África está inundada de AKs-47 y en un estado de guerra perpetua, para no ir más lejos, es difícil digerir tal énfasis en las armas. Por otro lado, es cuestionable la exaltación de artefactos precoloniales portando armas automáticas modernas. Se trata de un inteligente ardid de diseño para promover la lucha armada nacionalista pero la veracidad de dichos artefactos y su relación con la lucha revolucionaria es problemática y corre el riesgo de fetichización, entre otras razones porque ninguno de los diseñadores había estado antes en estos países y el material de origen de las imágenes utilizadas era my limitado (de hecho, la mayoría de las imágenes sobre África proceden de un libro de arte africano de autoría francesa). En un país como Mozambique, digamos, donde el éxito del Frente de Liberación de Mozambique (FRELIMO) dependía de la unión de pueblos de más de una docena de grupos lingüísticos y culturales diferentes, resulta dudoso que un único artefacto de esta clase pueda representar la identidad de todos los implicados en la lucha. Este problema se agudiza aún más en carteles como el de Egipto, en el que se quitan jeroglíficos de pirámides y en su lugar se colocan granadas. Esta imagen borra la sociedad de clases egipcia antes del colonialismo europeo y el imperialismo estadounidense, y en la medida en que es un lenguaje basado en glifos de la clase dominante precolonial, no es la mejor representación ni de las antiguas poblaciones esclavas ni de la clase trabajadora y los pobres de la época contemporánea.

Algunas de estas limitaciones son producto de la tensión entre el horizonte internacionalista de la revista y el intenso nacionalismo cubano en cuanto al diseño de origen local. Es decir, mientras que el contenido escrito procedía del amplio abanico de países y luchas que la OSPAAAL apoyó, las imágenes de la revista y los carteles eran obra de un pequeño equipo de diseñadores cubanos que trabajaban en un estudio en La Habana. Esta fricción tenía sus ventajas y desventajas. El hecho de no haber estado nunca en Laos o en Guinea-Bissau, por ejemplo, permitió a Rostgaard y sus compañeros cierta libertad: no tenían por qué ceñirse demasiado a un imaginario o política específica, lo que abriría el campo visual a posibilidades gráficas explosivas. Desde luego, esto también significaba que había limitaciones reales en el tipo y la calidad de la información que se comunicaba. Lo cierto es que la libertad que se concedió a estos artistas les permitió crear uno de los imaginarios visuales más poderosos del Tercer Mundo, con enormes repercusiones en la forma en que la izquierda mira, ayer y hoy, al Sur Global.

Rostgaard no dudó en tomar prestadas imágenes de todo el mundo. En varias piezas tomó la obra y la estética del artista del Partido de las Panteras Negras Emory Douglas. En algunos carteles utilizó gráficos del realismo socialista norcoreano, y en otros, utilizó la estética de la publicidad occidental para usos más politizados. Pero en la misma medida, la OSPAAAL fue generosa con su propio trabajo. Cada número de *Tricontinental* y del *Boletín* incluía una declaración en la portada: "Tricontinental autoriza la reproducción total o parcial de sus artículos e información". Y eso es exactamente lo que ocurrió: el texto y las imágenes de las revistas se tomaron directamente y se reprodujeron en periódicos, revistas, panfletos y folletos de todo el mundo. Presagiando licencias como Creative Commons, la OSPAAAL decidió que era más importante distribuir y difundir la información que controlar el flujo. Esta circulación incluyó carteles: hay varios ejemplos de imprentas en Estados Unidos, Europa y Oriente Medio que produjeron tirajes enteros de carteles de la OSPAAAL.

La apertura a la reproducción estaba motivada políticamente, pero en última instancia también era una respuesta a las restricciones impuestas por el embargo estadounidense. Como ya se ha comentado, en los primeros años de *Tricontinental* se publicaron varias ediciones masivas en distintos idiomas: 25 000 en español, 15 000 en inglés y 10 000 en francés. A lo largo de la década de 1970, se imprimieron 50 000 ejemplares de cada cartel en la imprenta Frederick Engels de La Habana. En la década de 1980, con la desaceleración económica, el eventual colapso del apoyo del Bloque del Este y la creciente presión del bloqueo, la OSPAAAL cada vez dispuso de menos recursos. La mayor parte de la producción de las ediciones no inglesas y en español de la revista se subcontrató en otros países, y la producción de carteles se redujo exponencialmente: entre 1981 y 1990 se produjeron únicamente 58 carteles originales en comparación con los 129 de la década anterior. En este contexto, el hecho de que otros retomen el contenido escrito y visual de la OSPAAAL y lo reproduzcan libremente se convierte en una estrategia de distribución por derecho propio.

No cabe duda de que el programa editorial de la OSPAAAL es uno de los sistemas más amplios e innovadores de producción y distribución impresa de la izquierda que jamás hayamos visto. En la Unión Soviética y en China se crearon enormes aparatos de propaganda, sin embargo su producción tenía un alcance político más limitado y estaba más controlada en términos estéticos que la OSPAAAL. En respuesta a la pregunta de cuál es el objetivo de un diseñador, Rostgaard afirmó:

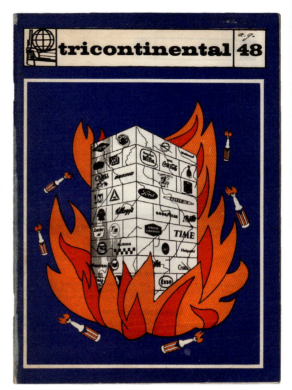

Arriba: Alfrédo Rostgaard, *Tricontinental Bulletin* 48 (portada), 1970.
Página opuesta: Diseño de portada de Alfrédo Rostgaard, fotografía original sin acreditar, "Frantz Fanon: The Man of Violence" *Tricontinental Bulletin* 21 (21), 1967.

"El objetivo puede expresarse en una sola palabra: COMUNICAR. Pero, además, yo añadiría que para un diseñador revolucionario el primer requisito debe ser la utilidad. Cualquier belleza que pueda poseer nuestro trabajo debe estar ahí por su función comunicativa. Además, un diseñador tiene que ser original, porque es la única manera de captar la atención de las personas a las que va dirigido el mensaje".

La inmensa colección de publicaciones y carteles originales de la OSPAAAL de Interference Archive fue indispensable para escribir este artículo, al igual que el trabajo de los compañeros que ayudaron a organizar la exposición *Armed by Design* de 2015 (Lani Hanna, Jen Hoyer, Vero Ordaz y Sarah Seidman). Este ensayo retoma planteamientos de un artículo que publiqué anteriormente en *The Funambulist* #22, marzo–abril de 2019.

Desafios do terceiro mundo em ação
o plano de Alfrédo Rostgaard para a OSPAAAL

Josh MacPhee

Seja adornando as paredes dos dormitórios de estudantes de cinema maoistas em Paris, as cabanas de guerrilheiros nas selvas da Guiné-Bissau ou as bancas de jornais de Beirute em meio à guerra civil, os cartazes da Organização de Solidariedade dos Povos da África, Ásia e América Latina desempenharam um papel significativo na criação do imaginário de um Terceiro Mundo libertado ao longo do final dos anos 1960 e início dos anos 1980. Hoje, esses objetos de design cubano alcançam preços de mais de 1.500 dólares no eBay, mas cinquenta anos atrás eram distribuídos gratuitamente como um suplemento da revista *Tricontinental*.

Alfrédo Rostgaard foi o arquiteto visual da *Tricontinental* como diretor artístico da OSPAAAL de 1966 a 1974. Ao contrário de muitos de seus contemporâneos cubanos, ele não estudou arte nos Estados Unidos ou na Europa, mas se formou na Escola de Arte José Joaquin Tejada, em Santiago. Ele se envolveu na criação da cultura revolucionária logo após o sucesso da revolução, trabalhando para a *Mella*, uma publicação da União de Jovens Comunistas, a ala jovem do Partido Comunista Cubano. Ele começou como cartunista, e esse envolvimento com o humor —e em particular com piadas visuais ou trocadilhos— foi muito útil em seu trabalho com a OSPAAAL. Espero ajudar a consolidar o lugar de Rostgaard como um dos principais designers e arquitetos visuais da luta popular nas décadas de 1960 e 70.

Infelizmente, Rostgaard faleceu em 2004 e deixou muito pouco registro escrito de seu pensamento ou processo de design. Encontrei duas entrevistas, uma de 1974 com Marta Sosa, originalmente distribuída pelo serviço de notícias *Prensa Latina* de Cuba e republicada na revista cultural esquerdista *Left Curve* nos EUA. Esta última surgiu trinta anos depois, em 2004, na revista internacional de cultura pop e design *Tokion*. Além disso, um breve artigo que Rostgaard escreveu sobre seu próprio trabalho foi incluído em um livro sobre os cartazes da OSPAAAL, intitulado *Das trikontinentale Solidaritätsplakat/The Tricontinental Solidarity Poster*, de Robert Frick, publicado em 2003. Portanto, me baseio muito nesses três documentos neste artigo.

"Sentíamos que fazíamos parte de um movimento revolucionário – como se estivéssemos traduzindo a mensagem [de filmes ou ensaios] para outra mídia." [entrevista de 1974]

O trabalho inicial de Rostgaard foi criar o projeto estético das publicações da OSPAAAL. No início, o design era em grande parte conservador, com muito texto e apenas um pequeno número de fotografias. Mas uma publicação mensal permitiu a experimentação criativa, inicialmente com a capa e depois passando para o interior. Para as capas das primeiras edições do *Boletim*, Rostgaard criou um sistema de grade: um campo visual dividido em quatro seções horizontais e quatro verticais. O cabeçalho ficava na parte superior, ocupando todo o primeiro quarto; o segundo quarto era preenchido com blocos de cor e linhas verticais, e a foto e as informações sobre a edição eram incluídas na metade inferior, dividida verticalmente em um bloco com o número da edição, um bloco duplo com uma imagem acima do conteúdo e um último bloco com a data.

Embora o resultado pareça simplista, na verdade é um layout complexo. No entanto, Rostgaard logo rompe com sua própria concepção e começa a experimentar. A edição 4

Alfrédo Rostgaard, *Tricontinental* 29/30 (capa), Mar–Jun 1972.

apresenta uma foto da imprensa de um policial ameaçando um manifestante, e abaixo da imagem, Rostgaard destaca os elementos-chave da imagem (o policial, seu cassetete e o manifestante) em pontos circulares que espelham a fotografia acima. A capa da edição 7/8 apresenta uma fotografia de um lutador vietnamita com uma foto menor de um soldado estadunidense angustiado e de cabeça baixa. É exatamente essa repetição e justaposição de imagens que se tornaria sua assinatura em publicações seguintes e também nos cartazes que ele criou para a OSPAAAL. As capas das edições 10 a 14 incluem o uso abrangente de padrões de retícula colocados sob e ao redor de fotografias, semelhante ao que Emory Douglas estava começando a experimentar para o jornal publicado pelos Black Panthers.

Em meados de 1967, Rostgaard estava projetando as capas como minicartazes, usando 3 ou 4 cores, efeitos fotográficos e experimentos gráficos audaciosos. A capa da edição 30 apresenta uma foto altamente estilizada e simplificada de um pequeno grupo de guerrilheiros vietnamitas com um morteiro na floresta, e a contracapa mostra um avião de combate americano abatido prestes a cair – em um antes e depois. Na edição 48, a capa mostra um grupo de coquetéis molotov rotulados com bandeiras porto-riquenhas sendo jogados em um prédio construído de tijolos compostos por entidades corporativas dos EUA, enquanto a parte de trás retrata o prédio como uma pilha de cinzas fumegantes — novamente, ação e resultado. Um processo semelhante evoluiu dentro do *Boletim*. No final de 1967, Rostgaard começou a empurrar os limites da reprodução de imagens, primeiro através de dispositivos simples de layout, como repetir fotografias na mesma página ou criar imagens espelhadas (como em sua criação para um artigo sobre Frantz Fanon no número 21). Em meados de 1968, ele começou a experimentar ainda mais, com sobreposições de gráficos e texto em cima de fotografias, e então, em meados de 1969, ele realmente se destacou, empregando fotomontagem, imagens gráficas em página inteira, ilustrações em cima de fotografias e muito mais. As capas da *Tricontinental* dispensam o texto para privilegiar gráficos provocativos, muitos dos quais se estendem até a contracapa. É nessas capas que Rostgaard desenvolve o uso de maquetes: colagens em 3D que misturam fotografias, papel cortado e objetos da vida real (incluindo pessoas), que são compostos e fotografados para criar ilustrações de capa. Por exemplo, a edição 29/30 tem um arco-íris de guerrilheiros de papelão apoiados e marchando, fotografados em um campo de grama real.

Enquanto seus colegas no ICAIC (Instituto Cubano de Arte e Indústria Cinematográficas) estavam projetando cartazes para a incipiente indústria cinematográfica cubana (para a qual ele também fora convocado), Rostgaard estava usando fotografia, ilustrações e design de ponta para dar à *Tricontinental* uma qualidade propulsora e cinematográfica. Rostgaard desenvolveu uma série de truques para transformar o design de um ensaio em uma sequência de filme. Ele tirava uma fotografia em plano geral e reproduzia repetidamente, aumentando a imagem a cada vez e chamando a atenção do leitor para um ponto específico dentro da foto. Ele encomendava uma série de ilustrações consecutivas que, quando colocadas em ordem, se transformavam em algo semelhante a um livro animado. A primeira ilustração poderia ser de um estudante bem vestido caminhando com seus livros escolares, e então o passo do estudante se alargava, os livros se transformavam em uma garrafa, e a imagem final tinha a figura em pleno movimento, lançando uma garrafa Molotov acesa bem no leitor. A imagem de uma nota é desdobrada passo a passo para revelar o que o dinheiro está ocultando. Um avião de guerra dos EUA fica em um espaço em branco no topo de uma página — conforme você lê, a cada página o avião se move um pouco mais para frente, até que nos quadros finais ele é visto através de uma mira, e então abatido em chamas. O exemplo mais conhecido deste design brechtiano é seu cartaz *Nixon-Vampiro*, de 1972 (às vezes chamado de *Nixon Dobrável*). O espectador precisa desdobrar um retrato sóbrio —embora no estilo pop art— de Richard Nixon para expor outro retrato onde Nixon começa a abrir a boca, e então desdobrar novamente para vê-lo com presas de vampiro explodindo de um fundo psicodélico. Ele apresenta com sucesso ao espectador a imagem dos EUA como uma *bad trip* terrível.

"A OSPAAAL e a ICAIC, mencionadas anteriormente, contrataram jovens artistas para criar publicações e desenhar cartazes que não funcionavam apenas como materiais impressos ou anúncios, mas como agitação e propaganda. "Queríamos estabelecer uma comunicação clara, direta ou indireta, mas original, e não dispensávamos nenhuma iniciativa que nos permitisse ser efetivos e contemporâneos." [entrevista de 1974]

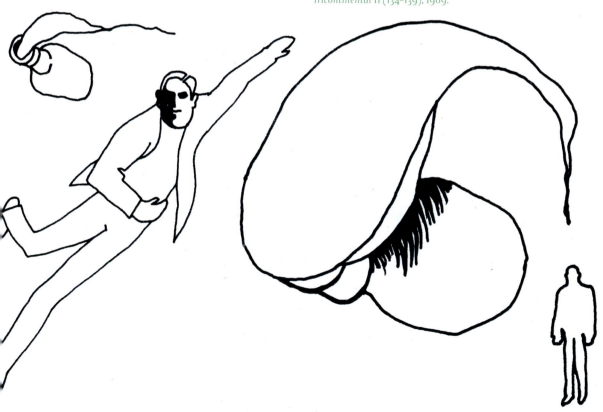

Alfrédo Rostgaard, ilustrações de "News Behind the News", *Tricontinental* 11 (134–139), 1969.

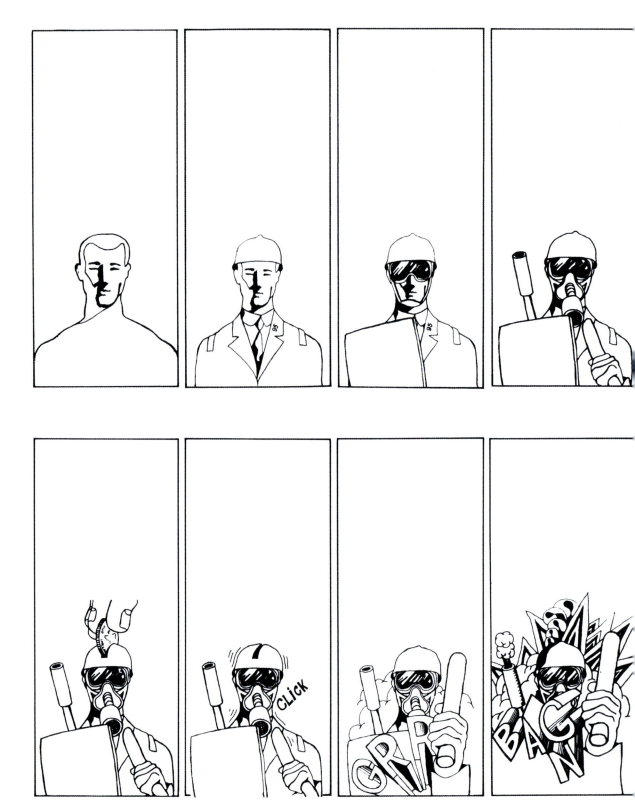

Acima: Alfrédo Rostgaard, ilustrações de "News Behind the News", *Tricontinental* 9 (116–119), Nov–Dec 1968.
Página 57: Alfrédo Rostgaard, ilustrações de "News Behind the News", *Tricontinental* 18 (146–151), May–June 1970.
Página 58-59: Alfrédo Rostgaard, ilustrações de "The Great South-Asian War", *Tricontinental* 18 (74–78), May–June 1970.

Josh MacPhee

Em retrospectiva, muito do conteúdo escrito pelo *Tricontinental* e *Boletim* é de difícil leitura, mesmo que disponível em quatro ou cinco idiomas. Manifestos bem-intencionados, mas prolixos, coexistem com análises políticas que parecem muito datadas. Enquanto isso, a maior parte da linguagem visual das publicações ainda é fresca aos olhos. Rostgaard, o próprio, disse: "Comunicávamos através das imagens — era uma linguagem que todos entendíamos." O que mais nos ajudou na busca por nossas próprias formas de expressão foram as condições a que nosso país foi submetido pelo embargo econômico dos Estados Unidos. Isso havia limitado a chegada de materiais de design, e portanto, a partir da necessidade de resolver nossos problemas materiais, começamos a descobrir novas estratégias. No fim, apesar das condições, desenvolvemos inovações e um modo legítimo de expressão. Ao olhar para seu design sob essa perspectiva, as qualidades repetitivas e cinematográficas podem ter tanto a ver com a limitação de materiais quanto com uma visão específica de design. Rostgaard não estava apenas ilustrando o conteúdo, mas também criando novas maneiras de comunicar através de fronteiras, sejam elas geográficas, linguísticas ou culturais. Ao converter o conteúdo da Tricontinental em forma pictográfica, ele também tentava explicar o máximo possível essas limitações aos seus leitores. Em suas próprias palavras:

> "Em nosso trabalho à frente da equipe de design da revista *Tricontinental*, tomamos como ponto de partida o fato de ser uma publicação internacional. Isso significa que temos que levar em consideração que a maior parte de sua circulação é no exterior. Isso significa que, quando descobrimos qual mensagem deve ser transmitida, preparamos um design de acordo com o que é conhecido hoje como linguagem gráfica internacional. Temos que lidar com os fatores externos presentes nos locais onde a revista circula, como a propaganda capitalista e o nível político das pessoas a quem a publicação é dirigida. Não nos prendemos a uma única forma; pelo contrário, partindo do objetivo a ser expressado, utilizamos quantas técnicas modernas forem necessárias. O importante é que a mensagem que queremos transmitir chegue lá e seja compreensível para aqueles a quem se destina. Nós utilizamos uma série de técnicas, como fotografia, composições, pintura, caricatura, desenhos e outras... Uma imagem é como uma direção para o pensamento. Você pode ver nela uma infinidade de coisas e ideias. É por isso que é tão difícil transmitir uma mensagem política por meio de imagens. Mas quando isso ocorre, os resultados são altamente positivos, porque a mensagem é capturada em sua plena dimensão. Eu acredito, realmente, que a imagem supera a palavra na disseminação de ideias." [Entrevista de 1974]

Rostgaard (e o time de design da OSPAAAL) tentava criar uma linguagem visual para a solidariedade internacional. Utilizando imagens já existentes de lutas trabalhistas, nacionalistas, entre outros conflitos, a OSPAAAL tentou desenvolver um conjunto comum iconográfico. Isso é mais evidente no uso de imagens de arte pré-europeia e elementos de design para evocar uma identidade singular local (em cada país específico ou até mesmo em toda uma região) que transcende a opressão do colonialismo e do capitalismo. Ao colocar armas nas mãos de cada uma dessas esculturas africanas ou glifos latino-americanos, os designers estão promovendo ainda mais a luta armada como estratégia-chave na visão da OSPAAAL para a libertação. Da mesma forma, punhos, bandeiras, correntes quebradas e até mesmo o uso de mais armas são reaproveitados, reimaginados e apresentados novamente como ícones de libertação.

Vista em retrospectiva, essa abordagem gráfica apresenta vantagens e desvantagens. No século 21, quando grande parte da África é inundada por AK-47s e em um estado de guerra perpétua, é difícil engolir a fixação total por armas que reinou no imaginário da OSPAAAL. Já mencionei a valorização excessiva dos artefatos pré-coloniais portando armas de fogo automáticas pós-coloniais. Isso é uma jogada inteligente de design para promover a luta armada nacionalista, mas dado que nenhum dos designers da

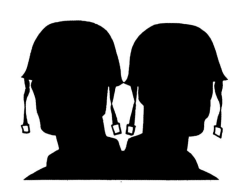

OSPAAAL jamais esteve na maioria desses países e que eles estavam desenhando as imagens a partir de fontes muito limitadas (quase todas as imagens africanas vêm de um livro de arte africana de autoria francesa), a veracidade e fetichização do artefato pré-contato colonial e sua relação com a luta contemporânea é questionável. Em um país como Moçambique, onde o sucesso da Frente de Libertação de Moçambique (FRELIMO) dependia de reunir pessoas de mais de uma dúzia de grupos linguísticos e culturais diferentes, parece questionável que um único artefato pudesse representar a essência de todos os envolvidos na luta. Esse problema é ainda mais agudo em cartazes como o do Egito, onde hieróglifos são retirados de pirâmides e a eles são entregues granadas. Isso apaga a natureza da sociedade de classes no Egito antes do colonialismo europeu e do imperialismo dos EUA, e o fato de que a linguagem baseada em glifos daquela classe dominante pré-colonial certamente não é a melhor representação nem das populações escravizadas antigas, nem da pobreza e da classe trabalhadora contemporâneas.

Algumas dessas limitações são produtos da tensão entre o internacionalismo da visão Tricontinental e o intenso aspecto nacionalista do design. Embora o conteúdo escrito seja extraído da vasta gama de países e lutas apoiadas pela OSPAAAL, as imagens na revista e nos cartazes são inteiramente produtos de uma pequena equipe de designers cubanos trabalhando em um estúdio em Havana. Essa fricção teve suas vantagens e desvantagens. Nunca tendo estado no Laos ou na Guiné-Bissau, Rostgaard se libertou de qualquer apego estético ou político específico, abrindo completamente o campo visual para possibilidades gráficas explosivas. Também significava que havia limites reais para as informações que seriam comunicadas. A liberdade concedida a esses artistas permitiu-lhes criar um dos imaginários visuais mais poderosos do Terceiro Mundo, que ainda tem um enorme impacto nas formas como a esquerda olha para, e a partir do, Sul global hoje.

Rostgaard não hesitou em emprestar o imaginário de várias partes do mundo: Emory

Acima: Alfrédo Rostgaard, *Nixon-Vampire* (dobrado), pôster impresso em offset, 1972.
Página 61: Alfrédo Rostgaard, *Nixon-Vampire* (desdobrado), pôster impresso em offset, 1972.

Douglas, artista do Partido dos Panteras Negras, teve seu trabalho e estética adotados e utilizados em diversas peças, os gráficos realistas socialistas da Coreia do Norte foram copiados em alguns dos cartazes, e estéticas publicitárias populares do Ocidente foram frequentemente usadas para fins politizados. Mas a OSPAAAL foi generosa com seu próprio trabalho. Cada edição, tanto da *Tricontinental* quanto do *Boletim*, apresentava uma declaração na página do título, "*Tricontinental* autoriza a reprodução total ou parcial de seus artigos e informações". E foi exatamente isso que aconteceu, textos e imagens das revistas foram diretamente reproduzidos em jornais, revistas, panfletos e folhetos em todo o mundo. Em um incrível prenúncio da Creative Commons, a OSPAAAL decidiu que a distribuição abrangente das informações que ela transmitia era mais importante do que controlar seu fluxo. Isso se estendeu até aos cartazes: há vários exemplos de gráficas nos Estados Unidos, Europa e Oriente Médio criando séries inteiras a partir de cartazes da OSPAAAL.

Essa abertura para reprodução foi motivada politicamente, mas acabou também funcionando como resposta às restrições impostas pelo embargo dos EUA. Como discutido, nos primeiros dias da *Tricontinental*, várias edições separadas do periódico em diferentes línguas foram publicadas em grandes quantidades: 25 mil em espanhol, 15 mil em inglês e 10 mil em francês. Ao longo dos anos 1970, 50 mil cópias de cada cartaz foram impressas na gráfica Frederich Engels, em Havana. Na década de 1980, com a diminuição e eventual colapso do apoio do bloco oriental e a crescente pressão do bloqueio, a OSPAAAL dispunha de cada vez menos recursos. A produção das edições do periódico em línguas que não o espanhol ou o inglês foi terceirizada para outros países, e a produção de cartazes diminuiu exponencialmente: entre 1981 e 1990, foram produzidos 58 cartazes, em comparação com 129 da década anterior. Nesse contexto, o fato de outros se apropriarem do conteúdo escrito e visual da OSPAAAL para reprodução tornou-se uma estratégia de distribuição por si só.

Não há dúvida de que o programa de publicação da OSPAAAL é um dos sistemas de produção e distribuição de impressos mais expansivos e inovadores da esquerda que já vimos. Embora a União Soviética e a China tenham criado enormes aparatos de propaganda, a produção de ambos foi mais limitada em termos políticos e significativamente mais controlada em termos estéticos. Em resposta à pergunta sobre qual é o objetivo de um designer, Rostgaard afirmou:

> "O objetivo pode ser expresso a partir de uma única palavra: COMUNICAR. Mas, além disso, eu acrescentaria que, para um designer revolucionário, o primeiro requisito deve ser a utilidade. Qualquer beleza que nosso trabalho possa ter deve estar lá por causa de sua função comunicativa. Além disso, um designer deve ser original, porque essa é a única maneira de capturar a atenção das pessoas para as quais a mensagem é dirigida."

A coleção imensa de publicações e cartazes originais da OSPAAAL mantida pelo Interference Archive foi indispensável para escrever este artigo, assim como o trabalho de meus camaradas que ajudaram a organizar a exposição de design da OSPAAAL intitulada "Armed by Design" em 2015 (Lani Hanna, Jen Hoyer, Vero Ordaz e Sarah Seidman). Este ensaio se baseia muito em um artigo que publiquei anteriormente na revista *The Funambulist* #22, de março–abril de 2019.

Un tiers-monde en lutte
le projet d'Alfrédo Rostgaard pour l'OSPAAAL

Josh MacPhee

Qu'ils aient orné les dortoirs parisiens d'étudiants maoïstes en cinéma, les cabanes de guérilleros dans les jungles de Guinée-Bissau, ou les kiosques d'un Beyrouth plongé dans la guerre civile, les posters de l'OSPAAAL ont joué un rôle important dans la capacité à imaginer un tiers-monde libéré, de la fin des années 1960 au début des années 1980. Ces affiches cubaines se vendent aujourd'hui à plus de 1 500 dollars sur eBay, mais voilà cinquante ans, elles étaient offertes en tant qu'encarts du magazine *Tricontinental*.

Directeur artistique de l'OSPAAAL de 1966 à 1974, Alfrédo Rostgaard est l'architecte graphique de *Tricontinental*. Contrairement à nombre de ses contemporains cubains, il n'étudie l'art ni aux États-Unis ni en Europe, mais à Santiago, dans l'école José Juaquin Tejada. Peu après la victoire de la révolution cubaine, il opte pour l'art politique en travaillant pour *Mella*, publication de la branche jeunesse du Parti communiste cubain. D'abord caricaturiste, il met son humour au service de l'OSPAAAL, notamment via des gags visuels et du comique de répétition.

J'aimerais ici participer à cimenter le rôle de Rostgaard comme l'un des principaux instigateurs de cette révolution visuelle populaire des années 1960 et 1970. Notre homme est malheureusement décédé en 2004, et on trouve très peu de traces écrites de sa pensée ou de ses méthodes. J'ai mis la main sur deux entretiens, l'un de 1974 avec Marta Sosa, diffusé à l'origine par le service de presse cubain *Prensa Latina* et re-publié dans le magazine culturel de gauche américain *Left Curve*, l'autre de 2004, soit trente ans plus tard, dans le magazine international de culture pop et de design *Tokion*. Un court article où Rostgaard évoque son travail a aussi été inclus en 2003 dans un livre sur les affiches de l'OSPAAAL, *Das trikontinentale Solidaritätsplaket*, de Robert Frick. L'article qui suit s'inspire en grande partie de ces trois sources.

> «On se sentait partie prenante de la révolution, comme si on traduisait le message d'un film ou d'un essai sur un autre support.» [entretien de 1974]

La première tâche de Rostgaard a été de concevoir les publications de l'OSPAAAL. À l'origine, leur design était très épuré, avec beaucoup de texte et peu de photos. Mais une publication mensuelle permettait des expérimentations, d'abord cantonnées à la couverture avant d'atteindre l'intérieur. Pour les couvertures des premiers numéros, Rostgaard a mis en place un système de grille : un champ visuel découpé en quatre sections horizontales et quatre verticales. L'en-tête occupe le quart supérieur, un bloc de couleur et des lignes verticales le deuxième, une photo et des précisions sur le sommaire la moitié inférieure, elle-même divisée verticalement en un bloc avec le numéro, un bloc illustré deux fois plus gros, puis un dernier avec la date.

Si le résultat peut paraître simpliste au premier abord, il s'agit en réalité d'une mise en page très étudiée. Quoi qu'il en soit, Rostgaard se met vite à expérimenter. Le numéro 4 arbore une photo d'un policier menaçant un manifestant, sous laquelle les éléments-clés de l'image (le policier, sa matraque, le manifestant) sont mis en avant dans des médaillons. Sur la couverture du numéro 7/8, une photo d'un combattant vietnamien avec, en médaillon, celle d'un soldat américain, tête baissée, en proie à l'angoisse. Ces répétitions et juxtapositions deviendront la marque de fabrique de Rostgaard, tant pour

Conception d'Alfrédo Rostgaard, photographies non attribuées, illustration tirée de « Brazil: the accelerated sell-out », *Tricontinental* 11 (50–54), 1969.

ses travaux ultérieurs que pour l'OSPAAAL. Les couvertures des numéros 10 à 14 font un usage intensif de trames d'imprimeries disposées sous et autour des photos, à l'instar de ce qu'Emory Douglas commençait à faire dans le journal *Black Panther*.

À partir de 1967, Rostgaard se met à concevoir les couvertures comme des mini-affiches en trois ou quatre couleurs, pleines d'effets photographiques et d'audacieuses expérimentations. La couverture du numéro 30 arbore une photo stylisée et simplifiée d'un petit groupe de guérilleros vietnamiens, mortier en mains dans la jungle, tandis que la quatrième de couverture dépeint un avion de chasse américain abattu sur le point de s'écraser : avant/après. Au recto du numéro 48, des cocktails Molotov aux couleurs du drapeau portoricain sont lancés sur un bâtiment en briques appartenant à une société américaine, tandis que le verso montre le bâtiment devenu un amas de cendres fumantes : là encore, l'action d'un côté, le résultat de l'autre.

Un processus similaire est à l'œuvre dans les pages du *Bulletin*. Fin 1967, Rostgaard commence à repousser les limites de la reproduction d'images, d'abord par le biais de simples dispositifs de mise en page, tels que la répétition de photographies sur une même page ou la création d'images en miroir (comme dans sa mise en page pour un article sur Frantz Fanon dans le numéro 21). En 1968, il repousse encore un peu plus ces limites, avec des superpositions d'images et de textes sur des photographies, puis, mi-1969, il se distingue encore plus par le biais de photomontages, d'images en pleines pages, d'illustrations par-dessus des photographies, etc. Les couvertures de *Tricontinental* délaissent le texte au profit de graphismes provocants, dont beaucoup s'étendent jusqu'à la quatrième de couverture. C'est ici que Rostgaard tire le maximum de sa maquette, avec des collages en trois dimensions mêlant photographies, illustrations et objets réels (y compris des personnes). Par exemple, le numéro 29/30 arbore un arc-en-ciel de guérilleros en carton photographié dans un champ bien réel.

Au moment où ses collègues de l'ICAIC conçoivent des affiches pour la jeune industrie

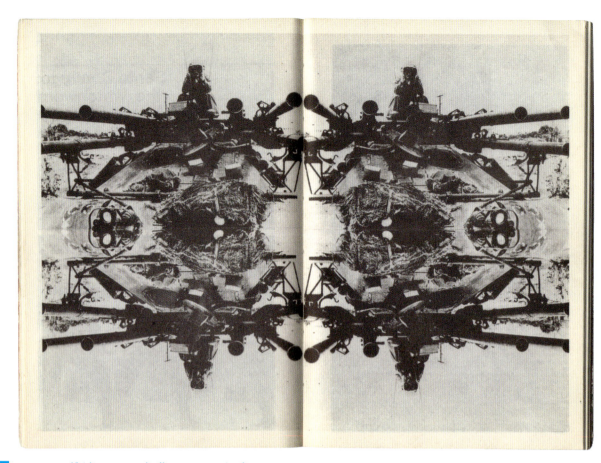

Dessus : Alfrédo Rostgaard, illustration tirée de « Santo Domingo: The Watchword of Armed Struggle », *Tricontinental* 9 (46–47), 1968.
Page 65 : Alfrédo Rostgaard, illustration tirée de « Cuba: Ten Years of Revolution », *Tricontinental* 10 (10–11), 1969.

cinématographique cubaine (ce pour quoi lui aussi est sollicité), Rostgaard utilise photos, illustrations et mises en page avant-gardistes pour donner à *Tricontinental* un aspect dynamique et cinématographique. Il use d'un certain nombre d'astuces pour transformer la mise en page d'un essai en une sorte de film. Il prend une photographie en plan large et la reproduit à l'infini, agrandissant chaque fois l'image pour attirer l'œil du lecteur sur un détail différent. Il commande une série d'illustrations consécutives qui, mises dans l'ordre, ressemblent à un flip book. La première illustration représente par exemple un étudiant propre sur lui marchant avec ses manuels scolaires, puis sa foulée s'accélère, ses manuels se transforment en bouteilles, et la dernière image le montre en mouvement, en train de lancer un cocktail Molotov sur le lecteur. La photo d'un billet est dépliée, étape par étape, pour dévoiler les ravages du système monétaire. Un avion de guerre américain flotte dans le vide en haut d'une page ; au fil de la lecture, chaque page le voit avancer un peu, jusqu'à ce que, dans les dernières, il soit vu à travers une cible puis descendu en flammes. L'exemple le plus illustre de cette conception brechtienne de la mise en page est l'affiche « Nixon Vampire » (ou « Folding Nixon ») de 1972. Le lecteur doit déplier un portrait statique (quoique très pop art) de Richard Nixon pour en découvrir un autre où le Président commence à ouvrir la bouche, puis le déplier à nouveau pour le révéler surgissant d'un tourbillon psychédélique, affublé de dents de vampire. Ici, Rostgaard parvient à communiquer au lecteur une vision de l'impérialisme américain comme un très mauvais trip.

« L'OSPAAAL et l'ICAIC ont employé de jeunes artistes pour mettre en page des publications et concevoir des affiches qui ne fonctionnaient ni comme de simples imprimés, ni comme des publicités, mais comme de l'agit-prop. Nous voulions communiquer de façon claire, directe ou indirecte, mais toujours originale, sans dédaigner la moindre initiative tant qu'elle nous permettait d'être efficaces et modernes. » [Entretien de 1974]

Avec le recul, une bonne part du *Tricontinental* et du *Bulletin* est dure à lire, bien que rédigée en quatre ou cinq langues. Des manifestes bien intentionnés mais pompeux côtoient des analyses politiques fort datées. En revanche, l'aspect visuel dans son ensemble n'a pas vieilli. Rostgaard a lui-même déclaré :

> « Nous communiquions avec les images, c'était un langage que nous comprenions tous. Ce qui nous a le plus aidés à forger notre propre langage visuel, c'est l'embargo imposé à notre pays par les États-Unis. Celui-ci avait limité l'arrivée de matériaux de conception, de sorte que, partant de la nécessité de résoudre nos problèmes matériels, nous avons commencé à découvrir de nouvelles formes. Au final, malgré le blocus, nous avons réussi à innover et à créer un mode d'expression légitime. »

Sachant cela, les qualités répétitives et cinématographiques des mises en page de Rostgaard ont peut-être autant à voir avec un matériau-source limité qu'avec sa conception du graphisme. Rostgaard ne se contente pas d'illustrer le contenu : il crée de nouvelles façons de communiquer par-delà les frontières, que ces dernières soient géographiques, linguistiques ou culturelles. En traduisant le contenu de *Tricontinental* sous forme graphique, il tente de faire tomber le plus grand nombre possible de barrières pour son lectorat. Selon ses propres dires :

> « Nous gardons toujours en tête que *Tricontinental* est une publication internationale, diffusée en majeure partie à l'étranger. Une fois déterminé le message à transmettre, nous inventons une iconographie conforme à ce que l'on appelle aujourd'hui le langage graphique international. Nous devons tenir compte du contexte des pays où circule le magazine, comme la propagande capitaliste ou le niveau d'éducation politique du lectorat. Nous ne nous en tenons pas à une seule forme ; nous utilisons autant de techniques modernes que nécessaire pour faire passer notre message. L'important, c'est que ce dernier touche ceux qu'il vise. Nous utilisons une multitude de techniques telles que la photographie, les composites, la peinture, la

caricature, le dessin… En général, une image sert à orienter la pensée : on peut y percevoir une infinité de choses et d'idées. Voilà pourquoi il est si dur de transmettre un message politique par ce biais. Mais quand ça réussit, les résultats sont très positifs, car le message est saisi dans sa globalité. Je suis convaincu que l'image surpasse le mot pour diffuser des idées.» [Entretien de 1974]

Rostgaard et les autres graphistes de l'OSPAAAL tentent de mettre en place un langage visuel capable de susciter la solidarité internationale. Ils s'inspirent de l'imagerie des luttes ouvrières, nationalistes et autres, et réutilisent l'iconographie pré-coloniale des territoires en question. Cette dernière évoque une identité nationale singulière (par pays ou par continent) qui transcende l'oppression du colonialisme et du capitalisme. En donnant des armes à des sculptures africaines ou à des glyphes latino-américains, les concepteurs encouragent la lutte armée en tant que stratégie-clé pour la libération. Les poings, les drapeaux, les chaînes brisées et plus encore les armes à feu sont réutilisés, ré-imaginés, et présentés comme des symboles de libération.

Avec le recul, ce raccourci graphique présente des avantages et des inconvénients. Au vingt-et-unième siècle, alors qu'une bonne part de l'Afrique est inondée d'AK-47 et en guerre permanente, difficile de tolérer cette obsession du fusil. J'ai mentionné la tendance à juxtaposer armes automatiques post-coloniales et artefacts pré-coloniaux, une astuce de conception maligne pour promouvoir la lutte armée nationaliste. Mais vu que les graphistes de l'OSPAAAL n'ont jamais mis les pieds dans la plupart de ces pays, et qu'ils ont conçu ces images à partir de sources très limitées (en l'occurrence, presque toute leur imagerie africaine provenait d'un seul livre écrit en français), la véracité de ces juxtapositions et le fétichisme de ces artefacts sont discutables. Au Mozambique, où le succès du Front de libération du Mozambique (FRELIMO) dépendait du rassemblement d'individus issus de plus d'une douzaine d'ethnies, on doute qu'un seul artefact ait pu toutes les représenter. Ce problème est d'autant plus flagrant sur des affiches comme celle pour l'Égypte, où l'on retire des hiéroglyphes de leurs pyramides pour les doter de grenades. En plus d'invisibiliser la nature de la société de classe dans l'Égypte pré-coloniale et pré-impérialisme américain, il y a fort à parier que ces glyphes de la classe dirigeante pré-coloniale ne représentent ni les anciennes populations d'esclaves, ni les pauvres, ni la classe ouvrière contemporaine.

Certains de ces cas résultent de la tension entre l'internationalisme de Tricontinental et la localisation de ses graphistes. Si le contenu écrit est tiré du vaste éventail de pays et de luttes soutenus par l'OSPAAAL, l'imagerie du magazine et des affiches, elle, est produite dans un studio de La Havane par une équipe réduite de graphistes cubains. Cette friction a ses avantages et ses inconvénients. Le fait de n'avoir jamais été au Laos ou en Guinée-Bissau a libéré Rostgaard de l'obligation de s'en tenir à une imagerie ou à une politique spécifique, ce qui a ouvert le champ visuel à d'explosives possibilités graphiques. Mais cela sous-entendait aussi d'indéniables limites. La liberté accordée à ces artistes leur a néanmoins permis de donner naissance à l'un des imaginaires graphiques les plus puissants du tiers-monde, qui a encore un impact énorme sur la façon dont la gauche d'ici comme de là-bas voit ces pays aujourd'hui.

Rostgaard puisait à des sources du monde entier : l'artiste du Black Panther Party, Emory Douglas, a vu son travail et son esthétique repris plusieurs fois, le réalisme socialiste nord-coréen a fait son apparition sur différentes affiches, et l'esthétique publicitaire occidentale a souvent été détournée à des fins politiques. Mais l'OSPAAAL était aussi généreuse. Chaque numéro de *Tricontinental* et du *Bulletin* incluait cette déclaration : «*Tricontinental* autorise la reproduction totale ou partielle de ses articles et informations.» Et c'est exactement ce qui s'est passé : les textes et les illustrations de ces magazines ont été directement repris et reproduits dans moult journaux, magazines, brochures et prospectus du monde entier. Dans une étonnante préfiguration des licences Creative Commons, l'OSPAAAL privilégiait la diffusion des informations au contrôle des flux. Cela valait aussi pour les affiches : des séries entières de posters de l'OSPAAAL ont été imprimées aux États-Unis, en Europe et au Moyen-Orient.

Cette ouverture à la reproduction était politique, mais elle constituait aussi une réponse aux restrictions imposées à l'OSPAAAL par l'embargo américain. Les débuts de *Tricontinental* ont été synonymes d'éditions en plusieurs langues distinctes aux tirages conséquents : 25 000 en espagnol, 15 000 en anglais et 10 000 en français. Tout au long des années 1970, 50 000 exemplaires de chaque affiche ont été tirés à l'imprimerie

Frederick Engels de La Havane. Dans les années 1980, avec le ralentissement puis l'effondrement du soutien au bloc de l'Est et la pression croissante du blocus, l'OSPAAAL a de moins en moins de ressources. Les éditions non-anglophones et non-hispanophones du magazine sont souvent imprimées à l'étranger, et la production d'affiches diminue : de 1981 à 1990, 58 sont produites, contre 129 pendant la décennie précédente. Dans ce contexte, le fait que d'autres reproduisent le contenu écrit comme visuel de l'OSPAAAL fait figure de stratégie de distribution à part entière.

Dans l'histoire de la production d'imprimés de gauche, il est clair que l'OSPAAAL a frappé fort, tant en termes d'innovations que de distribution. L'URSS et la Chine ont beau avoir mis en place des appareils de propagande massifs, leur production avait une portée politique plus réduite et leur esthétique était bien plus contrôlée.

À propos du rôle de graphiste, Rostgaard a déclaré ce qui suit :

«Notre objectif peut se résumer en un mot : COMMUNIQUER. Mais pour un graphiste révolutionnaire, la première exigence est l'utilité. Si notre production est belle, ce doit être lié à sa fonction. En outre, un graphiste se doit d'être original, car c'est la seule façon de capter l'attention des personnes auxquelles son message est adressé.»

L'immense collection de publications et d'affiches originales de l'OSPAAAL d'Interference Archive m'a été indispensable pour rédiger cet article, tout comme le travail des camarades ayant aidé à organiser l'exposition *Armed by Design* en 2015 (Lani Hanna, Jen Hoyer, Vero Ordaz et Sarah Seidman). Cet essai s'inspire d'un article que j'ai précédemment publié dans le #22 de *The Funambulist* (mars–avril 2019).

Conception d'Alfrédo Rostgaard, photographies non attribuées, illustration tirée de « Black Panthers: The Afro-American Challenge », *Tricontinental* 10 (98–99), 1969.

Third World Struggle in Motion
Alfrédo Rostgaard's Design for OSPAAAL

Josh MacPhee

Whether adorning the dorm room walls of Maoist film students in Paris, the huts of guerrillas in the jungles of Guinea-Bissau, or the newsstands of Beirut in the midst of civil war, posters from the Organization of Solidarity of the Peoples of Africa, Asia, and Latin America played a significant role in creating the imaginary of a liberated Third World throughout the late sixties and into the early eighties. Today, these Cuban design objects command upwards of $1,500 on eBay, but fifty years ago they were distributed as a free insert in the *Tricontinental* magazine.

Alfrédo Rostgaard was the visual architect of *Tricontinental* and artistic director of OSPAAAL from 1966 to 1974. Unlike many of his Cuban contemporaries, he did not go to art school in the US or Europe, but graduated from the José Juaquin Tejada School of Art in Santiago. He became involved in the creation of revolutionary culture shortly after the success of the revolution through *Mella*, a publication of the Unión de Jóvenes Comunistas, the youth wing of the Cuban Communist Party. He started as a caricaturist, and this engagement with humor—particularly visual gags and gimmicks—would serve him well in his work with OSPAAAL. Rostgaard would become one of the key designers and visual architects of popular struggle in the sixties and seventies.

Unfortunately, Rostgaard passed away in 2004 and left very little written record of his design thinking or process. I only found two interviews. The first was from 1974 with Marta Sosa, originally distributed by the Cuban *Prensa Latina* News Service and republished in the US leftist cultural magazine *Left Curve*. The other appeared thirty years later, in 2004, in the international pop culture and design magazine *Tokion*.

Rostgaard also wrote a short piece about his work, which was included in Robert Frick's 2003 book about OSPAAAL's posters, *Das trikontinentale Solidaritätsplaket/The Tricontinental Solidarity Poster*. I draw heavily from these three documents in this piece.

"We felt like we were part of a revolutionary movement—like we were translating the message [of the film or essay] into another medium." [1974 interview]

Rostgaard's initial job was to design OSPAAAL's publications. In the beginning, the design was largely staid—very text-heavy with only a small number of photographs. However, the monthly schedule allowed for creative experimentation, initially with the cover and later with the interior. For the jackets of the first issues of the *Bulletin*, Rostgaard created a grid system—a visual field cut into four horizontal and four vertical sections. The masthead sat across the entire top quarter and a color block and vertical line pattern was used in the second quarter. The bottom half was split vertically: one block featured the issue number, a double-wide block included an image, and the final block contained the date.

It was a deceivingly complex layout, despite its simplistic appearance. Nevertheless, Rostgaard soon broke out of his own grid and started experimenting. Issue 4 features a press photo of a policeman threatening a demonstrator, but Rostgaard highlights the key elements of the image (the cop, his baton, and the protestor) in circular dots below the image to mirror the photograph above. The cover of issue 7/8 features a photograph of a Vietnamese fighter with a smaller inset photo of a US soldier with his head down in anguish. This repetition and image juxtaposition would become Rostgaard's signature in his later publication work and his OSPAAAL posters. The covers of issues 10–14 include extensive use of zip-a-tone patterns laid out under and around photographs, akin to Emory Douglas's experiments in the *Black Panther* newspaper.

By mid-1967, Rostgaard was designing the covers like mini-posters—using three or four colors, photo effects, and bold graphic experiments. The front cover of issue 30 features a highly stylized and simplified photo of a small cluster of Vietnamese guerrillas with a mortar in the jungle; the back cover shows a US fighter jet shot down and about to crash—before and after. Issue 48's front shows a cluster of Molotov cocktails detailed with Puerto Rican flags being thrown at a building constructed of bricks made up of US corporate entities; the back shows the building as a pile of smoldering ashes—again, action and result. A similar evolution occurred inside the *Bulletin*. By the end of 1967, Rostgaard began pushing the boundaries of image reproduction, first through simple layout devices such as repeating photographs on the same page or creating mirrored images (as in his layout for an article about Frantz Fanon in issue 21). In mid-1968, he started experimenting further with graphic and text overlays on top of photographs. However, it was in mid-1969 when he really broke out, employing photomontage, full page graphic imagery, illustrations on top of photographs, and more. The *Tricontinental* covers eschew text for provocative graphics, many of which wrap around to the back cover. Here, Rostgaard develops the use of maquette: 3D collages often mixing photographs, cut paper, and real life objects (including people), which are (com)posed and photographed to create cover illustrations. For example, issue 29/30 has a rainbow of cardboard guerrillas propped up and marching, photographed in a field of actual grass.

While his colleagues at ICAIC (the Cuban Film Institute) were designing posters for the nascent Cuban film industry (which he

Year VI
April 1971
Published in Spanish, English, and French by the Executive Secretariat of the Organization of Solidarity of the Peoples of Africa, Asia and Latin America. Tricontinental Bulletin authorizes the total or partial reproduction of its articles and information.

Tricontinental Bulletin 61 (internal masthead), 1971.

was also tapped to do), Rostgaard was using still photography, illustrations, and cutting-edge design to give *Tricontinental* a propulsive, cinematic quality. Rostgaard developed a number of tricks to turn the design of an essay into a film strip. He would take a wide shot photograph and then reproduce it over and over again, each time enlarging the image and drawing the reader's eye to a specific focal point. He also commissioned a series of consecutive illustrations that, when put in order, resembled a flip book. The first illustration might be a clean-cut student walking with his schoolbooks, then the student's stride widens, the books become a bottle, and the final image has the figure in full motion, tossing a lit Molotov cocktail right at the reader. An image of money unfolds step by step to reveal what cash obscures. A US warplane sits in the blank space at the top of a page; each page sees the plane move forward slightly until, in the final frames, it is seen through crosshairs and shot down in flames. The most well-known example of this Brechtian design is his 1972 *Nixon-Vampire* (sometimes called *Folding Nixon*) poster. The viewer unfolds a staid—if pop art style—portrait of Richard Nixon to expose another portrait where Nixon begins to open his mouth, and then another to see him with vampire fangs exploding out from a swirling psychedelic background. Rostgaard successfully pulls the viewer into a vision of US imperialism as a very bad trip.

"OSPAAAL and the previously mentioned ICAIC drafted young artists to lay out publications and design posters which functioned

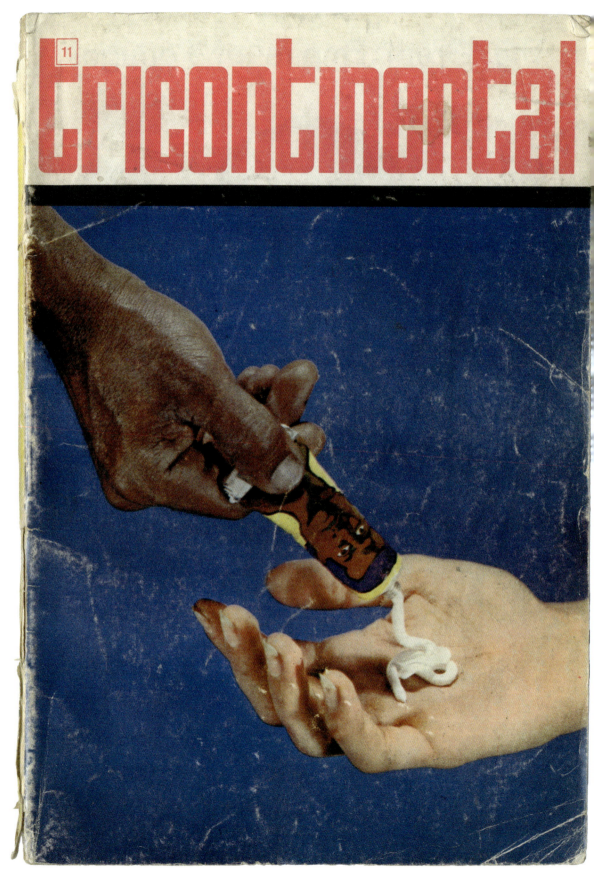

Alfrédo Rostgaard, *Tricontinental* 11 (front cover), 1969.

not simply as printed materials or advertisements but as agitprop. We wanted to establish a clear, direct or indirect, but original communication, and did not scorn any initiative that would allow us to be effective and contemporary." [1974 interview]

In hindsight, much of *Tricontinental* and the *Bulletin* is difficult to read, even if available in four or five languages. Well-intentioned but turgid manifestos rub shoulders with heavily dated political analysis. Meanwhile, most of the visual language is still fresh to the eyes. Rostgaard himself has said,

"We communicated through the images—it was a language we all understood. What helped us most in the quest for our own forms of expression were the conditions to which our country was subjected by the United States-imposed embargo. This had limited the arrival of design materials, and hence, from the need to solve our material problems, we began to discover new forms. Finally, despite the blockade, we developed innovations and a legitimate mode of expression" [1974 interview].

From this perspective, his design's repetitive and filmic qualities might have as much to do with limited source material as a specific design vision. Rostgaard was not simply illustrating the content, but creating new ways to communicate across borders, be they geographic, linguistic, or cultural. Converting Tricontinental content into pictographic form broke down as many limitations to readership as possible. In his own words:

"In our work at the head of the design team at *Tricontinental* magazine we take as our starting point that it's an international publication. That is, you have to take into consideration that most of its circulation is abroad. That means that when we find out what message is to be conveyed, we prepare a design in line with what is known today as international graphic language. We have to deal with the external factors present where the magazine circulates, such as capitalist propaganda and the political level of the people to whom it is directed. We don't stick to a single form; rather, starting from the objective to be expressed, we make use of as many modern techniques as we need

to. The important thing is that the message we want to convey gets there and is comprehensible for those it is supposed to reach. We make use of a host of techniques such as photography, composites, painting, caricature, drawings and others ... An image is like a direction for thinking. You can see in it an infinity of things and ideas. That's why it's so hard to convey a political message through images. But when it does succeed, the results are highly positive because the message is captured in its full dimension. I think, really, that the image outdoes the word in disseminating ideas." [1974 interview]

Rostgaard (and the OSPAAAL design team) was trying to create a visual language for international solidarity. OSPAAAL attempted to develop a common set of iconography that drew on existing imagery from labor, nationalist, and other struggles. This is most pronounced in the use of pre-European design elements to evoke a singular nationalist identity (continent-wide or in each particular country) that transcends the oppression of colonialism and capitalism. By placing guns in the hands of African sculptures or Latin American glyphs, the designers further promoted armed struggle as the key strategy in OSPAAAL's vision for liberation. Similarly, fists, flags, broken chains, and even more guns are repurposed, reimagined, and re-presented as icons of liberation.

In hindsight, this graphic shorthand has its limitations. In the twenty-first century, where much of Africa is flooded with AK-47s and in a state of perpetual war, it is hard to stomach the total fixation on the gun in the OSPAAAL imaginary. The lionization of pre-colonial artifacts toting post-colonial automatic weapons was a smart design trick to promote nationalist armed struggle. However, none of the OSPAAAL designers had ever been to most of these countries, and were drawing from very limited source material (almost all of the African imagery is from a French-authored African art book). Therefore, the veracity and fetishization of the pre-contact artifact and its relationship to the contemporary struggle is questionable. For example, the Mozambique Liberation Front's (FRELIMO) success depended on pulling together peoples from over a dozen different linguistic and cultural groups, so it seems dubious that a single artifact could stand in for the essence of all those involved in the struggle. This problem is even more acute in posters for Egypt, where hieroglyphs are peeled off pyramids and handed grenades. This erases the nature of class society in Egypt before European colonialism and US imperialism; the glyph-based language of the pre-colonial ruling class is certainly not the best representation of either ancient slave populations or the contemporary poor and working class.

Some of these limitations come from the tension between the internationalism of the Tricontinental vision and the intense nationalism of the design aspects. While the written content was drawn from the vast array of countries and struggles that OSPAAAL supported, the imagery in its magazine and posters was entirely the product of a small crew of Cuban designers working in a studio in Havana. Having never been to Laos or Guinea-Bissau liberated Rostgaard from hewing too close to any specific imagery or politics. It completely opened the visual field to explosive graphic possibilities. It also meant there were real boundaries to the information that would be communicated. The freedom afforded to these artists allowed them to craft one of the most powerful visual imaginaries of the Third World, one that still has a huge impact on the ways the left looks at, and from, the Global South.

Rostgaard did not hesitate to borrow imagery from around the world: Black Panther Party artist Emory Douglas had his work and aesthetic lifted and used on a number of pieces, North Korean socialist realist graphics were cribbed for some posters, and popular Western advertising aesthetics were regularly mined for more politicized uses. OSPAAAL was also generous with their own work. Each issue of *Tricontinental* and the *Bulletin* explicitly stated on the title page, "*Tricontinental* authorizes the total or partial reproduction of its articles and information." And that is exactly what happened: text and images from the magazines were directly lifted and reproduced in newspapers, magazines, pamphlets, and flyers the world over. In an amazing presaging of Creative Commons, OSPAAAL decided that further distribution of the information it trafficked was more important than controlling the flow. This even extended to the posters—numerous print shops in the US, Europe, and the Middle East created entire runs of OSPAAAL posters.

This openness to reproduction was politically motivated but also responded to restrictions placed on OSPAAAL by the US embargo. The early days of Tricontinental saw large numbers of separate language editions: 25,000 in Spanish, 15,000 in English, and 10,000 in French. Throughout the seventies, 50,000 copies of each poster were printed at Havana's Frederick Engels print shop. In the eighties, OSPAAAL was afforded fewer and fewer resources (with the collapse of support from the Eastern Bloc and the growing pressure from the blockade). Production of the non-English and Spanish editions of the magazine was more fully outsourced to other countries, and poster production shrunk exponentially: 1981–90 saw 58 posters produced, as compared to 129 in the previous decade. In this context, allowing others to pick up and reproduce OSPAAAL's written and visual content became a distribution strategy in its own right.

There is little question that the OSPAAAL publishing program is one of the most expansive and innovative systems of print production and distribution the left has ever seen. While both the Soviet Union and China created massive propaganda apparatuses, their outputs were narrower in political scope, and significantly more controlled in terms of aesthetics. In responding to a question about the designer's objective, Rostgaard stated:

> "The objective can be expressed in a single word: COMMUNICATE. But, besides, I'd add that for a revolutionary designer the first requirement must be usefulness. Whatever beauty that our work might possess must be there because of its communicative function. Besides, a designer has to be original, because that's the only way to capture the attention of the people to whom the message is directed."

Interference Archive's immense collection of original OSPAAAL publications and posters was indispensable for writing this essay, as are the work of my comrades who helped organize the 2015 *Armed by Design* exhibition (Lani Hanna, Jen Hoyer, Vero Ordaz, and Sarah Seidman). This essay draws heavily on an article I previously published in *The Funambulist* #22, March–April 2019.

Alfrédo Rostgaard, "If this satisfies you, Stop Reading." *Tricontinental* 9 (inside back cover), Nov–Dec 1968.

If this satisfies you, STOP READING

If, on the contrary, you want something more than that for humanity, fight against imperialist exploitation in the most effective way: weapons in hand.

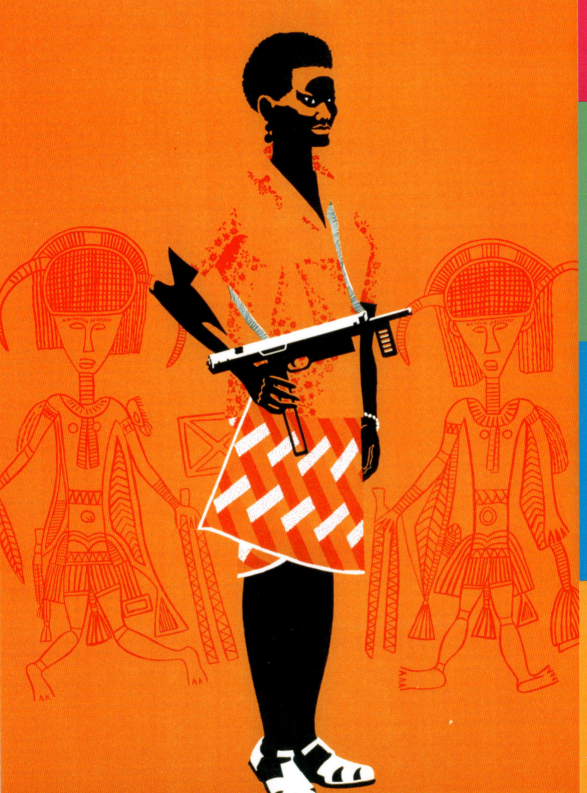

Introducción al éndice Visual de la Tricontinental

Lani Hanna y Rob McBride

Ante todo, la Organización de Solidaridad de los Pueblos de Asia, África y América Latina (OSPAAAL) ofrece un modelo de internacionalismo. Sus publicaciones de gran difusión y su lenguaje gráfico dan luces para tiempos actuales. El proyecto *Tricontinental** de la OSPAAAL constituye un ejemplo tangible de construcción de redes de solidaridad colectiva. Si miramos atrás, hace poco más de cincuenta años, quizá sea difícil entender lo aisladas que estaban entre sí muchas de estas luchas anticoloniales. En este contexto, La OSPAAAL reunió a personas e ideas. No se limitaron a informar sobre colaboraciones internacionales, sino que construyeron el internacionalismo en la práctica, haciéndolo. La Cuba revolucionaria fue un lugar de visita e incluso de refugio para los líderes de las resistencias, y la OSPAAAL proporcionó un espacio para los intercambios políticos y personales. Al publicar contribuciones de todo el mundo, la OSPAAAL estaba en contacto con personas de esta pluralidad de luchas revolucionarias. El esfuerzo tiene antecedentes, como la Conferencia Panafricana y la Organización de Solidaridad de los Pueblos Afroasiáticos, mas la OSPAAAL expandió los horizontes y se amplió para dar forma al tricontinentalismo, un proyecto que vale la pena revisar.

La *Tricontinental* también puede ofrecernos un panorama del análisis ideológico, histórico, económico y cultural que se consideraba importante en aquella época. Imprimió artículos de figuras tan conocidas como Amílcar Cabral, Jean Paul Sartre, Pierre Jalée, Ruy Mauro Marini, Che Guevara, Ben Barka y Carlos Marighella. Aunque las versiones completas de estos textos publicados ahora están disponibles, examinar los fragmentos que fue recopilando la *Tricontinental* puede darnos una idea de cómo se desarrolló su política. Las fotos, la gráfica y los relatos de primera mano hacen sentir de cerca los sacrificios realizados en estas luchas.

Además de los escritos más extensos, aproximadamente 1 800 publicados en los 184 números de *Tricontinental* y 1 200 textos, en los 121 del *Boletín*, la OSPAAAL publicó muchos informes breves sobre las luchas en el Tercer Mundo. La estrecha relación entre el análisis y los reportajes directos proporciona un enfoque de la historia de los movimientos más concreto que muchas antologías limitadas a los grandes discursos. Por ejemplo, aunque el análisis de clase de Cabral sobre Guinea-Bissau no se ajusta a sociedades completamente distintas, aún podemos aprender de su experiencia y liderazgo político. En la *Tricontinental*, Cabral y sus compañeros ofrecen informes concretos desde el terreno: el número de personas atendidas en clínicas, escuelas construidas, soldados desplegados, ataques (a veces muy pequeños), distribución de alimentos y mucho más. Es fácil pasar por alto estos informes por considerarlos noticias viejas, no entran en el canon de la izquierda, pero permanecen en la *Tricontinental* y pueden redescubrirse para aprender la importancia del análisis concreto.

Otros artículos siguen resonando con fuerza en la actualidad. Por ejemplo, a la hora de pensar en el despliegue contemporáneo de mercenarios, como en Ucrania, el número 102 del *Boletín* resulta de gran ayuda. Está dedicado al desarrollo de un proceso legal en Angola para juzgar a los mercenarios que atacaron al país en la década de los setenta. Otro número examina, por ejemplo, cómo se aplica el derecho internacional al mercenarismo tal y como se muestra en el Congo, Benín y las Seychelles (*Tricontinental* n° 97, 1985).

Mirando a través de la larga historia de estas publicaciones se pueden rastrear cambios importantes en la política mundial. Mientras que la atención a la guerra de Vietnam y a los movimientos independentistas del sur de África se mantiene constante en la década de los noventa, la omnipresencia temprana de las armas se desvanece y se presta más atención a la organización de masas y a la diplomacia. A partir de finales de los años setenta, se puede notar una mayor presencia de las mujeres como colaboradoras y protagonistas. Cabe mencionar que la OSPAAAL no intentó analizar la globalización en su conjunto. En la *Tricontinental* brillan por su ausencia los relatos sobre el bloque soviético y China. Se evitó la división chino-soviética, era un tema candente y polémico para los movimientos revolucionarios de la época. En cambio, sí se desarrolló una política de luchas anticoloniales y nacionalistas del Tercer Mundo contra el imperialismo dirigido por Estados Unidos, con el Segundo Mundo socialista tras bambalinas.

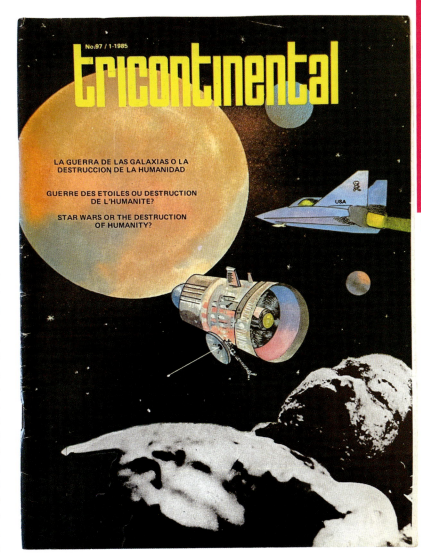

Diseñador sin atribución, *Tricontinental* 97 (portada), 1985.

Al revisar las publicaciones de *Tricontinental* desde 1966 hasta 2019 como documentos históricos primarios de la lucha del Tercer Mundo, podemos notar problemas y también aciertos. Observar la larga historia de *Tricontinental* contribuye a evitar la romantización de las luchas armadas de los primeros años, y a pensarlas como puntos de partida para la amplia gama de estrategias adoptadas posteriormente por los Estados y movimientos miembros de la OSPAAAL. Por otro lado, la reducción de las publicaciones durante los últimos años refleja la transición del proyecto del Tercer Mundo tricontinental hacia las actuales contradicciones del Sur Global frente al Norte Global. Para los movimientos sociales de hoy en día, *Tricontinental* ofrece ejemplos cruciales de cómo apoyar a los movimientos revolucionarios a través de las fronteras. Este índice visual pretende ser una puerta de entrada a este tesoro escondido. Quedamos a la espera de nuevos escritos sobre este invaluable proyecto.

* Para ser precisos, existió la revista o el periódico *Tricontinental*, y por otro lado, *El Boletín*, que aparecía con más frecuencia y con artículos más breves. Pero iban de la mano y a veces los límites entre ambas publicaciones no estaban bien definidos, por tanto, aquí nos referimos a ambas publicaciones cuando decimos "la Tricontinental" sin mayor distinción.

Introdução ao Índice Visual da Tricontinental

Lani Hanna e Rob McBride

Em primeiro lugar, a Organização de Solidariedade dos Povos da Ásia, África e América Latina (OSPAAAL) oferece um modelo de internacionalismo. Suas publicações amplamente distribuídas e a sua linguagem gráfica contêm muitas ideias importantes para os dias atuais. O projeto *Tricontinental** da OSPAAAL oferece um exemplo concreto de como construir redes de solidariedade coletiva. Olhando para trás cinquenta anos, é fácil perder de vista como muitas dessas lutas anticoloniais eram isoladas umas das outras. A OSPAAAL uniu pessoas e ideias. Eles não apenas apresentaram as colaborações internacionais; eles construíram o internacionalismo por meio de ações como essas. A Cuba revolucionária era um lugar para que os líderes de resistência visitassem e, às vezes, encontrassem refúgio, e a OSPAAAL forneceu espaço para trocas políticas e pessoais. Para publicar contribuições de todo o mundo, a OSPAAAL estava em contato com pessoas de todas essas lutas revolucionárias. Embora tenham se baseado em esforços anteriores de conferências pan-africanas e da Organização de Solidariedade dos Povos Afro-Asiáticos, eles estenderam essas ideias para formar o tricontinentalismo. E esse é um projeto que precisávamos revisitar.

A *Tricontinental* também pode nos oferecer uma compreensão da análise — ideológica, histórica, econômica e cultural — que era considerada importante na época. A revista publicou textos de figuras conhecidas como Amilcar Cabral, Jean Paul Sartre, Pierre Jalée, Ruy Mauro Marini, Che Guevara, Ben Barka e Carlos Marighella. Embora seus escritos mais completos agora estejam amplamente disponíveis, examinar os textos que foram compilados pela *Tricontinental* pode nos dar uma ideia de como sua política se desenvolveu. E as fotos, gráficos e relatos em primeira mão nos permitem experienciar de maneira vívida os sacrifícios demandados dessas lutas.

Além dos escritos mais extensos, cerca de 1800 textos nos 184 números da *Tricontinental* e outros 1200 nos 121 números do *Boletim*, a OSPAAAL publicou muitos relatos curtos sobre as lutas por todo o Terceiro Mundo. A conexão estreita feita entre análises e relatos diretos fornece uma abordagem mais fundamentada à história do movimento do que as antologias limitadas a grandes discursos. Por exemplo, embora a análise de classe de Cabral sobre a Guiné-Bissau não se aplique a sociedades radicalmente diferentes, ainda podemos aprender com sua liderança. Na *Tricontinental*, Cabral e seus camaradas oferecem relatos concretos de campo: número de pessoas atendidas em clínicas, escolas construídas, tropas em campo, ataques (muitas vezes muito pequenos), distribuição de alimentos e muito mais. É fácil ignorar esses relatórios por se tratar de notícias antigas, elas não entram no cânone da esquerda, mas ainda estão na *Tricontinental* para que possamos (re)descobri-las e aprender a importância da análise concreta.

Outros artigos em ambas as publicações ainda tocam fortemente questões atuais. Um exemplo disso é a abordagem sobre a ação atual de mercenários, como na Ucrânia, neste assunto, o número 102 do *Boletim Tricontinental* é uma leitura valiosa. O número é dedicado ao desenvolvimento de um processo legal para julgar os mercenários que atacaram Angola na década de 1970 e, em seguida, explora como o direito internacional se aplica ao mercenarismo, citando casos no Congo, Benim e Seicheles (*Tricontinental* nº 97, 1985).

Ao percorrer a longa trajetória dessas publicações, é possível perceber grandes mudanças na política global. Enquanto a atenção para a guerra do Vietnã e os movimentos de independência na região sul-africana permaneceu constante até os anos 1990, a ênfase na presença de armas diminuiu e mais atenção foi dada à organização em massa e à diplomacia. A partir do final da década de 1970, as mulheres começaram a contribuir e se tornaram cada vez mais presentes como sujeitos nas publicações. A OSPAAAL não tentou analisar a globalização como um todo. Notavelmente ausentes nas publicações da *Tricontinental* são relatos sobre o bloco soviético e a China. Eles evitaram principalmente a questão da cisão sino-soviética, um tema importante para os movimentos revolucionários da época. Em vez disso, a OSPAAAL desenvolveu uma política de apoio às lutas nacionalistas e anticoloniais do Terceiro Mundo contra o imperialismo liderado pelos Estados Unidos, com o Segundo Mundo socialista ficando em segundo plano.

Acima: Designer não atribuído, *Tricontinental Bulletin* 102 (capa), 1976.
Páginas 80–81: Folha de layout *Tricontinental*.

Ao revisar as publicações da *Tricontinental* de 1966 a 2019 como documentos primários/embrionários da luta do Terceiro Mundo, podemos ver os pontos altos e baixos. Olhar para a longa história do *Boletim* e a história ainda mais longa da *Tricontinental* nos ajuda a evitar a romantização das lutas armadas dos primeiros anos, para vê-las como bases históricas para a variedade de estratégias adotadas posteriormente pelos estados membros e movimentos da OSPAAAL. A publicação com pouca frequência dos últimos anos marca a transição do projeto *Tricontinental* do Terceiro Mundo para as contradições do Sul Global enfrentando o Norte Global. Para os movimentos sociais de hoje, a Tricontinental oferece exemplos cruciais sobre como apoiar movimentos revolucionários através das suas fronteiras. Este índice visual destina-se a ser uma entrada inicial neste tesouro. Aguardamos mais escritos sobre este projeto inestimável.

*Nós nos referimos à revista *Tricontinental* como Tricontinental. O *Boletim Tricontinental* aparecia com mais frequência com artigos mais curtos, mas as diferenças não eram claramente definidas. Nós nos referimos a ele como o *Boletim*. Quando dizemos "a *Tricontinental*", nos referimos a ambas as publicações.

tricontinental

Formato: L-8-8 1/4×11"
210×279 mm

Introduction à l'index visuel du projet Tricontinental

Lani Hanna et Rob McBride

L'OSPAAAL est avant tout un modèle d'internationalisme. Ses publications diffusées à grande échelle et son langage visuel ont de quoi inspirer notre époque. Le projet *Tricontinental** représente un exemple concret de construction de réseaux de solidarité. Avec plus de cinquante ans de recul, on réalise que ces luttes anticoloniales étaient à l'origine très isolées les unes des autres. L'OSPAAAL y a remédié en rassemblant personnes et idées. L'organisation ne s'est pas contentée de rendre compte des collaborations internationales ; elle les a construites en actes. Le Cuba révolutionnaire était un lieu que les dirigeants de la résistance visitaient, où certains trouvaient refuge — un espace d'échanges politiques et personnels. En publiant des articles du monde entier, l'OSPAAAL était en contact avec des acteurs de toutes ces luttes révolutionnaires. Bien qu'elle se soit appuyée sur les accomplissements antérieurs des conférences panafricaines et de l'Organisation de solidarité des peuples afro-asiatiques, elle les a prolongés pour donner naissance au tricontinentalisme. Il s'agit là d'un projet à réexaminer.

Le projet *Tricontinental* nous donne un aperçu des analyses idéologiques, historiques, économiques et culturelles considérées importantes à l'époque, avec des articles de personnalités aussi influentes qu'Amilcar Cabral, Jean-Paul Sartre, Pierre Jalée, Ruy Mauro Marini, Che Guevara, Ben Barka ou Carlos Marighella. Si leurs écrits majeurs sont aujourd'hui faciles à trouver, les pièces du projet *Tricontinental* témoignent de la façon dont leurs idées se sont développées. Les photos, illustrations et récits de première main soulignent les sacrifices liés à ces luttes.

Outre les longs articles (environ 1800 dans les 184 numéros de *Tricontinental*, et 1200 dans les 121 numéros du *Bulletin*), l'OSPAAAL a publié de nombreux courts rapports sur les luttes du tiers-monde. Par rapport aux anthologies qui se limitent aux grands discours, le lien étroit entre l'analyse et ces comptes-rendus directs permet une approche plus concrète de l'histoire du mouvement. Par exemple, si l'analyse de classe de Cabral en Guinée-Bissau ne s'adapte guère à des sociétés radicalement différentes, nous pouvons tout de même tirer des enseignements de son leadership. Dans le cadre du projet *Tricontinental*, Cabral et ses camarades présentent des rapports concrets depuis le terrain : nombre de personnes soignées dans les cliniques, d'écoles construites, de soldats déployés, d'attaques (souvent de très faibles ampleurs), de distributions de nourriture, etc. Il serait facile de dénigrer ces rapports en les considérant périmés ; s'ils n'entrent pas dans le canon de la gauche, ils n'en restent pas moins disponibles dans les pages du projet *Tricontinental*, à attendre que nous (re)découvrions leur importance.

D'autres articles résonnent fortement avec notre époque. Pour étudier un déploiement contemporain de mercenaires, comme en Ukraine, le numéro 102 du *Bulletin* est très utile : il est consacré à la mise en place par l'Angola d'une procédure judiciaire pour juger les mercenaires qui l'ont attaqué dans les années 1970. S'ensuit un examen de l'application du droit international au mercenariat tel qu'illustré au Congo, au Bénin et aux Seychelles (*Tricontinental* 97, 1976).

En étudiant la longue histoire de ces publications, on comprend mieux celle de la politique internationale. Si l'attention au Vietnam et aux mouvements indépendantistes d'Afrique australe est constante jusque dans les années 1990, l'omniprésence des armes à feu s'estompe petit à petit, et une plus grande attention est accordée à l'organisation des masses et à la diplomatie. À partir de la fin des années 1970, les femmes apparaissent plus souvent, que ce soit en tant que contributrices ou comme sujets. L'OSPAAAL n'a pas analysé la mondialisation dans son ensemble. Les comptes-rendus issus du bloc soviétique et de la Chine sont les grands absents du projet *Tricontinental*. On évitait alors d'aborder la scission sino-soviétique, brûlante dans les mouvements révolutionnaires. Les auteurs préféraient œuvrer à l'essor des luttes anticoloniales et nationalistes du tiers-monde contre l'impérialisme états-unien, avec le « deuxième monde » socialiste en coulisses.

En considérant les publications du projet *Tricontinental* de 1966 à 2019 comme des témoignages d'un tiers-monde en lutte, on leur trouve des qualités comme des défauts. L'examen de la longue histoire du *Bulletin* et de *Tricontinental* permet d'éviter de romancer les luttes armées, et de plutôt les considérer comme des bases historiques pour la gamme de stratégies par la suite adoptées par les États et les mouvements membres de l'OSPAAAL. Durant les dernières années, la rareté des publications marque la transition entre le projet Tricontinental pour le tiers-monde et les contradictions du Sud global face au Nord global. Pour les mouvements sociaux actuels, le projet *Tricontinental* contient des exemples cruciaux sur la manière de soutenir les mouvements révolutionnaires par-delà les frontières. Cet index visuel est conçu comme une porte d'entrée dans ce trésor. Nous sommes impatients de lire d'autres écrits à ce sujet.

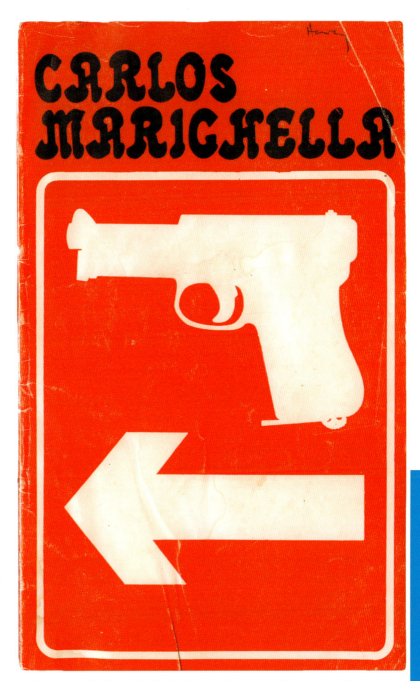

Carlos Marighella, *Carlos Marighella* (Havana: Tricontinental Press, 1970). Conception de la couverture par Alfrédo Rostgaard.

* Nous nous référons au magazine *Tricontinental* avec le terme « Tricontinental ». Le *Bulletin Tricontinental* paraissait plus souvent, avec des articles plus courts, mais les différences n'étaient pas très définies. Nous l'appelons *Bulletin*. Quand nous parlons de « projet Tricontinental », nous faisons référence aux deux publications à la fois.

Introduction to the Visual Index of the Tricontinental

Lani Hanna and Rob McBride

The Organization of Solidarity of the Peoples of Asia, Africa, and Latin America (OSPAAAL) offered, first and foremost, a model of internationalism. Their widely distributed publications and graphic language still contain many useful insights today. The OSPAAAL's *Tricontinental** project provides a tangible example of how to build collective solidarity networks. After fifty-plus years, it is easy to miss how isolated many anti-colonial struggles were. OSPAAAL brought people and ideas together. They did not just report on international collaborations; they built internationalism by doing it. Resistance leaders visited and sometimes found refuge in Revolutionary Cuba, and OSPAAAL provided space for political and personal exchanges. OSPAAAL was in touch with people across these revolutionary struggles and published contributions from all over the world. They extended earlier efforts by Pan-African conferences and the Afro-Asian People's Solidarity Organization to form tricontinentalism. This is the project we need to revisit.

The *Tricontinental* publications offer insight into the analyses—ideological, historical, economic, and cultural—considered important at the time. The magazine printed pieces by well-known figures like Amilcar Cabral, Jean-Paul Sartre, Pierre Jalée, Ruy Mauro Marini, Che Guevara, Ben Barka, and Carlos Marighella. While their more complete writings are now widely available, the pieces *Tricontinental* compiled give us insight into how their politics developed. The photos, graphics, and first-hand accounts make vivid the sacrifices made in these struggles.

OSPAAAL published roughly 1,800 longer essays over 184 issues of *Tricontinental* (and 1,200 in the 121 issues of the *Bulletin*) and many short reports on struggles across the Third World. This close connection between analysis and direct report-backs provides a more grounded approach to movement history than anthologies limited to major speeches. For example, while Cabral's class analysis of Guinea-Bissau may not fit radically different societies, we can still learn from his leadership. In the *Tricontinental*, Cabral and comrades offer concrete reports from the field: numbers of people treated in clinics, schools built, soldiers deployed, attacks (often very small), food distribution, and more. It is easy to skip over these reports as old news, and they do not make it into the left canon. However, they remain in the *Tricontinental* for us to (re)discover and re-affirm the importance of concrete analysis.

Other pieces resonate strongly with contemporary issues. For example, issue 102 of *Tricontinental Bulletin* is most helpful in considering contemporary mercenary deployment in Ukraine. It is dedicated to Angola's legal process for trying the mercenaries that attacked the country in the seventies. This was followed a decade later by essays on how international law applies to mercenaryism, as exemplified in the Congo, Benin, and the Seychelles (*Tricontinental* 97, 1985).

The long history of these publications also traces major shifts in global politics. While attention to the war in Vietnam and southern African independence movements were a constant into the nineties, the early ubiquity of guns fades and more attention is paid to mass organizing and diplomacy. From the late seventies, women appeared more often as contributors and subjects. However, OSPAAAL did not try to analyze globalization as a whole. Notably absent from the *Tricontinental* are accounts from the Soviet Bloc and China. The publications generally avoided the Sino-Soviet split, a burning issue for revolutionary movements of the time. Instead, they developed a politics of Third World anti-colonial and nationalist struggles against US-led imperialism, with the socialist Second World off in the wings.

The *Tricontinental* publications—from 1966 to 2019—are primary documents of Third World struggle encompassing problems as well as strengths. The long history of the *Bulletin* and longer history of *Tricontinental* help us avoid romanticizing early armed struggles; they offer a historical basis for the range of strategies later adopted by OSPAAAL member states and movements. The infrequent publications in its last years mark the transition from the Tricontinental Third World project to the contradictions in the Global South facing the Global North. The *Tricontinental* offers crucial examples of how to support modern social/revolutionary movements across borders. This visual index is an initial entry into this treasure trove. We await further writing about this invaluable project.

* We refer to *Tricontinental* magazine or journal as *Tricontinental*. *Tricontinental Bulletin* appeared more frequently with shorter articles, but the differences were not sharply defined. We refer to it as the *Bulletin*. When we say "the *Tricontinental*," we refer to both publications.

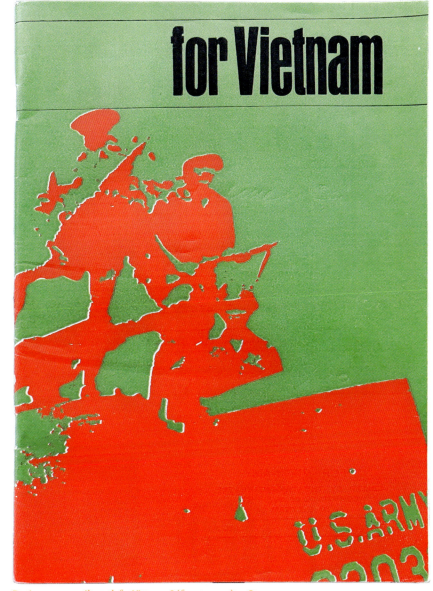

Designer unattributed, *for Vietnam* 6 (front cover), 1967.

```
Tricontinental
Bulletin
121 issues
1966-1981
```

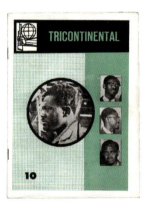
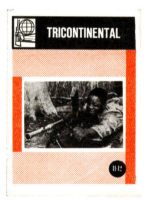
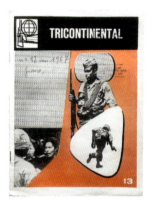
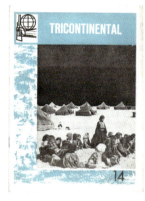
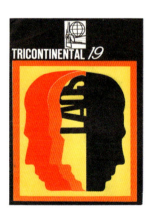

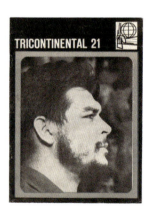

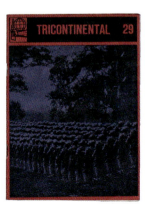

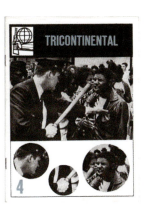
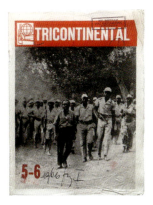

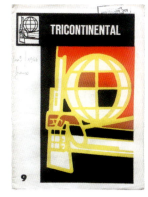
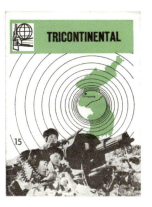

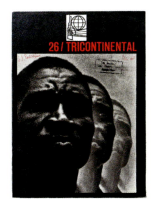

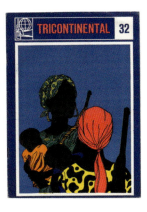

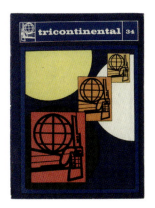

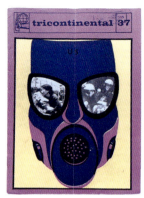

88

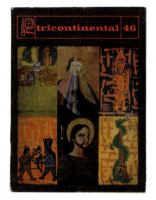

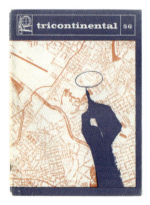

 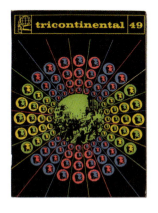  

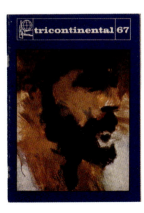  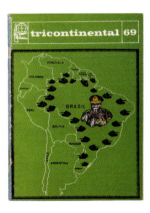 

  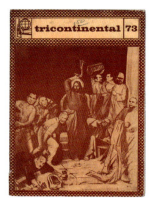 

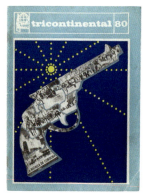   

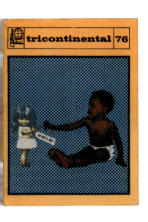

91

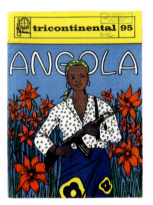

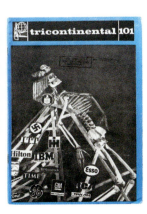

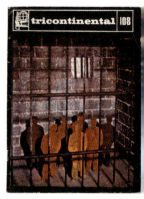

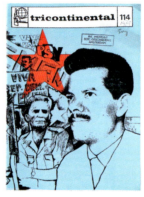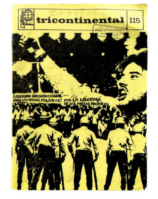

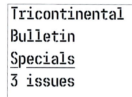

Tricontinental Bulletin Specials
3 issues

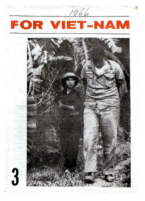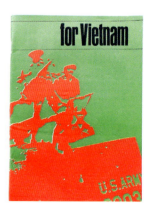

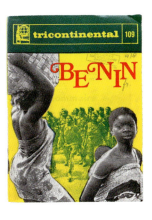   

 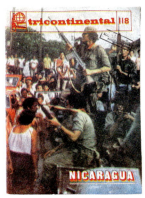  

For Vietnam
7 issues
1966-1968

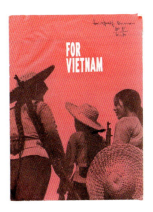

Otras publicaciones
Outras Publicações
Autres publications
Other Publications

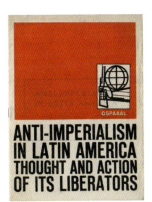 

```
Tricontinental
184 issues
1967-2019
```

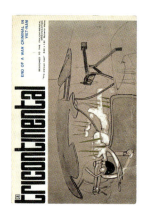

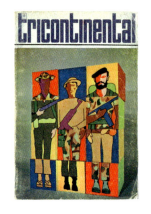

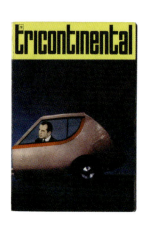
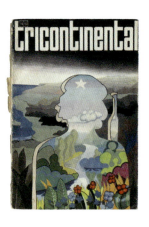

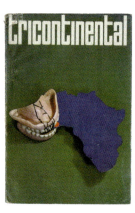
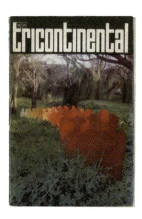
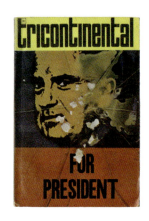
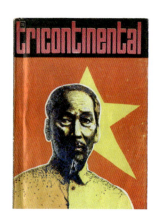

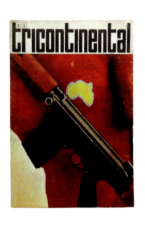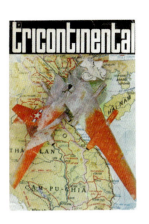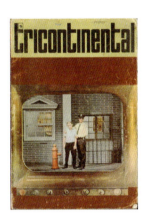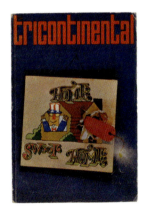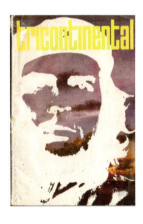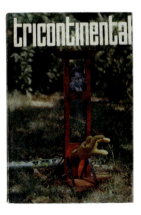

96

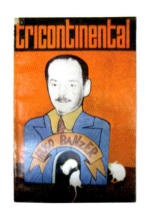

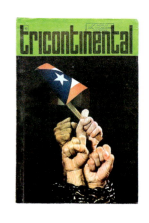

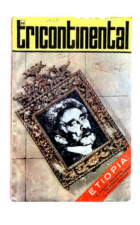

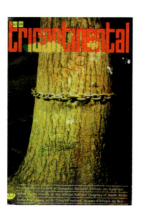
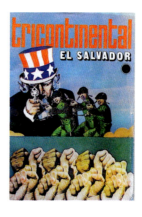
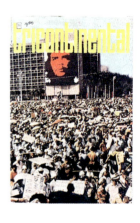

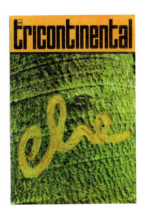

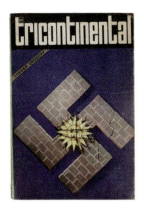
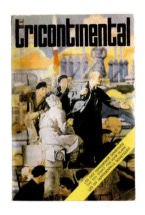

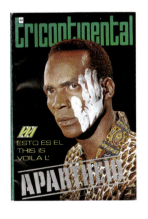
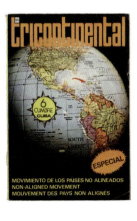

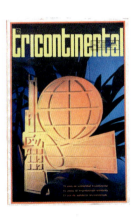
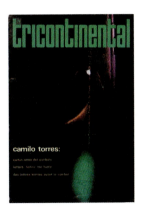

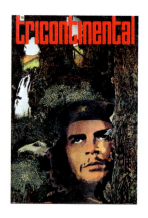
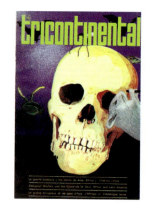

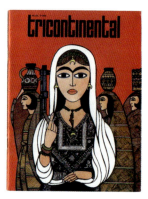
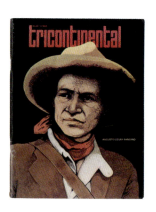

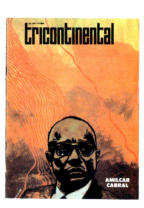

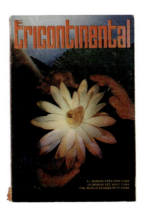
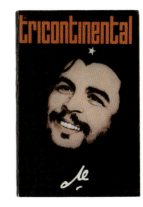
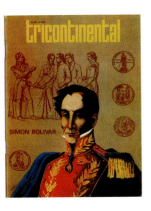

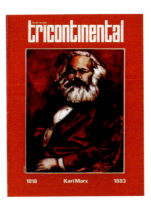

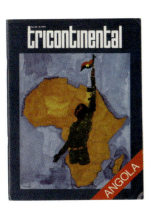

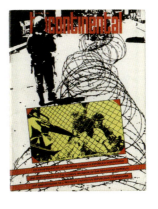

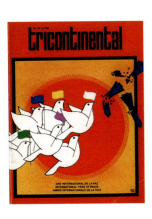

100

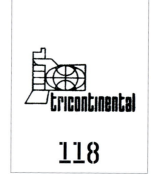
118
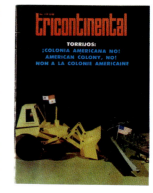

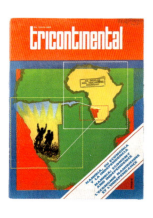

125-126
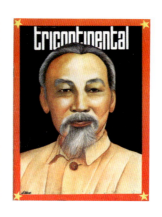

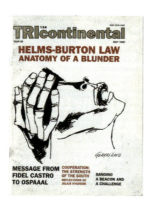
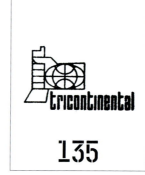
135
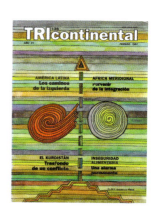

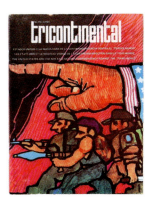

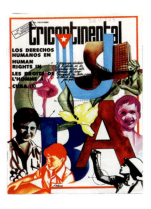
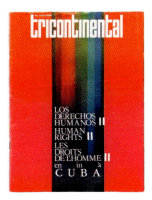

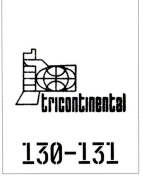

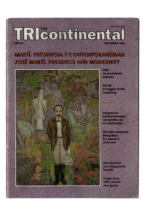
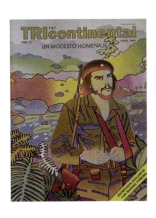
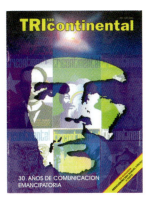

102

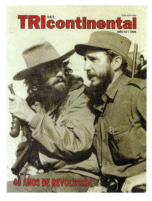   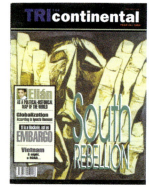

  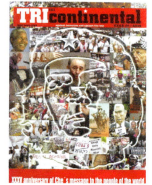 

160

 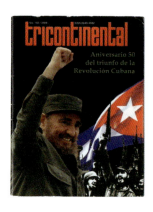  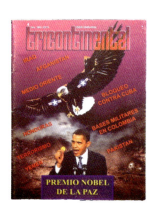

165

  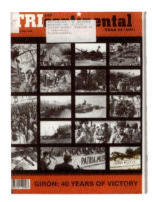 

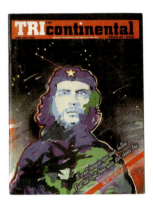 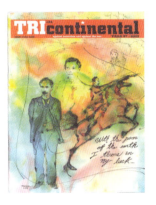  

  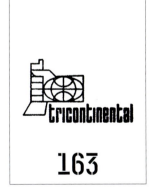 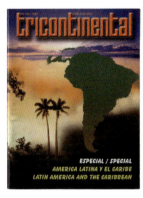

   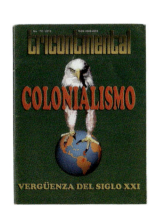

177-181

Tricontinental
Special
Supplements
3 issues

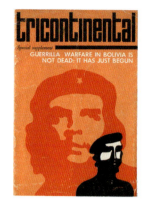

104

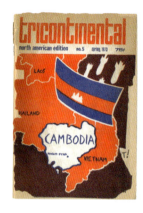

Tricontinental
Édition
française
numéros initiaux
1968-1970

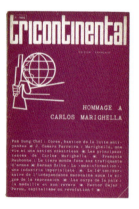

OSPAAAL
Libros
Livros
Livres
Books

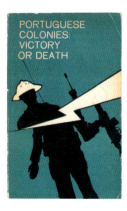

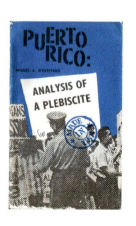
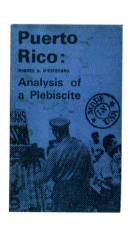

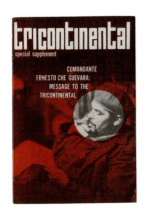

Tricontinental
N. American
Edition
5 issues
1972-1973

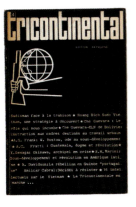

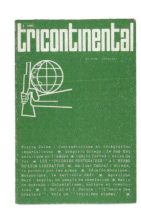

OSPAAAL
Disco
Disque
Vinyl
Record

Tan grande como el mundo

entrevista con Jane Norling

Jane Norling es una artista de California que en los años setenta formó parte de Peoples Press, una pequeña imprenta y editorial colectiva que publicó la edición norteamericana de la revista *Tricontinental*. De diciembre de 1972 a enero de 1973, la Organización de Solidaridad de los Pueblos de África, Asia y América Latina (OSPAAAL) la invitó a trabajar en el estudio de diseño en La Habana, Cuba. Jane conversó con Vero Ordaz y Lani Hanna sobre su trabajo con la OSPAAAL.

¿Cómo empezaste a trabajar con la OSPAAAL?

Fue por una invitación de la OSPAAAL dirigida a Peoples Press, donde yo trabajaba en aquel momento.

Peoples Press comenzó como un colectivo editorial de tres integrantes de San Francisco en 1969, vinculado a movimientos de justicia social que apoyaban, entre otras cosas, la liberación negra y la oposición a la guerra de Vietnam, la resistencia de muchos soldados. En 1970 se reconfiguró como un colectivo de impresión y edición con un núcleo de doce mujeres y hombres que producían una amplia gama de publicaciones, desde pantlefos contra la guerra y que difundían eventos locales, hasta folletos de tipo "hazlo tú mismo", pasando por poesía y otros libros que informaban sobre movimientos internacionales de resistencia. Eran los primeros años de la década de los años setenta y permeaba en nosotros el espíritu de la autogestión popular. Como imprenta-editorial, Peoples Press fue creada para apoyar los esfuerzos locales pacifistas y para difundir las acciones culturales y de justicia social del barrio, pero también para apoyar ampliamente las luchas de liberación contra el colonialismo, especialmente en el Tercer Mundo.

Me uní a Peoples Press en 1970 con la convicción de que, como colectivo, pondríamos en común las habilidades que cada quien traía consigo y todos aprenderíamos las habilidades necesarias para dirigir una imprenta y una editorial. Todo era muy manual, y también muy idealista. Teníamos una pequeña imprenta *offset*, una de las cien, acaso mil, que había en el país a principios de los años setenta. Editamos libros sobre Palestina, Puerto Rico, Angola, etc. Imprimimos libros de otros autores, incluyendo las colecciones de poesía *This Great People Has Said Enough, Has Begun to Move*, editada por Margaret Randall que entonces vivía en Cuba, y *Women of Vietnam* por Arlene Eisen, la cual diseñé e ilustré. Al principio todos aprendimos los aspectos mecánicos de la impresión, aunque muchos de nosotros teníamos conocimientos útiles en otras áreas. Ese año yo acababa de llegar a California tras un breve trabajo en Random House, Nueva York, el cual tomé después de mis estudios universitarios y donde aprendí las técnicas tipográficas que han sido la base de mi práctica en el diseño gráfico desde entonces.

En 1972–73, Peoples Press imprimió un compendio de artículos de *Tricontinental*. Estaba dirigido a un público estadounidense. Se buscaba presentar los principios de la OSPAAAL como una manera de apoyar los esfuerzos de países latinoamericanos, asiáticos y africanos en su lucha por liberarse del colonialismo. Yo diseñé nuestra edición, otros miembros del colectivo la maquetaron. Hice nuevas ilustraciones y seleccioné el arte que acompaña los artículos originales de la revista. A raíz de esta colaboración, la OSPAAAL invitó a una persona de Peoples Press a trabajar en el departamento de diseño en La Habana durante dos meses. Se decidió que yo iría. Fui en diciembre de 1972 y enero de 1973.

**23 de septiembre/ Día de Solidaridad Mundial con la Lucha del Pueblo de Puerto Rico
September 23/ Day of World Solidarity with the Struggle of the People of Puerto Rico
le 23 septembre / Journée de Solidarité Mondiale avec la Lutte du Peuple de Porto Rico**

يوم التضامن العالمي مع كفاح شعب بورتوريكو -٢٣- أيلول

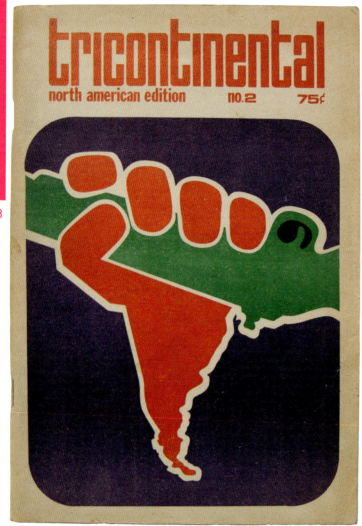

Página 106: Jane Norling, *Día de Solidaridad Mundial con la Lucha de Pueblo de Puerto Rico*, cartel impreso en offset, 1973.
Esta página: Asela M. Perez, *Tricontinental* North American Edition 2 (portada), 1971.
Página opuesta: Jane Norling, *Tricontinental* North American Edition 3 (portada), 1971.

Me alojé en el hotel Habana Libre. Por las mañanas trabajaba en el departamento de diseño de la OSPAAAL en el barrio del Vedado. La mayoría de las tardes visitaba organizaciones cubanas de información y cultura que producían carteles, como el Comité de Orientación Revolucionaria (COR), el Instituto Cubano de Cine y Artes Cinematográficas (ICAIC) y la Casa de las Américas, o bien, paseaba por los barrios aprendiendo y dibujando. Habana Libre fue un lugar fascinante porque me puso en contacto con combatientes exiliados que se alojaban allí. Habían participado en acciones militares en sus países y habían tenido que huir, y Cuba los acogió. Cuba era un nexo de unión para los activistas políticos latinoamericanos, un lugar y un momento extraordinarios, pues propició un intercambio entre personas que de otro modo nunca no se hubiera dado. Fue una experiencia de aprendizaje muy intensa.

El acuerdo de Peoples Press para imprimir la edición norteamericana de *Tricontinental* se hizo en Albuquerque a través de John Randall, el propietario de Salt of the Earth Books, que distribuía los materiales publicados por Peoples Press. John es hermano de Margaret Randall —poeta, fotógrafa, historiadora oral y educadora—, quien vivió en Cuba de 1969 a 1980. Muchos estadounidenses progresistas que visitaban La Habana conocían a Margaret, visitantes de todo el mundo pasaban por su casa. Ella y yo nos hicimos muy amigas, ya que yo estaba sola en Cuba, además tenía veinticinco años y era bastante nueva en las ideas del antiimperialismo.

¿Puedes hablarnos un poco del trabajo que hacías en la OSPAAAL? ¿Dijiste que trabajaste en el departamento de diseño?

Alfrédo Rostgaard era el director del departamento de diseño y fue una de las personas que marcó el estilo del arte revolucionario allí. Mis colegas eran Rostgaard, Olivio Martínez, Lázaro Abreu Padrón, Raúl Martínez... todos hombres, y yo, en el departamento de diseño esos dos meses. Las oficinas editoriales de *Tricontinental* estaban cerca, en el mismo edificio. Me asignaban el diseño o la ilustración de los carteles que aparecían en la revista. Cada número bimestral de *Tricontinental* tenía un cartel desplegable, de modo que al recibir la revista, ya tenías un cartel para colgar. Con esos carteles conocí la Revolución Cubana. Cuando llegué a San Francisco y empecé a conocer gente y a informarme sobre el imperialismo estadounidense, esos carteles estaban por todas las paredes.

Es increíble la variedad de obras de arte que los artistas de aquella época fueron capaces de producir en Cuba. Supe por Rostgaard que estudiaban los estilos de carteles de Polonia y

Estados Unidos, entre otras muchas fuentes. Dieron un tono singular a los carteles políticos que no tiene parangón en todo el mundo.

¿Cómo decidías lo que ibas a diseñar?

Me asignaron una tarea. Era una artista temporal. Cada cartel correspondía a un día de solidaridad con el pueblo de Puerto Rico o el pueblo de Angola o de los demás países miembros de la OSPAAAL. Rostgaard, como director de arte, asignaba a uno u otro artista el diseño para un próximo número. A mí me asignaron el Día de Solidaridad con el Pueblo de Puerto Rico por la relación colonial de este país con Estados Unidos. Y lo utilizaron.

¿Cuánto tiempo les llevó?

Teníamos que trabajar deprisa, dibujando, borrando, dibujando, borrando, utilizando *gouache* para pintar zonas de color plano. (Claro, esto no sólo ocurría en Cuba, era una práctica generalizada antes del diseño digital). Muchos de los artistas desarrollaron un estilo de trabajo lineal a pluma y tinta porque esos materiales eran fáciles de conseguir. La pintura, los pinceles y el papel escaseaban. Eran tiempos difíciles.

En mis carteles utilizo un estilo de dibujo lírico, de trazo grueso, pensado para que se entienda desde lejos. Desarrollé ese estilo porque nuestra pequeña impresora *offset* Multilith 1250 tenía un registro muy deficiente. Imprimíamos bloques secuenciales de color y luego contornos negros que cubrían los bordes de color. Quería asegurarme de que la línea negra fuera un elemento de diseño, un dibujo que a la vez resolviera problemas técnicos. Aunque tiene cierto aspecto rudimentario, el estilo audaz se mantiene y todavía lo utilizo.

Y sobre el proceso creativo, ¿era colectivo? ¿Qué tipo de apoyo recibiste de otros artistas?

Recibí mucho apoyo de Rostgaard, un profesor maravilloso y una persona justa. Hay que entender que era un entorno sexista y probablemente competitivo. Yo era una joven blanca y rubia de Estados Unidos. No creo que la gente supiera qué hacer conmigo. Además los visitantes estadounidenses en general eran raros en aquellos años. Pero era una buena artista, oficialmente invitada del Partido Comunista y comprometida con el apoyo a la Revolución Cubana. Tuve apoyo amistoso en mayor o menor medida, según la persona. Los cubanos con los que trabajé tenían un sentido del humor irónico, lleno de bromas pesadas, y yo fui el blanco de muchas.

¿Nos puedes contar más sobre tu experiencia al trabajar con la OSPAAAL como mujer? ¿Tu género supuso algún problema?

Creo que siempre fue un problema. Por eso vuelvo a Rostgaard: sentí que me trataba de forma justa y teníamos discusiones profundas e informadas en términos de arte y diseño.

La conversación con Rostgaard que más se me quedó grabada fue sobre la firma del cartel de Puerto Rico. No acostumbraba firmar mis obras en San Francisco y no firmé mi cartel en Cuba. Sentía que mi trabajo como artista no era más importante que la contribución de otros trabajadores a la producción de un cartel. Entonces, ¿por qué iba a aparecer mi nombre en un cartel? Allí, en la Cuba socialista, Rostgaard me preguntó por qué no había firmado el cartel. Le expliqué que en mi colectivo creíamos que el trabajo de todos tenía el mismo mérito y que si no se podían incluir todos los nombres en un cartel, no aparecería ningún reconocimiento individual. Se rio. Bueno, dijo, por lo general la gente quiere saber quién hizo el cartel, así que mejor sí lo firmamos. Así que escribieron mi nombre en el cartel. No es mi firma, pero estaban convencidos de que había que nombrar al artista. Tengo que decir que, con el tiempo, me alegro de que mi nombre esté ahí, me siento orgullosa de haber diseñado un cartel de *Tricontinental*.

Hemos hablado mucho de la solidaridad porque es un componente clave de los carteles. Pero, hoy en día, la solidaridad representa algo muy diferente de lo que significaba la solidaridad entonces. ¿Puedes hablarnos un poco de esto? ¿Cómo se concebía la solidaridad?

El hecho mismo de que yo estuviera en la OSPAAAL fue un acto de solidaridad, un intercambio cultural y una solidaridad que rompía barreras. No estaba en Cuba únicamente como "agradecimiento" por crear una versión estadounidense de una publicación internacional con sede en La Habana. Se esperaba que al regreso llevara información sobre la Revolución Cubana, que informara al público estadounidense sobre los cambios revolucionarios y que ayudara a poner fin a la agresión del gobierno estadounidense contra Cuba. Volví con una enorme colección de carteles y, claro, una experiencia de trabajo. Con todos estos carteles de la OSPAAAL y de otras instituciones cubanas me sumé a activistas enfocados en la divulgación de la Revolución Cubana. Los carteles los he mostrado y difundido muchos años después de mi visita.

Revisando los carteles, lo que más salta a la vista —quizá sea la época o algo generacional— es que hay muchas armas. . .

Creíamos en la lucha armada —el uso organizado de las armas para luchar contra los opresores—como un paso hacia la autodeterminación, es decir, la capacidad de controlar la propia vida. Hubiéramos preferido poder enfrentarnos al enemigo por medios legales y, de hecho, todas las luchas de liberación intentaron hacerlo así al inicio. Fidel Castro era un abogado que pasó años intentando cambiar la sociedad cubana utilizando la ley a su disposición, pero viró a la lucha armada cuando quedó claro que las formas legales de lucha siempre podían ser socavadas. Nos motivaban las Panteras Negras, los vietnamitas que luchaban contra la dominación estadounidense, los pueblos sometidos de América Latina que durante generaciones habían luchado por derrocar a dictadores fascistas. El arma era el icono de la capacidad de lucha de la gente. Se luchaba el mismo tipo de guerra que el enemigo libraba contra ti. Pusimos armas en carteles y murales, y no puedo dejar de subrayar hasta qué punto esas imágenes representaban la base de la capacidad de los oprimidos para defenderse de la agresión. Creíamos en la lucha armada como último recurso, pero creíamos fervientemente.

Ahora vivimos en una época muy diferente a la de aquellos movimientos por la justicia social que dieron lugar a esas imágenes con armas de fuego. Yo apenas he disparado un arma, las odio, odio la violencia, odio la guerra. Uno de mis murales sobre la participación de las mujeres en la liberación nacional muestra una figura destacada con una pistola. Aunque muchas de las condiciones de opresión de aquellos años son las mismas, hoy en día descartaría las imágenes de pistolas, dada la omnipresente imagen, y la realidad, de la violencia policial. Pero estamos hablando de 1975. Estábamos en sintonía con el imaginario que la gente progresista utilizaba para expresar la liberación, en palabras de Malcolm X, "por cualquier medio necesario".

Hoy, en toda América Latina hay gobiernos progresistas que llegaron al poder mediante elecciones o largas luchas legales: Chile, Bolivia, Brasil. . . Uruguay, por ejemplo, tras dos décadas de ardua lucha legal, tiene un gobierno de Frente Amplio que hasta hace unos años estuvo dirigido por un exguerrillero. Los zapatistas del sur de México no hablan de tomar el poder, sino que apelan a formas ancestrales de su cultura indígena para lograr la autodeterminación de las zonas en las que viven. La implosión del bloque socialista en 1989 y la hegemonía estadounidense que reina desde entonces han cambiado la ecuación y han hecho viables otras formas de lucha. Actualmente, contraatacar requiere una enorme sofisticación, sobre todo en la era de la vigilancia, el control omnipresente de las empresas y la desigualdad de la riqueza en el planeta. Hoy, el imaginario para una transformación social positiva puede excluir las armas. Pero hay que entender que las transformaciones sociales en Cuba y otros países latinoamericanos no se habrían producido sin los movimientos guerrilleros precedentes en los que la gente estaba lo suficientemente comprometida como para usar las armas para defender sus derechos.

Sabemos que recientemente viajaste a La Habana. ¿Podrías contarnos de tu viaje?

Un antiguo colega muralista me invitó a un viaje junto a otros "profesionales del arte" —curadores, educadores universitarios, artistas, galeristas— durante la semana inaugural de la Bienal de La Habana para conocer a artistas cubanos contemporáneos activos en el mundo del arte internacional. Sentí curiosidad por la Bienal y los artistas cubanos de hoy. Como no había vuelto a Cuba durante los 42 años transcurridos desde mi experiencia en la OSPAAAL, me sumé al viaje, que incluía una visita a la OSPAAAL y a Ediciones Vigía en Matanzas. Hablando con artistas cubanos, viendo sus obras, me di cuenta de que las obras cubanas de la Bienal trataban esencialmente sobre lo que implica ser cubano. Los artistas asumían las contradicciones de haber nacido en medio de los avances sociales de la Revolución, al mismo tiempo que se lidia con la censura y la falta de avances digitales modernos, en parte debido a las décadas de embestida económica de Estados Unidos. Lo que vi fue un examen de los mitos de la Revolución y las realidades de cómo se vive la vida sin dinero, Internet ni capacidad para viajar. Dada mi experiencia en Cuba a 13 años de la Revolución, me sorprendió el contraste. En aquella época los artistas de la OSPAAAL y de todos los niveles del gobierno cubano dedicaban sus habilidades artísticas a la creación de una nueva iconografía de diseño gráfico para educar y promover una de las mayores transformaciones sociales del siglo XX.

En mi visita a Eva Dumenigo, directora de publicaciones de la OSPAAAL, le llevé una copia de mi cartel. Ya no lo tenían en sus archivos. Me recibió cariñosamente como si fuera una vieja conocida. Una vez más me pregunté por qué no había hecho una visita durante todos estos años, mis colegas podrían haberme recibido, Rostgaard en particular. La vida me llevó por otros derroteros. Me alegré de que tres personas del grupo de la Bienal se juntaran conmigo para ver un aspecto de una época anterior de Cuba, la Revolución, tan diferente de la escena artística contemporánea presentada por las sedes de la Bienal. La OSPAAAL tiene una pequeña tienda que vende reimpresiones de carteles emblemáticos de las últimas décadas, así como un puñado de ediciones originales. Compramos una selección para apoyar a la organización.

Estaba tremendamente emocionada de estar en la OSPAAAL mucho tiempo después del extraordinario tiempo que pasé allí. Me quedé atónita al ver lo que una vez fue el estudio de diseño, ahora un oscuro almacén: hace 42 años parecía tan grande como el mundo.

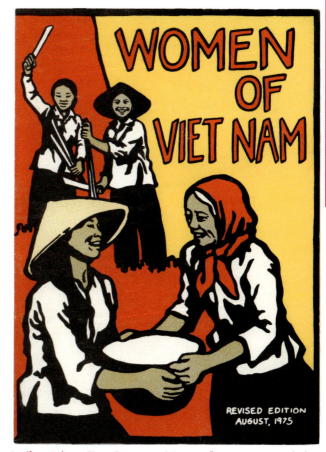

Arriba: Arlene Eisen-Bergman, *Women of Vietnam*, rev. ed. (San Francisco: Peoples Press, 1975). Diseño de portada por Jane Norling.
Página 113: Olivio Martínez y Jane Norling, discusión sobre el diseño de una composición para un cartel de los Tupamaros realizada en el estudio de diseño OSPAAAL (imagen de Norling arriba, Martínez abajo), papel de calco, marcador de color, bolígrafo, lápiz, 1972. Imagen cortesía de Jane Norling.

Tão grande quanto o mundo
uma entrevista com Jane Norling

Jane Norling é uma artista da Califórnia. Enquanto membra da Peoples Press, uma pequena editora coletiva que publicou a edição norte-americana da revista *Tricontinental*, ela foi convidada a trabalhar no estúdio de design da Organização de Solidariedade dos Povos da África, Ásia e América Latina (OSPAAAL) em Havana, Cuba, de dezembro de 1972 a janeiro de 1973. Jane conversou com Vero Ordaz e Lani Hanna sobre seu trabalho com a OSPAAAL.

Como você começou a trabalhar com a OSPAAAL?

Fui convidada pela OSPAAAL por meio de um convite feito à Peoples Press, onde eu trabalhava na época.

A Peoples Press começou como um coletivo de publicação formado por três pessoas em San Francisco em 1969, conectado aos movimentos de justiça social, incluindo apoio à libertação dos povos pretos, resistência dos soldados e oposição à Guerra do Vietnã. A Peoples Press foi reconfigurada em 1970 como um coletivo de impressão e publicação com um núcleo de aproximadamente uma dúzia de mulheres e homens produzindo uma variedade de publicações, desde panfletos locais direcionados contra a guerra e em apoio a eventos sociais e culturais locais, até zines de faça-você-mesmo, poesia e livros informativos sobre movimentos internacionais de resistência. Essa era a década de 1970; estávamos muito no espírito das pessoas tomando o poder com suas próprias mãos. A Peoples Press, como gráfica e editora, foi formada especificamente para apoiar esforços locais contra a guerra e divulgar eventos de justiça social e cultural no bairro, mas em um sentido mais amplo, para apoiar as lutas de libertação contra o colonialismo, especialmente no Terceiro Mundo.

Eu me juntei à Peoples Press em 1970 com a crença de que, como coletivo, uniríamos as habilidades que cada um de nós trouxe consigo e todos aprenderíamos as habilidades necessárias para administrar uma gráfica e editora. Era algo muito manual e idealista. Éramos uma pequena gráfica offset, uma das centenas, senão milhares, em todo o país no início dos anos 1970. Publicamos livros sobre a Palestina, Porto Rico, Angola e outros, e imprimimos livros de outros autores, incluindo uma coleção de poesia "Este grande povo já disse chega e começou a se mover", editada por Margaret Randall, então morando em Cuba, e "Mulheres do Vietnã", de Arlene Eisen, que eu projetei e ilustrei. No começo, todos aprendemos os aspectos mecânicos da impressão, mas muitos de nós tinham habilidades úteis em outras áreas. Eu tinha acabado de chegar à Califórnia em 1970 depois de um breve emprego pós-faculdade em design de livros na Random House, em Nova York, onde adquiri as habilidades tipográficas que foram a base para minha vida em design gráfico nos anos seguintes.

Em 1972–73, a Peoples Press imprimiu uma seleção de artigos do *Tricontinental* destinados ao público estadunidense, com o objetivo de apresentar os princípios da OSPAAAL em apoio aos esforços nos países da América Latina, Ásia e África para alcançar a libertação do colonialismo. Eu fui responsável pelo design da nossa edição, enquanto outros membros do coletivo fizeram a diagramação e eu criei novas ilustrações ou selecionei as artes que acompanhavam os artigos originais do Tricontinental. Devido a essa relação, a OSPAAAL convidou uma pessoa da Peoples Press para trabalhar no departamento de design por dois meses, e eu fui escolhida para essa oportunidade.

Eu passei dois meses, em dezembro de 72 e janeiro de 73, durante a minha estadia no Hotel Havana Libre. De manhã, trabalhava no departamento de design da OSPAAAL no bairro de Vedado, em Havana. Na maioria das tardes, visitava organizações culturais e de informação cubanas que produziam cartazes, como o Comitê de Orientação Revolucionária (COR), o Instituto Cubano de Arte e Indústria Cinematográficas (ICAIC), a Casa de las Américas ou caminhava pelos bairros absorvendo e desenhando. O Havana Libre foi uma escolha fascinante para hospedagem, pois me colocou em contato com combatentes exilados que haviam participado de esforços militares em seus países e tiveram que fugir, sendo acolhidos por Cuba. O país era um ponto de encontro para organizadores políticos latino-americanos; foi realmente um momento e lugar incríveis para estar, uma troca com pessoas que não teria acontecido em outras circunstâncias. Foi uma experiência de aprendizado muito intensa.

O acordo da People Press para imprimir a edição estadunidense da *Tricontinental* foi feito através de John Randall em Albuquerque, proprietário da Salt of the Earth Books, que carregava materiais publicados pela People Press. John é irmão de Margaret Randall —poeta, fotógrafa, historiadora oral e educadora— que viveu em Cuba de 1969 a 1980. Progressistas estadunidenses visitando Havana provavelmente conheceriam Margaret; visitantes de todo o mundo passavam por sua casa. Ela e eu nos tornamos amigas próximas, pois eu estava hospedada em Cuba sozinha, tinha vinte e cinco anos e era bastante nova no conceito de anti-imperialismo.

Você pode nos falar um pouco sobre o trabalho que fez na OSPAAAL? Você disse que trabalhou no departamento de design?

Alfrédo Rostgaard era o diretor do departamento de design e foi uma das pessoas que definiu a estética revolucionária da publicação. Meus colegas foram Rostgaard, Olivio Martinez, Lázaro Abreu Padrón, Raúl Martinez. . . todos homens (e eu) no departamento de design nesses dois meses. Os escritórios editoriais da *Tricontinental* ficavam próximos no prédio. Eu era designada para projetar ou criar uma ilustração para os cartazes que apareceriam na revista. Cada edição da revista *Tricontinental*, publicada a cada dois meses, vinha com um cartaz dobrável que você podia pendurar assim que recebesse a revista. Foi através desses cartazes que eu aprendi sobre a Revolução Cubana pela primeira vez. Quando cheguei em São Francisco e comecei a conhecer pessoas e aprender sobre o imperialismo dos EUA, vi esses cartazes em todas as paredes.

É incrível a diversidade de arte que os artistas cubanos produziram na época. Aprendi com Rostgaard que eles estudaram estilos de cartazes da Polônia e dos EUA, entre outras referências, e estabeleceram um tom para cartazes políticos que é incomparável em todo o mundo.

Como você decidiu o que projetar?

Eu recebia uma tarefa específica. Era uma artista temporária. Cada cartaz seria para um dia de solidariedade com o povo de Porto Rico, Angola ou outros países membros da OSPAAAL. Rostgaard, como diretor de arte, designava um artista para cada edição. Fui designada para o Dia de Solidariedade com o Povo de Porto Rico devido ao relacionamento colonial de Porto Rico com os Estados Unidos. Eles aproveitaram isso.

Quanto tempo demorava?

Tínhamos que trabalhar rapidamente, desenhando, apagando, desenhando novamente, apagando novamente, e usando guache para pintar áreas planas de cor. Isso não era apenas em Cuba; era uma prática universal de design antes do computador. Muitos dos artistas desenvolveram um estilo de trabalho com caneta e tinta porque esses materiais eram mais facilmente disponíveis. Tinta, pincéis e papel eram escassos; era um momento difícil.

Eu uso um estilo lírico e pesado de contorno de desenho para meus pôsteres, destinado a ser entendido de longe. Desenvolvi esse estilo porque nossa pequena prensa offset Multilith 1250 tinha um registro muito ruim. Imprimíamos blocos sequenciais de cor, depois imprimíamos contornos pretos que cobririam as bordas da cor. Eu queria ter certeza de que a linha preta fosse um elemento de design, um desenho, que também abordasse problemas técnicos. Pode ter origens primitivas, mas o estilo ousado continua válido; ainda o uso hoje em dia.

E sobre o processo criativo, ele era coletivo? Que tipo de apoio você recebeu de outros artistas?

Recebi muito apoio de Rostgaard, um professor maravilhoso e uma pessoa justa. Veja bem, este era um ambiente sexista. Provavelmente havia muita competição. Eu era uma jovem artista branca dos Estados Unidos. Acho que as pessoas não sabiam como lidar comigo, já que viajantes dos EUA eram raros naquele tempo. Mas eu era uma boa artista, oficialmente convidada pelo Partido Comunista e comprometida em apoiar a Revolução Cubana. Recebi apoio amigável, em maior ou menor grau, dependendo da pessoa. Os cubanos com quem trabalhei tinham um senso de humor irônico, cheio de pegadinhas, e fui alvo de muitas delas.

Você pode nos contar sobre ser mulher e trabalhar com a OSPAAAL? O seu gênero foi alguma vez um problema?

Acredito que provavelmente sempre foi um problema. É por isso que volto a falar sobre Rostgaard: senti que ele me tratou de forma justa e tivemos discussões profundamente informadas em termos de arte e design.

A conversa com Rostgaard que jamais esqueci foi sobre assinar o pôster de Porto Rico que eu projetei e que seria publicado. Eu não costumava assinar minha arte em São Francisco e não assinei meu pôster em Cuba. Sentia que meu trabalho como artista não era mais importante do que a contribuição de outros trabalhadores para a produção de um pôster. Então, por que meu nome apareceria em um pôster?

Então, lá na Cuba socialista, Rostgaard perguntou por que eu não assinei o pôster. Expliquei que, no coletivo, acreditávamos que o trabalho de todos tinha igual mérito e se todos os nomes não pudessem ser colocados em um pôster, então nenhum crédito individual apareceria. Ele apenas riu. Bem, ele disse que (geralmente) as pessoas querem saber quem fez o pôster, por isso você assina. Então, foram lá e digitaram meu nome no pôster. Não é minha assinatura, mas eles acreditam fortemente que o artista deva ser nomeado. Tenho que dizer que, nos anos seguintes, fiquei feliz por meu nome estar lá, orgulhosa como estou de ter projetado um pôster Tricontinental.

Nós temos falado muito sobre solidariedade porque é um componente-chave dos cartazes. Mas a solidariedade hoje representa algo muito diferente do que a solidariedade significava quando você estava lá. Você pode nos contar um pouco sobre isso? Como a solidariedade era concebida?

O fato de eu estar na OSPAAAL foi um ato de solidariedade — uma troca cultural e uma solidariedade que quebrou barreiras. Eu não estava em Cuba apenas como um "agradecimento" por criar uma versão estadunidense de uma publicação internacional sediada em Havana. Era esperado que eu trouxesse de volta informações sobre a Revolução Cubana, que informariam o público estadunidense sobre a revolução e ajudariam a acabar com a violência de nosso país contra Cuba. Eu voltei com uma enorme coleção de cartazes e experiências de lá. Com todos esses cartazes da OSPAAAL e das instituições cubanas, juntei-me a ativistas dedicados a divulgar a Revolução em Cuba. Mostrei os cartazes por anos após minha visita.

Vendo os cartazes, a coisa mais aparente —talvez seja a época, algo geracional— é que existem muitas armas retratadas.

Arriba: Jane Norling, *Olivio Martinez, OSPAAAL design studio, Havana*, grafite sobre papel grosso, 1973. Imagem c/o Jane Norling.
Página 116: Jane Norling, *Schoolgirls, Havana*, desenho a caneta no diário, 1972. Imagem c/o Jane Norling.

Nós acreditávamos na luta armada —isto é, no uso organizado de armas para lutar contra opressores— como um passo em direção à autonomia, isto é, a capacidade de controlar a própria vida. Seria preferível enfrentar o inimigo por meios legais, e na verdade toda luta de libertação começou tentando fazer isso. Fidel Castro era um advogado que passou anos tentando mudar a sociedade cubana usando a lei disponível para ele, mas recorreu à luta armada quando ficou claro que as formas legais de luta podiam sempre ser subvertidas. Nós fomos motivados pelos Panteras Negras, pelos vietnamitas lutando contra a dominação estadunidense, pelos povos subjugados em toda a América Latina trabalhando ao longo de gerações para derrubar ditadores fascistas. A arma era o ícone da capacidade do povo de revidar. Você trava a mesma guerra na qual é atacado. Nós colocamos armas em cartazes e murais, e não posso enfatizar o suficiente o quanto essas imagens representavam a base da capacidade dos povos oprimidos de lutar contra a opressão. Acreditávamos na luta armada como último recurso, mas acreditávamos nisso fervorosamente.

Vivemos em um momento tão diferente daquele que anunciávamos com os cartazes retratando armas. Eu mal atirei com uma arma, odeio armas, odeio a violência, odeio a guerra. Um dos meus murais sobre o envolvimento das mulheres na libertação nacional mostra uma figura enfática com uma arma. Eu não usaria imagens de armas hoje, dado a onipresença de imagens (e realidade) de violência policial, embora a maioria das condições sejam as mesmas. Mas isso foi em 1975. Na época, evocar essa imagem estava em consonância com o que Malcolm X disse, "por todos os meios necessários".

Hoje, em toda a América Latina, existem governos progressistas que surgiram por meio de eleições ou longas batalhas legais —Chile, Bolívia, Brasil, Uruguai— que, após duas décadas de batalhas jurídicas minuciosas, tiveram um governo da Frente Ampla liderado por um ex--guerrilheiro até o ano passado. Os zapatistas no sul do México não falam em tomar o poder, estão

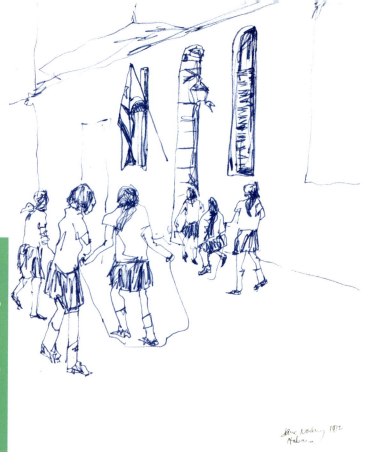

mais preocupados em desenvolver formas baseadas em sua cultura ancestral para alcançar sua autonomia e das áreas onde vivem. A implosão do bloco socialista em 1989 e a hegemonia dos EUA operante desde então mudaram a equação e tornaram outras formas de luta viáveis. Hoje, resistir exige uma enorme sofisticação na era da vigilância, controle corporativo pervasivo e da desigualdade de riqueza no planeta. As imagens para transformação social progressista hoje podem não incluir armas, mas é preciso entender que as transformações sociais em Cuba e outros países latino-americanos não teriam acontecido sem movimentos guerrilheiros anteriores, nos quais as pessoas eram motivadas o suficiente para usar armas em defesa de seus direitos.

Eu sei que você acabou de fazer uma viagem para Havana. Você pode falar conosco sobre isso?

Fui convidada por um colega de longa data envolvido com muralismo para uma viagem de "profissionais de arte" —curadores, educadores universitários, artistas, donos de galerias— para a semana de abertura da Bienal de Havana e para conhecer artistas contemporâneos cubanos ativos no mundo da arte internacional. Eu estava curiosa sobre a Bienal e os artistas cubanos de hoje e, não tendo retornado a Cuba nos últimos 42 anos desde a minha experiência na OSPAAAL, topei viajar, incluindo uma visita à OSPAAAL e à Ediciones Vigía em Matanzas. Falando com artistas cubanos, vendo seu trabalho, percebi que a arte cubana na Bienal era essencialmente sobre ser cubano, suportando as contradições de nascer nas consideráveis conquistas sociais da Revolução, mas sofrendo com a censura e a falta de avanços digitais modernos, em grande parte devido às décadas de ataques econômicos dos EUA. O que vi foi uma análise dos mitos da Revolução e das realidades de como viver sem dinheiro, internet ou capacidade de viajar. Fiquei surpresa, dado que minha experiência foi em Cuba 13 anos depois da Revolução, quando artistas da OSPAAAL e em todos os níveis do governo cubano dirigiam suas habilidades artísticas para criar uma nova iconografia potente, destinada a educar e promover uma das maiores transformações sociais do século XX.

Eu levei uma cópia do cartaz que fiz na OSPAAAL para minha visita a Eva Dumenigo, a diretora de publicações da OSPAAAL, porque eles não tinham mais em seus arquivos. Ela me recebeu calorosamente como uma parente de longa data, e eu me perguntei novamente por que nunca tinha feito uma visita ao longo dos anos quando meus colegas poderiam estar disponíveis, especialmente Rostgaard. A vida me levou a outras direções. Fiquei satisfeita que três pessoas do grupo da Bienal quiseram se juntar a mim para ver um aspecto de Cuba que representa um tempo muito anterior à Revolução, tão vastamente diferente da cena de arte internacional apresentada na Bienal. A OSPAAAL tem uma pequena loja que vende reimpressões de cartazes que foram importantes ao longo das décadas, bem como algumas edições originais. Compramos uma seleção deles para apoiar a organização.

Fiquei tremendamente emocionada por estar na OSPAAAL muito depois do transformador tempo que vivi lá, fiquei atordoada ao ver o que antes era o estúdio de design, agora uma sala escura usada para estoque, onde 42 anos atrás parecia ser tão grande quanto o mundo.

Grand comme le monde
entretien avec Jane Norling

Jane Norling est une artiste californienne. En tant que membre de People's Press, petite structure d'édition collective ayant publié la version nord-américaine du magazine *Tricontinental*, elle a travaillé dans le studio de graphisme de l'OSPAAAL, à Cuba, de décembre 1972 à janvier 1973. Jane s'est entretenue avec Vero Ordaz et Lani Hanna à propos de son travail pour l'OSPAAAL.

Comment en êtes-vous venue à travailler avec l'OSPAAAL ?

Ils m'ont contacté dans le cadre d'une invitation envoyée à People's Press, où je travaillais à l'époque.

People's Press a été lancé en 1969, à San Francisco. Au début, c'était un collectif d'édition composé de trois militants pour la justice sociale, qui soutenaient en particulier la libération des Noirs, la résistance des soldats américains et l'opposition à la guerre du Vietnam. En 1970, le projet s'est réorganisé en collectif d'impression et d'édition avec un noyau dur d'une dizaine de femmes et d'hommes, éditant des choses allant de tracts contre la guerre ou en soutien à des événements locaux, à des livrets de bricolage, en passant par de la poésie ou des livres sur les luttes internationales. C'était le début des années 1970 ; notre état d'esprit était en phase avec celui de l'époque, où les gens voulaient reprendre leurs vies en main. En tant qu'imprimeur-éditeur, People's Press a été créé pour soutenir les luttes locales contre la guerre, et pour faire connaître les événements culturels et de justice sociale dans le quartier, ainsi que pour soutenir les luttes de libération contre le colonialisme, en particulier dans le tiers-monde.

J'ai rejoint People's Press en 1970. J'étais convaincue que ce fonctionnement collectif nous permettrait de mettre en commun nos compétences, et d'apprendre tous les savoir-faire nécessaires à la gestion d'une imprimerie et d'une maison d'édition. Tout cela était très manuel. Et idéaliste. Dans les États-Unis des années 1970, on était une petite imprimerie offset parmi des centaines, voire des milliers d'autres. On a confectionné des livres sur la Palestine, Porto Rico, l'Angola, etc., et on a aussi imprimé des livres d'auteurs, dont un recueil de poèmes intitulé *This Great People Has Said Enough and Has Begun to Move*, édité par Margaret Randall, qui vivait alors à Cuba, et *Women of Vietnam* d'Arlene Eisen, que j'ai mis en page et illustré. Au début, on a tous appris les aspects techniques de l'impression, mais beaucoup d'entre nous avaient des compétences utiles dans d'autres domaines. En 1970, je venais d'arriver en Californie après un bref emploi post-universitaire dans la conception de livres chez Random House, à New York, où j'avais acquis les compétences typographiques qui ont servi de base à mon parcours dans le graphisme au cours des années suivantes.

En 1972–1973, People's Press a publié un recueil d'articles extraits de *Tricontinental*. Il s'adressait au public nord-américain, pour lui présenter l'OSPAAAL et soutenir les luttes anticoloniales en Amérique latine, en Asie et en Afrique. J'ai conçu notre édition, d'autres membres l'ont mise en page, et j'ai réalisé des illustrations et/ou réutilisé celles qui accompagnaient les articles originaux. Suite à quoi, l'OSPAAAL a invité une personne de People's Press à venir travailler deux mois dans son département graphique ; il a été décidé que j'irai. Ce que j'ai fait, en décembre 1972 et janvier 1973.

J'étais logée à l'hôtel Havana Libre. Le matin, je travaillais dans le studio de l'OSPAAAL, dans le quartier de Vedado à la Havane ; la plupart

Jane Norling, *Militia, Havana*, dessin à la plume dans un journal, 1973. Image c/o Jane Norling.

des après-midi, soit je rendais visite aux organisations locales qui produisaient des affiches, comme le Comité d'orientation révolutionnaire (COR), l'Institut cubain des arts et de l'industrie cinématographiques (ICAIC), ou la Casa de las Americas, soit je me promenais dans différents quartiers pour observer et dessiner. Le Havana Libre était un hôtel fascinant, qui m'a permis de rencontrer certains des combattants exilés qui y séjournaient : des gens qui avaient dû fuir leur pays après y avoir participé à des opérations militaires, et que Cuba avait accueillis. L'île était alors une plaque tournante pour les organisations politiques latino-américaines ; c'était une époque et un endroit vraiment incroyables, avec un mélange de personnes impossible à rencontrer ailleurs. En termes d'apprentissage, ça a été une expérience particulièrement intense.

Les dispositions pour imprimer l'édition nord-américaine de *Tricontinental* ont été prises par l'intermédiaire de John Randall, d'Albuquerque, le propriétaire de Salt of the Earth Books, qui distribuait les publications People's Press. C'était le frère de Margaret Randall, une poète, photographe, historienne et universitaire qui a vécu à Cuba de 1969 à 1980. Tout Nord-Américain progressiste qui visitait La Havane avait de bonnes chances de la rencontrer ; des visiteurs du monde entier passaient chez elle. Elle et moi sommes devenues amies, car je séjournais seule à Cuba, que j'avais vingt-cinq ans, et que le concept d'anti-impérialisme était relativement nouveau pour moi.

Pouvez-vous nous parler de votre travail pour l'OSPAAAL ? Vous avez dit que vous officiiez au département du design ?

Alfrédo Rostgaard, alors directeur de ce département, est l'une des personnes qui a inventé l'esthétique de l'art révolutionnaire. Sur place, j'ai travaillé avec lui, mais aussi avec Olivio Martinez, Lázaro Abreu Padrón, Raúl Martinez... Tous des hommes à part moi, dans le même studio pendant deux mois. La rédaction de *Tricontinental* était dans le même bâtiment. J'étais chargée de concevoir une illustration pour l'une des affiches offertes avec le magazine. Chaque numéro bimestriel de *Tricontinental* comportait une affiche dépliante, de sorte que, dès que vous receviez le magazine, vous pouviez l'accrocher. C'est grâce à ces affiches que j'ai découvert la révolution cubaine. Quand je suis arrivée à San Francisco, que j'ai commencé à rencontrer des gens et à me renseigner sur l'impérialisme américain, tous les murs en étaient couverts.

Dans le Cuba de cette époque, les artistes étaient capables de produire un éventail incroyable d'œuvres. Rostgaard m'a expliqué qu'ils étudiaient l'esthétique d'affiches venant de Pologne ou des États-Unis, parmi de nombreuses autres sources. Ils ont donné aux affiches politiques un style reconnaissable dans le monde entier.

Comment avez-vous décidé de ce que vous alliez dessiner ?

On m'a donné des consignes. J'étais une sorte d'intérimaire. Chaque affiche devait correspondre à une journée de solidarité : avec le peuple de Porto Rico, avec le peuple angolais, ou avec d'autres peuples de l'OSPAAAL. En tant que directeur artistique, Rostgaard confiait à l'un ou l'autre artiste la conception d'un numéro à venir. Vu la relation coloniale entre Porto Rico et les États-Unis, on m'a attribué la journée de solidarité avec le peuple de Porto Rico. Et ils l'ont utilisée.

Combien de temps ça vous a pris ?

On devait travailler vite, en dessinant, en effaçant, en re-dessinant, en ré-effaçant, et en peignant les aplats de couleur à la gouache. (Beaucoup d'artistes de cette époque ont développé un style au trait, à la plume et à l'encre, parce que ces matériaux étaient plus faciles à trouver. La peinture, les pinceaux, le papier n'étaient disponibles qu'en quantité limitée ; c'était une époque difficile.)

Pour mes affiches, j'adopte toujours un style lyrique, aux contours épais, censé être déchiffrable de loin. Ça vient du fait que les calages étaient très aléatoires sur notre petite presse offset Multilith 1250. On imprimait des blocs de couleurs, puis des contours noirs qui en couvraient les bords. Je tenais à ce que ces contours constituent un élément reconnaissable, un dessin, ce qui permettait aussi de résoudre certains problèmes techniques. Ce style découlait donc à l'origine de contraintes matérielles, mais il n'en demeure pas moins audacieux, et je m'en sers toujours.

Le processus créatif était-il collectif ? Les autres artistes vont ont-ils soutenu ?

Rostgaard était un prof merveilleux et une personne juste, qui m'a beaucoup aidé. Il faut bien comprendre que c'était un environnement sexiste. Et aussi compétitif, je pense. J'étais une jeune fille blanche et blonde des États-Unis. Je crois que les gens ne savaient pas comment se comporter avec moi ; les voyageurs d'Amérique du Nord étaient rares à l'époque. Mais j'étais une bonne artiste, officiellement invitée par le parti communiste et engagée à soutenir la révolution cubaine. J'ai reçu un soutien amical plus ou moins important selon les personnes. Mes collègues cubains avaient de l'humour, ils aimaient l'ironie et les farces, dont j'ai souvent été la cible.

Pouvez-vous nous parler du fait d'être une femme et de travailler avec l'OSPAAAL ? Votre genre a-t-il posé problème ?

À mon avis, oui, ça a toujours été un problème. C'est pourquoi j'en reviens à Rostgaard : avec lui,

j'ai eu le sentiment d'être traitée de façon équitable et d'avoir eu d'importantes discussions sur l'art et le design.

Parmi les conversations mémorables que j'ai eues avec Rostgaard, il y en a eu une sur la signature de l'affiche de Porto Rico que j'ai conçue. À San Francisco, je ne signais pas mes œuvres, et je n'ai donc pas signé celle-là non plus. J'estimais que mon travail d'artiste ne comptait pas plus que la contribution de n'importe quel travailleur ayant participé à la production de l'affiche. Et si c'était le cas, pourquoi y apposer mon nom ?

Sauf que là, en plein Cuba socialiste, Rostgaard m'a demandé pourquoi je n'avais pas signé. Je lui ai expliqué qu'au sein de mon collectif, on pensait que le travail de chacun était de valeur égale, et que si tous les noms ne pouvaient figurer sur une affiche, aucun n'apparaîtrait. Ça l'a fait rire. « Eh bien, m'a-t-il dit, les gens aiment savoir qui a conçu leur affiche, alors tu vas la signer ». Ils y ont donc ajouté mon nom. Ce n'est pas ma signature, mais ils étaient convaincus que l'artiste devait être nommé. Je dois dire qu'au fil du temps, vu comme je suis fière d'avoir conçu une affiche du *Tricontinental*, j'ai tiré une joie indéniable du fait d'être nommée.

On parle beaucoup de la solidarité, qui était un élément clé sur ces affiches. Mais aujourd'hui, la solidarité représente quelque chose de très différent. Pouvez-vous nous en parler un peu ? Comment les gens concevaient-ils cette notion ?

En soit, ma participation à l'OSPAAAL était déjà un acte de solidarité. C'était un échange culturel solidaire destiné à briser les frontières. Je n'étais pas seulement à Cuba pour qu'on me remercie d'avoir créé une version américaine d'une publication internationale basée à La Havane : on attendait de moi que je ramène des infos sur la révolution cubaine, pour informer le public américain sur le processus révolutionnaire et aider à mettre un terme à l'agression de Cuba. Je suis revenue aux États-Unis avec une énorme collection d'affiches et de l'expérience quant aux conditions de travail à Cuba ; je faisais désormais partie des artistes qui vantaient les mérites de la révolution cubaine. Suite à ce séjour, j'ai montré ces affiches pendant des années.

Jane Norling

La première chose qui saute aux yeux sur les affiches de l'OSPAAAL, et qui est peut-être due l'époque, c'est l'omniprésence des armes à feu.

On croyait tous en la lutte armée, c'est-à-dire en l'utilisation méthodique d'armes à feu pour se défendre contre les oppresseurs, comme étape vers l'autodétermination, ou la capacité à contrôler sa propre vie. On aurait préféré être en mesure de défier l'ennemi par des moyens légaux et, à vrai dire, toutes les luttes de libération ont d'abord tenté de le faire. En tant qu'avocat, Fidel Castro a passé des années à essayer de changer la société cubaine par le biais des lois. Mais quand il est devenu évident que les formes légales de lutte pourraient toujours être récupérées, il s'est rabattu sur la lutte armée. On s'inspirait des Black Panthers, des Vietnamiens qui luttaient contre la domination américaine, des peuples assujettis d'Amérique latine qui tentaient depuis des générations de renverser des dictateurs fascistes. Le fusil, c'était le symbole de la capacité des gens à se défendre. Tu combattais avec les mêmes armes qu'on utilisait contre toi. On mettait des armes à feu sur des affiches et des peintures murales, et je ne saurais trop insister sur le fait que ces images représentaient le fondement-même de la capacité des peuples opprimés à se défendre contre leurs agresseurs. On ne croyait à la lutte armée qu'en dernier recours, mais on y croyait dur comme fer.

Aujourd'hui, tout a beaucoup changé, et les mouvements de luttes sociales qui utilisent les armes dans leur imagerie semblent d'un autre temps. À titre personnel, c'est à peine si j'ai tiré avec une arme à feu au cours de ma vie. Je hais les armes, je hais la violence, je hais la guerre. Mais l'une de mes peintures murales sur la participation des femmes aux luttes de libération nationales montrait l'une d'elles, déterminée à en découdre, une arme en main. Aujourd'hui, vu l'omniprésence de l'imagerie (et de la réalité) des violences policières, je n'utiliserais plus d'armes à feu dans ma production, même si la situation politique demeure en majeure partie inchangée. Mais on était en 1975. C'était l'imagerie que les progressistes utilisaient pour illustrer ce que disait notamment Malcolm X : « Par tous les moyens nécessaires ».

Aujourd'hui, dans toute l'Amérique latine, officient des gouvernements progressistes résultant d'élections ou de longues batailles juridiques. C'est le cas au Chili, en Bolivie, au Brésil, en encore en Uruguay, où après deux décennies de lutte juridique laborieuse, gouverne le Front large, qui était jusqu'à récemment dirigé par un ancien guérillero. Dans le sud du Mexique, les Zapatistes ne parlent pas de prendre le pouvoir, mais ils s'inspirent de vieilles pratiques indigènes pour parvenir à l'autodétermination. L'implosion du bloc socialiste en 1989, et l'hégémonie américaine qui lui a fait suite, ont rebattu les cartes et rendu viables d'autres formes de lutte. De nos jours, à l'ère de la surveillance généralisée, des géants du numérique et de l'accaparement des richesses planétaires, toute riposte exige une sacrée dose de sophistication. Peut-être qu'on a davantage tendance à imaginer une transformation sociale positive sans armes, mais il ne faut pas perdre de vue que les transformations sociales, à Cuba comme ailleurs en Amérique latine, n'auraient jamais eu lieu sans les guérillas qui les ont précédées, au sein desquelles les gens étaient assez motivés pour défendre leurs droits fusils en mains.

Vous êtes retournée à La Havane récemment. Pouvez-vous nous en parler ?

Un vieux collègue muraliste m'a invité à participer à un voyage pour « professionnels de l'art » (conservateurs, professeurs, artistes, galeristes…), dans le cadre de la semaine d'inauguration de la Biennale de La Havane, pour rencontrer des artistes cubains contemporains. N'y étant pas allée depuis 42 ans, j'étais curieuse de découvrir la Biennale et les artistes cubains d'aujourd'hui, et je me suis donc jointe au voyage, prévoyant au passage une visite à l'OSPAAAL et aux Editions Vigía, à Matanzas. En parlant avec des artistes cubains et en observant leurs productions, j'ai été frappée par le fait que les œuvres d'art cubaines présentées à la Biennale s'attardaient essentiellement sur le fait d'être Cubain, sur les contradictions liées au fait d'être né dans un pays héritier de considérables avancées sociales dues à la révolution, tout en endurant la censure et le cruel manque de progrès numérique, en grande partie à cause des décennies de guerre économique menée par les États-Unis. Ce qui m'a marqué, c'est cette lucidité quant aux mythes de la révolution et aux réalités de la vie sans argent, sans Internet, sans possibilité de voyager. C'était très différent de ce que j'avais vécu lors de mon premier séjour, treize ans seulement après le début de la révolution, quand tous les artistes de l'OSPAAAL et tous les membres du gouvernement cubain, quels que soient leurs niveaux, mettaient leurs compétences artistiques au service d'une nouvelle iconographie destinée à éduquer le peuple et à promouvoir l'une des plus grandes transformations sociales du vingtième siècle.

Quand j'ai rendu visite à Eva Dumenigo, la directrice de publication de l'OSPAAAL, j'ai apporté un exemplaire de mon affiche pour remplacer celle qui avait disparu de leurs archives. Elle m'a reçue chaleureusement, comme si je faisais partie de sa famille, et je me suis à nouveau demandé pourquoi je n'étais jamais revenue avant, notamment pour rendre visite à mes anciens collègues, Rostgaard en tête, pendant qu'il en était encore temps. La vie m'a menée dans d'autres directions. J'ai été flattée que trois membres de la Biennale

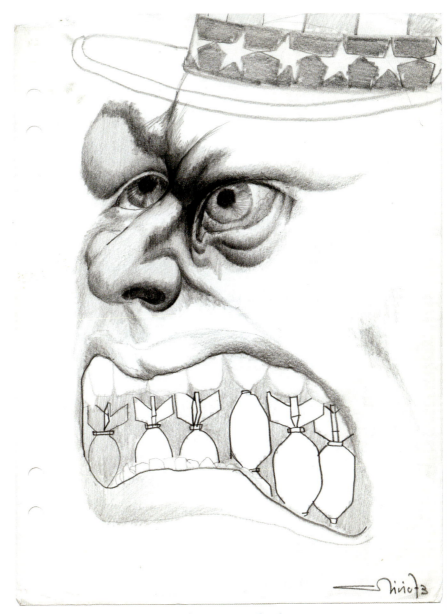

Olivio Martínez, dessin sans titre, graphite sur papier de cahier à 4 trous, 1973. Image c/o Jane Norling.

veuillent me rencontrer pour discuter d'un Cuba d'une autre époque, très différent de ce qui était présenté à la Biennale. L'OSPAAAL a une petite boutique qui vend des réimpressions de vieilles affiches emblématiques, ainsi qu'une poignée d'éditions originales. On en a acheté une sélection pour soutenir l'organisation.

J'ai été très émue de me retrouver à l'OSPAAAL, si longtemps après le séjour transformateur que j'y ai passé, et j'ai été stupéfaite de revoir ce qui était autrefois le studio de création, qui avait désormais l'air d'une sombre réserve, tandis qu'il y a 42 ans, on aurait dit qu'il était grand comme le monde.

As Big as the World
An interview with Jane Norling

Jane Norling is a California artist and member of Peoples Press, the small press collective that published the North American edition of *Tricontinental Magazine*. She was invited to work in the design studio of the Organization of Solidarity of the Peoples of Africa, Asia and Latin America (OSPAAAL) in Havana, Cuba, in December 1972 and January 1973. Jane spoke with Vero Ordaz and Lani Hanna about her work with OSPAAAL.

How did you come to work with OSPAAAL?

I was invited by OSPAAAL via an invitation to Peoples Press, where I worked at the time.

Peoples Press began as a three-member San Francisco publishing collective in 1969, connected to social justice movements, including support of Black liberation, GI resistance, and opposition to the Vietnam War. Peoples Press reconfigured in 1970 as a printing and publishing collective with a core of about a dozen women and men producing a range of publications from local flyers directed against the war and in support of local events, to do-it-yourself booklets, to poetry and informative books about international resistance movements. This was the early seventies—we were very much in the spirit of people taking power into their own hands. Peoples Press, as printer-publisher, was formed specifically to support local efforts against the war and to publicize neighborhood social justice and cultural events. But, in a broader sense, to support liberation struggles against colonialism, particularly in the Third World.

I joined Peoples Press in 1970 with the belief that as a collective, we would pool the skills we each brought with us, and all would learn every skill needed to run a printing and publishing outfit. It was very manual. And idealistic. We were a small offset print shop, one of hundreds, if not thousands, around the country in the early seventies. We originated books on Palestine, Puerto Rico, Angola, and more—and we printed books of other authors, including a poetry collection *This Great People Has Said Enough, and Has Begun to Move*, edited by Margaret Randall, then living in Cuba, and *Women of Vietnam* by Arlene Eisen, which I designed and illustrated. At the beginning, we all learned the mechanical aspects of printing, but many of us had useful skills in other areas. I had just arrived in California in 1970 after a brief post-college job in book design at Random House, New York, where I'd acquired the typographic skills that have been a foundation for my life in graphic design for the years since.

In 1972–73, Peoples Press printed a digest of *Tricontinental* articles. It was directed to a North American audience to introduce the principles of OSPAAAL in support of efforts in Latin American, Asian, and African countries to achieve liberation over colonialism. I designed our edition, other collective members laid it out, and I made new illustrations and/or culled art that accompanied the original *Tricontinental* articles. Because of this relationship, OSPAAAL invited one person from Peoples Press to work in the design department for two months; it was decided that I would go. I went for two months, December '72 and January '73.

I stayed at the Havana Libre hotel. Mornings, I worked in the OSPAAAL design department in [the] Vedado neighborhood of Havana; most afternoons, I'd visit Cuban information and cultural organizations that produced posters, such as the Revolutionary Orientation Committee (COR), the Cuban Institute of Film

Olivio Martinez, design composition, pencil, pen, colored marker, cut orange-printed paper, collaged on blue paper, 1972. Image c/o Jane Norling.

and Film Arts (ICAIC), Casa de las Americas, or walk the neighborhoods absorbing and drawing. The Havana Libre was a fascinating place to stay because it brought me in contact with exiled combatants staying there who'd been involved in military efforts in their countries and had to flee, whom Cuba welcomed. Cuba was a nexus for Latin American political organizers; it really was an incredible time and place to be, an exchange of people that I otherwise would never have known. It was a very intense learning experience.

Peoples Press' arrangement to print the North American edition of *Tricontinental* was made through John Randall in Albuquerque, owner of Salt of the Earth Books, which carried materials Peoples Press published. John is the brother of Margaret Randall—poet, photographer, oral historian, educator—who lived in Cuba from 1969 to 1980. Progressive North Americans visiting Havana would likely meet Margaret; visitors from around the world passed through her home. She and I became close friends, as I was staying in Cuba on my own, was twenty-five and fairly new to the concept of anti-imperialism.

Can you tell us a little about the work you did at OSPAAAL? You said you worked at the design department?

Alfrédo Rostgaard was the director of the design department and was one of the people who set the style of revolutionary artwork there. My colleagues were Rostgaard, Olivio Martinez, Lázaro Abreu Padrón, Raúl Martinez . . . all men (and me) in the design department those two months. *Tricontinental* editorial offices were nearby in the building. I would be assigned to design or create an illustration for the posters that would appear in the magazine. Each bimonthly issue of *Tricontinental* had a foldout poster, so as soon as you received the magazine, you had a poster to put up. Those posters were how I first learned about the Cuban Revolution. When I arrived in San Francisco, started meeting people and being educated about US imperialism, I saw these posters all over their walls.

It's incredible the range of artwork that the artists of that time in Cuba were able to produce. I learned from Rostgaard that they were studying the poster styles of Poland and the US, among many other sources. They set a tone for political posters that's unmatched throughout the world.

How did you decide what you were going to be designing?

I received an assignment. I was a temporary staff artist. Every poster would be a day of solidarity with the people of Puerto Rico or people of Angola or of the member countries of OSPAAAL. Rostgaard, as the art director, would assign one or another artist to design for an upcoming issue. I was assigned the Day of Solidarity with the People of Puerto Rico because of Puerto Rico's colonial relationship to the US. And they used it.

How long did it take?

We had to work quickly, drawing, erasing, drawing, erasing, using gouache to paint flat color areas. (This wasn't just Cuba; this was universal pre-computer design practice.) Many of the artists developed a style of pen and ink line work because those materials were more easily available. Paint, brushes, paper were in short supply; it was a hard time.

I use a lyrical, heavy-ish outline style of drawing for my posters, meant to be understood from far away. I developed that style because our funky little offset Multilith 1250 press had very poor registration. We printed sequential blocks of color, then black outlines were printed that would cover the edges of color. I wanted to make sure that the black line was a design element, a drawing, that would also address technical problems. It may have primitive origins, but the bold style holds true; I'm still using it.

And about the creative process, was it collective? What kind of support did you get from other artists?

I got a lot of support from Rostgaard, a wonderful teacher and fair person. You have to understand this was a sexist environment. Probably competitive. I was a young, blonde white girl from the US. I don't think people knew what to make of me; US travelers were rare in those years. But I was a good artist, officially a guest of the Communist Party and committed to supporting the Cuban Revolution. I got friendly support to a greater or lesser degree, depending on the person. The Cubans I worked with had a wry sense of humor, full of practical jokes, and I was the recipient of many.

Can you tell us about being a woman and working with OSPAAAL? Was your gender ever an issue?

I think it was probably always an issue. That's why I go back to Rostgaard: I felt I was treated fairly with him and had, in terms of art and design, deeply informed discussions.

The conversation with Rostgaard that stays with me was about signing the Puerto Rico poster I designed that was to be published. I was not in the practice of signing my artwork in San Francisco and I didn't sign my poster in Cuba. I felt my work as an artist was no more important than the contribution of other workers to the production of a poster. So why would my name appear on a poster?

So, there in Socialist Cuba, Rostgaard asked why I didn't sign the poster. I explained that in the collective, we believed that everyone's work was of equal merit and if all names couldn't be designed onto a poster, then no individual credit would appear. He just laughed. Well, he said, (generally speaking) people want to know who did the poster, so you sign it. So, they typeset my name on the poster. It's not my signature, but they believe[d] strongly [that] the artist should be named. I have to say that in the years since, I'm glad my name is there, proud as I am to have designed a *Tricontinental* poster.

We've been talking a lot about solidarity because it's such a key component of the posters. But solidarity today represents something very different than what solidarity meant when you were there. Can you tell us a little bit about that? How was solidarity conceived of?

The fact that I was at OSPAAAL was an act of solidarity—a cultural exchange and breaking-barriers solidarity. I was not in Cuba solely as a "thank you" for creating a US-American version of an international publication headquartered in Havana. I was expected to bring back information about the Cuban Revolution, which would inform the US public about revolutionary change and help end our country's aggression toward Cuba. I came back with an enormous collection of posters and experience in a Cuban workplace. With all these posters from OSPAAAL and Cuban institutions, I joined activists focused on Cuba publicizing the Revolution. I showed the posters for years after my visit.

Looking through the posters, the one thing that is most apparent—maybe it's the times, maybe it's the generational thing—there are a lot of guns in OSPAAAL's posters.

We believed in armed struggle—that is, the organized use of weapons to fight back against oppressors—as a step toward achieving self-determination, that is, the ability to control one's own life. We would have preferred to have been able to engage the enemy through legal means, and, in fact, every liberation struggle started out attempting to do it that way. Fidel Castro was a lawyer who spent years trying to change Cuban society using the law available to him, but reverted to armed struggle when it became clear that legal forms of struggle could always be subverted. We were motivated by the Black Panthers, the Vietnamese fighting US domination, the subjugated peoples throughout Latin America working over generations to overthrow fascist dictators. The gun was the icon of people's

ability to fight back. You fight with the same kind of warfare they are waging against you. We did put guns on posters and in murals and I can't emphasize enough how thoroughly those images represented a foundation of oppressed people's ability to fight back against aggression. We believed in armed struggle as a last resort, but we believed in it fervently.

We live in such a different time now from the social justice movements that gave rise to imagery using guns. I've barely shot a gun, hate them, hate violence, hate war. One of my murals about women's involvement in national liberation shows an emphatic figure with a gun. I'd not use gun imagery today, given the ubiquitous imagery (and reality) of police violence, although most conditions are the same. But that was 1975. It was very much in keeping with the imagery that progressive people were using to underscore, as Malcolm X said, "by any means necessary."

Today, throughout Latin America, there are progressive governments that came about through elections or long legal struggles—Chile, Bolivia, Brazil. Uruguay, who after two decades of painstaking legal struggle, has a Broad Front government that until last year was led by an ex-guerrilla fighter. The Zapatistas in southern Mexico don't talk about taking power but are more concerned with drawing on ancient forms of their Indigenous culture to achieve self-determination in the areas where they live. The implosion of the socialist bloc in 1989 and the US hegemony that has reigned since has changed the equation and made other forms of struggle viable. Today, fighting back requires enormous sophistication in the age of surveillance, ubiquitous corporate control, the stamp of wealth on the planet. Images for positive social transformation today may not include guns, but it must be understood [that] the social transformations in Cuba and other Latin American countries would not have happened without preceding guerrilla movements in which people were motivated strongly enough to use weapons to defend their rights.

I know you just took that recent trip to Havana. Can you speak with us about it?

I was invited by a longtime mural colleague on a trip of "art professionals"—curators, college-level educators, artists, gallery owners—for opening week of the Havana Bienal and to meet contemporary Cuban artists active in the international art world. I was curious about the Bienal and

Above: Jane Norling planting tomatoes, voluntary Saturday work brigade for non-Cuban OSPAAAL workers, 1972. Photographer unknown. Image c/o Jane Norling.
Page 127: Jane Norling, *Tricontinental* North American Edition 5 (front cover), 1973.

experience was Cuba thirteen years into the Revolution, when artists at OSPAAAL (and in all levels of Cuban government) were directing their fine art skills to crafting a new iconography of emphatic graphic design meant to educate and promote one of the greatest social transformations of the twentieth century.

I brought a copy of my OSPAAAL poster to my visit with Eva Dumenigo, the OSPAAAL director of publications, to replace the one they no longer had in their archives. She received me warmly as a longtime relative and again I wondered why I'd never made a visit over the years when my colleagues might have been available, Rostgaard in particular. Life took me in other directions. I was pleased three of the Bienal group wanted to join me in seeing an aspect of Cuba representing a time far earlier in the Revolution, so

Cuban artists today and, having not returned in the forty-two years since my OSPAAAL experience, I joined the trip, building in a visit to OSPAAAL and to Ediciones Vigía in Matanzas. Speaking with Cuban artists, viewing their work, I realized that the Cuban artwork at the Bienal was essentially about being Cuban, bearing the contradictions of being born into the Revolution's considerable social advances yet enduring censorship and lack of modern digital advances in great part due to the decades of economic onslaught wrought by the US. What I saw was an examining of the myths of the Revolution and realities of how you live your life without money or internet or the ability to travel. I was amazed, given my vastly different from the international art scene presented by the Bienal venues. OSPAAAL has a little shop selling reprints of iconic posters over the decades as well as a handful of original editions. We bought a selection of them to support the organization.

Tremendously moved to be at OSPAAAL long after my transformational time there, I was stunned to see what was once the design studio, now a dark storeroom, where forty-two years ago it felt like it was as big as the world.

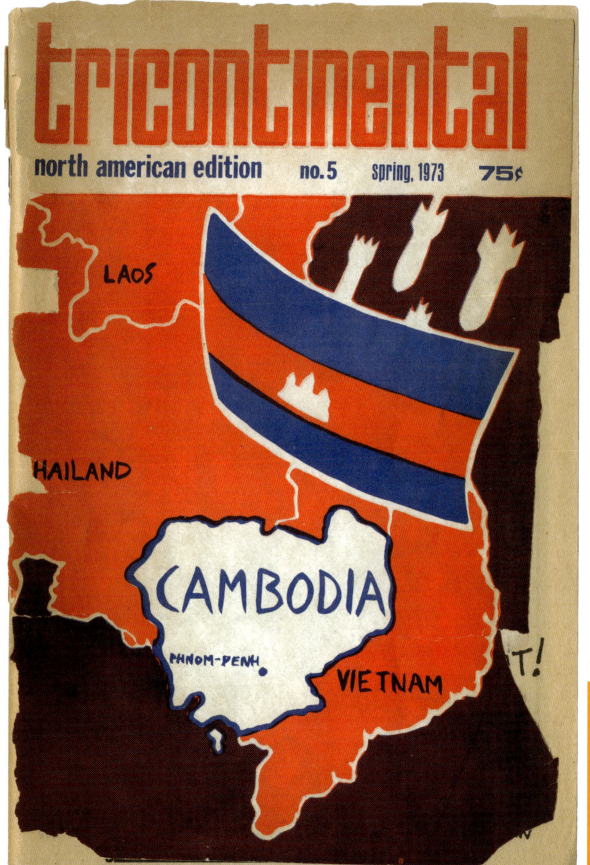

Arriba: Alberto Blanco González, *Tricontinental Bulletin* 121 (portada), 1981.
Página 129: Daysi García Lopéz, *Tricontinental Bulletin Supplement* (portada), 1968.

TRICONTINENTAL SUPPLEMENT

We are not the armed branch of any particular organization

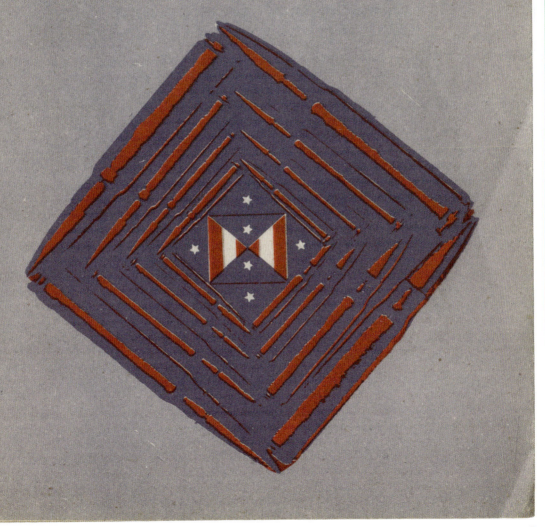

Página 130: Diseñador sin atribución, "Freedom for Raul Sendic and all political prisoners", *Tricontinental* 84 (contraportada interior), 1982.
Página 131: Diseñador sin atribución, ilustración por "1970: Laos Lives, Yankees!", *Tricontintal* 23 (38), March–April 1971.

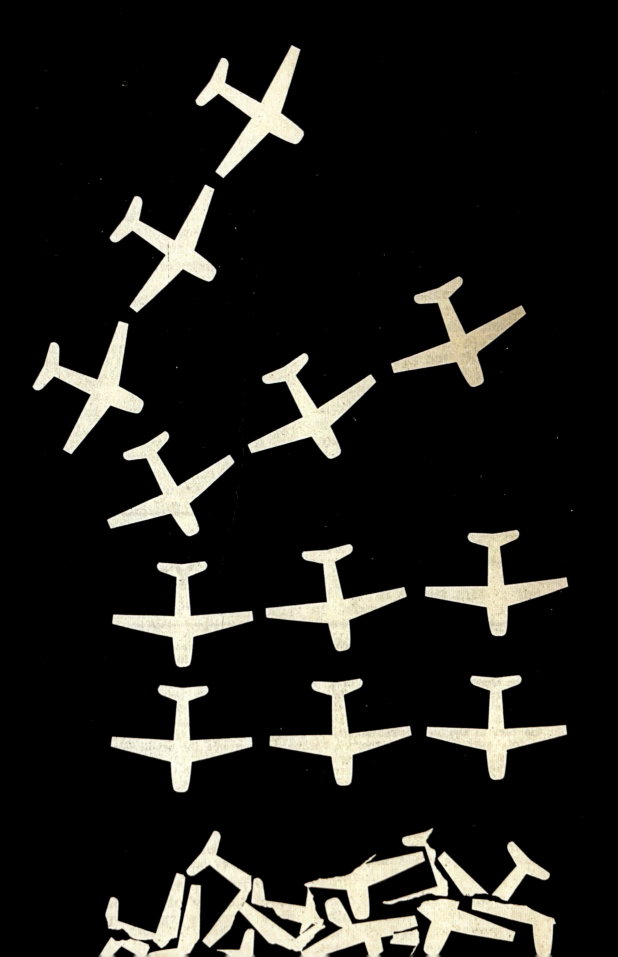

Cuba y la opción revolucionaria en el mundo árabe

Nate George

El impacto de la Revolución Cubana en América Latina cimbró, fue sísmico. La intervención militar cubana en África fue decisiva. Y aunque menos conocido, podríamos caracterizar de fundacional el vínculo entre la Organización de Solidaridad de los Pueblos de África, Asia y América Latina (OSPAAAL) y el mundo árabe. La Cuba revolucionaria se interesó mucho por el mundo árabe y, del mismo modo, los árabes prestaron gran atención a la experiencia cubana. En el marco de la oleada de liberación anticolonial de mediados del siglo XX, muchos árabes y cubanos se miraban como compañeros de armas en una lucha histórica contra el imperialismo europeo y estadounidense. Las publicaciones, carteles y reuniones de la OSPAAAL que destacan las causas árabes fortalecieron estas conexiones y documentan una relación de atracción mutua. La importancia del mundo árabe para la OSPAAAL queda de manifiesto en la incorporación del árabe como lengua oficial en casi todos los carteles. Este ensayo hace una lectura de la historia de la OSPAAAL —en particular sus extraordinarios carteles— como punto de partida al mundo de las relaciones cubano-árabes.

Las luchas de liberación árabes y cubanas se desarrollaron simultáneamente y ambas se enfrentaron a grandes obstáculos. Con frecuencia, la victoria en un escenario reforzaba la determinación de los que luchaban en otros. Castro contó que mientras se encontraba en Sierra Maestra, él y su banda de revolucionarios "se inspiraron en la gran victoria [egipcia] de Suez por su resistencia y victoria" (página 133). Para muchos árabes, el ejemplo cubano parecía demostrar que la lucha armada popular podía conducir a un Estado soberano y modernizador comprometido a servir a su población. Al respecto es elocuente el testimonio del presidente argelino Ahmed Ben Bella: "Desde prisión seguí la heroica lucha del Ejército rebelde y su victorioso avance desde el Pico Turquino hasta La Habana... Como argelinos aplaudíamos las hazañas de los barbudos combatientes cubanos. Celebramos la victoria de Bahía de Cochinos como si fuera nuestra".[1]

Shafiq al-Hout, el representante de toda la vida de la Organización para la Liberación de Palestina en Líbano, recuerda cómo el apoyo de Cuba a los palestinos significaba que la isla "a menudo estaba más cerca de nuestro pensamiento que muchas naciones árabes e islámicas".[2] Animados por lo que parecía un flujo continuo de victorias anticoloniales, se formó una cultura revolucionaria transnacional que exaltaba las revoluciones cubana, argelina, egipcia, vietnamita y china. Los jóvenes palestinos, libaneses, dhufaris y otros tomaron las armas, se pusieron el uniforme de combate, se dejaron crecer la barba y eligieron seudónimos como "Castro" y "Che", haciéndose eco de los revolucionarios de la Sierra Maestra. Del mismo modo, los árabes nombraron a sus propios combatientes como héroes y mártires —por ejemplo el presidente egipcio Gamal Abdel Nasser, el líder del Movimiento Nacional Libanés Kamal Jumblatt o el rebelde campesino del siglo XIX Tanyus Shahin— para unirse al panteón de iconos revolucionarios del Tercer Mundo, como el Che, Lumumba y Ho (p. 135).

Sin embargo, las relaciones de Cuba con el mundo árabe iban más allá de una solidaridad retórica. La Habana apoyó activamente los movimientos de liberación del mundo árabe en términos diplomáticos, militares y médicos desde los primeros e inciertos años de la Revolución hasta el final de la Guerra Fría. En 1961, La Habana envió un cargamento de armas para ayudar al Frente Argelino de Liberación Nacional (FLN) en su guerra contra el colonialismo francés, se trató de la primera participación militar de Cuba en África. El barco Bahía de Nipe regresó a Cuba con setenta y seis combatientes argelinos heridos y veinte niños refugiados.[3] En 1963 partió una misión médica, junto con tropas y material de apoyo a la Argelia independiente en su guerra fronteriza con la conservadora y prooccidental monarquía marroquí. En abril de 1973, alrededor de doscientos asesores militares cubanos llegaron a la República Democrática Popular de Yemen, el único Estado marxista del mundo árabe, donde entrenaron a sus fuerzas armadas y a los revolucionarios de la vecina región absolutista de Dhufar, en Omán, la cual era dominada por los británicos.[4] Hasta la intervención masiva en Angola en 1975, se enviaron más tropas cubanas a Siria que a ningún otro lugar. Pocos saben que los cubanos se enfrentaron directamente a las fuerzas israelíes utilizando tanques soviéticos en los Altos del Golán entre noviembre de 1973 y mayo de 1974.[5]

Kameel Hawa (La Union Socialista Arabe del Libano), *Quando Nosotros Estuvimos en las Montanas de la Sierra Maestra— Castro*, cartel impreso en offset, 1981. Imagen c/o SignsOfConflict.com.

La Tricontinental

Los representantes del mundo árabe fueron de los principales organizadores y participantes en la conferencia Tricontinental de enero de 1966 en La Habana, el vértice político del momento revolucionario del Tercer Mundo y el lugar de nacimiento de la OSPAAAL. En esta conferencia participaron las delegaciones estatales de Argelia, Egipto y Siria, mientras que representantes de grupos de oposición y guerrilleros hablaron en nombre de Palestina, Líbano, Omán, Sudán, Jordania, Yemen del Norte y del Sur, Arabia Saudí y Marruecos. Estos últimos grupos revolucionarios agitaron políticamente y desafiaron a los Estados de sus respectivos territorios a partir de la segunda mitad de la década de los sesenta. Además de estos participantes de alto nivel, la Tricontinental fue organizada por el veterano disidente marroquí Mehdi Ben Barka y presidida por Yusuf al-Siba'i, de la República Árabe Unida, como se conocía a Egipto en aquella época. Para Ben Barka, la conciencia internacionalista no era un mero eslogan o un lejano ideal, sino un prerrequisito fundamental para la transformación social. Su manifiesto, *Opción revolucionaria en Marruecos*, no comienza con un análisis de las condiciones internas favorables a la revolución, sino con un posicionamiento sobre el escenario internacional: "El fenómeno más importante es sin duda el rápido proceso de liberación de los pueblos colonizados. Nuestros horizontes, como partido de un país recientemente liberado, se han ampliado considerablemente".[6] Como Ben Barka explicó a la prensa de La Habana en septiembre de 1965, la conferencia representaba la fusión concreta de las corrientes anticolonial y socialista de la revolución, una unión ejemplificada por la Revolución Cubana:

> Esta Conferencia es también histórica porque tiene lugar en Cuba; porque la Revolución Cubana es, en efecto, la concreción de la unión de estas dos corrientes históricas de la Revolución Mundial; porque Cuba ha conocido su revolución de liberación nacional y está realizando ahora su revolución socialista; por tanto, era la mejor elección para la celebración de este encuentro.

Pocas semanas después de esta clara declaración de intenciones, Ben Barka fue asesinado. Aunque los detalles de su desaparición fueron un misterio durante décadas, recientes revelaciones han esclarecido la verdad. El 29 de octubre de 1966, la policía francesa secuestró a Ben Barka en las calles de París, los servicios de inteligencia marroquíes lo torturaron hasta la muerte y el Mossad israelí roció su cuerpo con ácido y lo enterró en un bosque a las afueras de París.[7] En homenaje a sus raíces intelectuales e institucionales, uno de los primeros libros que publicó la OSPAAAL fue *El pensamiento político de Ben Barka* de 1968 (p. 141), mientras que cuatro carteles están dedicados a su desaparición (p. 140).[8] Teniendo en cuenta la importancia de la participación árabe en la Tricontinental y la formación de la OSPAAAL, pasaré ahora a examinar la producción de carteles de la Organización y su relación con las causas árabes.

Palestina

La mayoría de los carteles de la OSPAAAL dedicados al mundo árabe se realizaron en solidaridad con el pueblo de Palestina, su lucha contra el colonialismo sionista. A diferencia de la opinión occidental dominante —de gobiernos, medios de comunicación e incluso muchos partidos de izquierda—, la OSPAAAL entendía la cuestión de Palestina como fundamental en una lucha global entre, por un lado, el colonialismo occidental junto al imperialismo capitalista, y por otro, el nacionalismo revolucionario anticolonial y el comunismo. De hecho, el apoyo

cubano al posicionamiento árabe es anterior a la revolución. La Cuba de Batista fue el único Estado del hemisferio occidental que votó contra la Resolución 181 de la Asamblea General de las Naciones Unidas del 29 de noviembre de 1947, que recomendaba la partición de Palestina en dos Estados, el árabe y el judío, separados y desiguales.[9] La guerra entre palestinos y colonos sionistas estalló inmediatamente tras la resolución unilateral de partición unilateral de la ONU.[10] El 15 de mayo de 1948, las incipientes unidades árabes de varias capitales divididas declararon tardíamente la guerra a la población unida y militarmente superior de colonos judíos, predominantemente europeos.[11] Para crear un Estado judío en una tierra de mayoría árabe, abrumadoramente musulmana y cristiana, las unidades militares sionistas expulsaron deliberadamente de sus hogares a casi 800 000 palestinos y arrasaron 531 pueblos entre 1947 y 1949.[12] Con su sociedad destrozada, a los palestinos se les negó el derecho al retorno y se les dispersó en campos de refugiados en Gaza, Cisjordania, Jordania, Líbano y Siria. El 15 de mayo se conoce en el mundo árabe como la *nakba* [catástrofe], y la OSPAAAL dedicó este día a la solidaridad con el pueblo palestino (p. 146).

La lucha por revertir esta flagrante injusticia ha sido un factor movilizador de la política árabe desde entonces. La agitación popular árabe nacionalista y socialista se dirigió contra los regímenes neocoloniales a los que consideraban responsables de la nakba y de la obstrucción del desarrollo independiente y la libertad política. Como consecuencia directa de la nakba, Egipto, Siria, Irak, Jordania y Líbano experimentaron importantes revoluciones, golpes de Estado, intentos de insurrección o guerras civiles en la década siguiente a 1948. Por otro lado, las capitales imperiales occidentales, Israel y las monarquías árabes dependientes estaban unidas en su determinación de contener este movimiento nacional árabe. Israel, Gran Bretaña y Francia invadieron Egipto en 1956, fue un intento fallido de revertir la nacionalización del Canal de Suez por parte de Nasser y derrocar su régimen. El 5 de junio de 1967, Israel lanzó una guerra preventiva que destruyó las capacidades militares de Egipto, Siria y Jordania, conquistando territorios en los tres Estados en menos de seis días. Este acontecimiento es conocido como *naksa* [revés], y asestó un golpe aplastante al prestigio del proyecto nacionalista árabe en su fase estatista, abriendo una crisis de legitimidad entre los Estados vencidos y en el conjunto de la región árabe. La derrota desató una oleada de ira popular contra Israel pero también contra las clases dirigentes árabes: muchos jóvenes de los países árabes, en especial de Palestina, comenzaron a ver la lucha armada como su única liberación potencial del "imperialismo, el sionismo y la reacción árabe". Mediante la movilización de masas, los palestinos pasaron de ser refugiados victimizados a vanguardias revolucionarias.[13]

La OSPAAAL se fundó en ese momento de crisis y defendió la revolución palestina desde el primer número de *Tricontinental*. Para la OSPAAAL, la causa palestina era no sólo la piedra angular de la política en las sociedades árabes, sino un eje que conectaba y galvanizaba al Tercer Mundo en su conjunto. Por ello, la imagen del fedayín (literalmente, "los que se sacrifican") con su kufiya a la cabeza y empuñando un fusil Kalashnikov fue un elemento básico de los gráficos de la OSPAAAL desde el principio (pp. 144, 146).[14]

Líbano

La guerra civil internacional que devastó Líbano de 1975 a 1990 fue consecuencia directa de la guerra en torno a Palestina y de las divisiones que suscitó entre la sociedad árabe. Aunque se suele ver como un conflicto sectario interno, en realidad esta guerra de quince años implicó la participación de una serie de partidos políticos seculares, algunos de ellos sectarios, movimientos de liberación nacional, así como Estados regionales, los otrora imperios coloniales y las vigentes superpotencias mundiales.

Movimiento Nacional Libanés, *Contra el Imperialismo y el Sionismo*, cartel impreso en offset, 1977. Imagen c/o SignsOfConflict.com.

Cuando la revolución palestina se intensificó tras la derrota de 1967, los palestinos no controlaban ningún territorio propio y por tanto, no tenían una base segura desde la cual emprender su lucha. A pesar del apoyo retórico y material, debido a su nacionalismo Egipto y Siria restringieron severamente la libertad de acción palestina a lo largo de sus fronteras con Israel. Jordania, cuya población es mayoritariamente palestina en el exilio, fungió inicialmente como sede de la Organización para la Liberación de Palestina (OLP) hasta que la monarquía los expulsó en el septiembre negro de 1970. Tras este tercer gran éxodo de palestinos —después de 1948 y de 1967—, la OLP trasladó su aparato político y militar a Líbano. El sur de Líbano se convirtió en el único frente abierto de la lucha por la liberación de Palestina. Muchos libaneses apoyaron con entusiasmo este frente a la vez que se sumaban a las filas del Movimiento Nacional Libanés (MNL), una coalición multisectaria aliada de la OLP que cuestionaba el régimen político sectario del Líbano.[15] Como reacción, el Frente Libanés, de inspiración fascista y controlado por cristianos maronitas, empezó a armar, entrenar y organizar su propia contrarrevolución para preservar el orden existente con el apoyo de Estados Unidos, Israel y los regímenes árabes conservadores. Esta polarización política y social estalló en guerra en 1975.

Aunque la política cubana fue marginal en este conflicto, la isla se convirtió en un potente símbolo de los sueños de la izquierda y de las pesadillas de la derecha. Los carteles de la época muestran la fascinación de la izquierda libanesa por Cuba como "isla de la libertad", con las banderas cubana y libanesa una junto a la otra (p. 148).[16] Los portavoces derechistas del Frente Libanés utilizaron esa propaganda para atraer el apoyo de las fuerzas anticomunistas internacionales, avivando el temor a "otra Cuba en Líbano".[17] La amenaza revolucionaria fue contenida, a un alto costo, en buena parte debido a las intervenciones de Israel y Siria patrocinadas por Estados Unidos.

Los carteles de la OSPAAAL sobre Líbano solían eludir las divisiones políticas internas y se esforzaban por invocar la unidad nacional, especialmente de cara a la agresión israelí (p. 156). Además de apoyar firmemente a los grupos derechistas del Frente Libanés, Israel intentó destruir la resistencia árabe ocupando el sur de Líbano entre 1978 y 2000, un periodo marcado por sus invasiones de 1978, 1982, 1993, 1996 y 2006. La intervención israelí en Líbano mató a decenas de miles de personas, hirió a muchas más y provocó el desplazamiento de cientos de miles de civiles libaneses y palestinos. El cartel de Rafael Enríquez Vega de 1983 ofrece una dramática metáfora del tormento que Israel inflige a la sociedad libanesa (p. 152). Observamos una foto de un hacha, claramente representada con los colores azul y blanco de la bandera israelí, que se clava en el tronco de un cedro sangrante, símbolo nacional de Líbano. Su pie de foto reza "Israel: Una herida en el costado de Líbano". El 25 de mayo de 2000, sucesivas oleadas de movimientos populares de resistencia armada, desde comunistas hasta islamistas, consiguen liberar la mayor parte del territorio libanés.[18]

Siria

Las relaciones entre Cuba y Siria han sido siempre más estrechas que las de cualquier otro Estado de la región. Cinco carteles de la OSPAAAL están dedicados al pueblo de Siria. El día de la solidaridad es el 8 de marzo, fecha en que el Partido Árabe Socialista Ba'th tomó el poder del Estado mediante un golpe militar de 1963. Al igual que otros Estados nacionalistas del Tercer Mundo, el gobierno baazista llevó a cabo una revolución desde arriba: abarcó la reforma agraria, la industrialización controlada por el mismo Estado y la expansión de los servicios sociales, todo ello mientras institucionalizaba el régimen de partido único y la primacía del ejército.[19] Estas políticas gubernamentales, más la retórica baazista de finales de la década de 1960, que propugnaba una

guerra popular para la liberación de Palestina, atrajeron la atención de Cuba. Todos los carteles de la OSPAAAL sobre Siria hacen hincapié en la guerra contra Israel, la alianza con los palestinos y lo que entonces se pensaba como la inminente destrucción del Estado sionista (p. 153). Aunque el Estado sirio sí fue una base de apoyo real para importantes facciones de la resistencia palestina y libanesa —por tanto, un adversario de Israel, Estados Unidos y sus fuerzas aliadas—, la política siria era menos directa y radical de lo que estos carteles dejaban entrever. Con frecuencia los gobernantes baazistas de Siria se enfrentaron a fuerzas anticoloniales que salían de su control y en ciertas fases se beneficiaron de acuerdos con Estados Unidos, especialmente en su decisiva intervención militar de 1976 contra la OLP-LNM en Líbano, respalda por aquel país imperialista.[20]

Sáhara Occidental

La OSPAAAL produjo numerosos materiales en apoyo de la autodeterminación saharaui. En 1973 el Frente POLISARIO (Frente Popular para la Liberación de Saqiyya al-Hamra y Río de Oro) inició su lucha armada contra el dominio colonial español en el Sáhara Occidental, rico en minerales. España mantuvo su autoridad en este territorio desde el Congreso de Berlín de 1884 hasta 1975, cuando tuvo que ceder abruptamente el poder a los países limítrofes Marruecos y Mauritania debido a la creciente resistencia saharaui. Mauritania se retiró en 1979, y Marruecos se apoderó rápidamente de toda la zona, ahora el norte y el sur. Al día de hoy Marruecos sigue ocupando el Sáhara Occidental con el notable apoyo de Estados Unidos y Francia. En la actualidad, aproximadamente la mitad de los saharauis viven bajo ocupación marroquí, mientras que la otra mitad viven como refugiados en campamentos gestionados por el POLISARIO en Argelia.[21]

El apoyo cubano al POLISARIO puso de manifiesto la relativa autonomía de La Habana respecto a Moscú, ya que estas dos capitales tomaron bandos opuestos en el conflicto. En contraste con el apoyo diplomático, militar y médico de Cuba al POLISARIO, la Unión Soviética no reconoció a este movimiento ni a su gobierno en el exilio: la República Árabe Saharaui Democrática con sede en Argelia. Probablemente se debió al alto volumen de importaciones soviéticas del fosfato de Marruecos, que era su mayor acuerdo comercial en el Tercer Mundo.[22] El diseño del cartel de Rafael Morante Boyerizo de 1981 (pp. 160–161) celebra el quinto aniversario de la declaración de la República Árabe Saharaui Democrática del 27 de febrero de 1976.

Como presagiaba el asesinato de Ben Barka en 1965, la opción revolucionaria en el mundo árabe fue frustrada por una tenaz coalición de fuerzas imperiales y contrarrevolucionarias. La segunda reunión de la Tricontinental prevista para El Cairo en 1968 quedó sepultada por la derrota de los ejércitos egipcio, sirio y jordano en junio de 1967. Con el tiempo, debido a las continuas derrotas y promesas incumplidas, el nacionalismo árabe fue desterrado como ideología que articulaba la oposición popular. La guerra popular perdió su brillo una vez que la mayoría de las demás regiones se hubieran independizado. La supresión de las fuerzas trincontinentalistas —enemigas por igual de los gobiernos árabes, Israel, los movimientos religiosos y los imperios occidentales— fue una condición necesaria para el ascenso de las monarquías, las dictaduras familiares, los regímenes militares y los partidos islamistas y sectarios respaldados por Occidente que actualmente dominan el mundo árabe. Aunque en 2011 estalló una nueva serie de revoluciones y levantamientos interconectados, ninguno ha sido capaz, hasta ahora, de hacerse con el poder del Estado o de institucionalizar un orden social. La mayor parte de las luchas abrazadas por la OSPAAAL en la década de 1960 aún no se han resuelto. El legado inacabado del tricontinentalismo sigue interpelando al mundo árabe hasta nuestros días.

1   Piero Gleijeses, *Conflicting Missions: Havana, Washington, and Africa, 1959–1976* (Chapel Hill, NC: University of North Carolina Press, 2002), 33.
2   Shafiq Al-Hout, *My Life in the PLO: The Inside Story of the Palestinian Struggle*, eds. Jean Said Makdisi y Martin Asser, trans. Hader Al-Hout y Laila Othman (Londres: Pluto, 2011), 140.
3   Gleijeses, *Conflicting Missions*, 31.
4   William J. Durch, "The Cuban Military in Africa and the Middle East: From Algeria to Angola" (Arlington, VA: Center For Naval Analyses, Septiembre 1977), 26–28. Para un excelente recuento de la revolución dhufari, ver Abdel Razzaq Takriti, *Monsoon Revolution: Republicans, Sultans, and Empires in Oman, 1965–1976* (Oxford: Oxford University Press, 2013).
5   Durch, "The Cuban Military," 28.
6   Mehdi Ben Barka, "Revolutionary Option in Morocco," en *The Political Thought of Ben Barka* (Habana: Tricontinental, 1968), 27.
7   Véase Ronen Bergman y Shlomo Nakdimon, "The Ghosts of Saint-Germain Forest," *Ynet*, marzo 23, 2015, http://www.ynetnews.com/articles/0,7340,L-4639608,00.html.
8   Para más información sobre Ben Barka, véase Nate George, "Travelling Theorist: Mehdi Ben Barka and Morocco from Anti-Colonial Nationalism to the Tricontinental," en *The Arab Lefts: Histories and Legacies, 1950s–1970s*, ed. Laure Guirguis (Edinburgh: Edinburgh University Press, 2020), 127–147. Para una biografía exhaustiva véase Zakya Daoud y Maâti Monjib, *Ben Barka: Une Vie, Une Mort* (París: Éditions Michalon, 2000).
9   Agradezco a José Ramón Cabañas que haya aclarado este punto al autor.
10.   Para un análisis sagaz del plan de partición, véase Walid Khalidi, "Revisiting the UNGA Partition Resolution," *Journal of Palestine Studies* 27, no. 1 (1997): 5–21, https://doi.org/10.2307/2537806. Para una historia general de Palestina, véase Rashid Khalidi, *The Hundred Years' War on Palestine: A History of Settler-Colonial Conquest and Resistance, 1917–2017* (Londres: Profile, 2020).
11   Avi Shlaim, "Israel and the Arab Coalition in 1948," en *The War for Palestine: Rewriting the History of 1948*, ed. Eugene Rogan and Avi Shlaim (Cambridge: Cambridge University Press, 2007), 79–103.
12   Ilan Pappé, *The Ethnic Cleansing of Palestine* (Oxford: Oneworld, 2006).
13   Rosemary Sayigh, *The Palestinians: From Peasants to Revolutionaries* (Londres: Zed, 2007); Karma Nabulsi y Abdel Razzaq Takriti, "The Palestinian Revolution," 2016, http://learnpalestine.politics.ox.ac.uk/.
14   Sobre las relaciones cubano-palestinas más allá de la OSPAAAL, véase Sorcha Thomson, "Demystifying Third World Solidarity: Cuba and the Palestinian Revolution in the Seventies," en *The Fate of Third Worldism in the Middle East: Iran, Palestine and Beyond*, ed. Sune Haugbølle y Rasmus Elling (Londres: Oneworld, 2024).
15   Véase "'Our 1789': The Transitional Program of the Lebanese National Movement and the Abolition of Sectarianism, 1975–77," *Comparative Studies of South Asia, Africa and the Middle East* 42, no. 2 (2022): 470–88, https://doi.org/10.1215/1089201X-9987957; Fawwaz Traboulsi, *A History of Modern Lebanon* (Londres: Pluto, 2007); Tabitha Petran, *The Struggle Over Lebanon* (Nueva York, NY: Monthly Review Press, 1987).
16   Para más información sobre las redes de solidaridad cubano-libanesas, véase Zeina Maasri, *Off the Wall: Political Posters of the Lebanese Civil War* (Londres: I.B. Tauris, 2008), 44–45.
17   Elaine C. Hagopian, "Redrawing the Map in the Middle East: Phalangist Lebanon and Zionist Israel," *Arab Studies Quarterly* 5, no. 4 (1983): 326.
18   Dos memorias de la resistencia libanesa escritas por mujeres militantes están disponibles en inglés:

Soha Bechara, *Resistance: My Life for Lebanon*, trans. Gabriel Levine (Nueva York, NY: Soft Skull Press, 2003); Nawal Qasim Baidoun, *Memoirs of a Militant: My Years in the Khiam Women's Prison*, trans. Caline Nasrallah and Michelle Hartman (Northampton, MA: Olive Branch Press, 2022).

19 Véanse, por ejemplo, Raymond Hinnebusch, *Syria: Revolution From Above* (Londres: Routledge, 2001); Hanna Batatu, *Syria's Peasantry, the Descendants of Its Lesser Rural Notables, and Their Politics* (Princeton, NJ: Princeton University Press, 1999).

20 Véanse en particular Batatu, *Syria's Peasantry*, 287–322; Laurie A. Brand, "Asad's Syria and the PLO: Coincidence or Conflict of Interests?," *Journal of South Asian and Middle Eastern Studies* 14, no. 2 (Invierno 1990); George, "'Our 1789'"; Traboulsi, *History of Modern Lebanon*.

21 Para una historia general, Stephen Zunes y Jacob Mundy, *Western Sahara: War, Nationalism, and Conflict Irresolution*, 2nd ed. (Siracusa, NY: Syracuse University Press, 2022).

22 Jorge I. Dominguez, *To Make a World Safe for Revolution: Cuba's Foreign Policy* (Cambridge, MA: Harvard University Press, 1989), 127–29.

Cuba e a alternativa revolucionária no mundo árabe

Nate George

O impacto da Revolução Cubana na América Latina é reconhecido como sísmico; a intervenção militar cubana na África é agora entendida como decisiva. Embora menos conhecida, a ligação entre a Organização de Solidariedade dos Povos da África, Ásia e América Latina (OSPAAAL), sediada em Havana, e o mundo árabe foi fundamental. A Cuba revolucionária demonstrou grande interesse no mundo árabe e, da mesma forma, houve uma considerável atenção árabe para a experiência cubana. Como parte da onda de libertação anticolonial no meio do século XX, inúmeros árabes e cubanos se viam como camaradas de armas em uma luta histórica contra o imperialismo europeu e estadunidense. As publicações, cartazes e reuniões da OSPAAAL que destacavam as causas árabes solidificaram essas conexões e documentaram uma relação de atração mútua. A importância do mundo árabe para a OSPAAAL é ainda evidenciada pela inclusão do árabe como língua oficial em quase todos os cartazes. Este ensaio lê a história da OSPAAAL e, em particular, seus notáveis cartazes, como um ponto de partida para o mundo das relações entre Cuba e o mundo árabe.

As lutas pela libertação árabe e cubana ocorreram simultaneamente, enfrentando grandes obstáculos. A vitória em um cenário frequentemente fortalecia a determinação daqueles que lutavam em outros lugares. Castro relatou que, enquanto estava na Sierra Maestra, ele e seu grupo de revolucionários "foram inspirados pela grande vitória [egípcia] de Suez por sua resistência e conquista" (ver página 133). Para muitos árabes, o exemplo cubano parecia demonstrar que a luta armada popular poderia levar a um Estado soberano e modernizador comprometido em servir aos interesses de sua população. "Enquanto estava na prisão", explicou o presidente argelino Ahmed Ben Bella, "acompanhei a luta heroica do Exército Rebelde e seu avanço vitorioso desde o Pico Turquino até Havana... Nós, argelinos, aplaudimos as proezas dos combatentes cubanos barbudos. Celebramos a vitória da Baía dos Porcos como se fosse nossa própria vitória".[1] Shafiq al-Hout, o representante de longa data da Organização para a Libertação da Palestina no Líbano, lembrou como o apoio de Cuba aos palestinos sitiados significava que a ilha "muitas vezes estava mais alinhada com nossos pensamentos do que muitas nações árabes e islâmicas".[2] Impulsionados e encorajados pelo que parecia ser uma sequência contínua de vitórias anticoloniais, uma cultura revolucionária transnacional se formou, exaltando as revoluções cubana, argelina, egípcia, vietnamita e chinesa. Jovens palestinos, libaneses, dhufaris e outros pegaram em armas, vestiram uniformes de combate, deixaram a barba crescer e escolheram codinomes como "Castro" e "Che", ecoando os revolucionários da Sierra Maestra. Da mesma forma, os árabes nomearam seus próprios heróis e mártires, como o presidente egípcio Gamal Abdel Nasser, Kamal Jumblatt —líder do Movimento Nacional Libanês, e Tanyus Shahin— rebelde camponês do século XIX, para se juntarem ao panteão de ícones revolucionários do Terceiro Mundo, como Che, Lumumba e Ho (p. 135).

No entanto, as relações entre Cuba e o mundo árabe iam além da mera retórica solidária. Havana apoiava ativamente os movimentos de libertação no mundo árabe, fornecendo assistência diplomática, militar e médica desde os primeiros anos incertos da Revolução até o fim da Guerra Fria. Em 1961, um navio carregado de armas foi enviado de Cuba para auxiliar a Frente de Libertação Nacional Argelina (FLN) em sua luta contra o colonialismo francês, marcando a

primeira intervenção militar cubana na África. O Bahía de Nipe retornou a Cuba com setenta e seis combatentes argelinos feridos e vinte crianças refugiadas.³ Uma missão médica foi conduzida em 1963, assim como o envio de tropas e apoio material à Argélia independente durante sua guerra de fronteira contra a monarquia conservadora pró-Ocidente do Marrocos. Em abril de 1973, aproximadamente duzentos conselheiros militares cubanos chegaram à República Democrática Popular do Iêmen (o único Estado marxista do mundo árabe), onde treinaram as forças armadas tanto da RPDI quanto dos revolucionários na região vizinha de Dhufar, que era totalmente dominada pela monarquia britânica de Omã.⁴ Até a extensa intervenção em Angola em 1975, mais tropas cubanas foram enviadas para a Síria do que para qualquer outro lugar. Poucos sabem que os cubanos estiveram diretamente envolvidos em combates com as forças israelenses, usando tanques soviéticos, nas Colinas de Golã entre novembro de 1973 e maio de 1974.⁵

A Tricontinental

Representantes do mundo árabe desempenharam papéis fundamentais como organizadores e participantes da conferência Tricontinental realizada em janeiro de 1966, em Havana. Esse encontro marcou o ápice político do momento revolucionário do Terceiro Mundo e foi o local de nascimento da OSPAAAL. Delegações estatais da Argélia, Egito e Síria estiveram presentes, enquanto representantes de grupos de oposição e guerrilheiros falaram em nome da Palestina, Líbano, Omã, Sudão, Jordânia, Iêmen do Norte e do Sul, Arábia Saudita e Marrocos. Cada um desses estados enfrentaria posteriormente desafios intensos ou convulsões revolucionárias por parte desses mesmos grupos, a partir da segunda metade da década de 1960. Além desses participantes de alto nível, a Tricontinental contou com a organização do veterano dissidente marroquino Mehdi Ben Barka e foi presidida por Yusuf al-Siba'i, da República Árabe Unida (como o Egito era conhecido na época). Para Ben Barka, a consciência internacionalista não era apenas um slogan ou um ideal distante, mas um requisito fundamental para a transformação social. Em seu manifesto "Opção Revolucionária no Marrocos", Ben Barka não começava com uma análise das condições internas favoráveis à revolução, mas sim com uma posição sobre o contexto internacional: "O fenômeno mais importante é, sem dúvida, o desenvolvimento acelerado da libertação

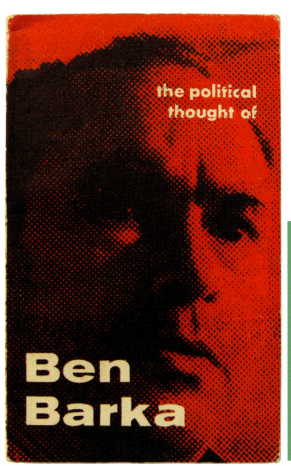

Acima: Ben Barka, *The Political Thought of Ben Barka* (Havana: Tricontinental Press, 1968).
Página 140: Antonio Fernández, *Disappearance of Ben Barka*, cartaz impresso em offset, 1971.

dos povos colonizados. Nossos horizontes, como partido de um país recentemente livre, ampliaram-se consideravelmente".⁶ Em setembro de 1965, Ben Barka explicou à imprensa em Havana que a conferência representava a concretização da fusão entre as correntes anticoloniais e socialistas da revolução, uma união exemplificada pela Revolução Cubana:

> "Esta conferência também é histórica por acontecer em Cuba; porque a Revolução Cubana é, na verdade, a concretização da união dessas duas correntes históricas da Revolução Mundial; porque Cuba conheceu sua revolução pela libertação nacional e agora está realizando sua revolução socialista; portanto, foi a melhor escolha para a celebração deste encontro."

Algumas semanas após essa audaciosa declaração de propósito, Ben Barka foi assassinado. Embora os detalhes do seu desaparecimento tenham permanecido um mistério por décadas, revelações recentes trouxeram mais detalhes sobre o seu destino. Em 29 de outubro de 1966, a polícia francesa sequestrou Ben Barka nas ruas de Paris,[7] a inteligência marroquina o torturou até a morte, e o Mossad israelense desfigurou o seu corpo com ácido, enterrando-o em uma floresta nos arredores de Paris. Em honra às suas contribuições intelectuais e institucionais, um dos primeiros livros publicados pela OSPAAAL foi "O Pensamento Político de Ben Barka" (1968, ver p. 141), e quatro cartazes foram dedicados ao seu desaparecimento (p. 140).[8] Com a importância da participação árabe na Tricontinental e na formação da OSPAAAL em mente, agora irei analisar a produção de cartazes da OSPAAAL relacionados às causas árabes.

Palestina

Grande parte dos cartazes produzidos pela OSPAAAL e dedicados ao mundo árabe expressa solidariedade ao povo palestino em sua luta contra o colonialismo sionista e a colonização. Ao contrário da opinião predominante no Ocidente, tanto entre governos, mídia e muitos partidos de esquerda, a OSPAAAL compreendia a questão palestina como fundamental na luta global entre o colonialismo ocidental, o imperialismo capitalista de um lado, e o nacionalismo revolucionário anticolonial e o comunismo do outro. Na verdade, o apoio cubano à causa árabe antecedeu a própria revolução. Durante o regime de Batista, Cuba foi o único país no hemisfério ocidental a votar contra a Resolução 181 da Assembleia Geral das Nações Unidas, em 29 de novembro de 1947, que recomendava a partição da Palestina em estados árabes e judeus separados e desiguais.[9] A guerra entre palestinos e colonos sionistas irrompeu imediatamente após a aprovação dessa resolução de divisão da ONU, resultando em uma desapropriação unilateral.[10] Em 15 de maio de 1948, unidades árabes recém-formadas em várias capitais divididas declararam guerra à população unida e militarmente mais avançada dos colonos judeus, em sua maioria provenientes da Europa.[11] Para estabelecer um Estado judeu em uma terra com maioria árabe muçulmana e cristã, as unidades militares sionistas deliberadamente expulsaram quase 800 mil palestinos de suas casas e destruíram 531 vilas entre 1947 e 1949.[12] Com suas sociedades devastadas, foram negados o direito de retorno dos palestinos, dispersos em campos de refugiados em Gaza, CisJordânia, Jordânia, Líbano e Síria. 15 de maio é conhecido no mundo árabe como *nakba* [catástrofe], e a OSPAAAL dedicou esse dia à solidariedade com o povo palestino (p. 146).

A luta para reverter essa injustiça descarada tem sido um fator motivador na política árabe desde então. O movimento nacionalista e socialista árabe se voltou contra os regimes neocoloniais, responsabilizando-os pela nakba e por obstruírem o desenvolvimento independente e a liberdade política. Como consequência direta da nakba, Egito, Síria, Iraque, Jordânia e Líbano vivenciaram grandes revoluções, golpes de Estado, insurreições ou guerras civis em menos de uma década após 1948. Por outro lado, as capitais imperiais ocidentais, Israel e as monarquias árabes dependentes estavam unidas em sua determinação de conter esse movimento nacional árabe. Em 1956, Israel, Grã-Bretanha e França invadiram o Egito em uma tentativa fracassada de reverter a nacionalização do Canal de Suez por Nasser e derrubar seu regime. Em 5 de junho de 1967, Israel lançou uma guerra preventiva que destruiu as capacidades militares do Egito, Síria e Jordânia, conquistando territórios nos três estados em menos de seis dias. A *naksa* [derrota] de 1967 foi um golpe devastador para o prestígio do projeto nacionalista árabe em sua fase estatista, gerando uma crise de legitimidade nos estados derrotados e na região árabe como um todo. A derrota desencadeou uma onda de raiva popular tanto contra Israel quanto contra as classes dominantes árabes. Muitos jovens de todos os países árabes, especialmente da Palestina, passaram a enxergar a luta armada como a única possibilidade de libertação do "imperialismo, sionismo e da reação árabe". Os palestinos passaram de refugiados que sofriam as consequências para se tornarem líderes e protagonistas da revolução.[13]

A OSPAAAL foi fundada nesse momento de crise e desde o primeiro número da *Tricontinental*, ela defendeu a revolução palestina. Para a OSPAAAL, a causa palestina não era apenas uma pedra fundamental da política nas sociedades árabes, mas também um ponto central que galvanizava e conectava o Terceiro Mundo como um todo. Portanto, a imagem do *fidayin* vestido com a *kuffiyya* e empunhando um fuzil Kalashnikov era um elemento essencial nos gráficos da OSPAAAL desde o início (pp. 144, 146).[14]

Líbano

A guerra civil que assolou o Líbano de 1975 a 1990 foi diretamente decorrente do conflito pela Palestina e das divisões exacerbadas na sociedade árabe. Embora seja frequentemente retratada como um conflito sectário interno, essa guerra de quinze anos envolveu uma variedade de partidos políticos seculares e sectários, movimentos de libertação nacional, Estados regionais, ex-colonizadores e as principais potências globais.

Quando a revolução palestina ganhou força após a derrota de 1967, os palestinos não possuíam território próprio e, portanto, não tinham uma base segura para lançar sua luta. Apesar do apoio retórico e material, Egito e Síria, que eram estados nacionalistas, impuseram severas restrições à liberdade de operação dos palestinos ao longo de suas fronteiras com Israel. A Jordânia, cuja população é majoritariamente composta por palestinos exilados, inicialmente serviu como sede da Organização para a Libertação da Palestina (OLP) até que a monarquia os expulsou no evento conhecido como "Setembro Negro" em 1970. Após esse terceiro grande êxodo de palestinos (anteriores em 1948 e 1967), a OLP transferiu seu aparato político e militar para o Líbano, transformando o sul do país no único *front* aberto na luta pela libertação da Palestina. Muitos libaneses se envolveram com entusiasmo nesse desenvolvimento e se juntaram às fileiras do Movimento Nacional Libanês (MNL), uma coalizão multissectária que buscava uma revisão fundamental do regime político sectário do Líbano, em aliança com a OLP.[15] Em resposta, a Frente Libanesa, dominada pelos cristãos maronitas e de inspiração fascista, começou a armar, treinar e organizar sua própria contrarrevolução para preservar a ordem existente, contando com o apoio dos Estados Unidos, Israel e regimes árabes conservadores. Essa polarização política e social culminou na eclosão da guerra em 1975.

Embora a política cubana não tenha tido um impacto direto significativo nesse conflito, a ilha se tornou um símbolo poderoso dos ideais da esquerda e dos receios da direita. Os pôsteres da época refletiam o fascínio dos libaneses de esquerda por Cuba como uma "ilha da liberdade", mostrando as bandeiras cubana e libanesa lado a lado (p. 148).[16] Por outro lado, os porta-vozes da Frente Libanesa da direita utilizaram essa propaganda para atrair o apoio das forças anticomunistas internacionais, alimentando o medo de "uma nova Cuba no Líbano".[17] Essa ameaça revolucionária foi controlada, mas a um alto custo, em grande parte devido às intervenções apoiadas por Estados Unidos, Israel e Síria.

Os cartazes da OSPAAAL sobre o Líbano evitaram em grande parte as divisões políticas internas e buscaram promover a unidade nacional, particularmente diante da agressão israelense (p. 156). Além de apoiar fortemente os grupos de direita da Frente Libanesa, Israel tentou enfraquecer a resistência árabe ao ocupar o sul do Líbano de 1978 a 2000, período marcado por suas invasões em 1978, 1982, 1993, 1996 e 2006. A intervenção israelense no Líbano resultou em dezenas de milhares de mortes, ferimentos em muitos outros e o despejo de centenas de milhares de civis libaneses e palestinos. O cartaz de Rafael Enríquez Vega em 1983 retrata de forma dramática o tormento causado por Israel à sociedade libanesa (p. 152). A imagem de um machado, representado nas cores azul e branca da bandeira de Israel, penetra no tronco do cedro do Líbano, símbolo nacional, que sangra. A legenda diz: "Israel: uma ferida ao lado do Líbano". Uma após a outra, ondas sucessivas de movimentos populares de resistência armada —desde comunistas até islâmicos— finalmente conseguem liberar a maior parte do território libanês em 25 de maio de 2000.[18]

Síria

As relações entre Cuba e Síria têm sido consistentemente mais próximas do que com qualquer outro país da região. Cinco cartazes da OSPAAAL são dedicados ao povo da Síria. O dia da solidariedade é comemorado em 8 de março, a data em que o Partido Ba'ath Socialista Árabe tomou o poder em seu golpe militar de 1963. Assim como outros estados nacionalistas do Terceiro Mundo, o governo baathista realizou uma revolução de cima para baixo, abrangendo reforma agrária, industrialização dirigida pelo Estado e expansão dos serviços sociais, tudo isso enquanto institucionalizava o governo de partido único e a primazia dos militares.[19] Essas políticas, alinhadas à retórica baathista do final da década de 1960 que defendia uma guerra popular pela libertação da Palestina, chamaram a atenção de Cuba. Todos os cartazes da OSPAAAL para a Síria enfatizam a guerra com Israel, a aliança com os palestinos e o que se acreditava ser o iminente esmagamento do estado sionista (p. 153). Embora o estado sírio continue sendo uma base relevante de apoio para importantes facções de resistência palestinas e libanesas —e, portanto, o adversário principal de Israel, dos EUA e de forças aliadas—, a política síria era menos direta do que esses cartazes sugerem. Os governantes baathistas da Síria frequentemente entraram em conflito com as forças anticoloniais fora de seu controle e tiveram fases de acordo com os EUA, especialmente em sua intervenção militar decisiva e apoiada pelos EUA em 1976 contra a OLP-MNL no Líbano.[20]

Saara Ocidental

A OSPAAAL produziu numerosos materiais em apoio ao direito da população Saharaui de determinarem seus próprios destinos. Em 1973, a Frente POLISARIO (Frente Popular para a Libertação de Saguia El Hamra e Rio de Oro) iniciou sua luta armada contra o domínio colonial espanhol no Saara Ocidental rico em minerais. Mantida desde o Congresso de Berlim de 1884, a Espanha cedeu abruptamente sua soberania às vizinhas Marrocos e Mauritânia em 1975, diante do aumento da resistência saharaui. Quando a Mauritânia se retirou em 1979, Marrocos rapidamente ocupou sua antiga zona ocupada. Marrocos continua a ocupar o Saara Ocidental até hoje, com o notável apoio dos Estados Unidos e da França. Atualmente, cerca de metade dos saharauis vivem sob ocupação marroquina, enquanto a outra metade vive como refugiados em acampamentos administrados pela POLISARIO na Argélia.[21]

O apoio cubano à POLISARIO destacou a autonomia relativa de Havana em relação a Moscou, já que as duas capitais se encontravam em lados opostos do conflito. Ao contrário do apoio diplomático, militar e médico de Cuba à POLISARIO, a União Soviética não reconheceu o movimento ou seu governo no exílio, a República Árabe Democrática Saharaui com sede na Argélia. Isso provavelmente se deve ao alto volume de importações soviéticas de fosfato do Marrocos, seu maior acordo comercial no Terceiro Mundo.[22] O design do pôster de Rafael Morante Boyerizo em 1981 (pp. 160–161) celebra o quinto aniversário da declaração da República Árabe Democrática Saharaui em 27 de fevereiro de 1976.

Como o assassinato de Ben Barka em 1965 prenunciou, a opção revolucionária no mundo árabe foi interrompida por uma forte coalizão de forças imperiais e contrarrevolucionárias. A segunda reunião do Tricontinental, planejada para o Cairo em 1968, foi enterrada com a derrota dos exércitos egípcio, sírio e jordaniano em junho de 1967. Ao longo do tempo, o nacionalismo árabe foi suprimido como ideologia orientadora da oposição popular, devido a derrotas contínuas e promessas quebradas. A guerra popular perdeu seu brilho após a maioria das outras regiões terem sido descolonizadas. A repressão das forças tricontinentalistas — inimigas dos governos árabes, de Israel, dos movimentos religiosos e dos impérios ocidentais— condicionou a ascensão das monarquias apoiadas pelo Ocidente, ditaduras familiares, regimes militares, partidos islâmicos e sectários que dominam atualmente o mundo árabe. Embora uma nova série de revoluções e levantes interconectados tenha ocorrido em 2011, nenhum deles foi capaz, até

Lázaro Abreu, *Fedayeen*, impressão de tela, 1968.

agora, de tomar o poder do Estado ou institucionalizar uma ordem social. Quase todas as lutas abordadas pela OSPAAAL na década de 1960 ainda não foram resolvidas, e o legado inacabado do tricontinentalismo continua a assombrar o mundo árabe até os dias de hoje.

1   Piero Gleijeses, *Conflicting Missions: Havana, Washington, and Africa, 1959–1976* (Chapel Hill, NC: University of North Carolina Press, 2002), 33.

2   Shafiq Al-Hout, *My Life in the PLO: The Inside Story of the Palestinian Struggle*, ed. Jean Said Makdisi and Martin Asser, trans. Hader Al-Hout and Laila Othman (London: Pluto, 2011), 140.

3   Gleijeses, *Conflicting Missions*, 31.

4   William J. Durch, "The Cuban Military in Africa and the Middle East: From Algeria to Angola" (Arlington, VA: Center For Naval Analyses, September 1977), 26–28. Para uma excelente história da revolução Dhufari, veja Abdel Razzaq Takriti, *Monsoon Revolution: Republicans, Sultans, and Empires in Oman, 1965–1976* (Oxford: Oxford University Press, 2013).

5   Durch, "The Cuban Military," 28.

6   Mehdi Ben Barka, "Revolutionary Option in Morocco," em *The Political Thought of Ben Barka* (Havana: Tricontinental, 1968), 27.

7   Veja Ronen Bergman and Shlomo Nakdimon, "The Ghosts of Saint-Germain Forest," *Ynet*, March 23, 2015, http://www.ynetnews.com/articles/0,7340,L-4639608,00.html.

8   Para mais sobre Ben Barka, veja Nate George, "Travelling Theorist: Mehdi Ben Barka and Morocco from Anti-Colonial Nationalism to the Tricontinental," em *The Arab Lefts: Histories and Legacies, 1950s–1970s*, ed. Laure Guirguis (Edinburgh: Edinburgh University Press, 2020), 127–47. Para uma biografia abrangente, veja Zakya Daoud and Maâti Monjib, *Ben Barka: Une Vie, Une Mort* (Paris: Éditions Michalon, 2000).

9   Agradeço a José Ramón Cabañas por esmiuçar esse ponto ao autor.

10   Para uma análise perspicaz do plano de partição, veja Walid Khalidi, "Revisiting the UNGA Partition Resolution," *Journal of Palestine Studies* 27, no. 1 (1997): 5–21, https://doi.org/10.2307/2537806. Para uma história geral da Palestina, veja Rashid Khalidi, *The Hundred Yearsí War on Palestine: A History of Settler-Colonial Conquest and Resistance, 1917–2017* (London: Profile, 2020).

11   Avi Shlaim, "Israel and the Arab Coalition in 1948," in *The War for Palestine: Rewriting the History of 1948*, ed. Eugene Rogan and Avi Shlaim (Cambridge: Cambridge University Press, 2007), 79–103.

12   Ilan Pappé, *The Ethnic Cleansing of Palestine* (Oxford: Oneworld, 2006).

13   Rosemary Sayigh, *The Palestinians: From Peasants to Revolutionaries* (London: Zed, 2007); Karma Nabulsi and Abdel Razzaq Takriti, "The Palestinian Revolution," 2016, http://learnpalestine.politics.ox.ac.uk/.

14   Para relações cubano-palestinas além da OSPAAAL, veja Sorcha Thomson, "Demystifying Third World Solidarity: Cuba and the Palestinian Revolution in the Seventies," em *The Fate of Third Worldism in the Middle East: Iran, Palestine and Beyond*, ed. Sune Haugbølle and Rasmus Elling (London: Oneworld, 2024).

15   Veja Nathaniel George, "'Our 1789': The Transitional Program of the Lebanese National Movement and the Abolition of Sectarianism, 1975–77," *Comparative Studies of South Asia, Africa and the Middle East* 42, no. 2 (2022): 470–88, https://doi.org/10.1215/1089201X-9987957; Fawwaz Traboulsi, *A History of Modern Lebanon* (London: Pluto, 2007); Tabitha Petran, *The Struggle Over Lebanon* (New York, NY: Monthly Review Press, 1987).

16   Para mais sobre as redes de solidariedade cubano-libanesas, veja Zeina Maasri, *Off the Wall: Political Posters of the Lebanese Civil War* (London: I.B. Tauris, 2008), 44–45.

17   Elaine C. Hagopian, "Redrawing the Map in the Middle East: Phalangist Lebanon and Zionist Israel," *Arab Studies Quarterly* 5, no. 4 (1983): 326.

18   Dois relatos de memórias da resistência libanesa por mulheres militantes estão disponíveis em inglês: Soha Bechara, *Resistance: My Life for Lebanon*, trans. Gabriel Levine (New York, NY: Soft Skull Press, 2003); Nawal Qasim Baidoun, *Memoirs of a Militant: My Years in the Khiam Women's Prison*, trans. Caline Nasrallah and Michelle Hartman (Northampton, MA: Olive Branch Press, 2022).

19   Veja, por exemplo, Raymond Hinnebusch, Syria: Revolution From Above (London: Routledge, 2001); Hanna Batatu, *Syria's Peasantry, the Descendants of Its Lesser Rural Notables, and Their Politics* (Princeton, NJ: Princeton University Press, 1999).

20   Veja especialmente, Batatu, Syriaís Peasantry, 287–322; Laurie A. Brand, "Asad's Syria and the PLO: Coincidence or Conflict of Interests?," *Journal of South Asian and Middle Eastern Studies* 14, no. 2 (Winter 1990); George, "'Our 1789'"; Traboulsi, *History of Modern Lebanon*.

21   Para uma história geral, veja Stephen Zunes and Jacob Mundy, *Western Sahara: War, Nationalism, and Conflict Irresolution*, 2nd ed. (Syracuse, NY: Syracuse University Press, 2022).

22   Jorge I. Dominguez, *To Make a World Safe for Revolution: Cuba's Foreign Policy* (Cambridge, MA: Harvard University Press, 1989), 127–29.

15 de mayo/ May 15/ le 15 mai
Día de Solidaridad Mundial con la Lucha del Pueblo de Palestina
Day of World Solidarity with the Struggle of the People of Palestine
Journée de Solidarité Mondiale avec la Lutte du Peuple de Palestine

يوم التضامن الدولي مع كفاح الشعب الفلسطيني - ١٥ أيار

OSPAAAL

Ramón González, *Journée Solidarité Mondiale avec la Lutte du Peuple de Palestine*, affiche imprimée en offset, 1975.

Cuba et l'option révolutionnaire dans le monde arabe

Nate George

Les faits sont établis : l'impact de la révolution cubaine en Amérique latine a été sismique et l'intervention militaire cubaine en Afrique, décisive. Plus méconnu, le lien entre l'OSPAAAL et le monde arabe n'en a pas moins été fondamental. Tout comme le Cuba révolutionnaire s'est intéressé de près au monde arabe, l'expérience cubaine a suscité beaucoup d'attention dans les pays arabes. Durant la vague de libération anticoloniale du milieu du XXe siècle, de nombreux Arabes et Cubains se considéraient comme des camarades dans une lutte historique contre les impérialismes européen et américain. Les publications, affiches et réunions de l'OSPAAAL qui mettaient en avant les causes arabes ont renforcé ces liens et documenté cette attraction mutuelle. L'importance du monde arabe pour l'OSPAAAL est démontrée par l'inclusion de la langue arabe sur la plupart des affiches. Cet essai se penche sur l'OSPAAAL et en particulier sur ses remarquables posters, comme point de départ des relations entre Cuba et le monde arabe.

Les luttes de libération arabes et cubaine se sont déroulées simultanément et contre toute attente. La victoire dans une zone a souvent renforcé la détermination de ceux qui luttaient dans une autre. Castro a raconté que dans la Sierra Maestra, lui et son groupe de révolutionnaires « ont été inspirés par la superbe victoire égyptienne de Suez ». (voir page 1 33). Pour de nombreux Arabes, l'exemple cubain semblait démontrer que la lutte armée populaire pouvait déboucher sur la création d'un État souverain et progressiste, déterminé à servir les intérêts du peuple. « En prison, explique le président algérien Ahmed Ben Bella, j'ai suivi la lutte héroïque de l'armée rebelle et son avancée victorieuse du Pic Turquin à La Havane. . . Nous autres, Algériens, avons applaudi les exploits des combattants cubains barbus. Nous avons célébré la victoire de la Baie des Cochons comme si c'était la nôtre »[1]. Shafiq al-Hout, représentant de longue date de l'Organisation de libération de la Palestine au Liban, a rappelé que le soutien de Cuba aux Palestiniens assiégés signifiait que l'île « était souvent plus présente dans nos esprits que nombre de nations arabes et islamiques »[2]. Encouragée par cette série de victoires anticoloniales, une culture révolutionnaire transnationale est née, exaltant les révolutions cubaine, algérienne, égyptienne, vietnamienne et chinoise. Les jeunes Palestiniens, Libanais, Dhofaris et autres ont pris les armes, enfilé des treillis, se sont laissé pousser la barbe et ont choisi des noms de code comme « Castro » ou « Che », en hommage aux révolutionnaires de la Sierra Maestra. Pour rejoindre le panthéon des icônes révolutionnaires du tiers-monde telles que le Che, Lumumba et Ho Chi Minh (p. 135), les Arabes désignèrent leurs propres héros et martyrs, comme le président égyptien Gamal Abdel Nasser, le leader du Mouvement national libanais Kamal Jumblatt, et le paysan rebelle du XIXe siècle Tanyus Shahin.

Les relations de Cuba avec le monde arabe ne sont pas que rhétoriques. Des premières et incertaines années de la révolution jusqu'à la fin de la guerre froide, La Havane soutient activement les mouvements de libération arabes par le biais d'une assistance diplomatique, militaire et médicale. En 1961, Cuba envoie un navire rempli d'armes pour aider le Front de libération nationale algérien (FLN) à lutter contre le colonialisme français: c'est sa première action militaire en Afrique. Le cargo Bahía de Nipe rentre à Cuba avec à son bord soixante-seize combattants algériens blessés et vingt enfants réfugiés[3]. En 1963, une mission médicale s'ensuit, ainsi que l'envoi de troupes et de matériel pour soutenir l'Algérie

Dessus : Comité pour l'amitié libano-cubaine, *Cuba restera l'île de la liberté*, affiche imprimée en offset, n.d. Image c/o SignsOfConflict.com.
Page 151 : Alfrédo Rostgaard, photo maquette, *Tricontinental* 17 (intérieur de la couverture arrière), Jul-Aug 1971.

Havane, apogée politique de l'union révolutionnaire du tiers-monde et lieu de naissance de l'OSPAAAL, figurent des représentants du monde arabe. Des délégations algériennes, égyptiennes et syriennes assistent à la conférence ; des représentants de groupes d'opposition et de guérilleros s'y expriment au nom de la Palestine, du Liban, d'Oman, du Soudan, de la Jordanie, du Yémen du Nord et du Sud, de l'Arabie saoudite et du Maroc. Suite à quoi, à partir de la seconde moitié des années 1960, chacun de ces États est confronté à d'intenses défis ou à des bouleversements révolutionnaires. Outre ces participants de haut vol, la Tricontinentale est organisée par le vétéran dissident marocain Mehdi Ben Barka et présidée par Yusuf al-Siba'i de la République arabe unie (nom donné à l'Égypte à l'époque). Pour Ben Barka, la conscience internationaliste n'est ni un slogan ni un idéal lointain, mais bien une condition préalable aux transformations sociales désirées. Son manifeste *Option révolutionnaire au Maroc* ne s'ouvre pas sur une analyse des conditions nationales de la révolution, mais sur une prise de position concernant l'international : « Le phénomène le plus important est sans aucun doute l'accélération de la libération des peuples colonisés. En tant que parti d'un pays récemment libéré, notre horizon s'en est considérablement élargi »[6]. Comme l'explique Ben Barka à la presse de La Havane en septembre 1965, la Conférence tricontinentale représente la fusion des courants anti-coloniaux et socialistes de la révolution — une union illustrée par la révolution cubaine :

> « Cette conférence est historique car elle a lieu à Cuba ; car la révolution cubaine concrétise l'union de ces deux courants de la révolution mondiale ; car Cuba a connu sa libération et est en train d'accomplir sa révolution socialiste ; c'était donc le lieu idéal pour cette rencontre. »

Quelques semaines après cette audacieuse déclaration d'intention, Ben Barka est assassiné. Si les circonstances de sa disparition

indépendante dans sa guerre frontalière avec la monarchie marocaine conservatrice et pro-occidentale. En avril 1973, 200 conseillers militaires cubains débarquent en République démocratique populaire du Yémen, seul État marxiste du monde arabe, où ils forment les forces armées et les révolutionnaires de la région voisine du Dhufar, dans l'Oman absolutiste dominé par les Britanniques[4]. Jusqu'à leur intervention massive en Angola en 1975, les troupes cubaines sont les plus nombreuses à rejoindre la Syrie. Peu de gens savent qu'entre novembre 1973 et mai 1974, les Cubains ont affronté les forces israéliennes utilisant des chars soviétiques sur les hauteurs du Golan[5].

La Tricontinentale

Parmi les organisateurs et les participants de la Conférence tricontinentale de janvier 1966 à La demeurent mystérieuses pendant des décennies, des révélations récentes permettent de les clarifier. Le 29 octobre 1966, la police française enlève Ben Barka dans les rues de Paris; les services secrets marocains le torturent à mort, et le Mossad israélien asperge son corps d'acide et l'enterre dans une forêt de banlieue parisienne[7]. En guise d'hommage, l'un des premiers livres publiés par l'OSPAAAL a été *La pensée politique de Ben Barka* (1968, voir p. 141), et quatre affiches ont été consacrées à sa disparition (p. 140)[8]. En gardant à l'esprit cette importance centrale de la participation arabe à la Tricontinentale et l'OSPAAAL, passons en revue la production d'affiches liées aux causes arabes.

En Palestine

La majorité des affiches de l'OSPAAAL consacrées au monde arabe témoignent de la solidarité avec la Palestine dans sa lutte contre le colonialisme sioniste. À rebours de l'opinion dominante en Occident (gouvernements, médias et nombreux partis de gauche confondus), l'OSPAAAL a compris que la question palestinienne était centrale dans la lutte mondiale entre colonialisme occidental et impérialisme capitaliste, d'une part, et nationalisme révolutionnaire anticolonial et communisme, d'autre part. En réalité, le soutien cubain à la position arabe prédate la révolution. Le 29 novembre 1947, le Cuba de Batista est le seul État de l'hémisphère occidental à voter contre la résolution 181 de l'Assemblée générale des Nations unies, qui recommande la division de la Palestine en États arabe et juif distincts et inégaux[9]. La guerre entre Palestiniens et colons sionistes éclate aussitôt après la dépossession unilatérale prévue par la résolution de partition des Nations unies[10]. Le 15 mai 1948, de jeunes unités arabes provenant de capitales divisées déclarent la guerre à la population militairement supérieure des colons juifs, majoritairement européens[11]. Entre 1947 et 1949, les unités militaires sionistes expulsent près de 800 000 Palestiniens et rasent 531 villages pour créer un État juif sur un territoire à très forte majorité arabe, musulmane et chrétienne[12]. Leur société détruite, les Palestiniens se voient refuser le droit au retour et sont dispersés dans des camps à Gaza, en Cisjordanie, en Jordanie, au Liban et en Syrie. Dans le monde arabe, le 15 mai est appelé *Nakba* [catastrophe], et l'OSPAAAL a dédié cette journée à la solidarité avec le peuple palestinien (p. 146).

Depuis lors, la lutte pour renverser cette injustice a été un élément central de la politique arabe. L'agitation nationaliste et socialiste arabe visait les régimes néo-coloniaux qu'ils tenaient pour responsables de la *Nakba*, ainsi que de l'entrave au développement indépendant et à la liberté politique. Conséquence directe de la *Nakba*, l'Égypte, la Syrie, l'Irak, la Jordanie et le Liban ont connu des révolutions majeures, des coups d'État, des tentatives d'insurrection ou des guerres civiles entre 1948 et 1958. Les capitales impériales occidentales, Israël et les monarchies arabes dépendantes étaient pour leur part unies dans leur détermination à contenir ce mouvement de libération. Israël, la Grande-Bretagne et la France ont envahi l'Égypte en 1956 : tentative ratée d'annuler la nationalisation du canal de Suez par Nasser et de renverser son régime. Le 5 juin 1967, Israël lance une guerre préventive qui détruit les capacités militaires de l'Égypte, de la Syrie et de la Jordanie, conquérant des territoires dans ces trois États en moins de six jours. La *naksa* [revers] de 1967 porte un coup fatal au prestige du projet nationaliste arabe dans sa phase étatique, donnant lieu à une crise de légitimité dans les États vaincus et dans l'ensemble du monde arabe. La défaite déclenche une vague de colère populaire envers Israël et les classes dirigeantes arabes : de nombreux jeunes hommes et femmes de tous les pays arabes, mais surtout de Palestine, considèrent alors la lutte armée comme la seule option pour se délivrer de « l'impérialisme, du sionisme et des réactionnaires arabes ». Grâce à une mobilisation massive, les Palestiniens passent du statut de victimes à celui d'avant-garde de la révolution[13].

Fondée pendant cette crise, l'OSPAAAL a défendu la révolution palestinienne dès le premier numéro de *Tricontinental*. Pour l'organisation, la cause palestinienne était une pierre angulaire de la politique dans les sociétés arabes, ainsi qu'un pivot qui galvanisait et unissait l'ensemble du tiers-monde. C'est pourquoi l'image du *fidayin* (littéralement, « celui qui se sacrifie ») vêtu d'un kuffiyya et armé d'une kalachnikov a dès le départ occupé une place de choix dans sa charte graphique (pp. 144, 146)[14].

Au Liban

La guerre civile libanaise, qui ravage le pays de 1975 à 1990, découle directement de la guerre en Palestine et des clivages qu'elle a exacerbés dans le monde arabe. Communément considérée comme un conflit sectaire interne, cette guerre de quinze ans a en réalité impliqué nombre de partis politiques laïques et sectaires, de mouvements de libération nationale, d'États régionaux, d'anciens empires coloniaux, sans oublier les superpuissances mondiales régnantes.

Après la défaite de 1967, quand la révolution palestinienne a pris son essor, les Palestiniens ne contrôlaient aucun territoire et ne disposaient d'aucune base sûre. Malgré un soutien rhétorique et matériel, l'Égypte et la Syrie ont sévèrement limité la liberté d'action le long de leurs frontières avec Israël. Avec sa population majoritairement constituée de Palestiniens en exil, la Jordanie a d'abord servi de siège à l'Organisation de libération de la Palestine (OLP), jusqu'à ce que la monarchie l'expulse en septembre 1970. À la suite de ce troisième grand exode de Palestiniens (après 1948 et 1967), l'OLP a transféré son appareil politique et militaire au Liban, transformant le Sud-Liban en seul front ouvert pour libérer la Palestine. De nombreux Libanais ont accueilli cette nouvelle avec enthousiasme et ont rejoint les rangs du Mouvement national libanais, une coalition multi-sectaire alliée à l'OLP et cherchant à réformer en profondeur le régime politique sectaire du Liban[15]. En réaction, le Front libanais, dominé par les chrétiens maronites et d'inspiration fasciste, s'est mis à armer, à former et à organiser sa propre contre-révolution pour préserver l'ordre existant avec le soutien des États-Unis, d'Israël et des régimes arabes conservateurs. En 1975, cette polarisation politique et sociale a débouché sur une guerre.

Bien que Cuba soit resté en marge de ce conflit, l'île est devenue un puissant symbole des rêves de la gauche et des cauchemars de la droite. Des affiches d'époque témoignent de la fascination de la gauche libanaise pour Cuba, « île de la liberté », en représentant côte à côte les drapeaux cubain et libanais (p. 148)[16]. Les porte-parole du Front libanais de droite ont utilisé cette propagande pour s'attirer le soutien des forces anticommunistes internationales en attisant les craintes d'un « autre Cuba au Liban »[17]. Cette menace révolutionnaire a été contenue à grands frais, en grande partie par les interventions d'Israël et de la Syrie, soutenues par les États-Unis.

Les affiches de l'OSPAAAL sur le Liban ont soigneusement évité les divisions politiques internes et se sont efforcées d'invoquer l'unité nationale, en particulier face à l'agression israélienne (p. 156). En plus de soutenir les groupes du Front libanais de droite, Israël a tenté de faire taire la résistance arabe en occupant le Sud-Liban de 1978 à 2000, période ponctuée par les invasions de 1978, 1982, 1993, 1996 et 2006. L'intervention israélienne au Liban a fait des dizaines de milliers de morts, de nombreux blessés et a provoqué le déplacement de centaines de milliers de civils libanais et palestiniens. L'affiche de Rafael Enríquez Vega datant de 1983 fournit une métaphore dramatique des tourments infligés par Israël à la société libanaise (p. 152). Une hachette aux couleurs du drapeau israélien y plonge dans le tronc d'un cèdre sanguinolent, symbole du Liban. En légende, « Israël : une blessure dans le flanc du Liban ». Des vagues successives de mouvements de résistance populaire armée, allant de communistes à islamistes, finissent par libérer la majeure partie du territoire libanais le 25 mai 2000[18].

En Syrie

Les relations cubano-syriennes ont toujours été des plus étroites. Cinq affiches de l'OSPAAAL sont dédiées au peuple syrien. La journée de solidarité avec la Syrie a lieu le 8 mars, date où le Parti Baas, socialiste, s'est emparé du pouvoir par un coup d'État militaire en 1963. À l'instar d'autres États nationalistes du tiers-monde, le gouvernement baasiste a mené une révolution par le haut, avec réforme agraire, industrialisation et expansion des services sociaux, tout en institutionnalisant le régime du parti unique et la primauté de l'armée[19]. Ces politiques et la rhétorique baasiste de la fin des années 1960, qui prônait une guerre populaire pour la libération de la Palestine, attirèrent l'attention des Cubains. Toutes les affiches de l'OSPAAAL pour la Syrie mettent l'accent sur la guerre contre Israël, l'alliance avec les Palestiniens et l'effondrement supposé imminent de l'État sioniste (p. 153). Si l'État syrien demeure une base de soutien essentielle pour d'importantes factions de la résistance palestinienne et libanaise, et donc un adversaire de premier plan d'Israël, des États-Unis et des forces alliées, la politique syrienne était plus compliquée que ne le laissent entendre ces affiches. Les dirigeants baasistes de Syrie se sont souvent heurtés à des forces anticoloniales échappant à leur contrôle, et ont connu des phases d'accord avec les États-Unis, notamment lors de l'intervention militaire décisive de 1976, soutenue par les États-Unis, contre l'OLP-MLN au Liban[20].

Au Sahara Occidental

L'OSPAAAL a produit de nombreux documents en faveur de l'autodétermination des Sahraouis. En 1973, le Front populaire de Libération de la Saguia el Hamra et du Rio de Oro (Front POLISARIO)

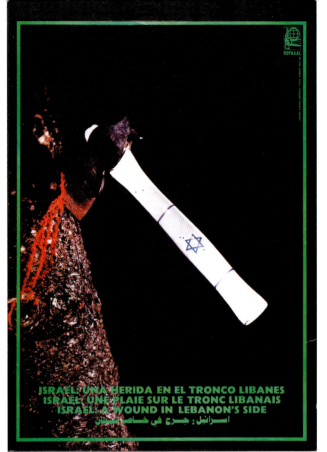

Dessus : Rafael Enríquez, *Israel: Une plaie sur le tronc libanais*, affiche imprimée en offset, 1983.
Page 153 : Olivio Martínez, *Journée Internationale de Solidarité avec la Peuple Arab de Syrie*, affiche imprimée en offset, 1974.

lance sa lutte armée contre la domination coloniale espagnole dans le Sahara occidental, riche en minerais. En 1975, face à la résistance croissante des Sahraouis, l'Espagne cède l'autorité qu'elle détient depuis le Congrès de Berlin de 1884 au Maroc et à la Mauritanie limitrophes. Si la Mauritanie se retire en 1979, le Maroc continue d'occuper le Sahara occidental à ce jour, avec le soutien notable des États-Unis et de la France. Aujourd'hui, la moitié environ des Sahraouis vivent sous occupation marocaine, tandis que l'autre moitié est constituée de réfugiés vivant en Algérie dans des camps tenus par le Polisario[21].

Le soutien cubain au Polisario a mis en évidence la relative autonomie de La Havane par rapport à Moscou, les deux capitales occupant des positions opposées dans ce conflit. Si Cuba a apporté son soutien diplomatique, militaire et médical au Polisario, l'URSS n'a reconnu ni le mouvement ni son gouvernement en exil, la République arabe sahraouie démocratique. Cela était probablement dû au volume élevé d'importations soviétiques de phosphate depuis le Maroc, son plus grand accord commercial dans le tiers-monde[22]. L'affiche conçue par Rafael Morante Boyerizo en 1981 (pp. 160-161) célèbre le cinquième anniversaire de la déclaration de la République arabe sahraouie démocratique, le 27 février 1976.

Comme le présageait l'assassinat de Ben Barka en 1965, l'option révolutionnaire dans le monde arabe a été combattue par une tenace coalition de forces impériales et contre-révolutionnaires. La deuxième Conférence tricontinentale, prévue au Caire en 1968, est annulée suite à la défaite des armées égyptienne, syrienne et jordanienne en juin 1967. Au fil du temps, le nationalisme arabe en tant qu'idéologie de l'opposition populaire est éradiqué par des défaites et des promesses non tenues. Après la décolonisation de la plupart des autres régions, la guerre populaire a perdu de son attrait. La disparition des forces tricontinentales, ennemies des gouvernements arabes, d'Israël, des mouvements religieux et des empires occidentaux, a conditionné la montée des monarchies soutenues par l'Occident et par des dictatures familiales, des régimes militaires et des partis islamistes sectaires, qui dominent aujourd'hui le monde arabe. Bien qu'une nouvelle série de révolutions et de soulèvements interconnectés ait éclaté en 2011, aucun encore n'a été en mesure de s'emparer du pouvoir étatique ou d'institutionnaliser un nouvel ordre social. À ce jour, presque aucune des luttes couvertes par l'OSPAAAL dans les années 1960 n'a encore été résolue, et le spectre du tricontinentalisme n'a pas fini de hanter le monde arabe.

1 Piero Gleijeses, *Conflicting Missions: Havana, Washington, and Africa, 1959–1976* (Chapel Hill, NC: University of North Carolina Press, 2002), 33.
2 Shafiq Al-Hout, *My Life in the PLO: The Inside Story of the Palestinian Struggle*, ed. Jean Said Makdisi and Martin Asser, trans. Hader Al-Hout and Laila Othman (London: Pluto, 2011), 140.
3 Gleijeses, *Conflicting Missions*, 31.
4 William J. Durch, "The Cuban Military in Africa and the Middle East: From Algeria to Angola" (Arlington, VA: Center For Naval Analyses, September 1977), 26–28. Pour une excellente histoire de la révolution au Dhofar, voir Abdel Razzaq Takriti, *Monsoon Revolution: Republicans, Sultans, and Empires in Oman, 1965–1976* (Oxford: Oxford University Press, 2013).
5 Durch, "The Cuban Military," 28.

6   Mehdi Ben Barka, "Revolutionary Option in Morocco," dans *The Political Thought of Ben Barka* (Havana: Tricontinental, 1968), 27.

7   Voir Ronen Bergman and Shlomo Nakdimon, "The Ghosts of Saint-Germain Forest," *Ynet*, March 23, 2015, http://www.ynetnews.com/articles/0,7340,L-4639608,00.html.

8   À propos de Ben Barka, voir Nate George, "Travelling Theorist: Mehdi Ben Barka and Morocco from Anti-Colonial Nationalism to the Tricontinental," dans *The Arab Lefts: Histories and Legacies, 1950s–1970s*, ed. Laure Guirguis (Edinburgh: Edinburgh University Press, 2020), 127-47. Pour une biographie complète, voir Zakya Daoud and Maâti Monjib, *Ben Barka: Une Vie, Une Mort* (Paris: Éditions Michalon, 2000).

9   Je remercie José Ramón Cabañas d'avoir souligné ce point.

10 Pour une bonne analyse de cette résolution, voir Walid Khalidi, "Revisiting the UNGA Partition Resolution," *Journal of Palestine Studies* 27, no. 1 (1997): 5–21, https://doi.org/10.2307/2537806. Pour une histoire générale de la Palestine, voir Rashid Khalidi, *The Hundred Years' War on Palestine: A History of Settler-Colonial Conquest and Resistance, 1917–2017* (London: Profile, 2020).

11 Avi Shlaim, "Israel and the Arab Coalition in 1948," in *The War for Palestine: Rewriting the History of 1948*, ed. Eugene Rogan and Avi Shlaim (Cambridge: Cambridge University Press, 2007), 79–103.

12 Ilan Pappé, *The Ethnic Cleansing of Palestine* (Oxford: Oneworld, 2006).

13 Rosemary Sayigh, *The Palestinians: From Peasants to Revolutionaries* (London: Zed, 2007); Karma Nabulsi and Abdel Razzaq Takriti, "The Palestinian Revolution," 2016, http://learnpalestine.politics.ox.ac.uk/.

14 Sur les relations entre Cuba et la Palestine hors OSPAAAL, voir Sorcha Thomson, "Demystifying Third World Solidarity: Cuba and the Palestinian Revolution in the Seventies," dans *The Fate of Third Worldism in the Middle East: Iran, Palestine and Beyond*, ed. Sune Haugbølle and Rasmus Elling (London: Oneworld, 2024).

15 Voir Nathaniel George, "'Our 1789': The Transitional Program of the Lebanese National Movement and the Abolition of Sectarianism, 1975–77," *Comparative Studies of South Asia, Africa and the Middle East* 42, no. 2 (2022): 470–88, https://doi.org/10.1215/1089201X-9987957; Fawwaz Traboulsi, *A History of Modern Lebanon* (London: Pluto, 2007); Tabitha Petran, *The Struggle Over Lebanon* (New York, NY: Monthly Review Press, 1987).

16. Sur les réseaux de solidarité entre Cuba et le Liban, voir Zeina Maasri, *Off the Wall: Political Posters of the Lebanese Civil War* (London: I.B. Tauris, 2008), 44–45.

17 Elaine C. Hagopian, "Redrawing the Map in the Middle East: Phalangist Lebanon and Zionist Israel," *Arab Studies Quarterly* 5, no. 4 (1983): 326.

18 Les mémoires de deux militantes de la résistance libanaise sont disponibles en anglais: Soha Bechara, *Resistance: My Life for Lebanon*, trans. Gabriel Levine (New York, NY: Soft Skull Press, 2003); Nawal Qasim Baidoun, *Memoirs of a Militant: My Years in the Khiam Women's Prison*, trans. Caline Nasrallah and Michelle Hartman (Northampton, MA: Olive Branch Press, 2022).

19 Voir Raymond Hinnebusch, *Syria: Revolution From Above* (London: Routledge, 2001); Hanna Batatu, *Syria's Peasantry, the Descendants of Its Lesser Rural Notables, and Their Politics* (Princeton, NJ: Princeton University Press, 1999).

20 Voir en particulier Batatu, *Syria's Peasantry*, 287–322; Laurie A. Brand, "Asad's Syria and the PLO: Coincidence or Conflict of Interests?," *Journal of South Asian and Middle Eastern Studies* 14, no. 2 (Winter 1990); George, "'Our 1789'"; Traboulsi, *History of Modern Lebanon*.

21 Pour une histoire générale, voir Stephen Zunes and Jacob Mundy, *Western Sahara: War, Nationalism, and Conflict Irresolution*, 2nd ed. (Syracuse, NY: Syracuse University Press, 2022).

22 Jorge I. Dominguez, *To Make a World Safe for Revolution: Cuba's Foreign Policy* (Cambridge, MA: Harvard University Press, 1989), 127–29.

Cuba and the Revolutionary Option in the Arab World

Nate George

The Cuban Revolution's impact on Latin America is recognized as seismic and Cuban military intervention in Africa is now understood to have been decisive. Although less known, the link between the Havana-based Organization of Solidarity of the Peoples of Africa, Asia, and Latin America (OSPAAAL) and the Arab world was also foundational. Revolutionary Cuba took a significant interest in the Arab world, and likewise, substantial Arab attention was paid to the Cuban experience. Numerous Arabs and Cubans looked to each other as comrades-in-arms in a historic struggle against European and American imperialism during the tidal wave of anticolonial liberation in the mid-twentieth century. OSPAAAL's publications, posters, and meetings highlighting Arab causes solidified these connections and document a mutual relationship. The Arab world's importance to OSPAAAL is further evidenced by the inclusion of Arabic as an official language on nearly every poster. This essay reads OSPAAAL's history—particularly its remarkable posters—as a launching point into the world of Cuban-Arab relations.

Arab and Cuban liberation struggles unfolded simultaneously and against great odds. Victory in one arena often strengthened the resolve of those fighting elsewhere. While in the Sierra Maestra, Castro and his band of revolutionaries "were inspired by the great [Egyptian] victory of Suez for its resistance and victory" (see page 133). For many Arabs, the Cuban example demonstrated that popular armed struggle could lead to a sovereign and modernizing state committed to serving the interests of its population. Algerian president Ahmed Ben Bella explained, "In prison, I followed the heroic struggle of the Rebel Army and its victorious advance from the Pico Turquino all the way to Havana . . . We Algerians applauded the feats of the bearded Cuban fighters. We celebrated the victory of the Bay of Pigs as though it were our own."[1] Shafiq al-Hout, the longtime representative of the Palestine Liberation Organization in Lebanon, recalled how Cuba's support for the beleaguered Palestinians brought the island "often closer to our thinking than many Arab and Islamic nations."[2] A transnational revolutionary culture—enabled and emboldened by what appeared to be a continuous stream of anticolonial victories—exalted the Cuban, Algerian, Egyptian, Vietnamese, and Chinese revolutions. Young Palestinians, Lebanese, Dhufaris, and others took up arms, donned fatigues, grew beards, and selected codenames such as "Castro" and "Che," recalling the revolutionaries of the Sierra Maestra. Likewise, Arabs nominated their own heroes and martyrs—such as Egyptian president Gamal Abdel Nasser, Lebanese National Movement leader Kamal Jumblatt, and nineteenth-century peasant rebel Tanyus Shahin—to join the pantheon of Third World revolutionary icons alongside Che, Lumumba, and Ho (p. 135).

However, Cuban relations with the Arab world ran deeper than rhetorical solidarity. Havana actively supported liberation movements in the Arab world with diplomatic, military, and medical assistance from the Revolution's uncertain first years until the end of the Cold War. In Cuba's first military endeavor in Africa in 1961, Havana sent a shipload of weapons to aid the Algerian National Liberation Front (FLN) in their war against French colonialism. The *Bah'a de Nipe* returned to Cuba with seventy-six wounded Algerian fighters and twenty refugee children.[3] A medical mission followed in 1963, as did troops and materiel supporting independent Algeria in its border war with the conservative, pro-Western

Moroccan monarchy. In April 1973, around two hundred Cuban military advisors arrived in the People's Democratic Republic of Yemen (the Arab world's only Marxist state), where they trained the armed forces of both the PDRY and revolutionaries in the neighboring Dhufar region of absolutist, British-dominated Oman.[4] More Cuban troops were sent to Syria than anywhere else (until the massive intervention in Angola in 1975). This included little-known direct engagements with Israeli forces using Soviet tanks in the Golan Heights between November 1973 and May 1974.[5]

The Tricontinental

Representatives from the Arab world were key organizers and participants in the January 1966 Tricontinental conference in Havana—the political apex of the Third World revolutionary moment and the birthplace of OSPAAAL. State delegations from Algeria, Egypt, and Syria attended the conference, while representatives of opposition groups and guerrilla fighters spoke for Palestine, Lebanon, Oman, Sudan, Jordan, north and south Yemen, Saudi Arabia, and Morocco. The latter states would face intense challenges or revolutionary upheaval from these groups starting in the second half of the sixties. Furthermore, the Tricontinental was organized by the veteran Moroccan dissident Mehdi Ben Barka and chaired by Yusuf al-Siba'i of the United Arab Republic (as Egypt was known at the time). For Ben Barka, internationalist consciousness was not merely a slogan or a distant ideal, but a fundamental prerequisite for social transformation. His manifesto—"Revolutionary Option in Morocco"—did not open with an analysis of the internal conditions favorable to revolution, but with a position on the international setting: "The most important phenomenon is without any doubt the accelerated development of the liberation of the colonized peoples. Our horizons, as the party of a recently liberated country, have broadened considerably."[6] As Ben Barka explained to the Havana press in September 1965, the conference represented the concrete merger of the anticolonial and socialist currents of revolution, a union exemplified by the Cuban Revolution:

> This Conference is also historic because it takes place in Cuba; because the Cuban Revolution is in effect the concretization of the union of these two historic currents of the World Revolution; because Cuba has known her revolution for national liberation

and is now accomplishing her socialist revolution; therefore, it was the best choice for the celebration of this meeting.

A few weeks after this bold statement of purpose, Ben Barka was assassinated. While the details of his disappearance remained a mystery for decades, recent revelations have clarified his fate. On October 29, 1966, French police kidnapped Ben Barka off the streets of Paris, Moroccan intelligence tortured him to death, and the Israeli Mossad doused his body with acid and buried him in a forest on the outskirts of Paris.[7] In a tribute to their intellectual and institutional roots, one of the first books OSPAAAL published was *The Political Thought of Ben Barka* (1968, see p. 141); four posters were also dedicated to his disappearance (p. 140).[8] Arab participation was central to the Tricontinental and the formation of OSPAAAL, which produced many posters on diverse Arab causes.

Palestine

The majority of OSPAAAL's posters dedicated to the Arab world were in solidarity with the people of Palestine's struggles against Zionist settler colonialism. In contrast to dominant Western opinion (e.g., government, media, and many leftist parties), OSPAAAL understood the Palestine question to be fundamental in the global struggle between Western colonialism/capitalist imperialism and anticolonial revolutionary nationalism/communism. In fact, Cuban support for the Arab position antedated the revolution. Batista's Cuba was the sole state in the Western hemisphere to vote against United Nations General Assembly Resolution 181 of November 29, 1947, which recommended Palestine be partitioned into separate and unequal Arab and Jewish states.[9] War between Palestinians and Zionist settlers broke out immediately after the UN partition resolution's one-sided dispossession.[10] On May 15, 1948, fledgling Arab units from a number of divided capitals belatedly declared war on the united, militarily superior population of predominantly European Jewish settlers.[11] In order to create a Jewish state in a land with an overwhelmingly Muslim and Christian Arab majority, Zionist military units deliberately expelled nearly 800,000 Palestinians from their homes and razed 531 villages between 1947–49.[12] With their society shattered, Palestinians were denied the right of return and dispersed into refugee camps in Gaza, the West Bank, Jordan, Lebanon, and Syria. In the Arab world, May 15 is known as the *Nakba*

[catastrophe], and OSPAAAL dedicated this day to solidarity with the Palestinian people (p. 146).

The struggle to reverse this blatant injustice has been a driving factor for Arab politics ever since. Popular Arab nationalist and socialist agitation targeted the neocolonial regimes they held culpable for the Nakba, as well as for the obstruction of independent development and political liberty. Within a decade of 1948—and as a direct result of the Nakba—Egypt, Syria, Iraq, Jordan, and Lebanon experienced major revolutions, coups, attempted insurrections, or civil wars. On the other hand, Western imperial capitals, Israel, and the dependent Arab monarchies were united in their determination to contain this Arab national movement. Israel, Britain, and France invaded Egypt in 1956 in a botched attempt to reverse Nasser's nationalization of the Suez Canal and overthrow his regime. On June 5, 1967, Israel launched a preemptive war that destroyed the military capabilities of Egypt, Syria, and Jordan, conquering territories in all three states in less than six days. The 1967 *naksa* [setback] dealt a crushing blow to the prestige of the Arab nationalist project in its statist phase, creating a crisis of legitimacy in the vanquished states and the Arab region as a whole. The defeat unleashed a wave of popular anger at both Israel and the Arab ruling classes: many young men and women from every Arab country—but especially Palestine—looked to armed struggle as their only potential deliverance from "imperialism, Zionism, and Arab reaction." Palestinians transformed themselves from victimized refugees into the vanguards of the revolution through mass mobilization.[13]

OSPAAAL was founded in this moment of crisis, and it championed the Palestinian revolution from the very first issue of *Tricontinental*. For OSPAAAL, the Palestinian cause was not only a cornerstone of Arab politics, but also a lynchpin that galvanized and connected the Third World as a whole. Therefore, the image of the *kuffiyya*-clad, Kalashnikov-wielding *fidayin* (literally, those who sacrifice) was a staple of OSPAAAL graphics from the start (pp. 144, 146).[14]

Lebanon

The international civil war that ravaged Lebanon from 1975 to 1990 was a direct result of the war over Palestine and the cleavages it exacerbated in Arab society. While commonly understood as an internal sectarian conflict, the fifteen-year war actually drew in an array of secular and sectarian political parties, national liberation movements, regional states, ex-colonial empires, and the reigning global superpowers.

When the Palestinian revolution took off after the 1967 defeat, Palestinians controlled no territory of their own, and thus had no secure base from which to launch their struggle. Despite rhetorical and material support, nationalist Egypt and Syria severely restricted Palestinian freedom of operation along their frontiers with Israel. Jordan—whose population is majority Palestinians in exile—initially served as the headquarters of the Palestine Liberation Organization (PLO) until the monarchy expelled them in the Black September of 1970. In the wake of this third major exodus of Palestinians (after 1948 and 1967), the PLO relocated its political and military apparatus to southern Lebanon, and this became the only open front in the struggle to liberate Palestine. Many Lebanese enthusiastically championed this development, and joined the ranks of the Lebanese National Movement (LNM), a multisectarian coalition allied with the PLO seeking a fundamental revision of Lebanon's sectarian political regime.[15] In reaction, the Maronite Christian-dominated, fascist-inspired Lebanese Front began to arm, train, and organize their own counterrevolution to preserve the existing order with support from the United States, Israel, and conservative Arab regimes. This political and social polarization erupted into war in 1975.

While Cuban policy was marginal to this conflict, the island was a potent symbol of the dreams of the left and of the nightmares of the right. Posters from the time demonstrate the leftist Lebanese fascination with Cuba as an "island of freedom," depicting the Cuban and Lebanese flags side-by-side (p. 148).[16] Right-wing Lebanese Front spokesmen used such propaganda to attract the support of international anticommunist forces by stoking fears of "another Cuba in Lebanon."[17] The revolutionary threat was contained, at great cost, largely due to the US-sponsored interventions by Israel and Syria.

OSPAAAL's posters on Lebanon largely skirted internal political divisions and, instead, attempted to invoke national unity, particularly in the face of Israeli aggression (p. 156). Israel strongly supported the right-wing Lebanese Front groups and attempted to destroy Arab resistance by occupying southern Lebanon from 1978–2000, a period punctuated by invasions in 1978, 1982, 1993, 1996, and 2006. Israeli intervention in Lebanon killed tens of thousands, injured many more, and caused the displacement of hundreds of thousands of Lebanese and Palestinian civilians. Rafael Enríquez Vega's poster from 1983 illustrates a dramatic metaphor for Israel's torment of Lebanese society (p. 152). A photo of a hatchet, clearly rendered in the blue and white colors of the Israeli flag, plunges into the trunk of a bleeding cedar tree, the national symbol of Lebanon. The caption reads, "Israel: A Wound in Lebanon's Side." Successive waves of popular armed resistance movements—ranging from communist to Islamist—eventually succeeded in liberating most Lebanese territory on May 25, 2000.[18]

Syria

Cuban-Syrian relations were consistently closer than any other regional state, and five OSPAAAL posters were dedicated to the people of Syria. The day of solidarity, March 8, is the date the Arab Socialist Ba'th Party seized the state in its 1963 military coup. Like other nationalist states in the Third World, the Ba'thist government carried out a revolution from above, encompassing land reform, state-led industrialization, and the expansion of social services—all while institutionalizing one-party rule and the primacy of the military.[19] These policies and late-sixties Ba'thist rhetoric espousing a people's war for the liberation of Palestine attracted Cuban attention. All of OSPAAAL's posters for Syria emphasize the war with Israel, the alliance with the Palestinians, and the smashing of the Zionist state (p. 153). While the Syrian state remained a key base of support for important Palestinian and Lebanese resistance factions—and a prime adversary of Israel, the US, and allied forces—Syrian policy was less straightforward than these posters let on. Syria's Ba'thist rulers frequently clashed with anticolonial forces and enjoyed phases of accord with the US—notably in its decisive, US-backed 1976 military intervention against the PLO-LNM in Lebanon.[20]

Western Sahara

OSPAAAL produced numerous materials in support of Sahrawi self-determination. In 1973, the POLISARIO Front (Popular Front for the Liberation of Saqiyya al-Hamra and Río de Oro) launched its armed struggle against Spanish colonial rule in mineral-rich Western Sahara. In the face of increasing Sahrawi resistance, Spain, which had held the territory since the 1884 Congress of Berlin, abruptly ceded its authority to neighboring Morocco and Mauritania in 1975. When Mauritania withdrew in 1979, Morocco quickly seized its formerly occupied zone. Morocco continues to occupy the Western Sahara to this day—with the notable support of the United States and France. Roughly half of all Sahrawis live under Moroccan occupation, while the other half live as refugees in POLISARIO-run camps in Algeria.[21]

Cuban support for the POLISARIO highlighted Havana's relative autonomy from Moscow, as the two capitals found themselves on opposing sides of the conflict. In contrast to Cuba's diplomatic, military, and medical support for the POLISARIO, the Soviet Union did not recognize the movement or its government-in-exile, the Algerian-based Sahrawi Arab Democratic Republic. This was likely due to the high volume of Soviet phosphate imports from Morocco, its largest commercial agreement in the Third World.[22] Rafael Morante Boyerizo's 1981 poster design (pp. 160–161) celebrates the fifth anniversary of the February 27, 1976 declaration of the Sahrawi Arab Democratic Republic.

As Ben Barka's 1965 assassination presaged, the revolutionary option in the Arab world was aborted by a tenacious coalition of imperial and counterrevolutionary forces. The second meeting of the Tricontinental, planned for Cairo in 1968, was buried in the defeat of the Egyptian, Syrian, and Jordanian armies in June 1967. Over time, Arab nationalism was stamped out as the guiding ideology of popular opposition by continuous defeats and broken promises. People's war lost its luster after most other regions had been decolonized. The suppression of the trincontinentalist forces—who were enemies of Arab governments, Israel, religious movements, and Western empires alike—conditioned the rise of the Western-backed monarchies, familial dictatorships, military regimes, and Islamist and sectarian parties that currently dominate the Arab world. While a new series of interconnected revolutions and uprisings broke out in 2011, none have, as yet, been able to seize state power or institutionalize a social order. Nearly all of the struggles covered by OSPAAAL in the sixties have yet to be resolved, and the unfinished legacy of tricontinentalism continues to haunt the Arab world to this day.

1 Piero Gleijeses, *Conflicting Missions: Havana, Washington, and Africa, 1959–1976* (Chapel Hill, NC: University of North Carolina Press, 2002), 33.

2 Shafiq Al-Hout, *My Life in the PLO: The Inside Story of the Palestinian Struggle*, ed. Jean Said Makdisi and Martin Asser, trans. Hader Al-Hout and Laila Othman (London: Pluto, 2011), 140.

3 Gleijeses, Conflicting Missions, 31.

4 William J. Durch, "The Cuban Military in Africa and the Middle East: From Algeria to Angola" (Arlington, VA: Center For Naval Analyses, September 1977), 26–28. For an excellent history of the Dhufari revolution, see Abdel Razzaq Takriti, *Monsoon Revolution: Republicans, Sultans, and Empires in Oman, 1965–1976* (Oxford: Oxford University Press, 2013).

5 Durch, "The Cuban Military," 28.

6 Mehdi Ben Barka, "Revolutionary Option in Morocco," in *The Political Thought of Ben Barka* (Havana: Tricontinental, 1968), 27.

7 See Ronen Bergman and Shlomo Nakdimon, "The Ghosts of Saint-Germain Forest," *Ynet*, March 23, 2015, http://www.ynetnews.com/articles/0,7340,L-4639608,00.html.

8 For more on Ben Barka, see Nate George, "Travelling Theorist: Mehdi Ben Barka and Morocco from Anti-Colonial Nationalism to the Tricontinental," in *The Arab Lefts: Histories and Legacies, 1950s–1970s*, ed. Laure Guirguis (Edinburgh: Edinburgh University Press, 2020), 127–47. For a comprehensive biography, see Zakya Daoud and Maâti Monjib, *Ben Barka: Une Vie, Une Mort* (Paris: Éditions Michalon, 2000).

9 I thank José Ramón Cabañas for clarifying this point to the author.

10 For an astute analysis of the partition plan, see Walid Khalidi, "Revisiting the UNGA Partition Resolution," *Journal of Palestine Studies* 27, no. 1 (1997): 5–21, https://doi.org/10.2307/2537806. For a general history of Palestine, see Rashid Khalidi, *The Hundred Years' War on Palestine: A History of Settler-Colonial Conquest and Resistance, 1917–2017* (London: Profile, 2020).

11 Avi Shlaim, "Israel and the Arab Coalition in 1948," in *The War for Palestine: Rewriting the History of 1948*, ed. Eugene Rogan and Avi Shlaim (Cambridge: Cambridge University Press, 2007), 79–103.

12 Ilan Pappé, *The Ethnic Cleansing of Palestine* (Oxford: Oneworld, 2006).

13 Rosemary Sayigh, *The Palestinians: From Peasants to Revolutionaries* (London: Zed, 2007); Karma Nabulsi and Abdel Razzaq Takriti, "The Palestinian Revolution," 2016, http://learnpalestine.politics.ox.ac.uk/.

14 For Cuban-Palestinian relations beyond OSPAAAL, see Sorcha Thomson, "Demystifying Third World Solidarity: Cuba and the Palestinian Revolution in the Seventies," in *The Fate of Third Worldism in the Middle East: Iran, Palestine and Beyond*, ed. Sune Haugbølle and Rasmus Elling (London: Oneworld, 2024).

15 See Nathaniel George, "'Our 1789': The Transitional Program of the Lebanese National Movement and the Abolition of Sectarianism, 1975–77," *Comparative Studies of South Asia, Africa and the Middle East* 42, no. 2 (2022): 470–88, https://doi.org/10.1215/1089201X-9987957; Fawwaz Traboulsi, *A History of Modern Lebanon* (London: Pluto, 2007); Tabitha Petran, *The Struggle Over Lebanon* (New York, NY: Monthly Review Press, 1987).

16 For more on Cuban-Lebanese solidarity networks, see Zeina Maasri, *Off the Wall: Political Posters of the Lebanese Civil War* (London: I.B. Tauris, 2008), 44–45.

17 Elaine C. Hagopian, "Redrawing the Map in the Middle East: Phalangist Lebanon and Zionist Israel," *Arab Studies Quarterly* 5, no. 4 (1983): 326.

18 Two memoirs of the Lebanese resistance by women militants are available in English: Soha Bechara, *Resistance: My Life for Lebanon*, trans. Gabriel Levine (New York, NY: Soft Skull Press, 2003); Nawal Qasim Baidoun, *Memoirs of a Militant: My Years in the Khiam Women's Prison*, trans. Caline Nasrallah and Michelle Hartman (Northampton, MA: Olive Branch Press, 2022).

19 See, for instance, Raymond Hinnebusch, *Syria: Revolution From Above* (London: Routledge, 2001); Hanna Batatu, *Syria's Peasantry, the Descendants of Its Lesser Rural Notables, and Their Politics* (Princeton, NJ: Princeton University Press, 1999).

20 See in particular, Batatu, *Syria's Peasantry*, 287–322; Laurie A. Brand, "Asad's Syria and the PLO: Coincidence or Conflict of Interests?," *Journal of South Asian and Middle Eastern Studies* 14, no. 2 (Winter 1990); George, "'Our 1789'"; Traboulsi, *History of Modern Lebanon*.

21 For a general history, see Stephen Zunes and Jacob Mundy, *Western Sahara: War, Nationalism, and Conflict Irresolution*, 2nd ed. (Syracuse, NY: Syracuse University Press, 2022).

22 Jorge I. Dominguez, *To Make a World Safe for Revolution: Cuba's Foreign Policy* (Cambridge, MA: Harvard University Press, 1989), 127–29.

Page 156: Alberto Blanco, *International Solidarity with the Lebanese People's Struggle*, offset printed poster, 1982.
Pages 160–161: Rafael Morante, *Fifth Anniversary/Frente Polisario*, offset printed poster, 1981.
Page 162: Artist unknown, illustration for "Fruits of a Struggle," *Tricontinental* 31 (60), Jul–Aug 1972.
Page 163: Artist unknown, illustration for "Experiences and Facts: Change of Clothing," *Tricontinental* 29/30 (44), Mar–Jun 1972.

بوليساريو

F POLIS

5º ANIVERSARIO
5th ANNIVERSARY
5ème ANNIVERSAIRE

الذكرى الخامسة ـ مايو ـ ١٩٨٠

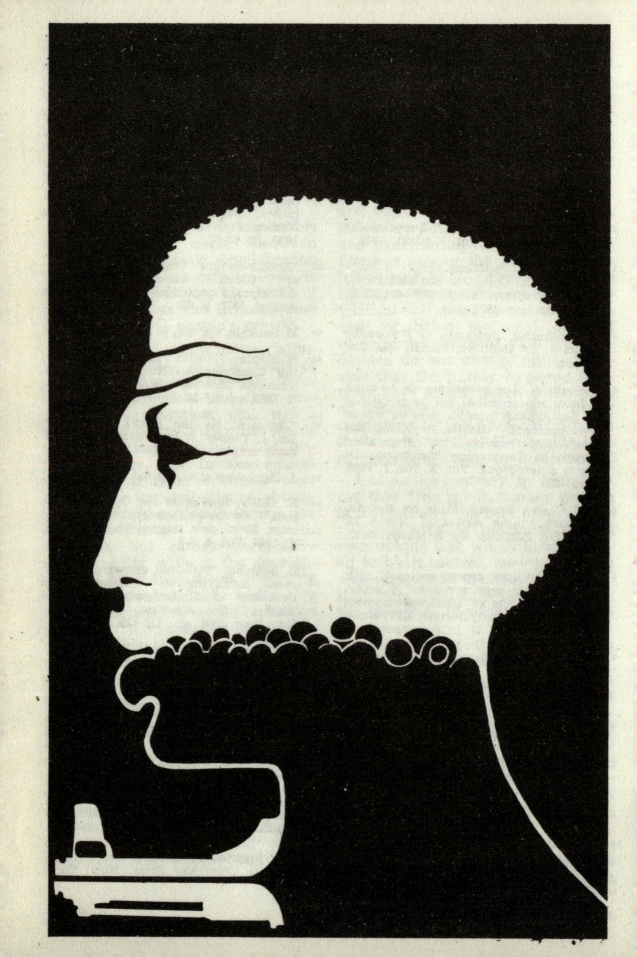

El caballo alado de la solidaridad mundial
los carteles de OSPAAAL y la alianza entre Corea del Norte y Cuba

Sohl Lee

Corea del Norte se fundó en 1948, once años antes que la Revolución Cubana. Forjada inicialmente en 1960, la alianza coreano-cubana se mantuvo con la participación de delegados norcoreanos en la Conferencia Tricontinental de 1966 y se desarrolló posteriormente por la lucha común de ambos países contra el imperialismo estadounidense. De los 323 carteles de la OSPAAAL, 11 expresan solidaridad con el pueblo de Corea del Norte. Realizados entre 1967 y 1983, estos carteles plasman una larga historia de alianza interregional.

Recientemente me encontré con uno de estos carteles en *Armed by Design*, una exposición organizada en Interference Archive en otoño de 2015. Como historiadora del arte contemporáneo y estudiosa de las culturas visuales de las dos Coreas, quedé impresionada por el llamativo diseño gráfico y también por mi propia ignorancia sobre la larga historia de intercambio cultural entre Corea del Norte y Cuba. Los abstractos y sencillos diseños de los carteles de la OSPAAAL son diferentes a los carteles de Corea del Norte, más didácticos, con alta densidad de texto y una gráfica anclada en la tradición pictórica, y en general, más afines a la estética de los carteles del realismo socialista de la URSS y China.[1]

De los carteles de la OSPAAAL con temática coreana, el más notable es el de Mario Sandoval, diseñado en 1968 para el mes de la solidaridad coreana (página 165). La juguetona combinación de colores —naranja y rosa, lavanda y morado, y verde bosque— contrasta notablemente con la fiel presentación de los colores locales de los carteles de propaganda norcoreanos. El cartel presenta un famoso icono norcoreano, el caballo alado, rodeado de una advertencia caligráfica en coreano: "¡Invasores imperialistas americanos abandonen Corea del Sur de inmediato!". Pero ¿de dónde obtuvo Sandoval las imágenes para su diseño? ¿Cómo se recontextualizan en el programa visual de la OSPAAAL y la agenda internacionalista de Cuba? Tomando este cartel como hilo conductor, me pregunto si acaso la historia del arte puede aportar más información sobre la misión estética de la OSPAAAL y las formas visuales del tricontinentalismo, y si es así, de qué manera.

Se sabe que la apropiación gráfica que practicaba la OSPAAAL lleva al espectador a reconocer inmediatamente la ubicación geográfica de la lucha. Un retrato de Patrice Lumumba representa al Congo, por ejemplo, mientras que una estatua de Buda del sudeste asiático junto a un guerrillero con un rifle Kalashnikov señala la solidaridad con Laos (p. 166). Aunque los artistas de la OSPAAAL desarrollaron sensibilidades y estilos individuales, sí hubo una tendencia general a emparejar un símbolo indígena (anterior a los imperios) con un rifle. Aunque aún queda mucho por investigar sobre esta práctica de citación, es probable que las fuentes visuales de estos símbolos llegaran a La Habana como parte de la circulación internacional de materiales impresos.

Según la reciente investigación de la historiadora del arte Barbara Frank, al menos tres carteles de Jesús Forjans se basan en fotografías en blanco y negro de esculturas africanas que aparecen en *Afrique Noire: La Création Plastique* de Jacqueline Fry y Michel Leiri, un libro de historia del arte publicado en 1967. En uno de los carteles, la imagen de una estatuilla de Baulé, un espíritu del amor de la actual Costa de Marfil, se utiliza para ilustrar la solidaridad con los grupos rebeldes zimbabuenses del sur de África, es decir, que operaban a casi 8 000 km de Costa de Marfil (pp. 170, 171). Si se prioriza el compromiso de imaginar una conexión transregional por encima de la precisión

Sohl Lee

165

Mario Sandoval, *Jornada* [sic] *de Solidaridad con Corea*, cartel impreso en offset, 1968.

JORNADA DE SOLIDARIDAD CON COREA 25 DE JUNIO AL 27 DE JULIO
MONTH OF SOLIDARITY WITH KOREA - JUNE 25 TO JULY 27
MOIS DE SOLIDARITÉ AVEC LA CORÉE - DU 25 JUIN AU 27 JUILLET

OSPAAAL

El Diseño a las Armas

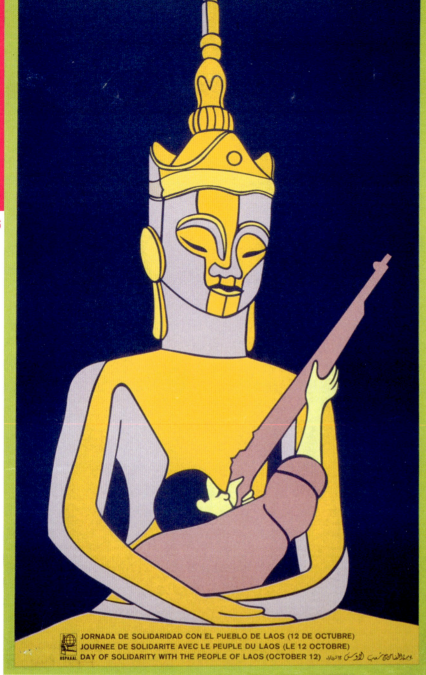

Rafael Zarza, *Jornada de Solidaridad con el Pueblo de Laos*, cartel impreso en offset, 1969.

en términos de historia del arte, la libertad artística puede implicar una apropiación cultural disfrazada de solidaridad.[2] Lo cierto es que la obra evoca el dilema artístico de expresar solidaridad hacia otros sin conocerlos plenamente y tampoco a sus luchas.[3] No obstante, cada cita y reutilización puede diferir en su significado político. A diferencia de estos objetos rituales africanos reutilizados como nuevos símbolos de los movimientos anticoloniales, una investigación de los materiales norcoreanos revela que el caballo alado es un símbolo ya reconstruido por el Estado norcoreano.

A finales de los años cincuenta y principios de los sesenta, las imágenes de caballos alados proliferaron en la cultura visual norcoreana.[4] En coreano, el caballo se llama *ch'ŏllima* ("caballo de mil *li*"), un antiguo y mítico caballo volador con la capacidad de recorrer 1 000 li (500 km) en un solo día. La campaña de movilización de 1959–1966 encabezada por el gobierno norcoreano se conoció como el Movimiento Ch'ŏllima, que alentaba a trabajadores y agricultores a ir más allá de lo que entonces parecía imposible: la rápida reconstrucción de un país devastado por la Guerra de Corea (1950-1953). Esta campaña supuso una reutilización socialista de un símbolo antiguo. Fue un ejemplo de cómo usar el imaginario cultural tradicional para construir un simbolismo nuevo, en este caso socialista. Y cuando aquí decimos "construcción" lo decimos en su sentido más literal. En un día de primavera de 1961, los habitantes de Pyongyang, una ciudad que había sido arrasada una década antes, fueron testigos de la inauguración de una estatua de bronce gigantesca del caballo alado al pie de la colina Mansudae. Sandoval colocó en el centro del cartel de 1968 una fotografía en blanco y negro de esta estatua (p. 173).

La estatua del caballo alado era solo una escultura, sino también una manifestación visual de la reconstrucción nacional. Desde antes de su estreno público, su concepción siempre fue monumental. Como se informó en el número de mayo de 1960 de *Chŏson misul [Arte coreano]*, la única revista de arte del país, el proyecto se confirmó tras hacer más de cien bocetos en once rondas de revisión. El monumento representa un caballo alado que vuela por encima de las nubes y hacia el cielo. Lleva en su lomo a un obrero que sostiene una carta roja del partido y a una campesina que carga en la espalda una gavilla de arroz. Según un artículo de la revista, el monumento mide 11 metros de alto, 15 de largo y se asienta sobre una torre de piedra de 17 metros de altura. Sus cuarenta escultores habrían sido infundidos por "los milagros [de la reconstrucción nacional bajo el Movimiento Chŏllima] creados cada día y cada hora por el pueblo y su entusiasmo patriótico."[5] Trabajaban doce horas al día y terminaron la producción en cuarenta días, mucho antes de lo previsto. El trabajo sobrehumano de los escultores personificó el espíritu del Movimiento Chŏllima y se difundió con la dramatización característica de los medios estatales norcoreanos. Por ejemplo, se dijo que soldar las orejas del caballo a través de los postes de acero que rodean la estatua había sido un acto heroico. El gran escultor, el camarada An Sang-guk había contorsionado tanto su cuerpo que se ganó el apodo de "Sr. Acróbata".[6]

A menudo, el gobierno utilizó imágenes del símbolo del caballo alado con eslóganes de apoyo a las campañas nacionales de reconstrucción. El caballo a punto de dar un salto hacia adelante con magnífica velocidad simboliza el movimiento hacia el brillante futuro de la Corea socialista. Sin embargo, el diseño de Sandoval liberó al caballo alado de su contexto específico antiimperialista y nacional-indígena. La imagen fue descontextualizada y se insertó en otro contexto junto a la frase: "¡Que los invasores imperialistas estadounidenses abandonen Corea del Sur de inmediato!", probablemente tomada de otra fuente.

La inclusión de texto en un idioma distinto a los usuales —español, inglés, francés y, más tarde, árabe— es extremadamente rara en los carteles de la OSPAAAL. Es más común el uso de texto para evocar la solidaridad en términos sonoros. El diseño de Sandoval parece sugerir que el grito solidario con Corea del Norte, aunque inicialmente se haya hecho en coreano, debería ser retomado para reunir un coro mundial que incluya a cubanos y a otros aliados del imaginario geográfico del tricontinentalismo.

Los delegados norcoreanos de la Conferencia Tricontinental de 1966 precisamente buscaban formar la oposición internacional a la ocupación estadounidense de Corea del Sur. Mientras las preocupaciones de la Guerra de Vietnam dominaban la conferencia, Corea del Norte redirigió la atención del foro a la Guerra de Corea, como un ejemplo de un conflicto en el contexto de la Guerra Fría mundial: aunque sangriento, había significado un relativo éxito contra el imperialismo.[7] En aquel momento, la Guerra de Corea entró en un periodo de alto al fuego, sin acuerdos de paz, una situación que permanece hasta hoy en día. Corea del Norte insistía en la relevancia global y estratégica de la península como bastión contra el expansionismo estadounidense. La resignificación del caballo alado de Sandoval está en consonancia con esta convicción. Representó un giro en el *movimiento* del caballo en cuanto imagen: de la reconstrucción nacional a la lucha mundial contra el imperialismo estadounidense.

El cartel de Sandoval de 1968 representa una cápsula de tiempo de la década de 1960. La cultura monumental de Pyongyang siguió cambiando, a medida que se incorporaron más estatuas al paisaje urbano. En 1972, se erigió una majestuosa estatua de Kim Il Sung en la cima de la colina Mansudae, eclipsando la gloria del caballo alado y allanando el camino al culto a la personalidad. Cuando Fidel Castro hizo su histórica visita a Pyongyang en 1986, la estatua del caballo alado ya no era el monumento de piedra más alto de la ciudad. En 1982, se inauguró la Torre Juche, de 170 metros de altura y con vistas al río Taedong, para celebrar el septuagésimo cumpleaños de Kim. En la década de 1980, los gráficos de la OSPAAAL también dieron un giro hacia un estilo más ilustrativo y pictórico, y menos lúdico y psicodélico, como en el último cartel de temática coreana realizado por Rafael Enríquez en 1983 (p. 179). El artista trabajó en la OSPAAAL desde entonces hasta la etapa en que se redujeron sus operaciones y producciones. Él estuvo presente en la oficina durante mi visita a finales de noviembre de 2015, menos de cuatro años antes del cierre definitivo en enero de 2019.

Sin embargo, el cierre de las oficinas de la OSPAAAL, después de medio siglo de existencia, no implica el fin del compromiso académico y de los debates públicos sobre los carteles de la OSPAAAL y su legado. Este ensayo se suma a los esfuerzos de estudios más recientes por investigar la transmisión transfronteriza de estas imágenes y lo que podríamos denominar "polinización cruzada" de su estética.[8] Aún no se sabe si los lectores y las bibliotecas de Corea del Norte estaban suscritos a los *Boletines* tricontinentales y si tuvieron contacto con los diseños cubanos y sus recontextualizaciones, como sí sucedió, por ejemplo, con las Panteras Negras de Estados Unidos, que vieron cómo los artistas de la OSPAAAL reutilizaban los gráficos de su propagandista Emory Douglas. ¿Se habrán exhibido alguna vez carteles de la OSPAAAL, como los de Sandoval, en espacios públicos norcoreanos, tal como sucedió en ciertos lugares de reuniones en Harlem, Nueva York? Queda mucho por aprender y redescubrir sobre nuestro pasado reciente y la cultura visual de la solidaridad global, su poder visual y su capacidad de provocar dinámicas políticas nacionales y transnacionales.

1   Para una comparación general entre los carteles del realismo socialista y los gráficos cubanos, ver Lincoln Cushing, *¡Revolución! Cuban Poster Art* (San Francisco, CA: Chronicle Books), 9. Para una revisión de cómo la producción de carteles en Corea del Norte a principios de la década de 1960 enfatizaba la producción colectiva en lugar de la individual, véase "Chipch'e ch'angjak esŏ ŭi kyŏnghŏm" ["Experiencia de la producción colectiva"], *Chŏson misul* (mayo de 1961), 22–24.

2   La conexión entre la ayuda militar de Cuba y las expresiones visuales de solidaridad de la OSPAAAL merece un análisis más profundo. Sobre la ayuda militar de Cuba a Sudáfrica, véase Piero Gleijeses, *Visions of Freedom: Havana, Washington, Pretoria, and the Struggle for Southern Africa, 1976–1991* (Chapel Hill, NC: North Carolina University Press, 2013).

3   En una conferencia del 3 de febrero de 2022 con motivo de la exposición *Printing Solidarity: Tricontinental Graphics from Cuba*, en la Galería Zuccaire de la Universidad Stony Brook, Barbara Frank señaló que el paradigma de "una tribu/un estilo", que se solía usar para clasificar la escultura clásica africana, es problemático por su perspectiva imperialista y colonial, que no refleja la complejidad de las identidades y las tradiciones artísticas. Creo que el rechazo de Forjans a este tipo de clasificaciones puede interpretarse hoy como una suerte de gesto decolonial.

4   Por falta de acceso, mi investigación se limita a las portadas de algunas revistas norcoreanas. No obstante, la importancia que el régimen le dio a esta campaña de masas puede apreciarse en el lanzamiento de la revista

popular homónima *Ch'ŏllima* en enero de 1961.

5   "Chŏllima kinyŏmbi tongsang" ["El monumento al caballo alado"], *Chŏson misul* (mayo de 1960), 40. En la portada del número aparece una fotografía de la maqueta. Tras su publicación, varias revistas norcoreanas publicaron dibujos o fotografías de la maqueta hasta que las obras de la estatua se completaron en abril de 1961.

6   "Chŏlima kisu ui yŏngye ul anko" [Ganarse el glorioso honor del caballo alado], *Chŏson misul* (mayo de 1961), 15.

7   Moe Taylor, *North Korea and the Latin American Revolution 1959–1970* (Tesis doctoral, Universidad de British Columbia, 2020), 229–230.

8   En 2017 se expusieron por primera vez en Vietnam los carteles de René Mederos, basados en la propaganda vietnamita que el artista presenció durante dos visitas en 1969 y 1972. La exposición más completa de las producciones culturales de la OSPAAAL hasta la fecha es *Notes on Solidarity: Tricontinentalism in Print*, celebrada en la James Gallery del Graduate Center de Nueva York en 2019, e hizo hincapié en la "polinización cruzada" de la cultura impresa global. La falta de una sustancial investigación histórica del arte sobre la OSPAAAL se debe en gran medida a los propios límites disciplinarios de la historia del arte. Al respecto véanse diversos ensayos de Susan Sontag (1970) y David Kunzle (1975), además de los archivos y publicaciones de Lincoln Cushing. Véase también *Art and Revolution in Latin America, 1910–1990*, de David Craven (New Haven: Yale University Press, 2002).

O Cavalo Alado da Solidariedade Global
Cartazes da OSPAAAL e a Aliança norte coreana-cubana

Sohl Lee

Dos 323 cartazes da OSPAAAL, 11 expressam solidariedade com o povo da Coreia do Norte. A fundação da Coreia do Norte em 1948 precedeu a Revolução Cubana de 1959 por onze anos. Inicialmente forjada em 1960, a aliança norte-coreana-cubana continuou com a delegação da Coreia do Norte para a Conferência Tricontinental de 1966 e posteriormente desenvolveu-se através da luta comum dos dois países contra o imperialismo americano. Feitos entre 1967 e 1983, os cartazes da OSPAAAL com temas coreanos marcaram essa longa história de aliança transregional.

Meu próprio encontro com um desses cartazes foi relativamente recente: na exposição *Armed by Design*, organizada no Interference Archive durante o outono de 2015. Como historiador de arte contemporânea e estudioso das culturas visuais de ambas as Coreias, fiquei impressionado, tanto pelos gráficos distintivamente ousados quanto pela minha própria ignorância sobre a longa história de troca cultural entre a Coreia do Norte e Cuba. Os designs abstratos e simples dos cartazes da OSPAAAL destacam-se dos cartazes didáticos, baseados em pintura e repletos de texto, da Coreia do Norte, cuja afinidade estética era com os cartazes realistas socialistas da URSS e da China.[1]

Dois cartazes da OSPAAAL com tema coreano são particularmente notáveis. Um deles é o design de Mario Sandoval para o mês da solidariedade coreana em 1968 (p. 165). O esquema de cores brincalhão de Sandoval, composto por laranja-rosado, roxo-lavanda e verde-tropical, contrasta fortemente com a apresentação fiel de cores locais realistas encontrada em cartazes de propaganda da Coreia do Norte. Em sua iconografia, o cartaz apresenta um ícone famoso da Coreia do Norte, o Cavalo Alado, cercado por uma advertência em caligrafia coreana: "Invasores imperialistas estadunidenses, deixem imediatamente a Coreia do Sul!" Mas de onde Sandoval tirou as imagens de origem para seu design? Como elas são recontextualizadas no programa pictórico da OSPAAAL e na agenda internacionalista de Cuba? Ao focalizar em um cartaz, procuro perguntar se e como a pesquisa histórica de arte sobre esse cartaz com tema coreano pode nos dizer mais sobre a operação estética da OSPAAAL e as formas visuais de solidariedade vislumbradas pelo Tricontinentalismo.

É amplamente reconhecido que a apropriação gráfica de imagens de referência da OSPAAAL convida ao reconhecimento imediato de quem assiste para a localização geográfica da luta. Um retrato de Patrice Lumumba substitui o Congo, e uma estátua de Buda do sudeste asiático abraçando um guerrilheiro com um fuzil Kalashnikov sinaliza a solidariedade com Laos (p. 166). Enquanto os artistas da OSPAAAL desenvolviam sua sensibilidade e estilo individual, era notável a presença frequente de emparelhamento de um símbolo indígena ou pré-imperial com um rifle. É possível que as fontes visuais desses símbolos tenham chegado a Havana como parte da circulação internacional de materiais impressos, mas ainda há muito sobre essa prática de citação que precisa ser estudado.

De acordo com a recente investigação da historiadora de arte Barbara Frank, pelo menos três cartazes de Jesús Forjans se baseiam em fotografias em preto e branco de esculturas africanas ilustrando *Afrique Noire: La Création Plastique*, um livro de história da arte publicado em 1967 por Jacqueline Fry e Michel Leiris. Em um cartaz, uma imagem de uma estatueta de espírito do amor Baulé da Costa do Marfim atual é usada para ilustrar a solidariedade com os grupos rebeldes

Acima: "Baulé love spirit figurine, Côte d'Ivoire," *Afrique Noire: La Création Plastique* (Paris: Gallimard, 1967), 296.
Página 171: Jesús Forjans, *Day of Solidarity with Zimbabwe*, cartaz impresso em offset 1969.
Página 173: *Chŏson misul* [Arte coreana] (Pyongyang: May 1961), capa.

norte-coreana revela que o cavalo alado é um símbolo já (re)construído pelo estado norte-coreano.

Ao longo do final da década de 1950 e início da década de 1960, imagens de cavalos alados proliferaram na cultura visual norte-coreana.[4] Em coreano, o cavalo é chamado de *ch'ŏllima* (literalmente "cavalo de mil li"), um cavalo voador mítico antigo com a capacidade sobrenatural de viajar 1.000 li (500 km) em um único dia. A campanha de mobilização de 1959-1966 liderada pelo governo norte-coreano foi chamada de "Movimento Ch'ŏllima", encorajando trabalhadores e fazendeiros a irem além do aparentemente impossível para alcançar um objetivo: a rápida reconstrução da nação destruída pela guerra no imediato pós-guerra da Coreia (1950–1953). Essa campanha representou uma reapropriação socialista de um antigo símbolo. Ela exemplificou a prática de trazer uma imaginação cultural tradicional para a construção de um novo simbolismo socialista. E aqui, a construção é entendida no sentido mais literal. Em um dia de primavera em 1961, as pessoas de Pyongyang, uma cidade que havia sido arrasada uma década antes, testemunharam a revelação de uma estátua de bronze do cavalo alado, em tamanho maior que o natural, ao pé do monte Mansudae. Foi uma fotografia em preto e branco dessa estátua que Sandoval colocou no centro de seu design em 1968 (p. 173).

Como uma manifestação visual de reconstrução nacional, a estátua do cavalo alado era mais do que uma escultura. Sua monumentalidade era esperada mesmo antes de sua estreia pública. Conforme relatado na edição de maio de 1960 da única revista de arte do país, *Chŏson misul* [Arte Coreana], o plano foi confirmado após a criação de mais de cem esboços em onze rodadas de revisão. Ele retrata um cavalo alado voando sobre as nuvens e em direção ao céu, carregando um trabalhador que segura uma carta do partido vermelho e uma fazendeira que segura um feixe de arroz em suas costas. Segundo o artigo, o monumento tem 11 metros de altura, 15 metros

zimbabuanos do sul da África, a quase 8 mil km da Costa do Marfim (pp. 170, 171). Onde o compromisso de visualizar conexões inter-regionais é privilegiado em relação à precisão histórica da arte, pode haver espaço para interpretar a liberdade artística como uma marca de apropriação cultural disfarçada de solidariedade.[2] Pelo menos, o trabalho evoca o dilema artístico de expressar solidariedade com outros sem conhecê-los completamente e suas lutas.[3] No entanto, cada citação e reaproveitamento podem diferir em suas políticas significativas. Ao contrário dos objetos de ritualística africana reaproveitados como novos símbolos dos movimentos de descolonização, uma investigação sobre os materiais de origem

de comprimento e está situado em uma torre de pedra com 17 metros de altura. Seus quarenta escultores receberam incentivo dos "milagres [da reconstrução nacional sob o Movimento Chŏllima] criados todos os dias e todas as horas pelo povo e seu entusiasmo patriótico".[5] Eles trabalhavam doze horas por dia e concluíram a produção em quarenta dias, bem antes do prazo. O trabalho sobre-humano dos escultores personificou o espírito do Movimento Chŏllima, e foi relatado com a dramatização característica da mídia estatal norte-coreana. Por exemplo, a soldagem das orelhas do cavalo nos postes de aço que cercam a estátua é dito ter exigido que o heroico camarada An Sang-guk dobrasse seu corpo em um grau extremo, o que lhe rendeu o apelido de "Sr. Acrobata".[6]

As imagens do símbolo do cavalo alado eram frequentemente acompanhadas de slogans que apoiavam campanhas nacionais de reconstrução. O cavalo prestes a dar um salto à frente com magnífica velocidade simboliza o movimento em direção ao futuro brilhante da Coreia socialista. Em contraste, o design de Sandoval liberta o cavalo alado do contexto anti-imperialista e nativista do nacionalismo. A imagem descontextualizada foi recontextualizada pelo texto acompanhante — "Imperialistas americanos, deixem a Coreia do Sul imediatamente!", que provavelmente foi retirado de outra fonte.

A inclusão de texto em um idioma diferente dos quatro idiomas utilizados principalmente nos cartazes da OSPAAAL —espanhol, inglês, francês e, posteriormente, árabe— é extremamente rara. O uso de texto para evocar solidariedade sonora é mais comum. Em solidariedade à Coreia do Norte, o design de Sandoval parece sugerir que o apelo, embora inicialmente feito em coreano, seja adotado para reunir um coro mundial que inclua cubanos e outros aliados no imaginário geográfico do Tricontinentalismo.

A oposição internacional à ocupação dos Estados Unidos na Coreia do Sul é precisamente o que os delegados norte-coreanos na Conferência Tricontinental de 1966 buscaram construir. Embora as preocupações com a Guerra do Vietnã dominassem a conferência, a Coreia do Norte redirecionou a atenção do fórum para a Guerra da Coreia, um exemplo anterior de um conflito sangrento na Guerra Fria global, com certo grau de sucesso.[7] A Guerra da Coreia estava e permanece em estado de cessar-fogo e não em tratado de paz. A resignificação do cavalo alado por Sandoval estava, portanto, em linha com a insistência estratégica da Coreia do Norte na significância global da península coreana como uma barreira contra o expansionismo dos Estados Unidos. O artista representou uma mudança no movimento do cavalo — longe da reconstrução nacional e em direção à luta global contra o imperialismo americano.

O cartaz de Sandoval de 1968 representa uma cápsula do tempo dos anos 1960. A cultura de monumentos de Pyongyang continuou a mudar, à medida que mais estátuas eram adicionadas à paisagem da cidade. Em 1972, uma majestosa estátua de Kim Il Sung foi erguida no topo da colina de Mansudae, ofuscando a glória do cavalo alado e abrindo caminho para um culto à personalidade. Quando Fidel Castro fez sua histórica visita a Pyongyang em 1986, a estátua do cavalo alado não era mais o monumento de pedra mais alto da cidade. Em 1982, a Torre Juche, de 170 metros de altura, com vista para o Rio Taedong, foi inaugurada em comemoração ao septuagésimo aniversário de Kim. Nos anos 1980, a OSPAAAL também mudou para um estilo mais ilustrativo e pictórico e menos lúdico e psicodélico, como no último cartaz com tema coreano de Rafael Enríquez em 1983 (p. 179). O artista continuou na operação reduzida da OSPAAAL e estava presente no escritório durante minha visita no final de novembro de 2015, menos de quatro anos antes do fechamento permanente do escritório em janeiro de 2019.

O fim do meio século de existência da OSPAAAL, no entanto, não significa o fim do envolvimento acadêmico e das discussões públicas sobre os cartazes da OSPAAAL e seu legado. Este ensaio se junta aos esforços da mais recente pesquisa para investigar a transmissão transfronteiriça de imagens da OSPAAAL e a polinização cruzada de estética nelas.[8] Permanecem questões sobre se os leitores e bibliotecas norte-coreanos se inscreveram nos *Boletins Tricontinentais* e se eles, como os Panteras Negras nos Estados Unidos, que testemunharam a reutilização dos gráficos propagandistas de Emory Douglas por artistas da OSPAAAL, foram expostos a projetos cubanos. Os pôsteres da OSPAAAL, como o de Sandoval, foram alguma vez exibidos em espaços públicos norte-coreanos, como em locais de encontro no Harlem, Nova York? Muito ainda precisa ser aprendido e reaprendido sobre nosso passado recente e a cultura visual de solidariedade global, seu poder visual evocativo e sua provocação de dinâmicas nacionais/transnacionais dentro da política.

1   Para uma comparação geral entre os cartazes realistas socialistas e os gráficos cubanos, consulte Lincoln Cushing, *¡Revolución! Cuban Poster Art* (San Francisco, CA: Chronicle Books), 9. Para um exame de como as produções de cartazes na Coreia do Norte no início da década de 1960 enfatizavam a produção coletiva, em vez da produção individual, consulte "Chipch'e ch'angjak esŏ ŭi kyŏngghŏm" [Experiência da produção coletiva], *Chŏson misul* (maio de 1961), ed. 22–4.

2   A relação entre a ajuda militar de Cuba e as expressões visuais de solidariedade da OSPAAAL merece uma exploração mais aprofundada. Sobre a ajuda militar de Cuba à África Austral, ver Piero Gleijeses, *Visions of Freedom: Havana, Washington, Pretoria, and the Struggle for Southern Africa, 1976–1991*.

3   Em sua palestra pública, realizada em 3 de fevereiro de 2022 em conjunto com a exposição *Printing Solidarity: Tricontinental Graphics from Cuba* na Zuccaire Gallery da Stony Brook University, Barbara Frank observou que o paradigma "uma tribo/um estilo" antes empregado para categorizar a escultura africana clássica é problemático em sua perspectiva imperialista e colonial, pois falha em refletir a complexidade das identidades e tradições artísticas. Acredito que o desprezo de Forjans por tais classificações pode ser lido hoje como uma espécie de movimento decolonial.

4   Devido à falta de acesso, minha investigação se limita às capas de várias revistas norte-coreanas. A importância que o regime deu a essa campanha em massa pode ser vista no lançamento de uma revista popular com o mesmo título, Ch'ŏllima, em janeiro de 1961.

5   "Chŏllima kinyŏmbi tongsang" [O monumento do cavalo alado], *Chŏson misul* (maio de 1960), 40. A capa dessa edição apresenta uma fotografia da maquete. Após a publicação, várias revistas norte-coreanas apresentaram desenhos ou fotografias da maquete até a conclusão da estátua em abril de 1961.

6   "Chŏlima kisu ui yŏngye ul anko" [Ganhando a honra gloriosa do cavalo alado], *Chŏson misul* (maio de 1961), 15.

7   Moe Taylor, *North Korea and the Latin American Revolution 1959–1970*, tese de doutorado (University of British Columbia, 2020), 229–230.

8   Os pôsteres de René Mederos, inspirados na propaganda vietnamita que o artista presenciou durante duas visitas em 1969 e 1972, foram exibidos pela primeira vez no Vietnã em 2017. A exposição mais abrangente das produções culturais da OSPAAAL até o momento, *Notes on Solidarity: Tricontinentalism in Print*, realizada na James Gallery da Graduate Center em Nova York em 2019, enfatizou a influência mútua na cultura global de impressão. A falta de pesquisa substancial sobre a história da arte da OSPAAAL se deve em grande parte aos limites disciplinares da história da arte. Consulte diversos ensaios de Susan Sontag (1970) e David Kunzle (1975), além dos arquivos e publicações de Lincoln Cushing. Veja também *Art and Revolution in Latin America, 1910–1990* (New Haven: Yale University Press, 2002) de David Craven.

Le cheval ailé de la solidarité internationale
les affiches de l'OSPAAAL et l'alliance entre la Corée du Nord et Cuba

Sohl Lee

Sur les 323 affiches de l'OSPAAAL, 11 expriment la solidarité avec le peuple de Corée du Nord. La fondation de la Corée du Nord, en 1948, précéda de onze ans la révolution cubaine de 1959. L'alliance coréenne-cubaine scellée en 1960 s'est poursuivie par l'envoi de délégués de Corée du Nord à la Conférence tricontinentale de 1966, puis par la lutte commune contre l'impérialisme américain. Les affiches de l'OSPAAAL sur le thème de la Corée, confectionnées entre 1967 et 1983, sont des témoignages historiques de cette longue alliance internationale.

Ma découverte de ces affiches a eu lieu assez récemment, à l'automne 2015, lors de l'exposition *Armed by Design* à Interference Archive. En tant qu'historienne de l'art contemporain et spécialiste des cultures visuelles des deux Corées, j'ai été frappée par leur graphisme audacieux, et par mon ignorance de la longue histoire d'échanges culturels entre ces deux pays. Le graphisme abstrait et dépouillé des affiches de l'OSPAAAL contraste avec le didactisme de celles de Corée du Nord, peintes et riches en texte, qui évoquent le réalisme socialiste de l'URSS et de la Chine[1].

Parmi les affiches de l'OSPAAAL sur le thème de la Corée, la plus mémorable est celle que Mario Sandoval a conçue en 1968 pour le mois de la solidarité coréenne (p. 165). L'aspect ludique de sa palette (rose-orange, violet-lavande, vert forêt) contraste avec l'allégeance aux couleurs locales réalistes privilégiée par la propagande nord-coréenne. On y voit un fameux symbole nord-coréen, le cheval ailé, accompagné d'un avertissement calligraphié en coréen : « Les envahisseurs impérialistes américains doivent quitter la Corée du Sud immédiatement ! » Mais où Sandoval a-t-il trouvé les images-sources de son illustration ? Comment le programme pictural de l'OSPAAAL et

l'agenda internationaliste de Cuba les recontextualisent-elles ? En me concentrant sur une seule affiche à thème coréen, je cherche à comprendre ce qu'une recherche par ce biais en histoire de l'art peut nous enseigner sur l'esthétique de l'OSPAAAL et sur les formes visuelles de solidarité alors envisagées par le tricontinentalisme.

Il est admis que l'appropriation d'images de référence par l'OSPAAAL invite le récepteur à identifier en un clin d'œil la localisation de la lutte. Un portrait de Patrice Lumumba représente le Congo, la statue d'un Bouddha d'Asie du Sud-Est entourant un guérillero armé d'une kalachnikov témoigne de la solidarité avec le Laos (p. 166). Si chaque artiste de l'OSPAAAL a développé sa propre sensibilité, son propre style, la pratique consistant à associer un symbole indigène pré-impérial à un fusil est commune. Bien que cet usage de la citation n'ait pas fait l'objet de recherches approfondies, les sources visuelles de tels symboles ont probablement voyagé jusqu'à La Havane dans le cadre d'échanges internationaux de documents imprimés.

Selon la récente enquête de l'historienne de l'art Barbara Frank, au moins trois affiches de Jesús Forjans s'inspirent de photographies en noir et blanc de sculptures africaines extraites d'*Afrique Noire : La Création Plastique*, un livre d'histoire de l'art publié en 1967 par Jacqueline Fry et Michel Leiris. Sur un poster, la photo d'une sculpture créée par les Baoulés en Côte d'Ivoire contemporaine illustre la solidarité avec les rebelles zimbabwéens d'Afrique australe, à près de 8 000 km de là (pp. 170, 171). Quand l'expression de la connexion internationale prend le pas sur la précision historique, on peut interpréter la liberté artistique comme une marque d'appropriation culturelle sous couvert de solidarité[2]. A minima, l'œuvre soulève le problème de l'illustration de la solidarité avec des peuples et des luttes que l'artiste ne connaît pas parfaitement[3]. Mais le sens politique diffère de citation en citation, de réutilisation en réutilisation. Ainsi, à rebours de tels objets rituels africains détournés pour illustrer des mouvements de décolonisation, une enquête sur les sources nord-coréennes révèle que le symbole du cheval ailé était déjà, pour sa part, une (re)construction de l'État nord-coréen.

À la fin des années 1950 et au début des années 1960, les images de chevaux ailés ont proliféré dans la culture nord-coréenne[4]. En coréen, ce cheval est appelé *Chŏllima* (littéralement « 1 000 lieues cheval ») : un cheval volant mythique ayant la capacité surnaturelle de parcourir 500 kilomètres en un jour. « Mouvement Chŏllima » est le nom de la campagne de mobilisation menée par le gouvernement nord-coréen de 1959 à 1966, qui encourageait travailleurs et agriculteurs à se dépasser dans un seul but : la reconstruction rapide d'une nation déchirée par la guerre de Corée (1950-1953). Cette campagne inclut donc la réutilisation socialiste d'un symbole ancien. Elle illustre la pratique consistant à faire appel à l'imagination et à la culture traditionnelles pour bâtir un nouveau symbolisme socialiste. Le terme « bâtir » s'entend ici au sens le plus littéral. Un jour du printemps 1961, au pied de la colline de Mansudae, les habitants de Pyongyang, ville rasée à peine dix ans plus tôt, assistèrent à l'inauguration d'une statue en bronze plus grande que nature du cheval ailé. En 1968, c'est une photo en noir et blanc de cette dernière que Sandoval a placée au cœur de son œuvre (p. 173).

Plus qu'une sculpture, ce cheval ailé était le symbole de la reconstruction nationale. Sa taille monumentale ne devait rien au hasard. Comme l'indique le numéro de mai 1960 du seul magazine d'art du pays, *Chŏson misul* (« Art coréen »), le projet a été validé après plus d'une centaine d'esquisses et onze séries de révisions. Il représente un cheval ailé survolant les nuages et s'élançant dans le ciel, monté par un ouvrier brandissant un document du parti et une fermière tenant une gerbe de riz. Selon l'article, le monument mesure 11 mètres de haut, 15 mètres de long, et repose sur une tour de pierre haute de 17 mètres. Ses quarante sculpteurs ont été inspirés par « les miracles créés chaque jour et chaque heure par le peuple [dans le cadre du Mouvement Chŏllima], et par son enthousiasme patriotique »[5]. Ils ont travaillé douze heures par jour et achevé la production en quarante jours, bien avant la date prévue. Ce labeur surhumain,

représentatif du mouvement Chŏllima, a été couvert avec l'emphase typique des médias d'État nord-coréens. Par exemple, la soudure des oreilles du cheval sur les poteaux d'acier entourant la statue aurait exigé de l'héroïque camarade An Sangguk qu'il plie son corps à un point tel qu'il s'est vu attribuer le surnom de « M. Acrobate »[6].

Les images du cheval ailé ont souvent été associées à des slogans liés aux campagnes nationales de reconstruction. Le cheval qui s'apprête à bondir en avant à une vitesse prodigieuse symbolise l'avancée de la Corée socialiste vers un avenir radieux. En revanche, le dessin de Sandoval libère ce cheval de son contexte nationaliste, anti-impérialiste et nativiste. L'image est recontextualisée par le texte qui l'accompagne, « Les envahisseurs impérialistes américains doivent quitter la Corée du Sud immédiatement ! », qui provient probablement d'une autre source. L'inclusion d'une autre langue que les quatre communément utilisées sur les affiches de l'OSPAAAL (l'espagnol, l'anglais, le français et, plus tard, l'arabe) est très rare. L'utilisation du texte pour évoquer une solidarité sonore est plus courante. En signe de solidarité avec la Corée du Nord, le dessin de Sandoval semble suggérer que le cri, bien qu'initialement lancé en coréen, soit repris par un chœur mondial qui inclut les Cubains, et d'autres alliés dans l'imaginaire géographique du tricontinentalisme.

L'opposition internationale à l'occupation américaine de la Corée du Sud, c'est précisément ce qu'étaient venus chercher les délégués nord-coréens à la conférence tricontinentale de 1966. Si les préoccupations liées à la guerre du Vietnam dominaient initialement, la Corée du Nord a réorienté l'attention avec un certain succès[7] vers la guerre de Corée, exemple antérieur de conflit sanglant dans le cadre de la guerre froide mondiale. La guerre de Corée était alors et demeure aujourd'hui encore à l'état du cessez-le-feu, et non du traité de paix. Le détournement du cheval ailé par Sandoval était donc conforme à la stratégie nord-coréenne, qui insistait sur le rôle de la péninsule comme rempart contre l'expansionnisme américain dans le monde. Il représentait un tournant dans l'histoire du cheval ailé en tant que symbole, d'abord de la reconstruction nationale, puis de la lutte mondiale contre l'impérialisme américain.

L'affiche de Sandoval de 1968 est une capsule temporelle des années 1960. À Pyongyang, les monuments ont continué à évoluer, avec l'ajout de nouvelles statues. En 1972, une majestueuse statue de Kim Il Sung a ainsi été érigée au sommet de la colline Mansudae, éclipsant le cheval ailé et ouvrant la voie au culte de la personnalité. En 1986, lors de la visite historique de Fidel Castro à Pyongyang, la statue du cheval ailé n'était plus la plus haute de la ville : en 1982, la tour du Juche, haute de 170 mètres et surplombant la rivière Taedong, avait été inaugurée à l'occasion du soixante-dixième anniversaire de Kim Il Sung. Dans les années 1980, le graphisme de l'OSPAAAL s'est, lui aussi, orienté vers un style plus illustratif et pictural, moins ludique et moins psychédélique, comme en témoigne la dernière affiche sur le thème de la Corée, réalisée par Rafael Enríquez en 1983 (p. 179). L'artiste a continué de travailler avec l'OSPAAAL lorsque son activité s'est réduite, et était présent lors de ma visite de leurs locaux en novembre 2015, moins de quatre ans avant leur fermeture définitive en janvier 2019.

Mais ce n'est pas parce que le demi-siècle d'existence de l'OSPAAAL a pris fin qu'il en va de même pour la recherche universitaire et les discussions sur ses affiches et leur héritage. Cet essai s'inscrit dans le cadre de récentes études sur la transmission inter-frontalière des images de l'OSPAAAL, et l'hybridation esthétique qu'elles impliquaient[8]. Reste à savoir si les lecteurs et les bibliothèques nord-coréens étaient abonnés au *Bulletin Tricontinental*, et s'ils ont été exposés au graphisme cubain, à l'instar des Black Panthers aux États-Unis, qui ont vu les œuvres du propagandiste Emory Douglas réutilisés par l'OSPAAAL. Les posters de l'OSPAAAL, dont ceux de Sandoval, ont-ils été exposés dans des espaces publics nord-coréens, comme ce fut le cas dans les lieux publics à Harlem ? Il reste beaucoup à découvrir, et à redécouvrir, sur notre passé récent, sur la culture visuelle de la solidarité mondiale, sur son pouvoir évocateur, et sur sa capacité à créer des dynamiques politiques nationales et transnationales.

1 Pour une comparaison générale entre les affiches réalistes socialistes et le graphisme cubain, voir Lincoln Cushing, *¡Revolución! Cuban Poster Art* (San Francisco, CA: Chronicle Books), 9. Pour un examen de la manière dont les productions d'affiches dans la Corée du Nord du début des années 1960 mettaient l'accent sur la production collective plutôt qu'individuelle, voir Chipch'e ch'angjak esŏ ŭi kyŏnghŏm (« Expérience de la production collective »), *Chŏson misul* (mai 1961), 22–4.

2 Le lien entre l'aide militaire cubaine et les expressions visuelles de solidarité de l'OSPAAAL mérite

d'être approfondi. Pour l'aide militaire à l'Afrique australe, voir Piero Gleijeses, *Visions of Freedom: Havana, Washington, Pretoria, and the Struggle for Southern Africa, 1976–1991* (Chapel Hill, NC: North Carolina University Press, 2013).

3 Lors de sa conférence du 3 février 2022, dans le cadre de l'exposition *Printing Solidarity: Tricontinental Graphics from Cuba* à la galerie Zuccaire de l'université Stony Brook, Barbara Frank a fait remarquer que le paradigme « une tribu/un style », autrefois utilisé pour catégoriser la sculpture africaine classique, est problématique dans sa perspective impérialiste et coloniale, qui ne parvient pas à refléter la complexité des identités et des traditions artistiques. Je pense que le mépris de Forjans pour de telles classifications peut aujourd'hui être interprété comme une sorte de démarche décoloniale.

4 Faute d'accès, mon enquête se limite aux couvertures de divers magazines nord-coréens. L'importance accordée par le régime à cette campagne de masse se reflète dans le lancement d'un magazine populaire portant le même titre, *Ch'ŏllima*, en janvier 1961.

5 *Chŏllima kinyŏmbi tongsang* (Le monument du cheval ailé), *Chŏson misul* (mai 1960), 40. La couverture de ce numéro comporte une photographie de la maquette. Suite à cette publication, divers magazines nord-coréens présentent des dessins ou des photographies de la maquette jusqu'à l'achèvement de la statue en avril 1961.

6 *Chŏlima kisu ui yŏngye ul anko* (Gagner l'honneur glorieux du cheval ailé), *Chŏson misul* (mai 1961), 15.

7 Moe Taylor, *North Korea and the Latin American Revolution 1959–1970* (thèse de doctorat, University of British Columbia, 2020), 229–230.

8 Les affiches de René Mederos, inspirées de la propagande vietnamienne dont l'artiste a été témoin lors de deux visites en 1969 et 1972, ont été exposées pour la première fois au Vietnam en 2017. L'exposition la plus complète des productions culturelles de l'OSPAAAL à ce jour, *Notes on Solidarity: Tricontinentalism in Print*, qui s'est tenue à la James Gallery du Graduate Center de New York en 2019, a mis l'accent sur la réciprocité des influences dans la culture mondiale de l'imprimé. L'absence de recherche substantielle en histoire de l'art sur l'OSPAAAL est largement due aux limites inhérentes à la discipline. Voir les essais de Susan Sontag (1970) et de David Kunzle (1975), ainsi que les archives et les publications de Lincoln Cushing. Voir aussi *Art and Revolution in Latin America, 1910-1990* de David Craven (New Haven: Yale University Press, 2002).

Page 177 : Gladys Acosta, *Mois de Solidarité avec la Corée*, affiche imprimée en offset, 1968.

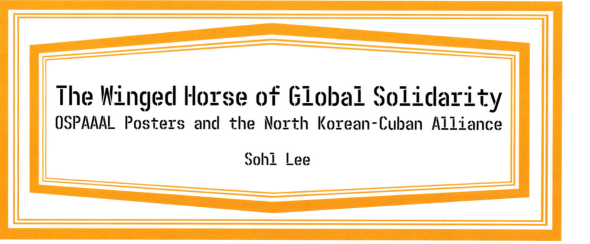

The Winged Horse of Global Solidarity
OSPAAAL Posters and the North Korean-Cuban Alliance

Sohl Lee

Eleven of the 323 OSPAAAL posters express solidarity with the people of North Korea. The founding of North Korea in 1948 preceded the Cuban Revolution by eleven years. The Korean-Cuban alliance was initially forged in 1960, continued with North Korea's dispatch of delegates to the 1966 Tricontinental Conference, and subsequently developed through the two countries' common fight against American imperialism. The Korean-themed OSPAAAL posters, made between 1967 and 1983, mark this long cross-regional alliance.

My own encounter with one such poster was relatively recent: at *Armed by Design*, an exhibition organized at the Interference Archive in the fall of 2015. As a contemporary art historian and scholar of the visual cultures of both Koreas, I was struck both by the distinctively bold graphics and by my own ignorance of the long history of cultural exchange between North Korea and Cuba. The OSPAAAL posters' abstract, simple graphic designs differ from North Korea's painting-based, text-heavy, didactic posters, whose aesthetic affinity was with the socialist realist posters of the USSR and China.[1]

Of the Korean-themed OSPAAAL posters, the most remarkable is Mario Sandoval's 1968 design for Korean solidarity month (p. 165). Sandoval's playful color scheme of orange-pink, lavender-purple, and forest green stands in striking contrast to the faithful presentation of realistic, local colors found in North Korean propaganda posters. The poster presents a famed North Korean icon, the Winged Horse, encircled with a calligraphic admonition in Korean: "American imperialist invaders leave South Korea at once!" But where did Sandoval get the source images for his design? How are they recontextualized within OSPAAAL's pictorial program and Cuba's internationalist agenda? This essay asks if and how art historical research into this Korean-themed poster can tell us more about OSPAAAL's aesthetic operation and the visual forms of solidarity envisioned by Tricontinentalism.

It is widely acknowledged that OSPAAAL's graphic appropriation of reference images invites viewers to immediately recognize the geographic location of struggle. A portrait of Patrice Lumumba stands in for Congo, while a Southeast Asian Buddha statue nestling a guerilla fighter with a Kalashnikov rifle signals solidarity with Laos (p. 166). While OSPAAAL artists developed individual sensibilities and styles, the trope of pairing an Indigenous, pre-imperial symbol with a rifle is conspicuous. The visual sources of such symbols likely traveled to Havana as part of the international circulation of print materials, though much about this citational practice remains unresearched.

According to art historian Barbara Frank's recent investigation, at least three posters by Jesús Forjans draw on black-and-white photographs of African sculptures illustrated in *Afrique Noire: La Création Plastique*, an art history book published in 1967 by Jacqueline Fry and Michel Leiris. In one poster, a picture of a Baulé love spirit figurine from present-day Côte d'Ivoire is used to illustrate solidarity with the Zimbabwean rebel groups in southern Africa, almost 8,000 kilometers from Côte d'Ivoire (pp. 170, 171). Privileging a commitment to envisioning cross-regional connection over art's historical accuracy opens room to interpret artistic liberty as cultural appropriation masquerading as solidarity.[2] At the very least, the work evokes the artistic dilemma of expressing solidarity with others, without fully knowing them and their struggles.[3] And yet, each citation and repurposing may differ in its signified politics. Unlike the African ritual objects redeployed as new symbols of decolonization movements, the winged horse was already a symbol (re-)constructed by the North Korean state.

Throughout the late fifties and into the early sixties, winged horse images proliferated in North Korean visual culture.[4] In Korean, the creature is called a *chʼŏllima* (lit. "a thousand li horse"), an ancient mythical flying horse with the supernatural ability to travel 1,000 li (500 km) in a single day. The 1959–1966 mobilization campaign spearheaded by the North Korean government was dubbed the "Chʼŏllima Movement." It encouraged workers and farmers to push beyond the seemingly impossible to reach one goal: the speedy reconstruction of the war-torn nation in the immediate aftermath of the Korean War (1950–1953). This campaign represented a socialist repurposing of an ancient symbol. It exemplified the practice of bringing traditional cultural imagination to the construction of new, socialist symbolism. Here, construction is meant in its most literal sense. On a spring day in 1961, the people of Pyongyang, a city razed to the ground only a decade prior, witnessed a larger-than-life bronze statue of the winged horse unveiled at the foot of Mansudae hill. It was a black-and-white photograph of this statue that Sandoval put at the center of his design in 1968 (p. 173).

As a visual manifestation of national reconstruction, the winged horse statue was more than a sculpture. Its monumentality was anticipated even before its public debut. In May 1960, the country's only art magazine, *Chŏson misul* [Korean Art], reported the plan after making more than one hundred sketches over eleven rounds of revision. It depicted a winged horse flying over the clouds and into the sky, a male worker holding a red party letter and a female farmer carrying a sheaf of rice riding on its back. According to the article, the monument is eleven meters tall, fifteen meters long, and sits on a seventeen-meter stone tower. Its forty sculptors received encouragement from "the miracles [of national reconstruction under the Chŏllima Movement] created every day and every hour by the people and their patriotic enthusiasm."[5] They worked twelve hours a day and completed production within forty days, well ahead of schedule. The sculptors' superhuman work epitomized the spirit of the Chŏllima Movement and was

Rafael Enriquez, *For Peaceful and Independent Reunification*, offset printed poster, 1983.

reported on with the dramatization characteristic of North Korean state media. For instance, welding the horse's ears across the steel poles surrounding the statue is said to have required the heroic comrade An Sang-guk to bend his body to such an extreme degree that he garnered the nickname of "Mr. Acrobat."[6]

Images of the winged horse symbol were often paired with slogans supporting national campaigns for reconstruction. The horse, about to take a leap forward with magnificent speed, symbolizes movement toward the bright future of socialist Korea. However, Sandoval's design released the winged horse from the context of anti-imperialist, nativist nationalism. The decontextualized image was recontextualized by the accompanying text—"American imperialist invaders leave South Korea at once!" which was probably taken from another source. The inclusion of text in a language other than the four languages primarily used in OSPAAAL posters—Spanish, English, French, and later Arabic—is extremely rare. The use of text to evoke sonic solidarity is more common. In solidarity with North Korea, Sandoval's design seems to suggest that the outcry, though initially made in Korean, be taken up to marshal a worldwide chorus that includes Cubans and other allies in the geographic imaginary of Tricontinentalism.

The North Korean delegates at the 1966 Tricontinental Conference sought to build international opposition to the US occupation of South Korea. While concerns over the Vietnam War dominated the conference, North Korea redirected (with a certain degree of success) the forum's attention to the Korean War, an earlier example of a bloody conflict in the global Cold War.[7] The Korean War was, and remains, in the status of cease-fire with no peace treaty. Therefore, Sandoval's resignification of the winged horse was in line with North Korea's strategic insistence on the Korean peninsula's global significance as a bulwark against US expansionism. It represented a pivot in the horse's movement—away from national reconstruction and toward the global fight against American imperialism.

Sandoval's 1968 poster is a time capsule of the sixties. Pyongyang's monument culture continued to change as more statues were added to the city landscape. By 1972, a majestic statue of Kim Il Sung had been erected on the top of Mansudae hill, overshadowing the glory of the winged horse and paving the way for a cult of personality. By the time Fidel Castro made his historic visit to Pyongyang in 1986, the winged horse statue was no longer the city's tallest stone monument. In 1982, the 170-meter-high Juche Tower overlooking the Taedong River was unveiled in celebration of Kim's seventieth birthday. By the 1980s, OSPAAAL graphics had also taken a turn toward a more illustrative and painterly and less playful and psychedelic style, as in the last Korean-themed poster by Rafael Enríquez in 1983 (p. 179). The artist stayed on as part of OSPAAAL's reduced operation and was present at the office during my visit in late November 2015, less than four years before the office's permanent closure in January 2019.

The end of OSPAAAL's half-century tenure does not, however, mean the end of scholarly engagement and public discussions about OSPAAAL posters and their legacy. This essay joins the efforts of more recent scholarship to investigate the cross-border transmission of OSPAAAL images and the cross-pollination of aesthetics therein.[8] It is still unclear whether North Korean readers and libraries subscribed to the *Tricontinental Bulletin* or if they—like the Black Panthers in the US, who witnessed their propagandist Emory Douglas' graphics repurposed by OSPAAAL artists—were exposed to Cuban designs. Were OSPAAAL Sandoval's posters ever displayed in North Korean public spaces, as they were in Harlem, New York? Much is left to be learned, and re-learned, about our recent past and the visual culture of global solidarity, its evocative visual power, and its provocation of national/transnational dynamics in politics.

1   For a general comparison between socialist realist posters and Cuban graphics, see Lincoln Cushing, *¡Revolución! Cuban Poster Art* (San Francisco, CA: Chronicle Books), 9. For an examination of how poster production in early sixties North Korea emphasized collective, rather than individual, production, see "Chipch'e ch'angjak esŏ ŭi kyŏnghŏm" ["Experience from collective production"], *Chŏson misul* (May 1961), 22–4.

2   The connection between Cuba's military aid and OSPAAAL's visual expressions of solidarity deserves further exploration. For Cuba's military aid to Southern Africa, see Piero Gleijeses, *Visions of Freedom: Havana, Washington, Pretoria, and the Struggle for Southern Africa, 1976–1991* (Chapel Hill, NC: North Carolina University Press, 2013).

3   In a public lecture on February 3, 2022, in conjunction with the exhibition *Printing Solidarity: Tricontinental*

Graphics from Cuba at Stony Brook University's Zuccaire Gallery, Barbara Frank noted that the "one tribe/one style" paradigm once employed to categorize classical African sculpture is problematic in its imperialist, colonial outlook. It fails to reflect the complexity of identities and artistic traditions. I believe Forjans' disregard of such classifications can be read today as a decolonial move of sorts.

4   Due to lack of access, my investigation is limited to the covers of various North Korean magazines. The significance given to this mass campaign by the regime is evidenced in the launch of a popular magazine of the same title, *Ch'ŏllima*, in January 1961.

5   "Chŏllima kinyŏmbi tongsang" [The winged horse monument], *Chŏson misul* (May 1960), 40. The issue's cover features a photograph of the maquette. Following publication, various North Korean magazines featured drawings or photographs of the maquette until the statue was completed in April 1961.

6   "Chŏlima kisu ui yŏngye ul anko" [Earning the glorious honor of the winged horse], *Chŏson misul* (May 1961), 15.

7   Moe Taylor, "North Korea and the Latin American Revolution 1959–1970" (Doctoral Dissertation, University of British Columbia, 2020), 229–230.

8   René Mederos' posters—inspired by Vietnamese propaganda the artist witnessed during two visits in 1969 and 1972—were shown in Vietnam for the first time in 2017. The most comprehensive exhibition of OSPAAAL's cultural productions to date, *Notes on Solidarity: Tricontinentalism in Print*, held at the James Gallery at the Graduate Center in New York in 2019, emphasized cross-pollination in global print culture. The lack of substantial art historical research on OSPAAAL is largely due to art history's disciplinary limits. See assorted essays by Susan Sontag (1970) and David Kunzle (1975), in addition to Lincoln Cushing's archives and publications. See also David Craven's *Art and Revolution in Latin America, 1910–1990* (New Haven: Yale University Press, 2002).

Designer and photographer unattributed, "Korea Solidarity Campaign," *Tricontinental* 94 (37), 1984.

Above: Rafael Morante, *Tricontinental* 100 (front cover), 1985.
Page 183: Artist unattributed, *Tricontinental* 93 (front cover), 1984.

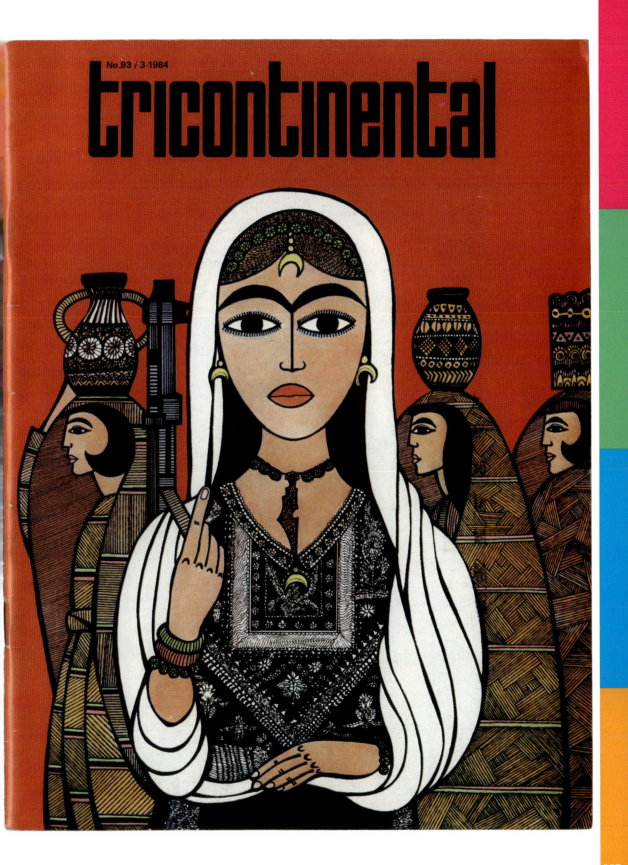

Above: Artist unattributed, *Tricontinental Bulletin* 68 (front cover), 1971.
Page 185: Artist unattributed, *Tricontinental* 95 (front cover), 1975.

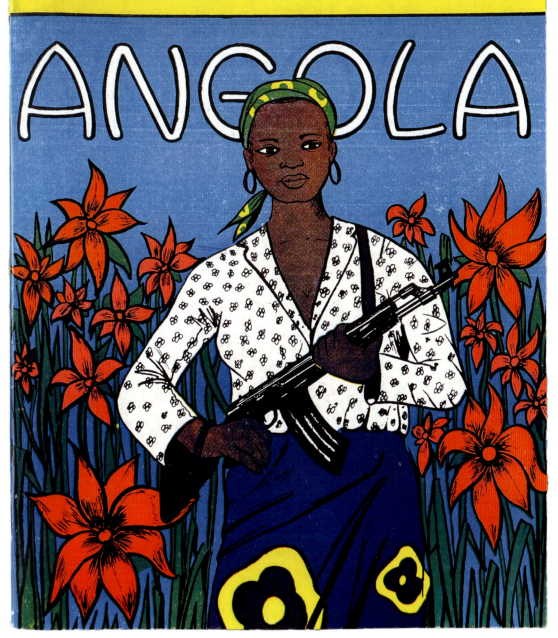

Arriba: René Mederos, *Tricontinental* 72 (portada y contraportada), 1972.
Página 189: René Mederos, *Viet Nam Will Win*, edición impresa en offset producida por Glad Day Press (a partir de serigrafía cubana original), 1971.

El arte del cartel en Cuba y Estados Unidos: influencias recíprocas

Lincoln Cushing

Ni el arte ni la revolución prosperan en el vacío. Los artistas copian, adaptan y transforman los medios culturales para satisfacer sus necesidades. Los jóvenes parisinos grafitean una valla publicitaria para subvertir su mensaje corporativo; los artesanos zapatistas venden encendedores adornados con la imagen del Comandante Zero; los esclavos afroamericanos adaptan las letras de los himnos cristianos tradicionales para reforzar su lucha por la libertad. Si hacemos un poco de investigación detectivesca, es posible trazar e identificar las trayectorias de influencias artísticas e incluso revelar los vectores de difusión de cualquier expresión político-cultural. En los años sesenta, esos canales de difusión incluían reproducciones en periódicos alternativos, ejemplares repartidos de mano en mano por viajeros solidarios, así como impresiones vendidas por organizaciones o librerías de izquierdas para recaudar fondos.

Examinar estos vínculos es importante para nuestra historia cultural colectiva. Un buen ejemplo de esto es el intercambio de gráfica entre Cuba y Estados Unidos. Los carteles cubanos producidos entre las décadas de 1960 y 1980 forman un conjunto de obras increíblemente rico, caracterizado por su diversidad estilística y potencia política. Lo mismo podría decirse del trabajo que se estaba haciendo en Estados Unidos.

Los carteles cubanos tuvieron mucha repercusión en Estados Unidos por varias razones:

1. Existía un movimiento de solidaridad activo entre los dos países desde los años treinta, que aumentó drásticamente tras la Revolución de 1959. Estos movimientos facilitaron el intercambio de carteles y artistas.

2. Gran parte del contenido de los carteles resonaba con los movimientos políticos de Estados Unidos, incluyendo los temas del internacionalismo, la autodeterminación nacional, el antiimperialismo y la igualdad de derechos de las mujeres.

3. El estilo de los carteles era sencillo, muy gráfico y fácil de imitar. En contraste, la producción de carteles revolucionarios de países como China, por ejemplo, tenía un enfoque más laborioso en el diseño porque utilizaba reproducciones de pinturas a todo color.

4. Casi todos los carteles reflejaban una relación sofisticada entre arte y mensaje, más de lo que se esperaría de una "propaganda comunista". A Rupert García, artista de la bahía de San Francisco, por ejemplo, le llama la atención el equilibrio artístico y político: "Ambos deben llevarse al mismo nivel. . . La política no excluye la estética".[1]

Varias ciudades estadounidenses se solidarizaron con Cuba, sobre todo Chicago, Boston, Nueva York y la bahía de San Francisco. La mayoría de los artistas y activistas de estas ciudades se vieron influenciados por los carteles.

Al respecto, Malaquías Montoya, uno de los maestros del cartelismo de la bahía de San Francisco, nos comenta lo siguiente:

"No sé si los carteles cubanos me influyeron, pero desde luego me inspiraron, especialmente su uso del color, su sencillez y su dedicación. Si me influyeron de alguna manera, fue por su compromiso con el internacionalismo. Para mí, hacían muy evidente la importancia de abordar los problemas de otras

Arriba: Rafael Morante, *Solidaridad Angola*, cartel impreso en offset, 1973.
Página 191: Rafael Morante, *Solidaridad Angola*, edición de cartel offset de Glad Day Press, 1973.

El impresor de San Francisco Juan Fuentes fue uno de los artífices que fomentaron ese intercambio:

"En 1975 viajé a Cuba como miembro de la Brigada Venceremos. Durante nuestra estancia ayudamos a construir viviendas en las afueras de La Habana. También viajamos por toda la isla visitando escuelas, fábricas y granjas. Había vallas y carteles llamativos y coloridos que proclamaban la identidad nacional y abordaban temas culturales, sociales y políticos. Aquí empecé a ver el impacto que estas imágenes generaban en la sociedad.

Los activistas coleccionaban carteles cubanos. Los que más me impactaron fueron precisamente los de la OSPAAAL, sus mensajes, la solidaridad con los movimientos de liberación del Tercer Mundo. Estas impresiones en serigrafía y *offset* se convirtieron en mi inspiración para los carteles que más tarde crearía".

Los siguientes ejemplos ilustran ese intercambio.

Los grupos de solidaridad estadounidenses solían adaptar los carteles cubanos para su uso doméstico. Por ejemplo, Glad Day Press de Ithaca —la primera imprenta importante de la Nueva Izquierda— publicó varios carteles inspirados en el arte cubano. El hermoso cartel *Viet Nam Will Win* por René Mederos (1933-1996) de Editora Política (1971) fue reproducido para recaudar fondos y apoyar a New York City Medical Aid en Indochina (p. 189). En 1969, Mederos fue asignado por el DOR (Departamento de Orientación Revolucionaria, predecesor de EP) a viajar a Vietnam para pintar escenas de la guerra. Viajó a Vietnam del Norte y Vietnam del Sur por la ruta Ho Chi Minh y sus fuerzas de liberación, experimentando de primera mano las brutales condiciones de la guerra y la valiente respuesta del pueblo vietnamita. Los

naciones en lucha y que todos teníamos un objetivo común".

No hay muchos casos en el mundo como la OSPAAAL, con sede en La Habana, en cuanto centro de producción de imágenes políticas. La Organización trabajó el cartel como un documento político, que podía doblarse e insertarse en la revista *Tricontinental*, y no una obra de arte sagrada para enrollar en un tubo. Como propaganda, consiguió inundar el mundo entero. Otra agencia importante fue Editora Política, el brazo editorial del Partido Comunista Cubano.

cuadros se expusieron en Hanoi y posteriormente se reprodujeron en una serie de serigrafías que se ha exhibido en muchas partes del mundo. Mederos realizó otro viaje en 1972 que enriqueció esta obra. Aunque Glad Day se encargó del trabajo, no lo imprimieron ellos mismos, ya que era un tiraje demasiado grande para su equipo de entonces, así que lo encargaron a otra imprenta (p. 189).

Glad Day también reimprimió *Solidaridad-Angola* (1973) de la OSPAAAL con colores diferentes y el logo de la Industrial Workers of the World que usaba Glad Day y que, dicho sea de paso, parecía un extraño insecto en los márgenes de las impresiones. Al Ferrari fue uno de los fundadores de Glad Day. Ha dicho que añadió deliberadamente el fondo verde porque acababan de adquirir una impresora rotativa Chief de 22" y quería probar su capacidad (pp. 190, 191).

La artista de Berkeley Jane Norling fue a Cuba en 1972 y diseñó un afiche de la OSPAAAL en solidaridad con Puerto Rico. Cinco años después el afiche fue reelaborado para una conferencia independentista de Puerto Rico en Chicago (pp. 107, 193). Años más tarde, Jane reflexiona sobre su visita y la importancia de los carteles cubanos:

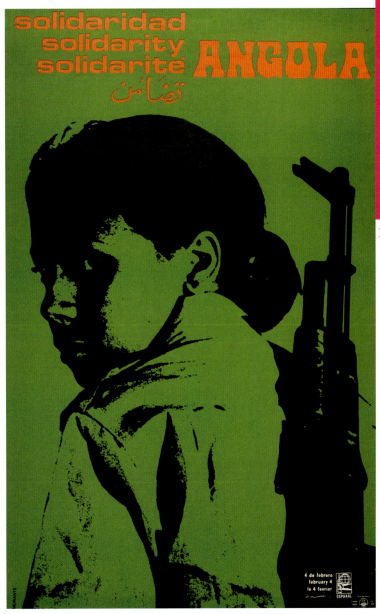

"Aparecieron en todas las paredes de las casas de San Francisco en 1970 donde se reunían los activistas de la lucha por los derechos civiles y de la mujer, y contra la guerra de Vietnam: los carteles —vivos, ingeniosos y compactos— venían de un pequeño país en transición que nos enseñó profundamente sobre los esfuerzos de liberación en todo el mundo.

El internacionalismo era evidente en las imágenes de los carteles que, en su mayoría, eran de la OSPAAAL. Con la misma sofisticación de la publicidad corporativa estadounidense, los carteles cubanos dirigían el contenido hacia el monolito con un estilo exclusivamente cubano que me motivó a utilizar el arte para el cambio social.

Los carteles cubanos unían a la perfección el arte y la política —campos que mi formación en Bellas Artes buscaba mantener separados—, y esa unión fomentó innumerables pequeñas imprentas para agitar y educar. En 1972 viajé a Cuba para trabajar en el departamento de diseño de la OSPAAAL y estudiar la producción gráfica cubana, pero sobre todo para realizar un intercambio cultural internacional. Alfrédo Rostgaard me encargó la creación de un cartel para la serie *Día de Solidaridad*, en homenaje al pueblo de Puerto Rico.

Me siento profundamente honrada de haber tenido la oportunidad de diseñar un cartel para la OSPAAAL".

El cartel *Libertad para Ángela Davis* que Félix Beltrán diseñó en 1976 para Editora Política fue reproducido por el Comité de Nueva York para Liberar a Ángela Davis. La reimpresión se hizo de un modo más sencillo y menos exigente: el eslogan superior está dividido en dos secciones, sólo se invierte a partir de un color sólido (pp. 196, 197).

Los cubanos también se apropiaron de las imágenes de los carteles estadounidenses. Es importante señalar que, en aquella época, las preocupaciones por los derechos de autor y el crédito personal quedaban pasaban a segundo término, se diluían en medio del fervor político de hacer arte que importara. Estaba bien, e incluso era visto como algo positivo, el que una imagen se reutilizara "dentro del movimiento", con o sin crédito.

El dibujo que Emory Douglas hizo en 1967 de una madre que sostiene a su hijo armado inspiró un cartel similar de la OSPAAAL al año siguiente. Y un gráfico que publicó en el periódico *The Black Panther* fue coloreado y adaptado de forma similar (pp. 198, 201). En una entrevista, Douglas recuerda haber visto por primera vez carteles cubanos en algún momento de 1967 o 1968, cuando trabajaba en dicho periódico. Al principio, la dirección postal oficial del Partido de las Panteras Negras era la dirección del Ministro de Información Eldridge Cleaver, y ahí recibían periódicos y revistas enviados desde La Habana. Douglas recuerda haberse inspirado en este material revolucionario de Cuba, Vietnam y otros países. Como gesto de reciprocidad, el Partido enviaba regularmente periódicos, carteles y otros materiales a Cuba. También hubo contactos directos. A principios de la década de 1970, el Ministro de Educación George Murray viajó a La Habana, y miembros de la oficina de Nueva York y de otras sirvieron de conducto para la difusión de obras de arte de agitación.

Muy pronto, Douglas se dio cuenta de que algunos carteles procedentes de Cuba se apropiaban de sus obras de arte, y fiel al espíritu de la época, se alegró que se retomaran. El propio Douglas nunca tuvo la oportunidad de viajar a Cuba: "Las tareas para sacar el periódico siempre parecían más importantes". Tampoco tuvo la oportunidad de ver a ningún artista cubano que hubiese viajado a Estados Unidos en esa época,

aunque le hubiera gustado. Hasta la fecha, cuando da conferencias y presenta diapositivas sobre su trabajo, Douglas reconoce el impacto de la obra cubana y se enorgullece de haber formado parte del brazo visual de los movimientos por la justicia social. Al reflexionar sobre las imágenes de aquel periodo, nos sugiere recordar el contexto social de la época para entender lo que puede verse como una cultura de la violencia. "Fíjense en el Programa de los 10 Puntos", dice, "ahí se explica por qué la gente hacía lo que hacía":

Punto 7. Queremos el fin inmediato de la brutalidad policial y del asesinato de personas negras. Creemos que podemos acabar con la brutalidad policial en nuestra comunidad negra organizando grupos negros de autodefensa que se dediquen a defender a nuestra comunidad negra de la opresión y la brutalidad racista de la policía. La Segunda Enmienda de la Constitución de Estados Unidos otorga el derecho a portar armas. Por lo tanto, creemos que toda la población negra debe armarse para defenderse.[2]

A veces, la relación entre el arte original y el arte reutilizado resulta confusa, sobre todo con el paso del tiempo. Un ejemplo reciente es el de cuatro estudiosos de la gráfica, cada uno de los cuales compartió su investigación y llegaron a una nueva comprensión de los acontecimientos. El cartel en cuestión es *Poder Negro. Represalia al crimen: violencia revolucionaria*[3] un cartel que Alfrédo Rostgaard diseñó para la OSPAAAL en 1968 (p. 204). La gráfica del cartel tenía una clara influencia del Partido Pantera Negra, pero nadie sabía a ciencia cierta los detalles. Rostgaard (1943–2004) fue uno de los artistas gráficos más potentes e innovadores de Cuba, y trabajó para muchas agencias diferentes.

Los textos que pudimos entrecruzar para revelar la historia fueron el ensayo inédito de Sarah Seidman "Cuban Posters of African Americans as Pathways and Pastiche"; el ensayo de Tom Wilson en West of Center: "Art and Counterculture Experiment in America, 1965-1977"; y la investigación de Lisbet Tellefsen sobre el imaginario de Ángela Davis, los carteles de la OSPAAAL y su empeño en encontrar objetos históricos y documentos del movimiento a través de eBay. Inicié un diálogo con estos colegas. Hablamos de cómo a veces sus historias se complementaban, y otras veces no encajaban del todo. Tras muchas conversaciones, llegamos a la conclusión de que se había producido la siguiente cadena de acontecimientos:

Rostgaard diseñó su póster para la OSPAAAL en 1968, inspirado en una obra del Partido Pantera Negra que, sin embargo, no copió. Poco después, la OSPAAAL (a través de la revista *Tricontinental*) produjo y distribuyó una tarjeta postal con una adaptación del cartel de Rostgaard añadiendo, a su vez, la famosa imagen del cartel *Liberen a Huey Newton*.[4] En este último, Newton está sentado en una silla de mimbre en la boca de la pantera. El reverso de la postal incluía un texto que condenaba el encarcelamiento de Huey (p. 205). La imagen se utilizó por primera vez en Estados Unidos en un número de *The Black Panther* del 14 de septiembre de 1968, que reproducía la imagen de la postal cubana con el texto.

Al igual que Cuba se ha ido adaptando y sobrevive como una isla socialista, estos carteles siguen inspirando a los artistas de movimientos afines y a los estudiosos de la política de todo el mundo. Las premisas básicas del diseño de los carteles cubanos —mensajes claros, texto multilingüe, gráficos audaces y sobrios— son claves para las nuevas generaciones de diseñadores. Aunque a veces se piense lo contrario, en la era de Internet está vivo el arte de hacer buenos carteles de agitación. Los artistas siempre explotan las herramientas que tienen a su disposición, y contribuyen por cualquier medio utilizado a elaborar crítica social y ofrecer visiones de un mundo mejor. Más allá de los objetos artísticos en cuanto tales, perviven las potentes historias humanas de creación, producción, distribución e interpretación. El análisis de los intercambios entre Estados Unidos y Cuba permite conocer y aprender de dichas historias.

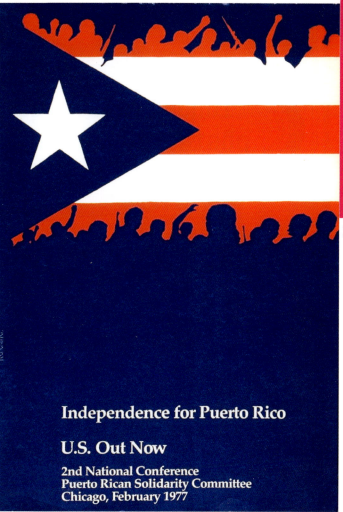

Jane Norling, *Independence for Puerto Rico*, cartel impreso en offset producido por Puerto Rican Solidarity Committee, 1977.

1   Todos los comentarios de los artistas incluidos en este ensayo fueron recopilados por el autor para la exposición comisariada en 2003 en el centro Berkeley Art Center, *One Struggle, Two Communities: Late 20th-Century Political Posters of Havana, Cuba and the San Francisco Bay Area*, que invitaba a impresores de las comunidades asiática, negra, chicana y activista a reflexionar sobre esa resonancia.
2   Entrevista del autor con Emory Douglas, 19 de septiembre de 2003. Douglas se refiere al Programa del Partido Pantera Negra de 1966.
3   En el original: *Black power. Retaliation to crime: revolutionary violence*. N. d. T.
4   En el original: *Free Huey Newton*. N. d. T.

Influências entre a arte de pôster cubana e estadunidense

Lincoln Cushing

Nem a arte nem a revolução prosperam em um vácuo. Artistas rotineiramente copiam, adaptam e transformam a mídia cultural para atender às suas necessidades. Jovens urbanos em Paris pintam com spray um outdoor comercial para subverter sua mensagem corporativa, artesãos zapatistas vendem isqueiros adornados com a imagem do Comandante Zero, e pessoas afro-estadunidenses escravizadas adaptaram as letras de hinos cristãos tradicionais para apoiar sua luta pela liberdade. Com um pouco de investigação, é frequentemente possível rastrear o caminho da influência e descobrir como as ideias foram propagadas. Na década de 1960, esses canais incluíam a reprodução em jornais alternativos, cópias que eram transportadas manualmente por visitantes solidários e impressões vendidas como forma de angariar fundos para organizações ou em livrarias de esquerda.

Examinar essas conexões é importante para compreender a nossa história cultural coletiva. Um dos melhores exemplos envolve a troca de imagens gráficas entre Cuba e os Estados Unidos. Os pôsteres cubanos produzidos entre as décadas de 1960 e 1980 representaram um corpo incrivelmente poderoso de trabalho, refletindo tanto a diversidade estilística quanto a força política. O mesmo pode ser dito do trabalho realizado nos Estados Unidos.

Existem várias razões pelas quais os pôsteres cubanos tiveram um impacto tão significativo nos EUA:

1. Desde pelo menos a década de 1930, havia um movimento ativo de solidariedade entre Cuba e os Estados Unidos, que se intensificou significativamente após a Revolução em 1959. Esses movimentos facilitaram a troca de arte em forma de pôsteres e de artistas.

2. Muitos dos temas abordados nos pôsteres cubanos ecoavam movimentos políticos nos Estados Unidos, incluindo ideias como internacionalismo, autodeterminação nacional, anti-imperialismo e igualdade das mulheres.

3. O estilo utilizado nos pôsteres era simples, gráfico e fácil de ser reproduzido. Em contraste, a produção de pôsteres revolucionários de outros países, como a China, geralmente empregava uma abordagem de design muito mais desafiadora, utilizando reproduções em cores completas de arte pintada.

4. A maioria dos pôsteres cubanos refletia um nível sofisticado tanto de arte quanto de mensagem, superando as expectativas comuns para a chamada "propaganda comunista". O artista da área da baía de São Francisco, Rupert Garcia, ficou impressionado com a capacidade dos pôsteres de manter um alto nível tanto de poder artístico quanto político, afirmando que "ambos precisam ser levados ao mesmo nível... A política não exclui o estético".[1]

Várias cidades dos EUA foram centros de solidariedade cubana, principalmente Chicago, Boston, Nova York e a área da baía de São Francisco. Poucos artistas ou ativistas em qualquer uma das extremidades desse vibrante canal escaparam de serem tocados pela criatividade do outro lado.

Malaquias Montoya, um dos mestres dos cartazes do movimento da região da Baía de São Francisco, compartilhou sua opinião sobre a influência cubana nos seguintes termos:

"Não tenho certeza se os cartazes cubanos me influenciaram, mas certamente me inspiraram, especialmente em relação ao uso das cores, à simplicidade e, acima de tudo, à dedicação. Se de alguma forma fui influenciado, deve ter sido pelo compromisso com o internacionalismo. Para mim, os cartazes cubanos deixaram muito claro a importância de abordar questões enfrentadas por outras nações em luta; eles mostraram que todos nós tínhamos um protagonista em comum."

Durante um período de vinte anos, não havia nenhum centro de produção no mundo mais influente na transmissão de imagens políticas do que a Organização de Solidariedade dos Povos da África, Ásia e América Latina (OSPAAAL), sediada em Havana. Tratando o cartaz como um documento político que poderia ser dobrado e inserido em sua revista *Tricontinental*, em vez de considerá-lo uma obra sagrada de arte para ser enrolada em um tubo, eles inundaram com sucesso o mundo com propaganda poderosa. Outra agência importante nesse cenário era a Editora Política, braço editorial do Partido Comunista Cubano.

O gravurista de São Francisco, Juan Fuentes, foi um dos vetores que incentivou essa troca:

"Em 1975, viajei para Cuba como membro da Brigada Venceremos. Durante nossa estadia, ajudamos a construir casas nos arredores de Havana. Também viajamos por toda a ilha visitando escolas, fábricas e fazendas. Havia outdoors e cartazes ousados e coloridos que proclamavam a identidade nacional e abordavam temas culturais, sociais e políticos. Foi aqui que comecei a ver o poderoso impacto que essas imagens criaram na sociedade.

Ativistas políticos estavam colecionando pôsteres cubanos. Os que tiveram maior impacto para mim foram os pôsteres feitos para OSPAAAL, com mensagens e imagens de solidariedade com os movimentos de libertação do Terceiro Mundo. Essas impressões em serigrafia e offset se tornaram minha inspiração para os pôsteres que eu criaria mais tarde".

Os exemplos a seguir ilustram essa troca.

Grupos de solidariedade dos EUA frequentemente recriavam um pôster cubano para uso doméstico. A Glad Day Press de Ithaca, a primeira imprensa significativa da Nova Esquerda, emitiu vários cartazes baseados na arte cubana. "Vietnã Vencerá" da Editora Política, de Rene

Mederos (1933–1996), de 1971, foi reproduzido como arrecadação de fundos para o New York City Medical Aid to Indochina. Em 1969, Mederos foi designado pelo DOR (Departamento de Orientação Revolucionária, o predecessor da EP) para viajar ao Vietnã e pintar cenas da guerra. Ele viajou para o Norte e para o Sul do Vietnã ao longo da trilha de Ho Chi Minh com as forças de libertação, experimentando em primeira mão as condições brutais da guerra e a resposta corajosa do povo vietnamita. As pinturas foram exibidas em Hanói e, posteriormente, reproduzidas como uma série impressa em tela que foi exibida em todo o mundo. Mederos fez outra viagem em 1972 que acrescentou ao corpo de trabalho. Embora a Glad Day tenha lidado com o trabalho, eles não o imprimiram — era muito grande para seus equipamentos na época, então o trabalho foi terceirizado para outra gráfica.

A Glad Day também realizou reimpressão do "Solidaridad-Angola" de 1973 da OSPAAAL, com diferentes colorações e um inseto da Glad Day IWW. Al Ferrari foi um dos fundadores da Glad Day e observou que adicionou deliberadamente o fundo verde sólido porque haviam adquirido recentemente uma impressora Chief de 22 polegadas e ele queria demonstrar sua capacidade (pp. 190, 191).

A artista de Berkeley Jane Norling foi a Cuba em 1972 e projetou um pôster OSPAAAL em solidariedade com Porto Rico; cinco anos depois, teve um novo design para uma conferência de independência de Porto Rico em Chicago (pp. 107, 193).

Anos mais tarde, Jane ponderou sobre a importância dos cartazes cubanos e sua visita a Cuba:

"Os cartazes apareciam em todas as paredes das casas em São Francisco na década de 1970, onde ativistas se encontravam na luta pelos direitos civis/direitos das mulheres e contra a guerra no Vietnã. Os cartazes cubanos —vívidos, inteligentes e compactos— [foram] trazidos de volta de um pequeno país em transição que nos ensinou profundamente sobre os esforços de libertação ao redor do mundo.

Os próprios cartazes, em grande parte da OSPAAAL, mostravam o internacionalismo através das imagens. Com a sofisticação da publicidade corporativa dos EUA, os cartazes cubanos dirigiam o conteúdo a contrapor ao monólito num estilo unicamente

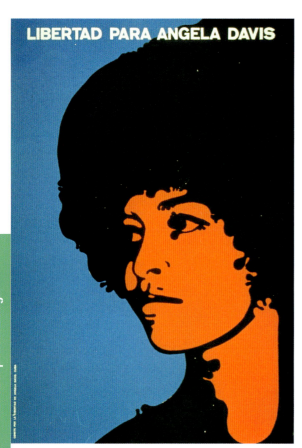

Arriba: Félix Beltrán (Editora Politica), *Libertad para Angela Davis*, serigrafia, 1971.
Página 197: Félix Beltrán, *Libertad para Angela Davis*, edição serigrafada produzida pela New York Committee to Free Angela Davis, 1971.

cubano que me motivou a utilizar a arte para a mudança social.

Os cartazes cubanos uniam maravilhosamente a arte e a política (a minha formação em belas-artes tinha enfatizado a sua separação). Essa união motivou inúmeras pequenas editoras a agitar e educar. Em 1972, fui a Cuba para trabalhar no departamento de design da OSPAAAL e para estudar a produção gráfica cubana, mas sobretudo para efetuar um intercâmbio cultural internacional. Fui encarregada, por Alfrédo Rostgaard, de criar um cartaz na série 'Día de Solidaridad' em homenagem ao povo de Porto Rico."

O cartaz de 1976 "Liberdade para Angela Davis", de Felix Beltran, para a Editora Politica, foi reproduzido pelo Comitê de Nova York para Libertar Angela Davis. Note como a reimpressão foi feita de uma maneira mais simples, que exigia menos habilidade — o slogan superior é dividido em duas seções para que apareça somente na cor sólida (pp. 196, 197).

Os cubanos também contribuíram para a apropriação de imagens de cartazes dos EUA, e é importante observar que, na época, a preocupação com direitos autorais e crédito pessoal eram menos relevantes em comparação ao fervor de fazer arte que fosse significativa. Na verdade, era comum reutilizar imagens "dentro do movimento", com ou sem crédito. Em 1967, Emory Douglas, um artista do Partido dos Panteras Negras, criou um desenho de uma mãe segurando sua arma-cria, que inspirou um cartaz semelhante ao da OSPAAAL no ano seguinte. Douglas também publicou uma imagem colorida no jornal *The Black Panther*, que foi adaptada e reutilizada (pp. 198, 201).

Emory descreveu esse intercâmbio em uma entrevista. Douglas lembra de ter visto pela primeira vez os pôsteres cubanos em 1967 ou 1968, enquanto trabalhava no jornal *The Black Panther*. O Partido do Panteras Negras recebia jornais e revistas enviados de Havana, e Douglas foi inspirado por essa arte revolucionária de Cuba, Vietnã e outros países. Em gesto recíproco, o Partido enviava regularmente jornais, pôsteres e outras correspondências para Cuba, e havia contato direto entre os membros dos escritórios de Nova York e outras regiões com o Ministro da Educação de Cuba, George Murray, nos primeiros anos da década de 1970, que servia como canal para a arte agitacional.

Desde o início, Douglas percebeu que alguns dos pôsteres que vieram de Cuba estavam utilizando sua arte, mas ao mesmo tempo ele ficou feliz em ver que sua arte estava sendo valorizada naquela época. Apesar de nunca ter tido a oportunidade de viajar para Cuba devido aos compromissos para publicação do jornal, ele gostaria de ter conhecido pessoalmente os artistas cubanos que vieram ao país. Até hoje, em suas palestras e apresentações com slides sobre seu trabalho, ele reconhece o impacto da arte cubana e se orgulha de ter desempenhado um papel no braço visual dos movimentos pela justiça social. Ao refletir sobre as imagens desse período, ele observa que é importante lembrar do contexto social da época para entender o que pode ser visto como uma cultura de violência. Segundo ele, é necessário olhar para o Programa de 10 Pontos, que explica por que as pessoas estavam agindo daquela forma naquela época.

Ponto 7. Queremos o fim imediato da brutalidade policial e do assassinato de pessoas negras. Acreditamos que podemos acabar com a brutalidade policial em nossa comunidade negra organizando grupos de autodefesa

negros dedicados a defender nossa comunidade negra da opressão e brutalidade policial racista. A Segunda Emenda da Constituição dos Estados Unidos dá o direito de portar armas. Portanto, acreditamos que todos os negros devem se armar para autodefesa."
— Programa do Partido dos Panteras Negras, outubro de 1966.[2]

Às vezes, a relação entre a arte original e a arte reaproveitada pode ficar confusa, especialmente através da névoa do tempo. Um exemplo recente envolveu quatro estudiosos de gráficos separados, cada um compartilhando seu trabalho e chegando a uma nova compreensão dos eventos de nosso passado recente. A questão dizia respeito ao pôster OSPAAAL de Alfrédo Rostgaard de 1968 "Poder Negro — Retaliação ao crime; violência revolucionária". O gráfico claramente teve uma influência do Partido dos Panteras Negras, mas ninguém tinha certeza dos detalhes. Rostgaard (1943–2004) foi um dos artistas gráficos mais poderosos e inovadores de Cuba, trabalhando para muitas agências diferentes (p. 204).

As partes que colidiram para revelar a história foram o excelente ensaio inédito de Sarah Seidman "Cuban Posters of African Americans as Pathways and Pastiche", o belo ensaio de Tom Wilson em *West of Center: Art and Counterculture Experiment in America, 1965–1977*, e a pesquisa de Lisbet Tellefsen sobre imagens de Angela Davis, pôsteres OSPAAAL e persistência em procurar tesouros do movimento no eBay. Iniciei um diálogo entre esses colegas e apontei maneiras pelas quais suas histórias se encaixam e maneiras pelas quais não se encaixam. Depois de muita conversa, concluímos que a seguinte cadeia de eventos ocorreu:

Rostgaard projetou seu pôster para a OSPAAAL em 1968, influenciado, mas não copiando, qualquer obra de arte específica do Partido dos Panteras Negras. Pouco depois, a OSPAAAL (por meio da revista *Tricontinental*) produziu e distribuiu um cartão-postal com uma adaptação do pôster de Rostgaard, adicionando a famosa imagem do pôster "Huey Newton na cadeira de vime" na boca da pantera. O verso do cartão incluía um texto condenando a prisão de Huey (p. 205). A imagem foi usada pela primeira vez nos Estados Unidos em um número de 14 de setembro de 1968 de *The Black Panther*, que reproduziu a imagem do cartão-postal cubano com o texto.

Assim como Cuba continua a se adaptar e sobreviver como uma ilha socialista, esses cartazes cubanos continuam a servir de inspiração

Lincoln Cushing

para artistas e estudiosos políticos em todo o mundo. Os princípios básicos de design dos cartazes cubanos —mensagens claras, textos multilíngues, gráficos ousados e simplificados— têm provado ser a base sobre a qual novas gerações de designers constroem. Apesar de alegações em contrário, a produção de bons cartazes de agitação não morreu na era da internet. Artistas sempre exploram as ferramentas que têm à disposição, e todas as mídias têm um papel em criticar a sociedade e oferecer visões de um mundo melhor. Mas, além dos objetos artísticos, existem as poderosas histórias humanas de criação, produção, distribuição e interpretação — e é isso que o exame de intercâmbios como o entre Estados Unidos e Cuba nos permite aprender.

1   Todos os comentários dos artistas neste ensaio foram reunidos pelo autor para uma exposição de 2003 curada no Berkeley Art Center, "One Struggle, Two Communities: Late 20th-Century Political Posters of Havana, Cuba and the San Francisco Bay Area", que convidou gravadores das comunidades asiática, negra, chicana e ativista para refletir sobre essa ressonância.
2   Entrevista com Emory Douglas, realizada em 19 de setembro de 2003.

Influences croisées entre affiches américaines et cubaines

Lincoln Cushing

Ni l'art ni la révolution ne sortent de nulle part. Il est commun que les artistes imitent, s'approprient, transforment tel ou tel contenu en fonction de leurs besoins. De jeunes Parisiens repeignent un panneau publicitaire à la bombe pour en détourner le message, des artisans zapatistes vendent des briquets à l'effigie du Comandante Cero, des esclaves afro-américains détournent des hymnes chrétiens traditionnels en faveur de leur cause… En enquêtant un peu, on peut souvent retrouver la trace de telle ou telle influence, ainsi que son vecteur de diffusion. Dans les années 1960, ces vecteurs pouvaient être des reproductions dans des journaux alternatifs, des copies enfournées dans les bagages de voyageurs solidaires, des impressions vendues dans le cadre de collectes organisées par des collectifs ou des librairies radicales.

L'étude de tels liens est importante pour notre histoire collective. Et l'un des meilleurs exemples concerne l'échange d'iconographies entre Cuba et les États-Unis. Les affiches cubaines imprimées entre les années 1960 et 1980 constituent un impressionnant corpus qui reflète la variété stylistique et la force de frappe politique de l'époque. On peut en dire autant des œuvres confectionnées aux États-Unis.

Les affiches cubaines ont eu un tel impact aux États-Unis pour différentes raisons :

1. Un mouvement de solidarité entre les deux pays existait au moins depuis les années 1930. Il s'est considérablement développé après la révolution de 1959, ce qui a facilité les échanges d'affiches, ainsi que d'autres échanges entre artistes.

2. Une bonne part du contenu de ces posters résonnait avec les mouvements politiques aux États-Unis par le biais de thèmes comme l'internationalisme, l'autodétermination des peuples, l'anti-impérialisme et l'égalité des sexes.

3. Le style des affiches était simple, efficace, facile à imiter. Les affiches révolutionnaires d'autres pays, comme la Chine, avaient une approche graphique bien plus exigeante avec, par exemple, des reproductions de tableaux en couleurs.

4. La plupart de ces affiches transmettaient néanmoins des messages artistiques et politiques sophistiqués, qui dépassaient le cadre de la « propagande communiste de base ». Rupert Garcia, un artiste de la baie de San Francisco, a été frappé par leurs qualités artistiques et politiques : « Les deux doivent être au même niveau… La politique ne doit pas exclure l'esthétique »[1].

Des villes américaines comme Chicago, Boston, New York, ou la baie de San Francisco, constituaient des hauts-lieux de la solidarité avec Cuba. Peu d'artistes ou de militants de l'époque échappèrent à l'influence de l'autre bord.

Malaquias Montoya, l'un des affichistes les plus reconnus de la baie de San Francisco, à propos de l'influence cubaine :

> « Je ne sais pas si les affiches cubaines m'ont influencé, mais elles m'ont inspiré, en particulier par leurs couleurs, leur simplicité et, surtout, leur engagement. Oui, si j'ai été influencé par une chose, c'est par cet engagement pour l'internationalisme. Pour moi, ces affiches illustraient très clairement l'importance d'aborder les problèmes des autres nations en lutte, car nous avions tous un ennemi commun. »

Pendant vingt ans, il aurait été difficile d'identifier un centre de production plus influent que l'OSPAAAL en matière de diffusion d'imagerie politique. En traitant l'affiche comme un document qui pouvait être plié et inséré dans son magazine *Tricontinental*, plutôt que comme une œuvre d'art à enrouler dans un tube, l'organisation inonda le monde de propagande efficace. Un autre acteur important était Editora Politica, l'organe d'édition du Parti communiste cubain.

Juan Fuentes, graveur de San Francisco, a encouragé ces échanges :

«En 1975, je me suis rendu à Cuba en tant que membre des Brigades Venceremos. On a aidé à construire des maisons en périphérie de La Havane, et on a parcouru l'île pour y visiter écoles, usines et fermes. On n'arrêtait pas de croiser ces panneaux et ces affiches audacieux et colorés, qui proclamaient une identité nationale en lien avec des thématiques culturelles, sociales et politiques. C'est là que j'ai commencé à comprendre le potentiel d'une telle iconographie.

Des militants politiques collectionnaient les affiches cubaines. Celles qui ont eu le plus d'impact sur moi demeurent les affiches de l'OSPAAAL, avec leurs messages et leurs illustrations exprimant la solidarité avec les mouvements de libération du tiersmonde. Ces sérigraphies et ces impressions offset sont devenues une source d'inspiration pour mes propres posters. »

Les exemples suivants illustrent cette influence.

Régulièrement, des collectifs américains adaptaient telle ou telle affiche cubaine à un usage local. La première imprimerie importante de la Nouvelle Gauche, Glad Day Press, à Ithaca, a édité plusieurs posters inspirés de l'art cubain. La magnifique affiche *Vietnam Will Win* de Rene Mederos (1933–1996), publiée par Editora Politica en 1971, a été imprimée en soutien à l'aide médicale en Indochine (p. 198). En 1969, Mederos a été chargé par le Département d'Orientation Révolutionnaire (DOR), prédécesseur du PE, d'aller peindre des scènes de guerre au Vietnam. Il a voyagé avec les forces de libération le long de la piste Hô Chi Minh, du nord au sud du pays, pour témoigner de la brutalité de la guerre et du courage du peuple vietnamien. Ses peintures ont par la suite été exposées à Hanoï, avant d'être reproduites sous forme de sérigraphies montrées dans le monde entier. En 1972,

Mederos a effectué un autre voyage qui a enrichi son œuvre. Bien que Glad Day Press se soit chargé de l'édition, ils n'ont pas utilisé leurs propres presses, car les formats étaient trop grands pour leur équipement de l'époque.

Glad Day a aussi réimprimé l'affiche *Solidarité Angola* (1973) de l'OSPAAAL, avec des couleurs différentes et un logo Industrial Workers of the World (IWW) (pp. 190, 191). Al Ferrari, l'un des fondateurs de Glad Day, raconte avoir ajouté le fond vert uni parce qu'ils avaient récemment acquis une presse Chief 22, dont il voulait montrer les capacités.

L'artiste de Berkeley Jane Norling s'est rendue à Cuba en 1972 et a conçu une affiche de l'OSPAAAL en solidarité avec Porto Rico; cinq ans plus tard, cette affiche a été retravaillée pour une conférence sur l'indépendance de Porto Rico à Chicago (pp. 107, 193).

Des années plus tard, Jane évoque l'importance des affiches cubaines et de ce séjour :

«En 1970, ces affiches ornaient les murs de toutes les maisons de San Francisco où se réunissaient les militants des droits civiques, des droits des femmes et contre la guerre au Vietnam. Ces affiches cubaines bien pensées, efficaces, aux couleurs vives, rapportées d'un petit pays en transition, nous ont beaucoup appris sur les luttes de libération dans le monde. »

« L'imagerie de ces affiches de l'OSPAAAL revendiquait toujours l'internationalisme. Dans leur style typiquement cubain, ces posters utilisaient les armes de la publicité pour un but inverse, et ça m'a inspiré : oui, l'art pouvait servir au changement social. »

« Les affiches cubaines réconciliaient art et politique (mes profs des beaux-arts avaient toujours insisté sur la nécessité de les séparer), une union qui a permis à d'innombrables petites maisons d'édition de passer à l'action. En 1972, dans le cadre d'un échange culturel, je suis allée à Cuba, travailler dans le département de design de l'OSPAAAL et étudier la production locale d'imprimés. Alfrédo Rostgaard m'a chargée de créer une affiche de la série *Día de Solidaridad* dédiée au peuple de Porto Rico. »

« Je suis très honorée d'avoir eu l'occasion de concevoir une affiche pour l'OSPAAAL.»

Dessus : Lázaro Abreu (illustration par Emory Douglas), sans titre, sérigraphie, 1968.
Page 198 : Emory Douglas, dessin sans titre, 1967. Image c/o Lincoln Cushing/DocsPopuli.org.

L'affiche *Freedom for Angela Davis*, créée par Felix Beltran en 1976 pour Editora Politica, a été reproduite par le New York Committee to Free Angela Davis (pp. 196, 197). Sur le plan artisanal, notez comment la réimpression a été réalisée d'une manière plus simple et moins exigeante — le slogan du haut est divisé en deux sections, de façon à ce qu'elles puissent être de couleurs différentes en cas de besoin.

Les Cubains, eux aussi, se sont appropriés les affiches américaines. Il faut bien noter qu'à l'époque, les notions de droits d'auteur et de gloire personnelle passaient après le message. «Au sein du mouvement», il était parfaitement acceptable, et même encouragé, de réutiliser une image, avec ou sans crédit. L'illustration de 1967 d'Emory Douglas, artiste des Black Panthers, représentant une mère tenant dans ses bras son enfant armé, a inspiré une affiche de l'OSPAAAL datée de l'année suivante. Et une illustration qu'il a publiée dans le journal *The Black Panther* a été coloriée et adaptée de la même manière (pp. 198, 201).

Emory Douglas a décrit cet échange dans le cadre d'un entretien. C'est en 1967 ou 1968, quand il travaillait pour le journal *The Black Panther*, qu'il a vu des affiches cubaines pour la première fois. À l'époque, l'adresse officielle du Black Panther Party était la boîte postale de son porte-parole, Eldridge Cleaver, et ils y recevaient souvent des journaux et des magazines de La Havane. Emory Douglas se rappelle avoir été inspiré par ces œuvres révolutionnaires en provenance de Cuba, du Vietnam et d'autres pays. En guise de remerciements, le Black Panther Party envoyait lui aussi des journaux, des affiches et d'autres documents à Cuba. Il y a aussi eu des contacts plus directs : au début des années

1970, le porte-parole George Murray s'est parfois rendu à La Havane, et les membres du bureau de New York et d'autres bureaux ont servi d'intermédiaires pour toutes sortes d'œuvres politiques.

Douglas a vite remarqué que certaines des affiches cubaines s'appropriaient ses œuvres et, fidèle à l'esprit de l'époque, il était «content qu'elles servent». Douglas lui-même n'a jamais eu l'occasion d'aller à Cuba : «Les tâches liées au journal prenaient le pas sur tout». Il n'a pas non plus eu l'occasion de rencontrer les artistes cubains qui ont voyagé aux États-Unis, même s'il le regrette. Aujourd'hui encore, quand il donne des conférences, il reconnaît l'impact des œuvres cubaines, et se dit fier d'avoir joué un rôle dans la branche visuelle des mouvements pour la justice sociale. Quand il repense aux images de l'époque, il précise qu'il faut se souvenir du contexte pour comprendre l'usage de la violence. « Regardez le programme en 10 points [du Black Panther Party], dit-il. Vous comprendrez pourquoi les gens faisaient ce qu'ils faisaient. »

> « Point 7. Nous voulons qu'il soit mis fin immédiatement aux violences policières et aux meurtres des Noirs. Dans nos communautés, nous pensons pouvoir y mettre fin en mettant en place des groupes d'autodéfense noirs, qui se consacreront à la défense de notre communauté noire contre l'oppression et la violence de la police raciste. Le deuxième amendement de la Constitution des États-Unis nous autorise à être armés. Nous pensons donc que tous les Noirs devraient porter des armes pour se défendre. » (Programme du Black Panther Party, octobre 1966[2].)

Parfois, la relation entre l'illustration originale et sa version recyclée est plus confuse, d'autant plus après toutes ces années. Un exemple récent concerne quatre graphistes différents ayant tous été influencés les uns par les autres. L'affiche de l'OSPAAAL en question a été créée par Alfrédo Rostgaard en 1968. Elle s'intitule *Black Power – Retaliation to crime ; Revolutionary violence* (p. 204). L'illustration semble influencée par l'imagerie du Black Panther Party, mais personne n'est tout à fait sûr des détails. Rostgaard (1943–2004), l'un des graphistes les plus efficaces et les plus novateurs de Cuba, travaillait alors pour de nombreuses agences.

Plusieurs éléments ont permis d'en révéler l'histoire : l'excellent essai inédit de Sarah Seidman, « Cuban Posters of African Americans as Pathways and Pastiche », le très bel essai de Tom Wilson dans *West of Center : Art and Counterculture Experiment in America, 1965–1977*, et les recherches de Lisbet Tellefsen, qui a écumé eBay pour y dégoter des images en lien avec Angela Davis et des affiches de l'OSPAAAL. Lors d'une discussion que j'ai lancée entre ces différents protagonistes, j'ai souligné les points communs entre leurs histoires et celles des autres. Après cette longue conversation, nous avons conclu que la chaîne d'événements suivante avait eu lieu.

Rostgaard a conçu son affiche pour l'OSPAAAL en 1968 ; elle était influencée par une œuvre des Black Panthers, mais ne la copiait pas directement. Peu de temps après, l'OSPAAAL, par le biais du magazine *Tricontinental*, a produit et distribué une carte postale avec une adaptation de l'affiche de Rostgaard, à laquelle s'ajoutait, dans la bouche de la panthère, la célèbre photo de Huey Newton dans un fauteuil en osier. Au verso, un texte condamnait l'emprisonnement de Huey. L'image a été utilisée pour la première fois aux États-Unis dans le numéro du 14 septembre 1968 de *The Black Panther*, qui reproduisait la carte postale cubaine avec le texte (p. 205).

À l'instar de Cuba, qui continue à s'adapter et à survivre en tant qu'île socialiste, ces affiches continuent de servir d'inspiration aux artistes et aux chercheurs du monde entier. Au fil du temps, leurs principes de confection (message clair, texte multilingue, illustration audacieuse et graphisme dépouillé) sont devenus de potentiels piliers pour les nouvelles générations. Quoi qu'on en dise, l'affiche politique n'est pas morte avec Internet. Les artistes exploitent toujours tous les outils à leur disposition, et tous les moyens sont bons pour critiquer la société et proposer des visions d'un monde meilleur. Mais au-delà des objets eux-mêmes, il y a toutes ces histoires de liens humains, de création, de production, de distribution et d'interprétation, et c'est ce que nous enseigne l'étude d'échanges tels que celui ayant lié les États-Unis à Cuba.

---

1   Dans cet essai, tous les commentaires des artistes ont été recueillis par l'auteur pour une exposition organisée en 2003 au Berkeley Art Center, *One Struggle, Two Communities : Late 20th-Century Political Posters of Havana, Cuba and the San Francisco Bay Area*, qui invitait des graveurs des communautés asiatique, noire, chicana et militante à se pencher sur ces résonances.

2   Entretien de l'auteur avec Emory Douglas, 19 septembre 2003.

Influences between US and Cuban Poster Art

Lincoln Cushing

Neither art nor revolution thrives in a vacuum. Artists routinely copy, adapt, and transform cultural media to meet their needs. Urban youth in Paris spray paint a commercial billboard to subvert its corporate message, Zapatista craftsmen sell cigarette lighters adorned with the image of Comandante Zero, and African-American slaves adapted the lyrics of traditional Christian hymns to support their struggle for freedom. With some detective work, it is usually possible to document the path of influence and reveal the vectors of dissemination. Back in the sixties, such channels included reproductions in alternative newspapers, copies hand-carried by solidarity visitors, and prints sold as organizational fundraisers or at Left bookstores.

These links are important to our collective cultural history. One of the best examples involves the interchange of graphic imagery between Cuba and the United States. Cuban posters produced from the sixties through the eighties represented an incredibly powerful body of work, reflecting both stylistic variety and political potency. The same could be said of work being made in the United States.

There were several reasons why Cuban posters had such a powerful impact in the US:

1. The on-and-off solidarity movement between the two countries (since at least the thirties) dramatically increased after the 1959 Revolution. These movements facilitated the exchange of poster art and artists.

2. Much of the content of the posters—the themes of internationalism, national self-determination, anti-imperialism, and women's equality—resonated with political movements in the United States.

3. The style of the posters was simple, graphic, and easy to mimic. The revolutionary poster output of other countries, such as China, was often based on a more challenging design approach using full color reproductions of painted art.

4. Most posters reflected a sophisticated level of art and message beyond what was expected of "communist propaganda." San Francisco Bay Area artist Rupert Garcia was struck by how they maintained a high level of artistic and political power: "Both need to be taken to the same level... Politics does not preclude the aesthetic."[1]

Several US cities were hubs of Cuba solidarity, most notably Chicago, Boston, New York City, and the San Francisco Bay Area. Few artists or activists at either end of this vibrant conduit escaped the creative influence of the other side.

Malaquias Montoya, one of the San Francisco Bay Area's movement poster masters, explained;

> "I don't know if the Cuban posters influenced me, but I was certainly inspired by them, especially their use of color, their simplicity, and most of all their dedication. If I was influenced in any way, it had to be by their commitment to internationalism. For me, they made very clear the importance of addressing issues of other struggling nations, that we all had one common protagonist."

For a twenty-year period, it would have been hard to identify a production center in the world more influential in broadcasting political imagery than the Havana-based Organization of Solidarity of the Peoples of Africa, Asia, and Latin America (OSPAAAL). They successfully flooded the world

Above: Alfrédo Rostgaard, *Black Power*, offset printed poster, 1968.
Page 205: Alfrédo Rostgaard, *Free Huey Newton*, offset printed postcard, 1968.

proclaiming national identity that addressed cultural, social, and political themes. It was here that I began to see the powerful impact these images created on society.

Political activists were collecting Cuban posters. The ones that had the greatest impact, for me, were the posters done for OSPAAAL, with messages and images of solidarity with the liberation movements of the Third World. These silkscreened and offset prints became my inspiration for the posters that I would later create."

The following examples illustrate that exchange.

US solidarity groups would often rework a Cuban poster for domestic use. Ithaca's Glad Day Press, the first significant New Left press, issued several posters based on Cuban art. Editora Politica's beautiful 1971 *Viet Nam Will Win* (p. 189) by Rene Mederos (1933–1996) was reproduced as a fundraiser for New York City Medical Aid to Indochina. In 1969, the DOR (Department of Revolutionary Orientation, the EP's predecessor) sent Mederos to Vietnam to paint scenes of the war. He traveled to both North and South Vietnam with the liberation forces along the Ho Chi Minh trail, experiencing first-hand the brutal conditions of war and the courageous response of the Vietnamese people. The paintings were exhibited in Hanoi and were subsequently reproduced as a screen printed series that has been shown all over the world. Mederos took another trip in 1972 that added to the body of work. Although Glad Day handled the job, they did not print it themselves—it was too large for their equipment at the time, so they jobbed it out to another shop.

Glad Day also reprinted OSPAAAL's 1973 *Solidarity—Angola* with different coloration and a Glad Day IWW bug (pp. 190, 191). Al Ferrari, a founder at Glad Day, noted that he deliberately added the solid green background because they had recently acquired a Chief 22 press, and he wanted to demonstrate its capacities.

Berkeley artist Jane Norling went to Cuba in 1972 and designed an OSPAAAL poster in solidarity with Puerto Rico; five years later, it

with powerful propaganda by treating the poster as a political document that could be folded up and inserted into the *Tricontinental* magazine, not a sacred piece of art to roll up in a tube. Another important agency was Editora Politica, the publishing arm of the Cuban Communist Party.

San Francisco printmaker Juan Fuentes was one of the vectors in encouraging that interchange:

"In 1975, I traveled to Cuba as a member of the Venceremos Brigade. During our stay, we helped build homes just outside of Havana. We also traveled all over the island visiting schools, factories, and farms. There were bold and colorful billboards and posters was reworked for a Puerto Rico independence conference in Chicago (pp. 107, 193).

Years later, Jane reflected on the importance of Cuban posters and of her visit:

> "They appeared on every wall in the San Francisco houses in 1970 where activists met in the struggle for civil rights/women's rights and against the war in Vietnam. The Cuban posters—vivid, clever, and compact—[were] brought back from a tiny country in transition that taught us profoundly about liberation efforts around the world.
>
> The posters themselves, largely from OSPAAAL, showed internationalism in imagery. With the sophistication of US corporate advertising, Cuban posters aimed content back at the monolith in a uniquely Cuban style that motivated me to use art for social change.
>
> Cuban posters beautifully united art and politics (my fine arts education had emphasized their separateness), a union that launched countless small presses to agitate and educate. In 1972, I went to Cuba to work in the OSPAAAL design department and to study Cuban print production, but mainly for international cultural exchange. I was assigned by Alfrédo Rostgaard to create a poster in the *Día de Solidaridad* series honoring the people of Puerto Rico.
>
> I am deeply honored to have had the opportunity to design a poster for OSPAAAL."

Felix Beltran's 1976 poster, *Freedom for Angela Davis* for Editora Politica, was reproduced by the New York Committee to Free Angela Davis (pp. 196, 197). The reprint was simplified to be less demanding of craft—the top slogan is broken into two sections so that it only reversed out of a solid color.

Cubans also appropriated US poster images. At the time, concerns over copyright and personal credit were subsumed to the fervor of making art that mattered. It was okay—no, it was good—for an image to be reused "within the movement," with or without credit. Black Panther

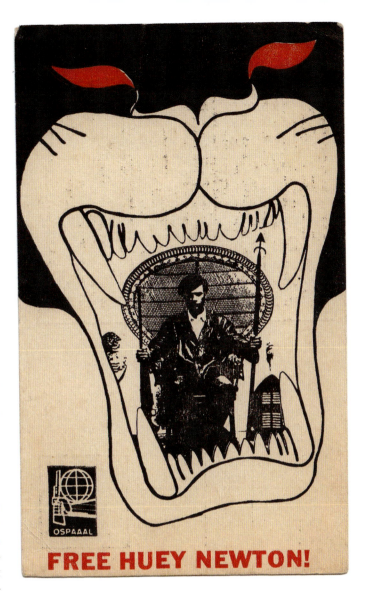

artist Emory Douglas' 1967 drawing of a mother holding her gun-toting child inspired a similar OSPAAAL poster the following year (pp. 198, 201). A graphic he published in *The Black Panther* newspaper was similarly colorized and adapted.

Emory described this interchange in an interview. Douglas first remembers seeing Cuban posters sometime in 1967 or 1968 when he was working on *The Black Panther* newspaper. In the early days, the Black Panther Party's official mailing address was Minister of Information Eldridge Cleaver's P.O. box, and they received newspapers and magazines sent from Havana. Douglas recalls being inspired by this revolutionary artwork from Cuba, Viet Nam, and other countries. As a reciprocal gesture, the Party regularly sent newspapers, posters, and other mailings to Cuba. There was also direct contact—by the early seventies, Minister of Education George Murray traveled to

Havana, and members from New York and other offices served as a conduit for agitational artwork.

Very early on, Douglas noticed that some of the posters coming from Cuba were appropriating his artwork, and true to the spirit of the times, he was "Glad to see it picked up." Douglas himself never got the opportunity to travel to Cuba—"Chores for putting out the paper always seemed to be more important." He also did not get the chance to visit with any Cuban artists who traveled here, although he [would] have liked to. To this day, as he gives lectures and slide presentations about his work, he acknowledges the impact of the Cuban artwork and is proud to have played a part in the visual arm of movements for social justice. When reflecting on the images from that period, he notes that one needs to remember the social context of the time to understand what may be seen as a culture of violence. "Look at the 10 Point Program," he says. "It explains why people were doing what they were doing."

> "Point 7. We want an immediate end to police brutality and murder of black people. We believe we can end police brutality in our black community by organizing black self-defense groups that are dedicated to defending our black community from racist police oppression and brutality. The Second Amendment to the Constitution of the United States gives a right to bear arms. We therefore believe that all black people should arm themselves for self defense." —Black Panther Party Program, October, 1966.[2]

Sometimes, the relationship between source art and repurposed art gets confusing, especially through the haze of time. For instance, Alfrédo Rostgaard's 1968 OSPAAAL poster *Black Power—Retaliation to crime; Revolutionary violence* was clearly influenced by the Black Panther Party, but no one was quite sure of the details (p. 204). Rostgaard (1943–2004) was one of Cuba's most powerful and innovative graphic artists and worked for many different agencies. Recently, four separate graphics scholars shared their work on this topic to arrive at a new understanding of events from our recent past.

The parts that collided to reveal the story were Sarah Seidman's most excellent unpublished essay, "Cuban Posters of African Americans as Pathways and Pastiche," Tom Wilson's lovely essay in *West of Center: Art and Counterculture Experiment in America, 1965–1977*, and Lisbet Tellefsen's

research on Angela Davis imagery, OSPAAAL posters, and the persistent trawling of eBay for movement goodies. I began a dialogue between these colleagues to point out ways their stories fit and the ways they didn't. After much conversation, we agreed on the following chain of events:

Rostgaard designed his poster for OSPAAAL in 1968, influenced by—but not copying—any specific Black Panther artwork. Soon thereafter, OSPAAAL (through *Tricontinental* magazine) produced and distributed a postcard with an adaptation of Rostgaard's poster, adding the famous "Huey Newton in the wicker chair" poster image in the panther's mouth (p. 205). The back of the card included text condemning Huey's imprisonment. The image was first used in the United States in a September 14, 1968 issue of *The Black Panther* that reproduced the Cuban postcard image with the text.

Just as Cuba continues to adapt and survive as an island of socialism, these Cuban posters continue to serve as an inspiration for movement artists and political scholars all over the world. The basic design premises of the Cuban posters—clear messaging, multilingual text, bold and spare graphics—are a proven foundation upon which new generations of designers build. Despite claims to the contrary, good agitational poster making is not dead in the age of the internet. Artists always exploit the tools at their disposal, and all media have a role in critiquing society and offering visions of a better world. Beyond the artistic objects lie the powerful human stories of creation, production, distribution, and interpretation—and that is what we can learn by examining interchanges, such as that between the United States and Cuba.

1   All artist comments in this essay were assembled by the author for a 2003 exhibition curated at Berkeley Art Center, *One Struggle, Two Communities: Late 20th-Century Political Posters of Havana, Cuba and the San Francisco Bay Area*, which invited printmakers from the Asian, Black, Chicano, and activist communities to reflect on that resonance.

2   Author interview with Emory Douglas, September 19, 2003.

Page 207: Artist unattributed, *Tricontinental* 18 (inside front cover), 1970.

Page 208: Artist unattributed, *Tricontinental* 107 (30), 1986.

Page 209: Artist unattributed, *Tricontinental* 19/20 (inside back cover), 1970.

Page 210-11: Artist unattributed, *Tricontinental* 25 (front and back covers), Jul-Aug 1971.

THE ANTI-IMPERIALIST STAND TAKEN BY THE "MANUEL RODRIGUEZ" PATRIOTIC FRONT OF CHILE

- Heterogeneous integration. From Marxists to Christians, mostly young people from the grass roots.
- To free the country from Pinochet, terrorism and poverty, and from US imperialism. Regain control of the country's resources.
- Provisional government and constitutional Assembly.
- Contacts and links with the armed forces.

La colección de carteles Carlos Vega

Jesse Maceo Vega-Frey

En 1974, mi padre tenía 24 años y vivía en un edificio de departamentos en Holyoke, Massachusetts. El edificio estaba lleno de amigos que intentaban transformar el mundo en algo mejor. Desde muy joven, él comprendió que la discriminación y la desigualdad que padecía personalmente y que observaba a su alrededor eran resultado de fuerzas sociales amplias que, sin embargo, se podían combatir y cambiar. Al constatar esto, su visión del mundo se expandió, y a la vez, se aclaró el papel que quería desempeñar en él. Mi padre rara vez se desplazó lejos de su hogar adoptivo desde que emigró a la edad de 5 años de Quito, Ecuador, a Holyoke. Sin embargo, su deseo de experimentar, participar y apoyar una revolución viva, lo llevó a dar un salto más allá de su zona de confort, así que se fue a Cuba con las Brigadas Venceremos.

Las Brigadas Venceremos ofrecían a jóvenes estadounidenses la oportunidad de conocer de primera mano la Revolución cubana. Los llevaban a Cuba, los empapaban de la historia y la cultura de la isla, y luego les asignaban un trabajo. El contingente de mi padre trabajó tres meses en la construcción de una nueva comunidad agrícola en las afueras de La Habana llamada Las Naranjas, donde los brigadistas concluyeron las obras de una escuela y construyeron algunas docenas de viviendas. Al llegar, los anfitriones del campamento de construcción les entregaron varios regalos a los brigadistas, entre ellos, los tres primeros carteles de la OSPAAAL, los cuales mi padre ya había visto. Quedó fascinado de inmediato. Los domingos, los anfitriones llevaban a los brigadistas de excursión a La Habana Vieja, a eventos culturales y a la playa. En esas ocasiones, mi padre no dejaba de escabullirse y buscar librerías para comprar más carteles de la OSPAAAL así como libros que nunca podría encontrar en casa.

Esta experiencia en Cuba supuso un punto de inflexión en la vida de mi padre. Afianzó en él una mayor fe, humildad e inspiración, y una sobria determinación en la posibilidad de un cambio revolucionario. El aspecto más decisivo que se encontró en Cuba, lo que dirigiría su vida y su trabajo a partir de entonces, fue el valor central que se otorgaba a la cultura en la revolución, un valor encarnado en estos carteles. En su país, ya había profundizado en el análisis político radical, la teoría y la organización, pero en Cuba encontró un compromiso inquebrantable con la música, la comida, el arte y la poesía integrados en el ADN de la revolución, lo que transformó sus ideas sobre la necesidad del arte y la cultura puestos al centro de los esfuerzos por el cambio social.

Al volver a casa, ya no consideraba la belleza como una frivolidad, un lujo o algo burgués, lo cual contrastaba con el tono a veces duro y serio de la disciplina de izquierda. Comprendió plenamente que la belleza era necesaria para la supervivencia, igual que el alimento para el cuerpo y la educación para el intelecto. Para que el alma florezca necesita inspiración: esa sensación de que se abren posibilidades, una sensación que se encuentra más fácilmente en el arte y la expresión cultural que en otros ámbitos. En última instancia, llegó a la conclusión de que el florecimiento del alma era el objetivo de la revolución: si no, ¿por qué habríamos de luchar incansablemente?

En los carteles de la OSPAAAL también reconoció que la belleza no era sólo un objetivo, sino un método. El arte tenía el poder de transmitir mensajes e ideas poderosas, de educar y de inspirar, y por tanto, podía ser una fuerza práctica de liberación en el mundo. Esto significaba que la revolución sería diferente en Cuba que en Rusia, o diferente en Holyoke que en Pekín, por ejemplo. Las diferencias culturales le daban fuerza y amplitud a la revolución, era lo que la mantenía viva y respirando, conectada con esas experiencias humanas auténticas que habitan en el corazón de todo cambio social. El amor de mi padre por la expresión artística, especialmente la de los pueblos oprimidos, se convirtió en una parte esencial de su vitalidad y su trabajo en el mundo. Su propia apreciación de la belleza floreció en las palabras de Langston Hughes y Nikki Giovanni, en el arte de Elizabeth Catlett, Oswaldo Guayasamín o Diego Rivera, y en la insurgente música indígena de los pueblos andinos, así como el movimiento de la nueva canción en América Latina.

Cuando volvió a Holyoke, la ciudad se estaba transformando dramáticamente. Los puertorriqueños —que en los sesenta empezaron a llegar a Connecticut como trabajadores temporales en los campos de tabaco, donde él también había trabajado— empezaron a mudarse permanentemente a la vecindad de Holyoke a medida que colapsaba la economía de la isla. Estas viviendas se habían construido casi un siglo antes para los trabajadores de las numerosas fábricas de papel que antaño habían constituido la columna vertebral de la economía, pero quedaron prácticamente deshabitadas cuando éstas abandonaron la ciudad en busca de mano de obra y energía más baratas en el extranjero. La falta de trabajo digno, las diferencias culturales y las necesidades de servicios sociales de la nueva comunidad provocaron una dinámica cada vez más inestable entre la clase dirigente blanca y la clase baja latina. Los irlandeses, polacos y francocanadienses que habían poblado por completo las casas y fábricas sólo unas generaciones antes, encontraron en la comunidad puertorriqueña un nuevo chivo expiatorio para los problemas de la ciudad, sin tomar en cuenta que la verdadera causa de los problemas económicos había sido la desaparición del empleo fabril.

Para mi padre, era claro que estas dinámicas respondían a una cuestión estructural de clase y que era urgente abordar esos problemas. Pero también comprendió que las expresiones culturales, en concreto las puertorriqueñas, debían utilizarse como métodos de organización, unificación y cambio. Gran parte de su trabajo en los años siguientes se centró en el desarrollo material de la comunidad puertorriqueña mediante la mejora del acceso a la vivienda, la formación laboral, la atención sanitaria, el poder político y las condiciones medioambientales. De igual modo, valoraba las iniciativas culturalmente

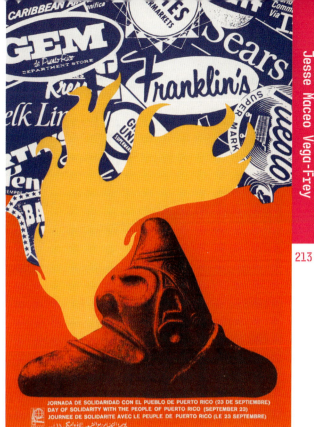

Faustino Pérez y Ernesto Padrón, *Jornada de Solidaridad con el Pueblo de Puerto Rico*, cartel impreso en offset, 1968.

significativas: se esforzó en crear parques limpios, festivales de música, fiestas de barrio, exposiciones de arte y audaces programas de desarrollo juvenil con el fin de apoyar el florecimiento del alma de la comunidad.

En 2012, tras 15 años de lucha contra el cáncer cerebral, mi padre murió a los 61 años. En sus últimos años de vida, se aseguró de que sus colecciones tuvieran un buen uso, que beneficiaran a la comunidad a la que los carteles habían sido dedicados originalmente y a otras personas comprometidas con una sociedad más justa, equitativa y bella. Su colección de literatura radical ha encontrado un hogar en las colecciones especiales de la Biblioteca W.E.B. DuBois de la Universidad de Massachusetts; su colección de poesía negra y latina fue donada a la Biblioteca Pública de Holyoke; la extensa documentación sobre la historia de la experiencia latina en Holyoke se encuentra en el Museo Wisteriahurst de esa ciudad; y su colección de grabados de la OSPAAAL está resguardada en Interference Archive en Brooklyn. Estoy seguro de que él se sentiría satisfecho al saber que estos trabajos artísticos están a disposición y pueden ser apreciados y aprovechados por tanta gente comprometida con esta importante obra.

A Coleção Carlos Vega de Impressos da OSPAAAL

Jesse Maceo Vega-Frey

Em 1974, meu pai tinha 24 anos e morava em um condomínio em Holyoke, Massachusetts, repleto de amigos que tentavam arduamente transformar o mundo em um lugar melhor. Como era um jovem, ele estava começando a entender como a discriminação e desigualdade que ele sentia na pele e via ao seu redor eram resultados de forças sociais mais amplas que poderiam ser contestadas e mudadas. Sua visão de mundo estava se expandindo e seu senso de responsabilidade sob a terra estava ficando mais nítido. Desde que imigrou de Quito, Equador, para Holyoke, aos 5 anos, ele raramente se aventurou para além dos entornos de sua casa adotiva. Mas em busca de experimentar, participar e apoiar uma revolução viva, meu pai deu um salto muito fora de sua zona de conforto e foi para Cuba com as Brigadas Venceremos.

As Brigadas Venceremos oferecem aos jovens americanos a oportunidade de aprender sobre a revolução cubana em primeira mão, trazendo-os para Cuba, mergulhando-os na história e cultura da ilha e colocando-os para trabalhar. O grupo do meu pai passou três meses na construção de uma nova comunidade agrícola nos arredores de Havana chamada *Las Naranjas* [As Laranjas], onde a equipe conseguiu concluir a construção de uma escola e várias dezenas de casas. Ao chegar, os anfitriões do acampamento de construção deram aos Brigadistas vários presentes, incluindo os três primeiros cartazes da OSPAAAL que meu pai havia encontrado. Ele ficou viciado. Aos domingos, seus anfitriões levavam os Brigadistas em passeios em Havana Velha, para eventos culturais e também para a praia. Durante esses tempos, meu pai nunca deixava de dar uma escapada e procurar livrarias para comprar mais cartazes e livros da OSPAAAL que nunca conseguia encontrar quando em casa.

Sua experiência em Cuba foi um ponto de virada crucial na vida do meu pai, trazendo a ele uma fé maior, humildade, inspiração e uma sóbria determinação para a possibilidade de uma revolução de tudo que ele conhecia. O valor atribuído à cultura no centro da revolução foi o aspecto mais poderoso do que ele encontrou em Cuba, o que direcionaria sua vida e trabalho para sempre — apreço incorporado a partir desses cartazes da OSPAAAL. Em sua vida doméstica, ele já havia se aprofundado em análises políticas radicais, teoria e organização, mas em Cuba ele também encontrou um compromisso inabalável com a música, comida, arte e poesia integrados no DNA da revolução e isso transformou radicalmente suas ideias sobre a necessidade de arte e cultura no coração do trabalho pela mudança social.

Diferentemente do tom às vezes sério e sombrio de sua disciplina esquerdista, quando ele voltava para casa, já não via a beleza como frívola, luxuosa ou burguesa. Ele compreendeu que a beleza era tão necessária para a sobrevivência quanto a comida para o corpo e a educação para o intelecto, e que, para a alma florescer, era preciso encontrar inspiração e um senso de possibilidade na arte e na expressão cultural. No final das contas, ele sentiu que essa expansão da alma era o objetivo completo da revolução. Por que lutar tão incansavelmente por qualquer outra razão?

Ao ver os cartazes da OSPAAAL, ele também percebeu que a beleza não era apenas um objetivo, mas um método. Ele entendeu que a arte tinha o poder de transmitir mensagens e ideias poderosas, educar e inspirar e, portanto, poderia ser uma força prática de libertação no mundo. Isso significava que a revolução seria diferente em Cuba do que na Rússia, diferente em Holyoke do que em Pequim, e era essa singularidade que lhe dava poder e espaço para respirar, mantendo-o conectado à experiência humana autêntica no cerne de todas as mudanças sociais. Seu amor pela expressão artística, especialmente a dos povos historicamente oprimidos, tornou-se uma parte fundamental de sua vitalidade e de seu trabalho no mundo. Sua própria apreciação pela beleza floresceu nas palavras de Langston Hughes e Nikki Giovanni, na arte de Elizabeth Catlett, Oswaldo Guayasamín, Diego Rivera, e na música indígena ressurgente e insurgente do povo andino e da nueva canción em toda a América Latina.

Ele voltou a Holyoke em um momento de transformação dramática da cidade. Os porto-riquenhos, que nos anos 1960 começaram a vir para Connecticut como trabalhadores sazonais nos campos de tabaco (onde meu pai também trabalhou), começaram a se mudar permanentemente para habitações precárias em Holyoke, à medida que a economia na ilha colapsava. Essas habitações foram criadas quase um século antes para trabalhadores nas muitas fábricas de papel que haviam formado a espinha dorsal econômica da cidade, mas haviam ficado em grande parte desocupadas desde que as fábricas abandonaram a cidade em busca de mão de obra e energia mais baratas no exterior. A falta de oportunidades de emprego substanciais, diferenças culturais e necessidades de serviços sociais dos novos residentes levaram a dinâmicas cada vez mais voláteis entre o comércio branco e a classe baixa latina. Os irlandeses, poloneses e franco-canadenses, que também haviam ocupado as mesmas casas e fábricas apenas algumas gerações antes, encontraram na comunidade porto-riquenha um novo bode expiatório para as dificuldades da cidade, esquecendo que a súbita falta de empregos nas fábricas era a verdadeira causa dos desafios econômicos da cidade.

Meu pai entendeu o fundamental aspecto de classe dessas dinâmicas e que essas questões precisavam ser abordadas com urgência. Mas ele também entendeu que as expressões culturais, especificamente as porto-riquenhas, precisavam ser usadas como métodos de organização, unificação e mudança. Grande parte do seu trabalho nos anos seguintes estava engajado ao progresso material da comunidade porto-riquenha, melhorando o acesso à moradia, capacitação, cuidados de saúde, poder político e condições ambientais. Mas ele igualmente valorizava os esforços que eram culturalmente significativos e, portanto, se esforçava para criar parques limpos, festivais de música, festas de quarteirão, exposições de arte e programas de desenvolvimento juvenil vibrantes para apoiar o bem-estar integral da comunidade.

Alfrédo Rostgaard, *Day of Solidarity with the Congo (L)*, cartaz impresso em offset, 1972.

Em 2012, após uma luta de 15 anos contra o câncer cerebral, meu pai faleceu aos 61 anos. Nos últimos anos de sua vida, ele queria garantir que fizéssemos bom uso de suas coleções — para beneficiar a comunidade à qual ele havia se dedicado e também outras pessoas comprometidas em tornar a sociedade mais justa, igualitária e bela. Sua coleção de literatura radical encontrou um lar nas coleções especiais da Biblioteca W.E.B. DuBois da Universidade de Massachusetts; seu acervo de poesia negra e latina foi doado para a Biblioteca Pública de Holyoke; sua extensa pesquisa sobre registros da experiência latina em Holyoke está no Museu Wisteriahurst, também em Massachusetts; e sua coleção de impressos da OSPAAAL agora reside no Interference Archive no Brooklyn. Tenho certeza de que ele ficaria profundamente satisfeito em saber que essas obras de arte estão sendo amplamente disponibilizadas para apreciação e aprendizado a tantas outras pessoas dedicadas a esse trabalho importante.

La collection d'affiches de l'OSPAAAL de Carlos Vega

Jesse Maceo Vega-Frey

En 1974, mon père avait 24 ans et habitait à Holyoke, dans le Massachusetts, dans un immeuble partagé avec des amis qui, comme lui, tentaient de rendre le monde meilleur. Jeune homme, il avait commencé à comprendre que la discrimination et les inégalités qu'il vivait dans sa chair et voyait partout autour de lui, résultaient de mécanismes systémiques qui pouvaient être défiés et modifiés. À mesure que s'élargissait sa vision du monde, sa perception du rôle qu'il y tenait s'affinait. Depuis son immigration à 5 ans de Quito, en Équateur, jusqu'à Holyoke, il s'était peu éloigné de son foyer adoptif. Mais son désir de vivre, de soutenir et de participer à une révolution l'a fait aller bien loin de sa zone de confort, pour atterrir à Cuba avec les Brigades Venceremos.

Les Brigades Venceremos font découvrir la révolution cubaine aux jeunes Américains en les emmenant sur place, en les plongeant dans l'Histoire et dans la culture locale, et en leur donnant des tâches à effectuer. Mon père et son contingent ont passé trois mois sur le chantier d'une communauté agricole, *Las Naranjas* [Les Oranges], en périphérie de La Havane, où ils ont bâti une école et des dizaines de maisons. À leur atterrissage, leurs hôtes leur ont offert des cadeaux, dont les trois premières affiches de l'OSPAAAL que mon père ait vu. Elles lui ont tellement plu que, chaque dimanche, quand leurs hôtes les emmenaient à la Vieille Havane, à des événements culturels ou à la plage, mon père ne manquait jamais de s'éclipser, en quête de librairies où acheter d'autres affiches de l'OSPAAAL, et d'autres ouvrages introuvables chez lui.

Cette expérience cubaine a marqué un tournant important dans sa vie. Elle a renforcé sa détermination, son humilité, son inspiration et sa croyance en la possibilité d'un changement radical. Ce qui l'a marqué plus que tout à Cuba, ce qui allait impacter sa vie et son activisme pour le restant de ses jours, c'est la place centrale dans le processus révolutionnaire qu'on y accordait à la culture — une place qui sautait aux yeux face aux affiches de l'OSPAAAL. Dans son pays, mon père s'était déjà plongé dans l'analyse, la théorie et l'organisation politiques radicales, mais à Cuba, il s'est aussi forgé un inébranlable engagement envers la musique, la nourriture, l'art et la poésie en tant qu'éléments constitutifs de l'ADN révolutionnaire, qui a radicalement transformé ses idées sur le besoin vital d'art et de culture dans tout changement social.

Si sa sobre autodiscipline de gauchiste avait pu prendre des airs austères avant son départ, à son retour au pays, il ne voyait plus la beauté comme une frivolité ou un luxe bourgeois. Il avait compris que la beauté était aussi nécessaire à la survie que la nourriture ou l'éducation, et que, pour s'épanouir, l'âme avait besoin de l'inspiration et du sens des possibles que procurent art et culture. Au final, il en est venu à considérer cet épanouissement de l'âme comme l'objectif de toute révolution : pour quoi d'autre lutterions-nous avec un tel acharnement ?

Grâce à ces affiches de l'OSPAAAL, il a aussi compris que la beauté n'était pas qu'un objectif, mais aussi une méthode ; que l'art pouvait transmettre de puissants messages et idées, éduquer, inspirer, et représenter une force concrète de libération à travers le monde. La révolution n'aurait pas la même apparence à Cuba qu'en Russie, ni à Holyoke qu'à Pékin, et ces différences lui donnaient la force et la place nécessaires à sa survie, en la maintenant connectée à l'expérience humaine, elle-même au cœur de tout changement social. La passion de mon père pour l'expression artistique, en particulier pour celle des peuples opprimés, est devenue un élément central de sa vitalité et dans son activisme. Ses propres goûts artistiques l'ont mené vers les textes de Langston Hughes et de Nikki Giovanni, les créations d'Elizabeth Catlett, d'Oswaldo Guayasamín, de Diego Rivera, et la résurgence de la musique indigène insurgée des peuples andins, ainsi que du mouvement *nueva canción* en Amérique latine.

À son retour à Holyoke, la ville était en plein chambardement. À mesure que l'économie de leur île s'effondrait, les Portoricains, qui dans les années 1960 s'étaient mis à travailler dans le Connecticut en tant que saisonniers dans les champs de tabac (où mon père avait lui-même officié), ont commencé à s'installer dans les immeubles d'Holyoke. Ceux-là mêmes qui, près d'un siècle plus tôt, avaient été bâtis pour les travailleurs des nombreuses usines de papier, alors cœur économique de la ville. Mais depuis que ces usines avaient été délocalisées à l'étranger pour y trouver une main-d'œuvre et de l'énergie moins onéreuses, ces immeubles étaient en bonne part inoccupés. Le chômage, les différences culturelles et les besoins en services sociaux de cette nouvelle communauté ont créé une dynamique de plus en plus explosive entre l'establishment blanc et ce lumpenprolétariat latino. Les Irlandais, les Polonais et les Canadiens français, qui quelques générations plus tôt occupaient ces mêmes immeubles et travaillaient dans ces mêmes usines, ont fait de la communauté portoricaine leur nouveau bouc émissaire, oubliant que les délocalisations étaient la cause des problèmes économiques auxquels la ville faisait face.

Mon père, qui comprenait l'aspect foncièrement classiste de cette dynamique, savait qu'il fallait l'enrayer au plus vite. Il avait aussi compris que la culture, en particulier celle des Portoricains, devait être utilisée à des fins stratégiques d'unification et de transformation sociale. Les années suivantes, une bonne part de son temps a été consacrée à améliorer les conditions de vie de la communauté portoricaine : accès au logement, à la formation professionnelle, aux soins de santé, à un environnement plus sain et à des postes de décisions politiques. Mais il accordait tout autant d'importance à la culture, et s'est donc efforcé de créer des parcs propres, des festivals de musique, des fêtes de quartier, des expositions d'art et des programmes de soutien à la jeunesse, afin d'aider l'âme de la communauté à s'épanouir.

En 2012, après 15 ans de lutte contre un cancer du cerveau, mon père est mort à 61 ans.

Olivio Martínez, *Guatemala*, sérigraphie, 1969.

Durant ses dernières années, il a tenu à s'assurer que ses nombreuses collections seraient utilisées à bon escient, pour servir à la communauté à laquelle il s'était consacré, ainsi qu'à toute personne déterminée à rendre la société plus juste, plus équitable et plus belle. Sa collection de littérature radicale a trouvé place dans la grande bibliothèque W.E.B. DuBois de l'université du Massachusetts; sa collection de poésie noire et latino a été léguée à la bibliothèque municipale de Holyoke; sa considérable documentation sur l'histoire de la communauté latino à Holyoke a élu domicile au musée Wisteriahurst de cette même ville ; quant à ses affiches de l'OSPAAAL, elles sont désormais dans les locaux d'Interference Archive à Brooklyn. Il serait ravi, j'en suis sûr, de savoir que ces œuvres sont mises à disposition d'un si grand nombre de personnes visant les mêmes buts que lui, afin qu'elles puissent les admirer et en tirer des enseignements.

The Carlos Vega Collection of OSPAAAL Prints

Jesse Maceo Vega-Frey

In 1974, my dad was twenty-four and living in a Holyoke, Massachusetts apartment building filled with friends trying arduously to transform the world for the better. As a young man, he had begun to understand how the discrimination and inequality he knew personally and saw all around him were the results of broader social forces that could be challenged and changed. His view of the world was expanding and his sense of his role in it was becoming clearer. Since immigrating to Holyoke from Quito, Ecuador at the age of five, he had rarely wandered far from his adopted home. But, my dad, wanting to experience, participate in, and support a living revolution, took a leap far outside of his comfort zone and traveled to Cuba with the Venceremos Brigade.

The Venceremos Brigade offers young Americans an opportunity to learn about the Cuban Revolution first-hand by bringing them to Cuba, steeping them in the history and culture of the island, and putting them to work. My dad's contingent spent three months working on the construction of a new agricultural community outside of Havana called *Las Naranjas* [The Oranges], where the team managed to complete a school and several dozen homes. Upon arrival, their hosts in the construction camp gave the Brigadistas a number of gifts, including the first three OSPAAAL posters my dad ever saw. He was hooked. On Sundays, their hosts would take the Brigadistas on outings to Old Havana, to cultural events, and to the beach. My dad never failed to sneak away and seek out bookstores to buy more OSPAAAL posters and books he could never find back home.

This experience in Cuba was an essential turning point in my dad's life, solidifying in him a greater faith, humility, inspiration, and sober determination in the possibility of revolutionary change. The most powerful aspect of what he encountered in Cuba—the thing that would direct his life and work forever after—was how culture was placed at the center of the Revolution (as embodied in these OSPAAAL posters). He had already delved into radical political analysis, theory, and organizing back at home. However, in Cuba, he also found an unwavering commitment to music, food, art, and poetry, which were integrated into the DNA of the Revolution. This radically transformed his ideas about putting art and culture at the heart of work for social change.

Upon returning home, he no longer saw beauty as frivolity, as a luxury, as bourgeois (in contrast to the sometimes stark and sober tone of his leftist discipline). He understood more fully that beauty was necessary for survival—as fundamental as food for the body and education for the intellect—and that the soul required inspiration and a sense of possibility to flourish. This was found most readily in art and cultural expression. Ultimately, he came to feel that this flourishing of the soul was the entire goal of the revolution: for what other reason would we struggle so tirelessly?

He also recognized that beauty was not only a goal, but a method. Art had the power to convey powerful messages and ideas—to educate and inspire—and could be a practical force for liberation in the world. This meant that the revolution was going to look different in Cuba than in Russia, different in Holyoke than in Beijing. This difference gave it power and room to breathe by keeping it connected to the authentic human experience at the heart of all social change. His love for artistic expression, especially that of oppressed peoples, became a core part of his vitality and of his work in the world. His own appreciation of beauty blossomed in the words of Langston Hughes and Nikki Giovanni, in the art of Elizabeth Catlett, Oswaldo Guayasamín, Diego Rivera, and in the resurgent and insurgent Indigenous music of Andean people and the nueva canción movement throughout Latin America.

He came back to Holyoke during a dramatic transformation in the city. Puerto Ricans had been coming to Connecticut as seasonal laborers in the tobacco fields (where my dad had also worked) since the sixties; however, they were now moving permanently into Holyoke's tenement housing as the Puerto Rican economy collapsed. This housing was created nearly a century earlier for workers at the many paper mills that had once formed the economic backbone of the city, but had largely been vacant after the mills abandoned the city in search of cheaper labor and energy abroad. The lack of substantial employment opportunities, cultural differences, and social service needs of the new community led to increasingly volatile dynamics between the white establishment and the Latino underclass. The Irish, Polish, and French Canadians—who filled the tenements and factories only a few generations before—found a new scapegoat for the city's woes. Of course, the evaporation of factory jobs was the true cause of the city's economic challenges.

My dad understood the fundamental class aspect of these dynamics and that those issues needed to be urgently addressed. He also understood that cultural expressions, specifically Puerto Rican ones, needed to be used as methods of organizing, of unification, and of change. Much of his work over the following years was committed to the material progress of the Puerto Rican community by improving housing access, job training, healthcare, political power, and environmental conditions. Equally, he valued culturally significant efforts and endeavored to create clean parks, music festivals, block parties, art exhibitions, and vibrant youth development programs to support the flourishing of the community's soul.

In 2012, after a fifteen-year struggle with brain cancer, my dad died at the age of sixty-one. In the final years of his life, he wanted to ensure that his many collections would be put to good use—to benefit the community he had dedicated himself to, as well as to others committed to making society more fair, more equitable, more beautiful. His collection of radical literature found

Above: Faustino Pérez, *Day of Solidarity with Zimbabwe*, offset printed poster, 1970.
Page 220: Lázaro Abreu, *Day of the Heroic Guerrilla*, offset printed poster, 1970.
Page 221: Olivio Martínez, *World Day of Solidarity with the Struggle of the People of the So-Called Portuguese Guinea and the Cape Verde Islands*, offset printed poster, 1969.
Page 222: Artist unattributed, *Tricontinental* 75 (back cover), 1981.
Page 223: Photographer unattributed, *Tricontinental* 86 (back cover), 1983.

a home in the special collections of the UMass W.E.B. DuBois Library; his collection of Black and Latino poetry was donated to the Holyoke Public Library; his extensive documentation of the history of Latino experience in Holyoke is at the city's Wistariahurst Museum; and his collection of OSPAAAL prints now resides at Interference Archive in Brooklyn. I am sure he would be deeply satisfied to know that this artwork is being made available, to be appreciated and learned from by so many others dedicated to this important work.

Dia del Guerrillero Heroico 8 de octubre Day of the Heroic Guerrilla October 8
Journée du Guérillero Héroïque 8 octobre

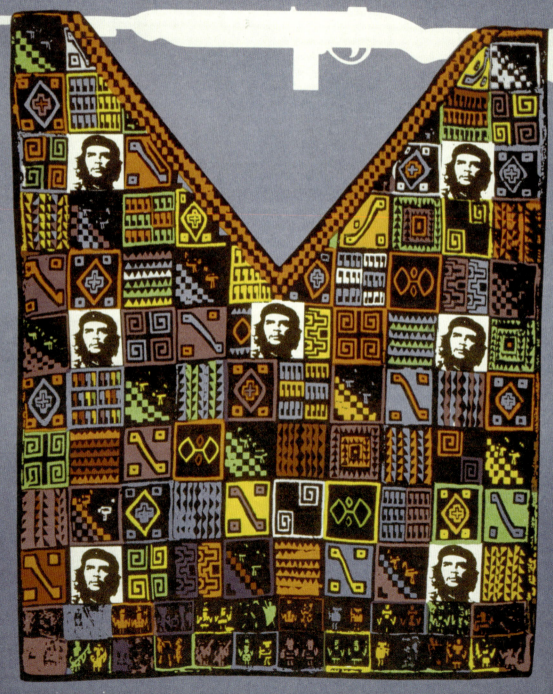

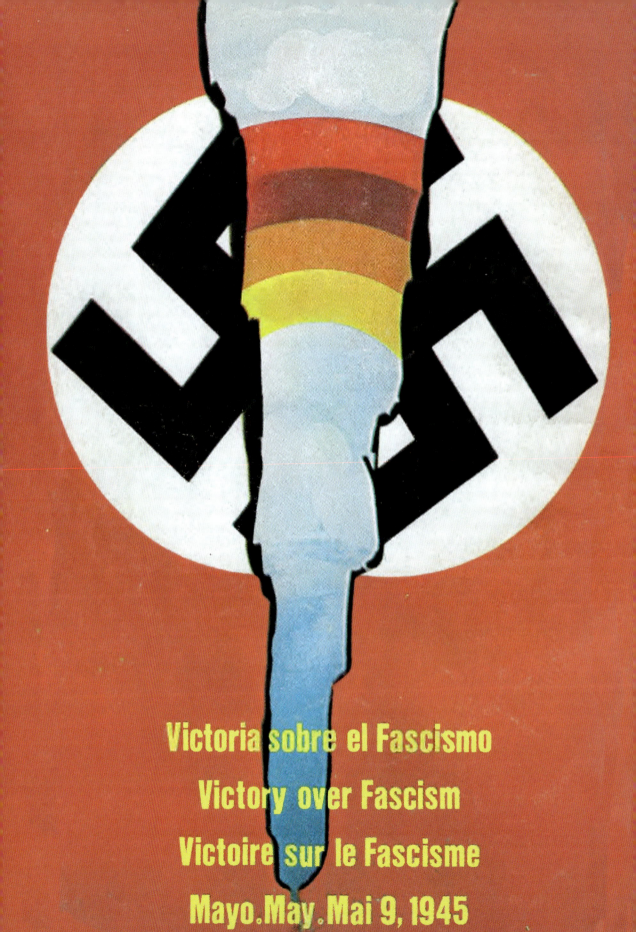

MONGOLIA: una iniciativa encaminada a la paz y a la seguridad en Asia
MONGOLIA: an Initiative for Peace and Security in Asia
MONGOLIE: une initiative orientée vers la paix et la sécurité en Asie

Génesis del héroe en los carteles de la OSPAAAL y en los cómics cubanos

Javier Gastón-Greenberg

Mi primer encuentro con los carteles de la OSPAAAL fue cuando era niño. Era la década de los ochenta, Casa de Las Américas en calle 14, cerca de la esquina con la Sexta Avenida, Nueva York. Casa era un club social fundado por cubano-americanos que llegaron a la ciudad en las décadas anteriores a la Revolución, algunos en busca de mejores oportunidades de trabajo y otros, como exiliados políticos. Esta primera generación de cubanos asentados en Nueva York apoyó el movimiento revolucionario antes, durante y después de su triunfo en 1959. Abrazaron a la generación más joven de cubanos, como mi madre, que habían salido de Cuba siendo niños o adolescentes en los primeros años de la Revolución y que más tarde, siendo veinteañeros, se convertirían en radicales del movimiento antiimperialista estadounidense y las luchas anticoloniales de todo el mundo.

La generación de mi madre salió de Cuba junto a sus padres, o bien, los chicos fueron enviados sin su familia, evento conocido como Operación Peter Pan.[1] Las generaciones mayores se referían a ellos como "los pinos nuevos", en referencia a José Martí y su llamamiento al sacrificio por la patria.[2] Participar en la Revolución a la distancia se convirtió en una forma de mantener y profundizar su sentido de pertenencia cubana, al mismo tiempo que lo ampliaban para abarcar una nueva identidad como latinos que luchan por la libertad en las entrañas mismas del imperio. Casa se convirtió en un refugio social, cultural y político donde la comunidad y las producciones culturales, como los carteles de la OSPAAAL, nutrieron una nueva identidad política.

A finales de los setenta y principios de los ochenta, Casa acogió a importantes líderes del movimiento tercermundista, algunos de los cuales aparecen en los carteles de la OSPAAAL: como Michael Manley, Primer Ministro de Jamaica en los setenta; Maurice Bishop, líder del Movimiento Nueva Joya y Primer Ministro de Granada; Cheddi Jagan, líder que se convertiría en Primer Ministro de Guyana en la década de los noventa; el representante de Cuba ante la ONU Ricardo Alarcón; músicos folclóricos latinoamericanos (nueva trova) que frecuentaban Casa, incluidos Silvio Rodríguez, Pablo Milanés, Noel Nicola y Mongo Santamaría. Casa acogió exposiciones de arte visual de artistas como Ana Mendieta, que absorbían las influencias procedentes de Cuba y las proyecciones de películas como *La batalla de Argel* (1966), *Memorias del subdesarrollo* (1968), *El Cóndor Pasa* (1971) o *La hora de los hornos* (1968). Esta comunidad multigeneracional se vio inmersa en una lucha a vida o muerte que la llevó al centro del movimiento de liberación internacional y a la punta de lanza de un mundo en transformación. *Tricontinenal* formaba parte de la red cultural de Casa que hacía circular noticias, ideas y una iconografía visual como los carteles de la OSPAAAL. Esta iconografía unía los puntos de una constelación revolucionaria y conformaba un internacionalismo cubano global. El legado histórico de José Martí se fusionó con la ideología de la guerra de guerrillas del Che Guevara, y se proyectó hacia un futuro utópico con la alianza entre Fidel Castro y la Unión Soviética.

Siendo niño, mi experiencia en Casa me trajo recuerdos e imágenes que han llegado a dar forma a mi trabajo. Los carteles de la OSPAAAL y su imaginario del heroísmo se inscriben en una tradición del arte gráfico en Cuba que se ocupa del pasado, el presente y el futuro. Tanto en mi investigación como en mis proyectos creativos rastreo la iconografía de la cultura visual cubana, los cómics en particular, y cómo el Estado revolucionario construyó visualmente un arquetipo de héroe durante los primeros años de la Revolución. *Álbum de la revolución cubana* (1959) es uno de los primeros ejemplos de reutilización y combinación de cómics y *marquillas* para construir visualmente el arquetipo del héroe revolucionario cubano y promover la mitificación y circulación de su historia (p. 225). Para completar el *Álbum*, se coleccionaron e intercambiaron tarjetas o sellos individuales, "postalitas" que representaban escenas de la historia del triunfo de la Revolución. Las tarjetas son piezas de la narración revolucionaria en las que acontecimientos, personajes e iconos conforman y transmiten un lenguaje visual. Los rebeldes barbudos son glorificados y convertidos en héroes de la nación. En la representación, los rebeldes aparecen tanto en formato de cómic, como en estilo de fotografía realista. Al combinar cómics e imágenes fotográficas, el poder del nuevo símbolo rebelde atraviesa los ámbitos real y simbólico, pues la línea entre historia y simbolismo se difumina deliberadamente para construir una versión mítica de la Revolución.

Arriba: L. Dominguez Triay, ed., *Álbum de la revolución cubana* (Habana: Revista Cinegrafica, S. A.), 1959. Portado de Capdevila.
Página 226: Rafael Morante Boyerizo, *Alona* (portado), 1986.

En la década de 1970, artistas como Rafael Morantes Boyerizo y otros utilizaron los carteles de la OSPAAAL para integrar elementos iconográficos del héroe revolucionario cubano y dar forma al héroe guerrillero internacionalista. Símbolos visuales como el icónico puño cerrado, logotipos de empresas estadounidenses y fotomontajes que transmiten cierta victimización de la militancia guerrillera generan una versión internacionalista del arquetipo del héroe revolucionario. El propósito era dar forma al concepto y al espíritu de un héroe colectivo del Tercer Mundo que es antiimperialista. Este héroe colectivo se encarna en el cartel *Bolivia*, el cual presenta un tótem humano compuesto por una mujer, un trabajador minero, un indígena y una persona con un libro. Juntos conforman un solo pueblo heroico, armado y feroz.

En la década de 1980, el proyecto utópico de la Revolución cubana consistía en combinar su guerra de guerrillas con los recursos científicos y tecnológicos más desarrollados de su aliado soviético. Así podría hacer frente a la amenaza de un ataque balístico de Estados Unidos, y por otro lado, reforzaría el compromiso con la Revolución en el corazón de la sociedad cubana y del movimiento de solidaridad internacional. En este contexto, la narrativa del héroe revolucionario amplía sus límites. En septiembre de 1980, una misión soviético-cubana llamada Soyuz 38 despegó con el primer astronauta cubano de la historia como parte del programa Interkosmos.[3] Arnaldo Tamayo Méndez, un piloto cubano de 38 años, se convirtió en el primer cosmonauta latinoamericano y afrodescendiente en volar al espacio. Este acontecimiento fue un triunfo para la Revolución y un logro histórico para el avance tecnológico del Tercer Mundo. Al llevar a un héroe más allá de los confines de su propio espacio local, la Revolución se expandía más allá de la Sierra Maestra de Oriente y de la isla, más allá de las Américas e incluso del planeta. El proyecto revolucionario, su discurso y su mito heroicos rompieron los parámetros espaciales de su campo de batalla original, se adentraron en otra concepción del espacio físico y figurativo del futuro. Al llevar la lucha desde las montañas al espacio exterior en 1980, según esta visión, el mito del héroe revolucionario libró una batalla por el futuro de la humanidad, el reclamo de un sentido de universalidad, es decir, ser el heredero de la familia de naciones universal y dar forma al llamado "nuevo hombre (universal)".

La estrategia de combinar una época histórica con una futurista, así como la distorsión del tiempo y el espacio, son emblemáticos del arquetipo heroico. También son comunes en los cómics y ciertas formas narrativas de ciencia ficción. El cómic cubano *Alona y Los Otros* de Rafael Morante Boyerizo (1986) es un ejemplo del arquetipo de héroe en expansión de la década de los ochenta, que combina el internacionalismo tercermundista con elementos de ciencia ficción (p. 226). *Alona* se publicó por primera vez en *Cómicos* entre 1986-1988 y nunca llegó a completarse. El cómic incompleto cuenta la historia de una heroína del espacio exterior que se embarca en una misión para encontrar a su marido, El Cazador, que ha desaparecido en su búsqueda de la eterna juventud. A lo largo de su viaje, Alona debe enfrentarse a los "cambiantes", entidades que pueden cambiar de forma para confundir a sus enemigos. Durante su encuentro con un "cambiante", Alona es atraída y llamada a unirse al "lado oscuro", una fuerza parecida a la de Darth Vader de *Star Wars*, o la de los *simbiontes* en el Universo Marvel. Durante la batalla, Alona cae en una dimensión o estado psicológico distinto al normal, desde el cual lucha por averiguar quién se está comunicando con ella. Para librar la misión, debe confiar en su propio sentido de la verdad y mantener su identidad, sus propósitos. El arco argumental lleva a Alona al reino del inconsciente, donde ha de enfrentarse a un abismo y encontrar el camino de vuelta a su nave espacial, donde está su tripulación, y continuar su viaje. La historia y la estética del cómic están permeados por la ciencia ficción y el imaginario psicodélico que, hacia los años ochenta, se estaban integrando en la cultura visual.

Es interesante observar que tanto la OSPAAAL como *Alona* utilizan el realismo, la militancia, la iconografía de guerra y el montaje fotográfico para construir el mundo, la trama y el personaje heroico. Por ejemplo, la imagen del puño cerrado, que ejemplifica un poder redentor o justiciero, aparece en la escena de la batalla en la que Alona triunfa contra el "cambiante".[4]

El uso de los paneles genera cierta contorsión que enmarca la condición en que se encuentra Alona, atrapada en un reino multidimensional en búsqueda de posibles salidas (pp. 229, 230, 233). Dentro de la tradición de la ciencia ficción existe la estrategia de remontarse a los primeros orígenes de la civilización humana para combinarlos con un escenario futurista, y así, intervenir en el presente histórico. La ciencia ficción, los cómics y los carteles de la OSPAAAL comparten formas híbridas en cuanto a su lenguaje narrativo simbólico. Tanto los carteles como el cómic *Alona* son ejemplos de narrativa visual avanzada para su época, pues proyectan un mito heroico cubano que integra un espacio exterior "consciente", y lo que podríamos llamar, un "espacio interior inconsciente" (pp. 60–61, 237, 240–241, 243).

La aparición y el cese de la publicación de *Alona* coinciden con el final de la "época dorada" de la producción cubana de cómics, provocado por la caída de la Unión Soviética en 1989. Las posibilidades de *Alona* se vieron frustradas por la escasez económica generalizada que trajo consigo el Periodo Especial de la década de los noventa, y en la misma, la crisis del mito del héroe revolucionario que trajo consigo. Al igual que otros cómics de los ochenta, *Alona* quedó incompleto. La crisis del mundo real truncó la posibilidad creativa, la exploración y la reflexión de este tipo de héroes sobre las dinámicas de la Revolución. Los protagonistas y los argumentos que se adentran en el más allá espacial y temporal, el impulso por escenarios futuristas, las tramas enraizadas en la guerra de guerrillas, la liberación del Tercer Mundo y la ciencia ficción: estas posibilidades imaginativas del proyecto revolucionaria de los ochenta terminó por anquilosarse. Las condiciones materiales de la isla durante la década de 1990 obligan a centrar todos los esfuerzos en la subsistencia económica. La revolución internacional no cumple la promesa utópica ni como objetivo final o destino último, ni como proceso, compromiso vibrante o un sentido evolutivo de la identidad. La Revolución entró en una nueva fase: menos proyección hacia el futuro y más sostenibilidad del presente. Podría decirse que dicha proyección del futuro durante los ochenta había sido una manera de encapsular el mito del héroe revolucionario en un presente eterno. El mito del héroe y su forma visual permanecen en una suerte de limbo histórico aún por descifrar.

En un intento de abordar esta temática, he desarrollado un proyecto colaborativo con artistas del cómic de Cuba y EEUU. *Génesis del héroe* propone una intervención del archivo cultural revolucionario de los ochenta del que forma parte la OSPAAAL. El proyecto crea historias originales de cómic que se mueven dentro y fuera de los confines de las formulaciones históricas del héroe y el villano de la Guerra Fría. En colaboración con los artistas cubanos Ariel Bravo y Alejandro Rojas, diseñamos un póster inspirado en la OSPAAAL para nuestro cómic *Libro de cristal* (p. 239). El cómic se creó para un centro de enseñanza media de Brooklyn, como parte de un programa de aprendizaje de idiomas y cultura. La protagonista, Karla Hernández, una estudiante cubanoamericana de 13 años que vive en Brooklyn, se enfrenta al conflicto de que su cómic sea borrado: el libro real (artefacto) y la historia en su mente (su proceso creativo). Descubre que otras historias también están siendo borradas y que el villano, el Inquisidor, una entidad omnipotente con

tentáculos amenazadores que tiene un hambre insaciable de consumir las historias que conforman los archivos culturales del mundo, está detrás de todo esto. Karla tiene que unir fuerzas con su compañero, Arutneva —la grafía inversa de "aventura"—, un personaje que recrea el arquetipo de héroe de los ochenta. Juntos atraviesan portales y viajan a Cuba, México y España para descubrir y confabularse con personajes literarios y mitológicos, por ejemplo, deidades de la santería cubana, la deidad azteca Quetzalcoatl, o el personaje ficticio Don Quijote.

Libro de cristal busca que jóvenes de EEUU y Cuba exploren una nueva forma de heroísmo: el poder "interior", y en general, que puedan utilizar el lenguaje del cómic para crear historias originales y conformen identidades latinas, entre la literatura, la mitología y la historia. La idea es que los estudiantes puedan imaginarse a sí mismos desde el medio del cómic, y mediante el lenguaje simbólico visual, interactúen con los archivos culturales de la identidad colectiva. El pincel de Karla sustituye al fusil en su lucha existencial por acceder, visibilizar y comprender la propia mitología tanto individual como social. La nueva iconografía del *Libro de cristal* está en diálogo con la OSPAAAL: desafía su marco de heroísmo limitado por el proyecto revolucionario histórico, pero comparte la visión y el deseo de dar forma a un mundo mejor.

1 La llamada Operación Peter Pan fue un éxodo clandestino de más de 14 000 menores cubanos no acompañados, de entre 6 y 18 años, a Estados Unidos de 1960 a 1962. Fueron enviados debido al temor de que Fidel Castro y el Partido Comunista estuvieran planeando poner fin a la patria potestad y enviar a los menores a centros de adoctrinamiento comunista.

2 *Los pinos nuevos* fue un discurso pronunciado por José Martí en Tampa el 27 de noviembre de 1891, evocando a los estudiantes de medicina asesinados ese mismo día pero de 1871, durante el dominio colonial, en el que llamaba a la juventud a sacrificarse y tomar las armas contra el dominio colonial en Cuba.

3 Como parte de la carrera espacial de la Guerra Fría, los soviéticos desarrollaron el programa Interkosmos en 1978 para promover entre sus países aliados misiones al espacio exterior.

4 Rafael Morante Boyerizo, *Alona*, 53.

Gênese heroica em pôsteres OSPAAAL e quadrinhos cubanos

Javier Gastón-Greenberg

Minha primeira experiência com os cartazes da OSPAAAL foi na década de 1980, quando eu era criança e visitei a Casa de Las Americas, na décima quarta rua, perto da esquina com a sexta avenida, na cidade de Nova York. A Casa era um clube social fundado por cubanos que imigraram para a cidade nas décadas anteriores à Revolução, alguns em busca de melhores oportunidades de trabalho, outros como exilados políticos. Essa primeira geração de cubanos recém-movidos para Nova York apoiou o movimento revolucionário antes, durante e depois de sua vitória em 1959. Eles acolheram a geração mais jovem de cubanos, como minha mãe, que deixou Cuba quando criança ou adolescente nos primeiros anos da Revolução e mais tarde se tornou radical durante os seus 20 anos, imersa no movimento anti-imperialista dos EUA e nas lutas anticoloniais ao redor do mundo.

A geração da minha mãe saiu de Cuba junto com seus pais ou foi enviada sem eles através da Operação Peter Pan.[1] As gerações mais antigas se referiam a eles como "los pinos nuevos", em referência ao chamado de José Martí para o sacrifício pela pátria.[2] Participar da Revolução a distância tornou-se uma forma de sustentar e aprofundar seu senso de cubanidade, ao mesmo tempo que expandia para abranger uma nova identidade de como latinos lutaram pela liberdade no interior da fera. A Casa tornou-se um refúgio social, cultural e político, onde a comunidade e os artefatos culturais, como os cartazes da OSPAAAL, nutriam uma nova identidade política.

No final da década de 1970 e início da década de 1980, a Casa recebeu importantes líderes do movimento do terceiro mundo (alguns representados nos cartazes da OSPAAAL), como Michael Manley, Maurice Bishop, Cheddi Jagan e Ricardo Alarcón. Músicos folclóricos latino-americanos (Nueva Trova) frequentavam a Casa, incluindo Silvio Rodríguez, Pablo Milanés, Noel Nicola e Mongo Santamaría. A Casa sediou exposições de arte visual de artistas como Ana Mendieta, que absorviam as influências vindas de Cuba, e exibições de filmes como "A Batalha de Argel", "Memorial do Subdesenvolvimento", "El Condor Pasa" e "La Hora de los Hornos". Essa comunidade multigeracional estava imersa em uma luta de vida ou morte que os levou ao centro do movimento de libertação internacional e à iminência de um mundo em transformação. A *Tricontinental* fez parte da rede cultural da Casa, que circulava notícias, ideias e uma iconografia visual, como os cartazes da OSPAAAL, que conectavam os pontos de uma constelação revolucionária e formavam um internacionalismo cubano global. O legado histórico de José Martí se fundiu com a ideologia da guerra de guerrilhas de Che Guevara e foi projetado em um futuro utópico com a aliança de Fidel Castro com a União Soviética.

Minha experiência na Casa quando criança me permitiu uma base de experiências, memórias e imagens que acabaram moldando meu trabalho. Os cartazes da OSPAAAL e sua imagem de heroísmo se encaixam em uma tradição mais ampla de arte gráfica em Cuba, preocupada com o passado, presente e futuro. Tanto minhas pesquisas quanto meus projetos criativos rastreiam a iconografia da cultura visual cubana (em particular, quadrinhos) e como o estado revolucionário visualmente construiu um arquétipo heroico nos primeiros anos da Revolução. O *Álbum da revolução cubana* (1959) é um dos primeiros exemplos de reaproveitamento da tradição de combinar quadrinhos e anúncios ("marquillas") para visualmente construir o arquétipo do herói revolucionário cubano e promover a mitologização e circulação de sua história (p. 225). Cartões/adesivos individuais, chamados "postalitas", que retratam cenas do triunfo da história da Revolução, eram coletados e trocados para completar o *Álbum*. Os cartões são peças da narrativa revolucionária, em que os eventos, personagens e ícones compõem a linguagem visual de transmissão. Os rebeldes —barbudos— são glorificados e transformados em heróis da nação. Na representação visual do álbum, os rebeldes aparecem tanto como desenhos em quadrinhos quanto em forma fotográfica realista. Ao combinar quadrinhos e imagens fotográficas, o poder do novo símbolo rebelde atravessa os reinos do real e do simbólico, e a linha entre história e simbolismo é propositalmente borrada para construir uma versão mitológica da Revolução.

Durante a década de 1970, artistas como Rafael Morantes Boyerizo e outros utilizaram os cartazes da OSPAAAL para integrar elementos iconográficos do herói revolucionário cubano e moldar a figura do guerreiro-herói guerrilheiro internacionalista. Símbolos visuais, como o icônico punho cerrado, logotipos de empresas americanas e imagens de fotomontagem que transmitem vitimização e militância guerrilheira, criam uma versão internacionalista do arquétipo do herói revolucionário. O objetivo era dar forma ao conceito e ao espírito de um herói coletivo do terceiro mundo anti-imperialista. Esse herói coletivo é incorporado no pôster "Bolívia", onde a imagem do herói é apresentada como um totem humano —composto por uma mulher, um trabalhador de mina, uma pessoa indígena e uma pessoa com um livro— todos fazem parte do "el pueblo heroico" (o povo heroico) que está armado e feroz.

Na década de 1980, o projeto utópico da Revolução Cubana consistia em combinar sua tática de guerrilha com o desenvolvimento de recursos científicos e tecnológicos de seus aliados soviéticos para enfrentar a ameaça de um ataque balístico dos EUA e solidificar um compromisso com a Revolução dentro de sua sociedade e do movimento internacional de solidariedade. É dentro desse contexto que a narrativa do herói revolucionário expande seus limites. Em setembro de 1980, uma missão soviético-cubana chamada Soyuz 38

Acima: Rafael Morante Boyerizo, *Alona* (46), 1986.
Página 230: Rafael Morante Boyerizo, *Alona* (51), 1986.

foi lançada com seu primeiro astronauta cubano como parte do programa Interkosmos.[3] Arnaldo Tamayo Méndez, um piloto cubano de 38 anos, de descendência afro-cubana, tornou-se o primeiro latino-americano e o primeiro cosmonauta negro a voar para o espaço. Esse evento foi um triunfo para a Revolução Cubana e uma conquista histórica para o avanço tecnológico do terceiro mundo. Ao levar um herói além dos limites de seu espaço local, o mito heroico revolucionário se estendeu além da Sierra Maestra de Oriente, além da ilha, além das Américas e além do planeta Terra. Com isso, o projeto revolucionário, seu discurso e seu mito heroico alcançaram um espaço físico e figurativo do futuro. Em 1980, o mito heroico revolucionário levou a luta das montanhas ao espaço sideral, travando uma batalha pelo futuro da humanidade e pelo poder de reivindicar um senso de universalidade, tornando-se o herdeiro da família universal e moldando o "novo homem (universal)".

Esse efeito estratégico de combinar uma era histórica com uma era futurista e a distorção

do tempo e do espaço, emblemáticos do arquétipo do herói revolucionário, também são comuns tanto em quadrinhos quanto em formas narrativas de ficção científica. O quadrinho cubano *Alona y Los Otros*, do artista da OSPAAAL Rafael Morante Boyerizo (1986), é um exemplo desse arquétipo em expansão nos anos 1980, combinando internacionalismo do terceiro mundo com elementos de ficção científica (p. 226). *Alona* foi publicada pela primeira vez na *Cómicos* entre 1986 e 1988 e nunca foi concluída. A história do quadrinho conta a jornada da heroína Alona pelo espaço sideral em busca do seu marido, El Cazador (O Caçador), que desapareceu em sua busca pela juventude eterna. Durante a jornada, Alona deve enfrentar os "cambiantes", entidades que podem mudar de forma para confundir seus inimigos. Durante seu encontro com um "cambiante", Alona é seduzida a se juntar ao "lado negro", uma força semelhante a Darth Vader em *Star Wars* ou aos *simbiontes* do Universo Marvel. Durante a batalha, ela cai em uma dimensão diferente ou estado psicológico onde precisa lutar para descobrir quem está se comunicando com ela. A tarefa é confiar em seu próprio instinto e manter a sua própria identidade, autoestima e objetivos. A história leva Alona ao reino do inconsciente, onde ela deve enfrentar o abismo e encontrar o seu caminho de volta para a sua espaçonave e tripulação e dar continuidade a sua missão. A trama e a estética do quadrinho são influenciadas pela ficção científica e pelas imagens psicodélicas que estavam sendo integradas ao imaginário visual dos anos 1980.

Tanto a OSPAAAL quanto *Alona* utilizam o realismo, a militância, a iconografia guerreira e a montagem fotográfica para construir o mundo de sua história e seu personagem herói. A imagem do punho cerrado, que exemplifica o poder redentor, aparece na cena de batalha em que Alona triunfa contra o "cambiante".[4]

O uso dos painéis cria uma realidade distorcida que enfatiza a condição de *Alona* de estar presa em um reino multidimensional, tentando encontrar o caminho de saída (pp. 229, 230, 233). Dentro da tradição da ficção científica, há uma estratégia de voltar às origens da civilização humana e combiná-la com um cenário futurista para intervir no presente histórico. Ficção científica, quadrinhos e os cartazes da OSPAAAL compartilham formas de hibridismo em termos de sua linguagem narrativa simbólica. Tanto os pôsteres da OSPAAAL quanto o quadrinho Alona são exemplos de narrativas visuais avançadas para sua época; eles projetam um mito heroico cubano particular em reinos do espaço interior do inconsciente e do espaço exterior consciente (pp. 60–61, 237, 240–241, 243).

O surgimento e o término de *Alona* coincidiram com o fim da "era de ouro" da produção de quadrinhos cubanos, ocasionada pela queda da União Soviética em 1989. O desenvolvimento adicional de *Alona* e suas possibilidades inexploradas tornaram-se vítimas da escassez generalizada e da crise no mito do herói revolucionário que foram trazidos junto do Período Especial dos anos 1990. *Alona*, juntamente com outros quadrinhos da década de 1980, ficou incompleto. Uma crise do mundo real ocorreu, interrompendo a possibilidade desses heróis explorarem mais e, ao fazê-lo, refletirem as dinâmicas mais profundas da Revolução. O projeto revolucionário e suas possibilidades imaginativas dos anos 1980, os personagens heróis e as tramas que se estendem para além do espaço e do tempo, e o impulso de se estender para o futuro com cenários e enredos enraizados na guerrilha, na libertação do terceiro mundo e na ficção científica, foram finalmente fossilizados. As condições materiais dos anos 1990 forçaram o foco na luta pela sobrevivência, excluindo tudo o resto. A revolução internacional fica aquém de alcançar a promessa utópica, não apenas como um objetivo final ou destino, mas como um processo de envolvimento vibrante e uma evolução do senso de identidade. No final dos anos 1980, a Revolução entrou em uma nova fase de sobrevivência, com menos projeção para o futuro e mais foco na sustentação do presente. A projeção para o futuro na década de 1980 era, em si, uma forma de preservar o mito do herói revolucionário em um presente perpétuo. Esse mito e sua forma visual persistem em um limbo estagnado que ainda precisa ser solucionado.

Para enfrentar as crises da sociedade e do mito do herói revolucionário, eu desenvolvi um projeto colaborativo chamado *Hero Genesis*, com artistas de quadrinhos de Cuba e dos Estados Unidos. O projeto propõe uma nova forma de intervenção e engajamento com os arquivos culturais revolucionários dos anos 1980, dos quais a OSPAAAL faz parte. O *Hero Genesis* cria histórias em quadrinhos originais, enquanto apresenta uma metodologia de colaboração entre os EUA e Cuba que utiliza a linguagem dos quadrinhos para se envolver criticamente com os arquivos históricos dos movimentos revolucionários dos anos 1980 e gerar histórias que se movem tanto dentro quanto fora dos limites das formulações de heróis e vilões da Guerra Fria. Como parte da minha colaboração com os artistas cubanos Ariel Bravo e Alejandro Rojas, criamos um pôster inspirado na OSPAAAL para nosso quadrinho *Crystal Book* (p. 239). O quadrinho foi criado como parte de um currículo de aprendizado de línguas e culturas para uma escola secundária em Brooklyn. A protagonista, Karla Hernández, é uma estudante cubano-estadunidense de 13 anos do ensino médio em Brooklyn. Ela enfrenta o conflito de ter sua história em quadrinhos apagada — tanto o livro físico quanto a história em sua mente. Ela descobre que outras histórias também estão sendo

apagadas e que o personagem vilão, o Inquisidor, uma entidade onipotente com tentáculos ameaçadores, tem uma fome insaciável por consumir histórias que compõem os arquivos culturais do mundo. Karla precisa se unir ao seu ajudante, Arutneva (seu nome é um anagrama, a grafia reversa de "aventura"), uma representação azul do arquétipo de herói da década de 1980. Juntos, eles atravessaram portais e viajaram para Cuba, México e Espanha para descobrir e se envolver com personagens literários e mitológicos: as divindades da Santeria em Cuba; a divindade mítica Quetzalcoatl da cultura asteca; e o personagem fictício Dom Quixote na Espanha.

A estratégia do projeto *Crystal Book* é fazer com que jovens dos Estados Unidos e de Cuba explorem uma nova forma de heroísmo — "o poder interior" — e usem a linguagem dos quadrinhos para criar histórias originais que interponham narrativas literárias, mitológicas e históricas que moldam as identidades latinx. Os alunos se veem na mídia dos quadrinhos e começam a usar o poder de sua linguagem visual simbólica para interagir com os arquivos culturais da identidade coletiva. O "pincel" de Karla substitui o "fuzil" em sua luta existencial para acessar seu mito cultural individual e coletivo, a fim de ser vista e compreendida. Essa nova iconografia do *Crystal Book* dialoga com a OSPAAAL, desafiando sua estrutura de heroísmo limitada ao projeto revolucionário e construindo sua própria perspectiva de dar forma a um mundo melhor.

1   A "Operação Peter Pan" foi um êxodo clandestino de mais de 14 mil menores cubanos desacompanhados, com idades entre 6 e 18 anos, para os Estados Unidos, de 1960 a 1962. Eles foram enviados porque os pais temiam que Fidel Castro e o Partido Comunista planejassem encerrar os direitos parentais e colocar os menores em centros de doutrinação comunista.

2   Isso se refere a um discurso proferido por José Martí em Tampa em 27 de novembro de 1891, em que Marti invoca estudantes de medicina mortos no mesmo dia naquele ano de 1871 durante o domínio colonial, em que pediu para que os jovens se sacrificassem e pegassem em armas contra o domínio colonial em Cuba.

3   Como parte da corrida espacial da Guerra Fria, os soviéticos desenvolveram o programa Interkosmos em 1978 para promover missões ao espaço sideral em seus países aliados.

4   Rafael Morante Boyerizo, *Alona*, 53.

Genèse du héros sur les affiches de l'OSPAAAL et dans les bande dessinées cubaines

Javier Gastón-Greenberg

J'ai découvert les posters de l'OSPAAAL quand j'étais enfant, dans le New York des années 1980, à la Casa de Las Americas. Située sur la 14ᵉ rue, près de l'angle avec la 6ᵉ avenue, la Casa était un centre social fondé par des Cubano-Américains ayant immigré lors des décennies pré-révolution, certains pour le travail, d'autres en tant que réfugiés politiques. Cette première génération d'immigrés cubains à New York a soutenu le processus révolutionnaire avant, pendant et après son triomphe de 1959. Elle a accueilli la génération suivante, dont ma mère faisait partie : des jeunes ayant quitté Cuba enfants ou adolescents, aux premières années de la révolution, qui allaient devenir radicaux à la vingtaine en soutenant l'anti-impérialisme et les luttes anticoloniales.

Les membres de cette génération avaient quitté Cuba avec ou sans leurs parents au cours de l'opération Peter Pan[1], et les générations précédentes les surnommaient « los pinos nuevos » en référence à l'appel de José Martí au sacrifice pour la patrie[2]. Réunis à la Casa, ils formèrent une communauté unie par un patriotisme très ancré, qui muta en identification et en solidarité avec la révolution. Participer à distance à cette dernière est devenu un moyen de soutenir et d'approfondir leurs liens avec leur pays natal, tout en les élargissant pour englober une nouvelle identité de Latinos en lutte pour la liberté dans le ventre de la bête. La Casa est ainsi devenue un refuge social, culturel et politique, où la communauté et les objets culturels tels que les affiches de l'OSPAAAL venaient nourrir une nouvelle identité politique.

À la fin des années 1970 et au début des années 1980, la Casa a accueilli d'importants dirigeants du mouvement tiers-mondiste (dont certains apparaissent sur des affiches de l'OSPAAAL),

tels que Michael Manley, Maurice Bishop, Cheddi Jagan ou Ricardo Alarcon. Des musiciens folk latino-américains (nueva trova) fréquentaient aussi l'endroit : Silvio Rodríguez, Pablo Milanés, Noel Nicola, Mongo Santamaría, etc. La Casa accueillait des expositions d'artistes influencés par Cuba, comme Ana Mendieta, et des projections de films, dont *La bataille d'Alger*, *Mémoires du sous-développement*, *El Condor Pasa* et *L'Heure des brasiers*. Cette communauté multigénérationnelle a été plongée dans une lutte à la vie à la mort, qui l'a placée au cœur du mouvement international de libération, au seuil d'un monde en pleine mutation. Le magazine *Tricontinental* était l'un des rouages du réseau culturel de la Casa, qui faisait circuler informations, idées et iconographie, à l'instar de celles des affiches de l'OSPAAAL, qui reliaient différents points de la constellation révolutionnaire et façonnaient un internationalisme cubain global. Suite à l'alliance de Fidel Castro et de l'URSS, l'héritage de José Martí fusionna avec les techniques de guérilla de Che Guevara pour viser un avenir utopique.

Avec le temps, mes souvenirs d'enfance à la Casa sont devenus une sorte de base de données, de souvenirs et d'images qui façonnent mon travail. Les affiches de l'OSPAAAL et leurs représentations de l'héroïsme s'inscrivent dans une tradition d'art graphique cubain connecté au passé, au présent et au futur. Mes projets de recherche et de création se penchent sur l'iconographie cubaine (bandes dessinées en particulier) et sur la façon dont l'État a créé un archétype de héros lors des premières années révolutionnaires. *Álbum de la revolución cubana* (1959) est l'un des premiers ouvrages où la tradition consistant à mixer bandes dessinées et publicités (les *marquillas*) sert la création d'une image archétypale de héros révolutionnaire cubain, afin de le

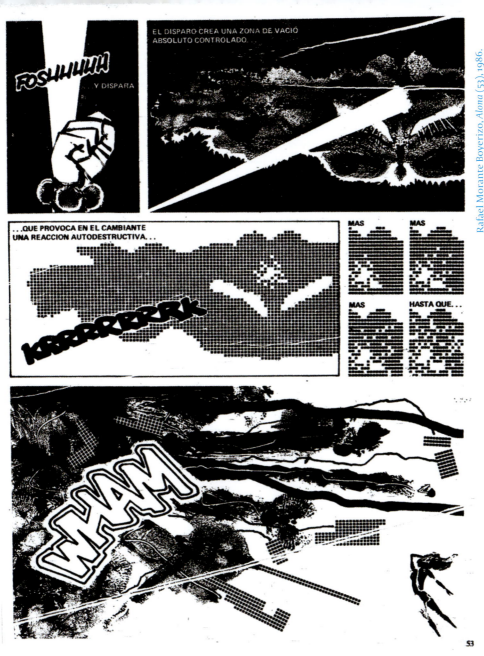

Rafael Morante Boyerizo, *Alona* (53), 1986.

transformer en mythe (p. 225). Les *postalitas*, ces cartes et ces timbres qui dépeignaient des triomphes de la révolution, étaient collectionnées et échangées pour compléter l'album. Elles constituaient des éléments à part entière du récit révolutionnaire, où les événements, les personnages et les icônes s'alliaient pour donner naissance à un langage visuel transmissible. Que ce soit dans des bandes dessinées ou sur des photos réalistes, les *barbudos* (« rebelles barbus ») étaient glorifiés jusqu'à devenir des héros de la nation. Ce mélange de bandes dessinées et de photographies donnait à ce nouveau symbole rebelle le pouvoir de transcender les domaines réels et métaphoriques, et la frontière entre Histoire et symbolisme était délibérément brouillée pour donner une dimension mythologique à la révolution.

Dans les années 1970, des artistes comme Rafael Morantes Boyerizo intégrèrent des éléments iconographiques du héros révolutionnaire cubain aux affiches de l'OSPAAAL. Des symboles comme le fameux poing serré, des logos d'entreprises américaines, ou des photomontages illustrant le déséquilibre des forces dans la guérilla, tendaient à créer une version internationaliste de ce héros révolutionnaire archétypal. L'objectif ? Propager ce concept dans le tiers-monde. Sur l'affiche *Bolivia*, le héros révolutionnaire archétypal revêt l'apparence d'un totem humain composé d'une femme, d'un mineur, d'un indigène et d'un lecteur, qui, ainsi réunis, constituent l'armé et glorieux *pueblo heroico* (« peuple héroïque »).

Dans les années 1980, l'utopie visée par la révolution cubaine consistait à combiner sa guérilla aux ressources scientifiques et technologiques de l'allié soviétique. Ceci afin de contrer une éventuelle attaque balistique de la part États-Unis, et de consolider l'engagement envers la révolution au sein de sa société et du mouvement de solidarité internationale. C'est dans ce contexte que le récit du héros révolutionnaire élargit ses frontières. En septembre 1980, dans le cadre du programme Interkosmos[3], la mission soviéto-cubaine Soyouz 38 est lancée, avec à son bord le premier astronaute cubain. Arnaldo Tamayo Méndez, Afro-Cubain de 38 ans, devient le premier cosmonaute latino-américain, ainsi que le premier Noir à aller dans l'espace. Un triomphe et une réussite technologique historique pour le tiers-monde, qui prolonge la révolution en emmenant un héros bien au-delà de son espace local — au-delà de la sierra, de l'île, des Amériques et de la planète Terre. Le projet révolutionnaire, son discours, et le mythe de son héros dépassèrent ainsi les limites de leur champ de bataille pour entrer dans un espace futuriste tant physique que figuratif. Des montagnes à l'espace, le héros révolutionnaire se battait pour l'avenir de l'humanité, revendiquait une certaine globalité, se voulait l'héritier d'une famille universelle et, au final, visait à façonner le « nouvel homme (universel) ».

Cette stratégie, emblématique du héros révolutionnaire archétypal, avec d'une part la combinaison entre époque historique et futuriste, et d'autre part la distorsion du temps et de l'espace, est alors courante dans la bande dessinée et la science-fiction. La bande dessinée cubaine *Alona y Los Otros* (1986), de Rafael Morante Boyerizo de l'OSPAAAL, est un bon exemple d'expansion de l'archétype du héros dans les années 1980, entre internationalisme du tiers-monde et science-fiction (p. 226). Publiée pour la première fois dans *Cómicos* entre 1986 et 1988, *Alona* n'a jamais été terminée. On y découvre l'histoire d'une héroïne de l'espace à la recherche de son mari, El Cazador (« Le Chasseur »), disparu au cours de sa quête de la jeunesse éternelle. Pendant son voyage, Alona doit affronter les « cambiante », des entités qui changent de forme pour tromper leurs ennemis. Face à eux, elle est attirée par le « côté obscur », une force qui évoque Darth Vador dans *Star Wars* ou les symbiotes de Marvel. Au cours de la bataille, Alona se retrouve dans une autre dimension, ou dans un autre état psychologique, où elle doit s'efforcer de comprendre qui communique avec elle. Pour cela, elle doit faire confiance à son propre sens de la vérité, du moi, de l'identité et du but à atteindre. L'histoire emmène Alona au royaume de l'inconscient, où elle doit faire face à un abîme et retrouver son vaisseau spatial et son équipage pour poursuivre sa mission. Le scénario et l'esthétique de la bande dessinée sont influencés par la science-fiction et l'imagerie psychédélique des années 1980.

L'OSPAAAL et *Alona* utilisent tous deux réalisme, militantisme, iconographie guerrière et photomontage pour bâtir leur univers narratif et leur héroïne. L'image du poing serré, symbole de rédemption, apparaît dans la scène où Alona triomphe du « cambiante »[4].

L'utilisation des cases permet des contorsions qui reflètent l'état d'Alona, piégée dans un royaume multidimensionnel dont elle tente de s'échapper (pp. 229, 230, 233). En science-fiction, une stratégie consiste à remonter aux origines de la civilisation et à les combiner avec un cadre futuriste pour intervenir dans le présent historique. Le langage narratif symbolique de la science-fiction, celui de la bande dessinée, et celui des affiches de l'OSPAAAL ont des points communs. Les affiches de l'OSPAAAL et la bande dessinée *Alona* sont de bons exemples de narrations visuelles très modernes pour leur époque; elles projettent le mythe du héros cubain tant dans le domaine de l'espace inconscient intérieur que dans celui de l'espace conscient extérieur (pp. 60–61, 237, 240–241, 243).

La fin d'*Alona* a coïncidé avec celle de « l'âge d'or » de la bande dessinée cubaine, provoquée par la chute de l'URSS en 1989. La suite de l'histoire a été victime de la *escasez generalizada* (« pénurie générale ») et de la crise du mythe du héros révolutionnaire durant la « période spéciale» des années 1990. L'histoire d'*Alona*, comme d'autres bandes dessinées des années 1980, demeure incomplète. Une crise bien réelle a mis fin aux aventures de ces héros fictifs, leur empêchant de refléter les dynamiques profondes de la révolution. Dans les années 1980, le projet révolutionnaire a fini par s'ossifier, et avec lui ses possibilités créatives, ses personnages, ses intrigues étendues dans l'espace-temps, et son rêve de se projeter dans le futur par le biais de scénarios tributaires de la guérilla, de la libération du tiers-monde et de la science-fiction. Les conditions matérielles des années 1990 forcent à se concentrer sur la survie à l'exclusion du reste. La révolution internationale n'atteint ses objectifs ni en tant que destinations, ni en tant qu'engagements dynamiques et évolutions identitaires. À la fin des années 1980, la révolution est dans une phase où il s'agit moins de se projeter que de survivre. Les projections futuristes des années 1980 visaient à enraciner le mythe du héros révolutionnaire dans un présent éternel. Le mythe du héros et sa représentation visuelle stagnent désormais dans les limbes, en attente d'une fin digne de ce nom.

Pour aborder les crises de la société et le mythe du héros révolutionnaire, j'ai lancé un projet de collaboration avec des dessinateurs de bande dessinée cubains et états-uniens. *Hero Genesis* propose une nouvelle forme d'intervention et de discussion avec les archives culturelles révolutionnaires des années 1980, dont celles de l'OSPAAAL. L'idée est d'inventer des histoires par le biais de collaborations entre les États-Unis et Cuba, en utilisant la bande dessinée pour aborder avec un œil critique les archives historiques des mouvements révolutionnaires des années 1980, et générer des narrations tant intérieures qu'extérieures aux dichotomies « gentil/méchant » de la guerre froide. Avec les artistes cubains Ariel Bravo et Alejandro Rojas, nous avons conçu une affiche inspirée de l'OSPAAAL pour notre bande dessinée *Crystal Book* [*Livre de cristal*] (p. 239). Cette dernière a été créée pour une école secondaire de Brooklyn, dans le cadre d'un programme d'apprentissage linguistique et culturel. La protagoniste, Karla Hernández, une Cubano-Américaine de 13 ans, élève à Brooklyn, est confrontée à l'effacement de sa bande dessinée. Cela concerne à la fois l'objet-livre et l'histoire en elle-même. Elle découvre que d'autres histoires sont ainsi effacées, et que ces disparitions sont dues au méchant, l'Inquisiteur, entité omnipotente aux tentacules menaçants, dotée d'un appétit insatiable d'histoires héritées des archives culturelles mondiales. Karla doit s'allier à Arutneva (l'orthographe inversée de « aventura »), incarnation bleue de l'archétype du héros des années 1980. Ensemble, ils traversent des portails jusqu'à Cuba, au Mexique et en Espagne, pour s'allier à des personnages littéraires et mythologiques : les divinités de la Santeria à Cuba, Quetzalcoatl, divinité mythique de la culture aztèque, ou encore Don Quichotte.

La stratégie est d'amener les jeunes des États-Unis et de Cuba à explorer une nouvelle forme d'héroïsme (le « pouvoir intérieur ») et à utiliser la bande dessinée pour créer des histoires originales mêlant récits littéraires, mythologiques et historiques, capables de façonner de nouvelles identités latino-américaines. Les élèves se reconnaissent dans la bande dessinée et utilisent son langage symbolique visuel pour interagir avec les archives de l'identité collective. Chez Karla, le pinceau remplace le fusil dans la lutte existentielle pour accéder à des mythes culturels, individuels et collectifs, qui permettent d'être reconnus et compris. Dans *Crystal Book*, cette nouvelle iconographie résonne avec celle de l'OSPAAAL, remettant en question son héroïsme limité au projet révolutionnaire, et prolongeant ses pistes vers un monde meilleur.

1   Communément appelé « Operación Pedro Pan », l'exode clandestin vers les États-Unis de plus de 14 000 mineurs cubains non accompagnés, âgés de 6 à 18 ans, s'est déroulé sur une période de deux ans, de 1960 à 1962. Les parents craignaient que Fidel Castro et le parti communiste n'envisagent de mettre fin aux droits parentaux et de placer les mineurs dans des centres d'endoctrinement communistes.

2   Cela fait référence à un discours prononcé par José Martí à Tampa le 27 novembre 1891, évoquant les étudiants en médecine tués ce même jour en 1871 sous le régime colonial, qui appelait les jeunes à se sacrifier et à prendre les armes contre le régime colonial à Cuba.

3   Pendant la guerre froide, les Soviétiques ont développé le programme Interkosmos en 1978 pour promouvoir les missions dans l'espace extra-atmosphérique dans les pays alliés.

4   Rafael Morante Boyerizo, *Alona*, 53.

Hero Genesis in OSPAAAL Posters and Cuban Comics

Javier Gastón-Greenberg

I first encountered OSPAAAL posters in the eighties, as a child at Casa de Las Americas on 14th Street near the corner of 6th Avenue in New York City. Casa was a social club founded by Cuban Americans who came to the city in the decades before the Revolution—some sought better work opportunities and others were political exiles. This early generation of Cuban transplants in New York City supported the revolutionary movement before, during, and after its triumph in 1959. They embraced the younger generation of Cubans, like my mother, who had left Cuba as children or adolescents in the early years of the Revolution and would later become radicals in their twenties, immersed in the US anti-imperialist movement and anti-colonial struggles around the world.

My mother's generation either departed Cuba alongside their parents or were sent without their parents via Operation Peter Pan.[1] Older generations referred to them as "*los pinos nuevos*," alluding to José Martí's call for sacrifice for the motherland.[2] Participating in the Revolution from a distance sustained and deepened their sense of Cubanness, while expanding it to encompass a new identity as Latinos fighting for freedom from within the belly of the beast. Casa became a social, cultural, and political refuge where community and cultural artifacts such as OSPAAAL posters nurtured a new political identity.

In the late seventies and early eighties, Casa hosted important leaders from the Third World movement (including those represented in OSPAAAL posters), such as Michael Manley, Maurice Bishop, Cheddi Jagan, and Ricardo Alarcon. Latin American folk musicians (nueva trova) frequented Casa, including Silvio Rodríguez, Pablo Milanés, Noel Nicola, and Mongo Santamaría. Casa hosted visual art exhibitions by artists like Ana Mendieta, who were absorbing the influences coming from Cuba, and screenings of films such as *The Battle of Algiers*, *Memorias del subdesarrollo*, *El Condor Pasa*, and *La hora de los hornos*. This multigenerational community was immersed in a life and death struggle that brought them to the center of the international liberation movement and to the cusp of a transforming world. *Tricontinental* formed part of Casa's cultural network by circulating news, ideas, and a visual iconography (e.g., the OSPAAAL posters) that connected the dots of a revolutionary constellation. Global Cuban internationalism was shaped by the historical legacy of José Martí, merged with Che Guevara's ideology of guerrilla warfare, and a projected utopian future through Fidel Castro's alliance with the Soviet Union.

My experience as a child at Casa created a foundation of experiences, memories, and images that have come to shape my work. The OSPAAAL posters, with their imagery of heroism, fit into a broader tradition of graphic art in Cuba concerned with the past, present, and future. My research and creative projects both trace the iconography of Cuban visual culture (comics in particular) and how the revolutionary state visually constructed a hero archetype in the early years of the Revolution. *Álbum de la revolución cubana* (1959) was one of the first examples that combined comics and advertisements [*marquillas*] to visually construct the Cuban revolutionary hero archetype and promote the mythologizing and circulation of its story (p. 225). Individual cards/stamps [*postalitas*] depicting scenes of the Revolution's triumph were collected and exchanged to complete the *Álbum*. The cards were pieces of revolutionary storytelling, where events, characters, and icons make up the visual language of transmission. The glorified bearded rebels [*barbudos*] were made into heroes of the nation. In the album's visual representation, the rebels appeared as both comic renderings and in realistic photography. This combination allowed the new rebel symbol to powerfully traverse the real and symbolic realms while purposely blurring the line between history and symbolism to construct a mythological version of the Revolution.

By the seventies, artists like Rafael Morantes Boyerizo visualized the internationalist guerrilla warrior-hero through OSPAAAL posters that integrated iconographic elements of the Cuban revolutionary hero. Visual symbols—the iconic clenched fist, US company logos, and photomontage imagery—conveyed victimization and guerrilla militancy to create an internationalist version of the revolutionary hero archetype. This gave shape to the concept and spirit of a collective, anti-imperialist Third World hero. The collective hero is embodied in the poster *Bolivia*, where the hero image is presented as a human totem composed of a woman, a mine worker, an Indigenous person, and a person with a book; they all make up *el pueblo heroico* [the heroic people] and are armed and fierce.

Helena Serrano, *Day of the Heroic Guerrilla October 8*, offset printed poster, 1968.

By the eighties, the utopian project of the Cuban Revolution combined its guerilla warfare with developing scientific and technological resources from its Soviet ally to confront the threat of a ballistic attack from the US. It solidified a commitment to the Revolution both within its society and through the international solidarity movement. In this context, the revolutionary hero narrative expanded its boundaries. In September 1980, a Soviet-Cuban mission called Soyuz 38 launched with the first ever Cuban astronaut as part of the Interkosmos program.[3] Arnaldo Tamayo Méndez, a 38-year-old Cuban pilot of Afro-Cuban descent, became the first Latin American and first Black cosmonaut to fly into space. This was a triumph for the Revolution and a historic achievement for Third World technological advancement. This extension of the Revolution took a hero beyond the confines of local space—beyond the *sierra* (Sierra Maestra of Oriente), beyond the island, beyond the Americas, and beyond planet Earth. The revolutionary project, its discourse, and its hero mythos traveled outward beyond the parameters of its original battleground and entered a physical and figurative space of the future. In taking the fight from the mountains to outer space, the revolutionary hero mythos waged a battle over the future of humanity, the power to claim a sense of universality, to be the heir of the universal family, and to shape the "new (universal) man."

This strategic effect of combining historic and futuristic eras to distort time and space was emblematic of the revolutionary hero archetype in both comics and science fiction narrative forms. The Cuban comic *Alona y Los Otros* by OSPAAAL artist Rafael Morante Boyerizo (1986) exemplified how the hero archetype expanded in the eighties to combine Third World internationalism with science fiction elements (p. 226). Alona was published in *Cómicos* between 1986 and 1988 but was never completed. The incomplete comic tells the story of a heroine in outer space who embarks on a mission to find her husband, El Cazador (The Hunter), who has gone missing during his pursuit of eternal youth. On her journey, Alona must face the "cambiantes," entities that can change their form to befuddle their foes. During her encounter with the "cambiante," Alona is lured into joining the "dark side"—a force akin to Darth Vader in *Star Wars* or the symbiotes of the Marvel Universe. During the battle, she falls into a different dimension or psychological state, where she must struggle to figure out who is communicating with her. She has to trust her own sense of truth and maintain her own sense of self, identity, and purpose. The story arc takes Alona into the realm of the unconscious, where she must face an abyss and find her way back to her spaceship and crew to continue her mission. The storyline and aesthetics of the comic are influenced by science fiction and the psychedelic imagery that was being integrated into the visual imagination of the eighties.

Both OSPAAAL and *Alona* use realism, militancy, warrior iconography, and photo montage to build the world, the story, and the hero character. The clenched fist image, which exemplifies redemptive power, appears in the battle scene where Alona triumphs against the "cambiante."[4]

The use of panels creates a contorted quality that frames Alona's condition of being trapped in a multidimensional realm, trying to make her way out (pp. 229, 230, 231). The science fiction tradition has long sourced from the early origins of human civilization, combined with a futuristic setting, to intervene in the historical present. Science fiction, comics, and the OSPAAAL posters share forms of hybridity in terms of their symbolic narrative language. Both the OSPAAAL posters and *Alona* comic are examples of advanced visual storytelling for their time; they project a particular Cuban hero mythos into realms of the inner unconscious space and outer conscious space (pp. 60–61, 237, 240–241, 243).

The cessation of *Alona* coincided with the end of the "golden era" of Cuban comics production brought on by the fall of the Soviet Union in 1989. The further development of Alona and its undiscovered possibilities fell victim to the general shortages [*escasez generalizada*] and the crisis of the revolutionary hero mythos that accompanied the Special Period in the nineties. *Alona*, along with other eighties comics, were left incomplete. A real-world crisis cut short the possibility of exploring these heroes further and, in so doing, to reflect on the deeper dynamics of the Revolution. The revolutionary project and its imaginative possibilities of the eighties, the hero characters and storylines reaching into the spatial and temporal beyond, and the impulse to stretch into the future with scenarios and plots rooted in guerrilla warfare, Third World liberation, and science fiction eventually ossified. The material conditions of the nineties forced a struggle for survival, at the exclusion of all else. The international revolution fell short of achieving its utopian promise, not only as an end goal or destination but as a process of vibrant engagement and an evolving sense of identity. By the end of the eighties, the Revolution entered its new phase of survival—less projecting into the future and more sustaining the present. Nevertheless, the projections into the future embalmed the revolutionary hero mythos in an eternal present; the hero mythos and its visual form linger in a stagnant limbo, yet to be resolved.

To address the crises of society and the revolutionary hero mythos, I have developed a collaborative project, Hero Genesis, with comic artists in Cuba and the US that proposes a new form of intervention and engagement with the eighties revolutionary cultural archive (of which OSPAAAL is part). Hero Genesis creates original comic book stories through a methodology of collaboration between the US and Cuba. It uses the comics medium to critically engage with the historical archives of eighties revolutionary movements and generate stories that move both within and outside the confines of Cold War hero-villain formulations. I collaborated with Cuban artists Ariel Bravo and Alejandro Rojas to design a poster inspired by OSPAAAL for our comic, *Crystal Book* [*Libro de cristal*] (p. 239). The comic was created as part of the language and cultural learning curriculum for a middle school in Brooklyn. The protagonist, Karla Hernández, a

13-year-old Cuban-American middle school student in Brooklyn, faces the conflict of her comic story being erased—both the actual book (artifact) and the story in her mind (her creative process). She finds out that other stories are also being erased and that the villain character, the Inquisitor, an omnipotent entity with menacing tentacles who has an insatiable hunger for consuming stories that make up the world's cultural archives, is behind it all. Karla joins forces with her sidekick, Arutneva (his name is an anadrome, the reverse spelling of *aventura*, or adventure), a blue embodiment of the eighties hero archetype. They travel through portals to visit Cuba, Mexico, and Spain to discover and collude with literary and mythological characters: the deities of Santeria in Cuba, the mythical Aztec deity Quetzalcoatl, and the fictional character Don Quixote in Spain.

The *Crystal Book* project asks young people from the US and Cuba to explore a new form of heroism—"the power within"—and uses the comics language to create original stories that interpose literary, mythological, and historical narratives that shape Latinx identities. Students see themselves in the comic medium and begin to use the power of its visual symbolic language to interact with the cultural archives of collective identity. Karla's *pincel* [brush] replaces the *fusil* [gun] in her existential fight to access her individual and collective cultural mythos in order to be seen and understood. *Crystal Book*'s new iconography takes up conversation with OSPAAAL, challenging a framework of heroism that was limited to the revolutionary project and building on its vision for a better world.

Above: Hero Genesis, *Crystal Book*, cover design by Ariel Bravo.
Pages 240–241: Alfrédo Rostgaard, *Trucontinetal* 15 (inside front and back covers), Nov–Dec 1969.
Pages 242: Berta Abelénda, *Day of Solidarity with the People of South Africa*, offset printed poster, 1968.
Pages 243: Heriberto Echeverría, *Day of Solidarity with the People of Guinea-Bissau and Cape Verde*, offset printed poster, 1971.

1   Operación Pedro Pan was a clandestine exodus of over 14,000 unaccompanied Cuban minors ages six to eighteen to the United States from 1960 to 1962. They were sent because parents feared that Fidel Castro and the Communist Party were planning to terminate parental rights and place minors in communist indoctrination centers.
2   This refers to a speech given by José Martí in Tampa on November 27, 1891 that called for youth to sacrifice and take up arms against colonial rule in Cuba. Martí invoked medical students killed on that same day in 1871.
3   The Soviets developed the Interkosmos program in 1978 to promote missions to outer space in their allied countries as part of the Cold War space race.
4   Rafael Morante Boyerizo, *Alona*, 53.

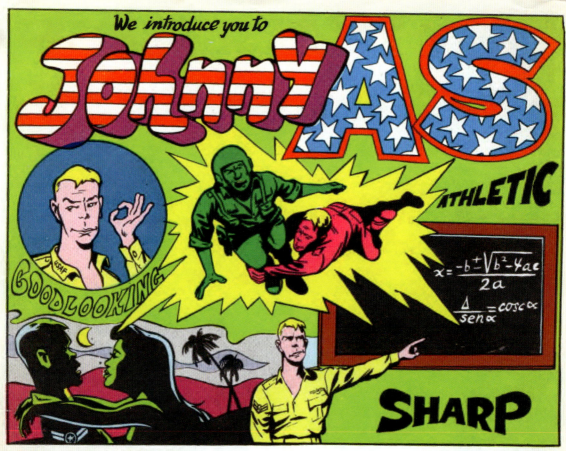

Los carteles de la OSPAAAL y el efecto halo

Ernesto Menéndez-Conde

Al final, ser un símbolo ha sido demasiado costoso para los cubanos de a pie.
—Marifeli Pérez-Stable, XI[1]

El número 10 de la revista *Tricontinental* (enero–febrero de 1969) contenía un diseño que aprovechaba los recursos formales del arte óptico. Una figura octogonal como si fuera el mapa de un laberinto. En la parte superior, un arma de fuego. Debajo, como alternativa que no debía tenerse en cuenta, una urna electoral. La ametralladora conduce directamente al epicentro de la imagen, formado por otro octógono, subrayado en verde lima, con la palabra "Liberación". Según la imagen, el camino de las elecciones democráticas sólo conduce a intrincados pasillos y callejones sin salida. El diseño afirma que no hay forma de lograr la liberación mediante el sufragio universal. La *Tricontinental* abogaba por la lucha armada como paradigma a seguir por los movimientos nacionalistas de África, Asia y América Latina.

El fusil es el motivo icónico más constante en la gráfica de la OSPAAAL, el símbolo del enfrentamiento armado como forma de obtener el poder. Las representaciones de armas de fuego se mantuvieron hasta 1989, pues tras la caída del Muro de Berlín, la gráfica de la OSPAAAL se limitó a condenar la pobreza y las prácticas neoliberales. El fusil se convirtió en un ícono del pasado, el de los socialismos de Europa del Este, los años de la Guerra Fría, etc. Sin embargo, hasta antes de ese momento, la solidaridad de la OSPAAAL se dirigía principalmente a los movimientos que optaban por la lucha armada, así se legitimaba el modelo cubano, su éxito en la guerra de guerrillas, el movimiento clandestino en las ciudades y el triunfo de la revolución.

Un cartel de Alfrédo Rostgaard parece celebrar la candidatura del Partido Comunista Venezolano, bajo el nombre de Unión para Avanzar (UPA), en las elecciones parlamentarias de 1968. "Vota" puede leerse debajo de la imagen de un político risueño que, según puede leerse en el globo de texto, proclama "Paz Democrática". A la derecha, "Unión para Avanzar". Sin embargo, al levantar la solapa del cartel, Rostgaard desenmascara la estrategia de la democracia en Venezuela: el globo se transforma en un corazón con una fotografía del presidente estadounidense Lyndon B. Johnson, mientras que la frase "Unión para avanzar" se completa con "…en la vía de la traición". Es decir, las urnas pertenecían a las sociedades capitalistas en general y eran desleales a la lucha revolucionaria. Según el cartel de la OSPAAAL, ese partido comunista de Venezuela estaba traicionando a los pueblos oprimidos del Tercer Mundo. La unidad de la Organización era la del enfrentamiento armado, como indica la mano que empuña el fusil en el logotipo de la organización.

Las imágenes de fusiles junto a líderes tercermundistas, puños triunfales, campesinos y guerrilleros, etc., sugieren la iconografía del realismo socialista pero, en este caso, ya era representada mediante lenguajes artísticos contemporáneos. Los diseñadores cubanos pusieron en práctica una concepción estética formulada por Ernesto Che Guevara. Al líder argentino le parecía reprobable que el arte bajo el capitalismo estimulara "angustias sin sentido" y "pasatiempos vulgares", e incluso pensaba que la supuesta libertad artística en esas sociedades separaba al hombre de sus problemas reales.[2] Guevara pensaba que el arte podía ser "un arma de lucha". Sin embargo, tampoco era partidario del realismo, lo consideraba una estética decimonónica y una herencia de la clase burguesa. Más bien pensaba que era necesario poner los hallazgos formales del arte contemporáneo al servicio de las clases trabajadoras. Por ejemplo, la manera en que los gráficos de la OSPAAAL creaban una sensación de comunidad tricontinental al añadir atuendos tradicionales, iconos, deidades y motivos ornamentales que hacían fácilmente reconocibles las referencias a las naciones que componen el Sur Global.

Los gráficos de la OSPAAAL eran la punta del iceberg de una política exterior cuya esencia era el internacionalismo proletario. Además de financiar a grupos armados latinoamericanos, entrenar a guerrillas internacionales, conceder becas a estudiantes africanos y preparar a cientos de cuadros políticos del Tercer Mundo, la política exterior del gobierno cubano incluía la exportación de ayuda militar, trabajadores sanitarios, educadores y obreros de la construcción. Los médicos cubanos llevaron a cabo misiones en más de treinta países, al grado de que para 1982 el 64% de sus cirujanos habían servido en el extranjero.[3] En la década de 1970, una brigada de cubanos levantó seis hospitales en Perú; miles de constructores fueron a Vietnam; y otros trabajaron en Tanzania, Jamaica, Madagascar, México, Guinea Bissau, Angola, Granada y Etiopía. El periódico *Granma* anunció que para 1981 habría entre 15 000 y 20 000 trabajadores de la construcción en misiones internacionales.[4]

Luis Trapaga, *Efecto de Halo*, cartel impreso digitalmente, 2020.

Para los cubanos, los costos de esta política exterior fueron inmensos. Miles de hombres perdieron la vida en conflictos militares en África, incluida la guerra de Angola, que duró más de quince años. Estas colaboraciones internacionales parecían un lujo que contrastaba con las alarmantes condiciones de los edificios, las carreteras, calles y acueductos de toda la isla, además de los graves problemas de vivienda a los que se enfrentaba la población. Este internacionalismo proletario se impuso a base de sacrificios, privaciones diarias y exigencias: racionamiento de bienes de consumo; jornadas de trabajo voluntario; cortes diarios del servicio eléctrico; largas colas en tiendas, restaurantes y mercados de alimentos. La solidaridad con los movimientos y gobiernos de orientación marxista de África, Asia y América Latina se convirtió en una manera de alentar el protagonismo internacional y el mesianismo de Fidel Castro. El internacionalismo proletario fue moneda de cambio para construir alianzas políticas, obtener apoyo económico, al mismo tiempo que se hacía propaganda sobre la magnanimidad y el humanismo de la Revolución cubana.

En 2019, el artista Luis Trápaga realizó la obra *Efecto halo* (p. 245). En ella aparece una bandera cubana con un asta de madera sostenida por las nalgas de una persona. La psicología define el efecto halo como una valoración positiva de alguien solo por el atractivo que ejercen sus primeras impresiones. Por ejemplo, uno puede creer que alguien que se comporta generosamente con un desconocido es igualmente amable con sus allegados, cuando quizás es cruel con ellos en el trato cotidiano. La imagen de Trápaga, que además alude a cierto acto de sodomía, plantea la cuestión de cómo juzgar éticamente la defensa de los oprimidos cuando ésta procede de un poder que es en sí mismo opresor. Trápaga encontró dificultades para imprimir el cartel tanto en los "servicios fotográficos" estatales como en el mercado negro. Según Trápaga, la persona que finalmente lo imprimió recibió posteriormente la visita de la policía secreta. Efecto halo se ha mostrado en dos exposiciones colectivas celebradas en Cuba en galerías clandestinas.[5]

Efecto halo recuerda a un cartel de la OSPAAAL realizado por Antonio Mariño Ñico en 1970, con motivo de una jornada de solidaridad mundial con la Revolución cubana (p. 247). La bandera en la obra de Ñico aparece en la cúspide de una montaña, construida mediante una secuencia de triángulos cuyos ángulos superiores se curvan. La insignia nacional se eleva sobre un pico de luz. El cartel es una asimilación creativa de tendencias artísticas contemporáneas puestas al servicio de la gráfica política de un país socialista del Tercer Mundo. El cartel podría representar el Pico Turquino, que se suele asociar con el movimiento del 26 de julio y al que se asciende en los aniversarios de la Revolución. El año 1970 también se recuerda por el fracaso de la zafra azucarera de 10 millones de toneladas. Todo el país fue movilizado para cumplir este "esfuerzo decisivo", como el gobierno lo promovía, aunque sólo el 3% tenía experiencia en esta labor especializada.[6] Fue una meta muy poco probable desde el comienzo, pero Fidel Castro insistió y no escuchó opiniones contrarias. Durante esos meses, las fases de la producción aparecían triunfalmente en una secuencia de vallas propagandísticas del artista de la OSPAAAL Olivio Martínez, y más tarde en 10 carteles. Los números que anunciaban la llegada de un nuevo millón avanzaban dinámicamente hacia el primer plano: "Ya son 8", "¡Sólo uno más!", hasta culminar en un estallido festivo que, a pesar del fracaso numérico, presentaba la zafra azucarera como una victoria, al igual que el cartel de Ñico.

Obras como el *Cristo guerrillero* de Rostgaard, y otras, consiguen transmitir un sentido de protesta global y lucha anticolonial (p. 263). A pesar de todo, el espíritu de rebelión es uno de los legados, quizá imprevisto, de los carteles de la OSPAAAL. Desde finales de la década de 2010, ha surgido un grupo de jóvenes diseñadores críticos del gobierno que retoman algunos rasgos formales e imágenes emblemáticas del cartel revolucionario, sean de contenido explícitamente político o aquellos creados por instituciones como el ICAIC y Casa de las Américas. El grupo trabaja principalmente con imágenes digitales y en redes sociales, y está conformado por artistas residentes de La Habana, como el mismo Trápaga, Gorki Águila, Julio Llópiz-Casal y Luis Luisovich, y otros que trabajan desde la diáspora. En muchos casos, son creadores formados en el ISDI (Instituto Superior de Diseño Industrial) o en escuelas de arte cubanas (p. 256).

Los jóvenes han subvertido el aspecto propagandístico de los carteles de los años sesenta y setenta, aunque sí denuncian problemas en la sociedad cubana. Incluso parodian el cartel revolucionario, e intentan ir más allá de las obras de la OSPAAAL, Casa de las Américas, el ICAIC y otras instituciones cubanas. Por ejemplo, *Libertad para Luis Manuel* por Lilian Dooley es una apropiación de una obra del diseñador Félix Beltrán originalmente realizada en 1971 para el Comité Cubano por la Libertad de la Activista Angela Davis (pp. 196, 252). En esta apropiación, Dooley exige más bien la liberación del artista disidente afrocubano Luis Manuel Otero Alcántara, detenido arbitrariamente por el gobierno cubano y condenado a cinco años de prisión. Estas parodias son un homenaje a esa rebeldía que muchas veces llegó a infundir la gráfica de la OSPAAAL, y que hoy en día resulta acuciante en la sociedad cubana contemporánea. Al mismo tiempo, estos diseñadores emergentes están deshaciendo críticamente el efecto de halo de la revolución y del internacionalismo proletario cubano que, paradójicamente, los diseños de la misma OSPAAAL contribuyeron a generar.

1   Marifeli Pérez-Stable, *The Cuban Revolution, Origins, Course and Legacy* (Nueva York, NY: Oxford University Press, 1999).

2   Ernesto Guevara, "El Socialismo y el hombre en Cuba," en *Pensamiento y política cultural cubanos: antología*, ed. Nuria Nuiry Sánchez y Graciela Fernández Mayo, vol. 1 (La Habana: Editorial Pueblo y Educación, 1986), 132–34.

3   José de la Osa, "Han prestado su concurso internacionalista un 64 por ciento de los cirujanos cubanos," *Granma* (8 de Febrero 1982), 3.

4   José Gabriel Guma, "Entre 15 y 20 000 constructores tendrá Cuba en el exterior en 1981," *Granma* (30 Junio 1980), 3.

5   Entrevista con Luis Trápaga, 15 de abril de 2023.

6   Ada Ferrer, *Cuba: An American History* (Nueva York, NY: Scribner, 2021), 440.

Antonio Mariño (Ñico), *Día de solidaridad mundial con la revolución Cubana*, cartel impreso en offset, 1970.

Os pôsteres da OSPAAAL e o efeito halo/auréola

Ernesto Menéndez-Conde

No final das contas, ser um símbolo tem sido muito custoso para os cubanos comuns.
—Marifeli Pérez-Stable, XI[1]

A edição número 10 da revista *Tricontinental* (janeiro/fevereiro de 1969) trazia um design que explorava os recursos formais da arte óptica. Havia uma figura em formato octogonal, como se fosse um mapa de um labirinto. No topo, uma arma de fogo. Logo abaixo, como uma opção a ser eliminada, uma urna eleitoral/de votação. A metralhadora conduzia diretamente ao epicentro da imagem, formado por outro octógono destacado em verde-limão, com a palavra "Liberación". Por outro lado, o caminho das eleições democráticas levava apenas a corredores complexos e becos sem saída. O design afirmava que a libertação não poderia ser alcançada por meio do sufrágio universal. A *Tricontinental* defendia a luta armada como paradigma a ser seguido pelos movimentos nacionalistas na África, Ásia e América Latina.

O rifle, sem dúvida o motivo icônico mais presente nos gráficos da OSPAAAL, simbolizava o confronto armado como meio de obter poder. Representações de armas de fogo permaneceram até 1989, quando, após a queda do Muro de Berlim, os gráficos da OSPAAAL se limitaram a condenar a pobreza e as práticas neoliberais. O rifle continuou sendo um elemento icônico do passado, associado aos socialismos do leste europeu e aos anos da Guerra Fria. Nos gráficos da OSPAAAL, a solidariedade era principalmente direcionada aos movimentos que optaram pela luta armada. Era uma defesa da legitimidade do modelo cubano, já que a experiência bem-sucedida da guerrilha, juntamente com o movimento clandestino nas cidades, levou ao triunfo da Revolução.

Ao mesmo tempo, o rifle parecia estar associado ao socialismo. Um cartaz de Alfrédo Rostgaard parecia celebrar a candidatura do Partido Comunista Venezuelano, chamado Unión Para Avanzar (UPA), nas eleições parlamentares de 1968. Abaixo da imagem de um político rindo, que proclamava "Paz Democrática" em uma fala em balão de texto, dava pra ler a palavra "Vote". À direita, estava escrito "União para Avançar". No entanto, ao levantar a ponta que fazia parte do cartaz, Rostgaard desmascarava a estratégia dos comunistas venezuelanos. A bolha se transformava em um coração com uma fotografia do presidente dos EUA, Lyndon B. Johnson, e a frase "União para Avançar" era completada com ". . . no caminho da traição". A urna de votação pertencia às sociedades capitalistas e era desleal à luta revolucionária. Segundo o cartaz da OSPAAAL, os comunistas venezuelanos traíram os povos oprimidos do Terceiro Mundo. A unidade da OSPAAAL era fundamentada no confronto armado, como indicava a mão segurando o rifle no logotipo da organização.

As imagens de rifles, juntamente com lideranças do Terceiro Mundo, punhos triunfantes, camponeses e guerrilheiros sugerem a iconografia do realismo socialista, representada em linguagens artísticas contemporâneas. Os designers cubanos colocaram em prática uma concepção estética formulada por Ernesto Che Guevara. O líder argentino considerava repreensível que a arte sob o capitalismo estimulasse a "angústia sem sentido" e os "passatempos vulgares", enquanto a suposta liberdade da pesquisa artística marginalizava o homem de seus problemas reais.[2] Guevara acreditava que a arte poderia ser uma "arma combativa". Mas ele não era defensor do realismo, que via como uma estética do século XIX, um legado da classe burguesa. Em vez disso, ele achava necessário colocar as descobertas formais da arte contemporânea a serviço das classes trabalhadoras. Os gráficos da OSPAAAL criaram um senso de comunidade tricontinental ao adicionar trajes tradicionais, ícones, divindades e motivos ornamentais, que faziam referência às nações que compõem o Sul Global e que eram facilmente reconhecíveis.

Os gráficos da OSPAAAL eram apenas a ponta do iceberg de uma política externa que tinha como essência o "internacionalismo proletário/socialismo internacional". Além de financiar grupos armados latino-americanos, treinar guerrilheiros internacionais, conceder bolsas de estudo a estudantes africanos e preparar centenas de quadros políticos do "Terceiro Mundo", a política externa do governo cubano incluía a exportação de ajuda militar, profissionais de saúde, educadores e trabalhadores da construção. Médicos cubanos realizaram missões em mais de trinta países, sendo que 64% dos cirurgiões haviam atuado no exterior até 1982.[3] Na década de 1970, uma brigada de cubanos ergueu seis hospitais no Peru e milhares de construtores foram para o Vietnã, enquanto outros trabalhavam na Tanzânia, Jamaica, Madagascar, México, Guiné-Bissau, Angola, Granada e Etiópia. O jornal *Granma* anunciou que até 1981 haveria entre 15 e 20 mil trabalhadores da construção em missões internacionais.[4]

Para os cubanos, os custos dessa política externa foram imensos. Milhares de homens perderam suas vidas em conflitos militares na África, incluindo a guerra em Angola, que durou mais de quinze anos. Essas colaborações internacionais têm a aparência de um luxo que contrastava com as condições alarmantes de edifícios, estradas, ruas e aquedutos em toda a ilha, além dos graves problemas habitacionais enfrentados pela população. Esse internacionalismo proletário/socialismo internacional foi implementado ao lado da imposição de sacrifícios, privações diárias e demandas: racionamento de bens de consumo; dias de trabalho voluntário; cortes diários no serviço de eletricidade; e longas filas em lojas, restaurantes e mercados. A solidariedade com movimentos e governos pró-marxistas na África, Ásia e América Latina tornou-se uma forma de incentivar o desejo de Fidel Castro de proeminência internacional e messianismo. O internacionalismo proletário/socialismo internacional também foi usado como moeda de troca para construir alianças políticas, obter apoio econômico e propagandear a magnanimidade e o humanismo da Revolução Cubana.

Em 2019, o artista Luis Trápaga criou a obra "Halo Effect" (Efeito Halo ou Auréola) (p. 245). Ela apresenta uma bandeira cubana com um mastro de madeira apoiado nas nádegas de uma pessoa. A psicologia define o efeito halo como a valoração positiva de alguém apenas pela atratividade exercida pelas primeiras impressões. No efeito halo, por exemplo, é possível acreditar que uma pessoa que age de maneira generosa com um estranho seja igualmente amável com qualquer outro indivíduo próximo a ela, sem considerar a possibilidade de que essa pessoa possa tratá-los de forma autoritária ou tirana. A imagem da cidade de Trápaga, com sua alusão ao ato de sodomia, levanta a questão de como julgar eticamente a defesa dos oprimidos quando ela vem de um poder que é, por si só, opressivo. Trápaga enfrentou dificuldades para imprimir o cartaz tanto nos "serviços fotográficos" estatais quanto no mercado negro. Segundo Trápaga, a pessoa que finalmente imprimiu o cartaz foi visitada posteriormente pela polícia secreta. "Halo Effect" foi exibido em duas exposições coletivas em Cuba, realizadas em galerias underground.[5]

"Halo Effect" nos remete a um pôster da OSPAAAL, criado por Antonio Mariño (Ñico) em 1970, durante um dia de solidariedade mundial com a Revolução Cubana (p. 247). Na obra de Ñico, a bandeira é representada no topo de uma montanha, formada por uma sequência de triângulos com ângulos superiores curvados. O emblema nacional emerge em um pico de luz. O pôster é uma fusão criativa de tendências artísticas contemporâneas, aplicadas à arte política de um país socialista do Terceiro Mundo. Poderia ser uma representação simbólica do Pico Turquino, aquele associado ao Movimento 26 de Julho e que frequentemente é escalado em comemoração ao aniversário da Revolução. O ano de 1970 também é lembrado pelo fracasso na meta de produzir 10 milhões de toneladas de açúcar, uma batalha desafiadora por si só. Todo o país foi mobilizado para alcançar esse "esforço decisivo", apesar de apenas 3% da população ter experiência nesse tipo de trabalho especializado.[6] A meta era baseada em previsões irreais, mas Fidel Castro persistiu nela, ignorando opiniões que o contradiziam. O fracasso na produção também foi retratado com êxito em uma série de outdoors criados pelo artista da OSPAAAL Olivio Martínez, e mais a frente, em dez cartazes. Os números anunciando a chegada de um novo milhão avançavam de forma dinâmica para o primeiro plano —"Já são 8", "Só mais um"— culminando em uma explosão festiva que transformava uma colheita frustrada de açúcar em uma vitória, assim como o pôster de Ñico.

Obras como "Cristo guerrilheiro" de Rostgaard, entre outras, conseguem transmitir esse sentido de protesto global e lutas anticoloniais (p. 263). Esse espírito de rebeldia é um dos legados, talvez inesperados, dos pôsteres da OSPAAAL. A partir do final da década de 2010, um grupo de jovens designers emergiu, aproveitando as características formais e algumas das imagens emblemáticas do pôster revolucionário —tanto aqueles com conteúdo político mais explícito quanto os criados por instituições como o ICAIC e a Casa de las Americas— para lançar críticas ao governo. Esse movimento se desenvolve principalmente no âmbito das imagens digitais e das redes sociais, e é composto por artistas que residem em Havana, como Trápaga, Gorki Águila, Julio Llópiz-Casal e Luis Luisovich, além de outros que trabalham na diáspora. Muitos deles são formados no ISDI (Instituto Superior de Design Industrial) ou em escolas de arte cubanas (p. 256).

Esses jovens subverteram a dimensão de propaganda dos pôsteres das décadas de 1960 e 1970. Eles identificam problemas na sociedade cubana que merecem ser denunciados e fazem paródias dos pôsteres revolucionários, indo além das obras da OSPAAAL, Casa de las Americas, ICAIC e outras instituições cubanas. Em "Libertad Para Luis Manuel", uma apropriação de uma obra do designer Felix Beltrán para o Comitê Cubano pela Liberdade da ativista negra Angela Davis, Lilian Dooley exige a libertação do dissidente negro Luis Manuel Otero Alcántara, detido arbitrariamente pelo governo cubano e condenado a cinco anos de prisão (pp. 196, 252). Essas paródias são homenagens a essa dimensão de rebeldia, frequentemente expressa nos gráficos da OSPAAAL, que é tão marcante na sociedade cubana contemporânea. Ao mesmo tempo, esses designers emergentes estão contribuindo para desfazer o efeito halo tanto em relação à revolução quanto ao internacionalismo proletário cubano, que os designers da OSPAAAL contribuíram na criação.

1   Marifeli Pérez-Stable, *The Cuban Revolution, Origins, Course and Legacy* (New York, NY: Oxford University Press, 1999).

2   Ernesto "Che" Guevara, "El Socialismo y el hombre en Cuba," em *Pensamiento y política cultural cubanos: antología*, ed. Nuria Nuiry Sánchez and Graciela Fernández Mayo, vol. 1 (La Habana: Editorial Pueblo y Educación, 1986), 132–34.

3   José de la Osa, "Han prestado su concurso internacionalista un 64 por ciento de los cirujanos Cubanos," *Granma* (8 February 1982), 3.

4   José Gabriel Guma, "Entre 15 y 20 000 constructores tendrá Cuba en el exterior en 1981," *Granma* (30 June 1980), 3.

5   Entrevista com Luis Trápaga, 15 de abril de 2023.

6   Ada Ferrer, *Cuba: An American History* (New York, NY: Scribner, 2021), 440.

Affiches de l'OSPAAAL et effet de halo

Ernesto Menéndez-Conde

« Au final, servir de symboles a coûté trop cher aux Cubains ordinaires. »
—Marifeli Pérez-Stable, XI[1]

Dans le numéro 10 du magazine *Tricontinental* (janvier–février 1969), une illustration exploite les ressources formelles de l'art optique. Une figure octogonale y évoque le plan d'un labyrinthe. En haut, une arme à feu. En dessous, en guise d'alternative à ne surtout pas considérer, une urne. La mitrailleuse pointe le centre de l'image, composé d'un autre octogone vert lime orné du mot « Liberación ». La voie du suffrage universel ne mène qu'à des impasses ; l'illustration affirme qu'il est impossible d'atteindre la libération par son biais. Le paradigme que prône *Tricontinental* pour les mouvements nationalistes d'Afrique, d'Asie et d'Amérique latine, c'est la lutte armée.

Le fusil, motif le plus iconique de l'OS-PAAAL, symbolise donc la lutte armée comme moyen d'obtenir le pouvoir. Les représentations d'armes à feu ont perduré jusqu'à la chute du mur de Berlin en 1989. Les illustrations de l'OS-PAAAL se sont ensuite limitées à dénoncer la pauvreté et les pratiques néolibérales. Le fusil demeure un motif iconique du passé, contemporain des socialismes d'Europe de l'Est et de la Guerre froide. Dans l'iconographie de l'OS-PAAAL, la solidarité s'adresse en premier lieu aux mouvements adeptes de la lutte armée. La légitimité du modèle cubain est ainsi défendue, puisque c'est la pratique de la guérilla, combinée aux mouvements clandestins urbains, qui a permis le triomphe de la révolution.

Le fusil semble aussi associé au socialisme. Une affiche d'Alfrédo Rostgaard a l'air de célébrer la candidature du Parti communiste vénézuélien, sous le nom d'Unión Para Avanzar, aux élections législatives de 1968. Sous l'image d'un politicien hilare qui proclame « Paix démocratique » dans une bulle de texte, on peut lire le mot « vote ». À droite, « L'Union pour Avancer ». En soulevant le rabat intégré, on démasque la stratégie des communistes vénézuéliens : la bulle devient un cœur avec une photo du président américain Lyndon B. Johnson, et la phrase « L'Union pour Avancer » est complétée par « … sur le chemin de la trahison ». L'urne appartient aux sociétés capitalistes et non à la lutte révolutionnaire. Si l'on en croit ce poster de l'OSPAAAL, les communistes vénézuéliens ont trahi les peuples opprimés du tiers-monde. L'unité de l'OSPAAAL est celle de la confrontation armée, comme le souligne la main qui brandit un fusil dans son logo.

Les images de fusils, de dirigeants du tiers-monde, de poings triomphants, de paysans et de guérilleros évoquent le réalisme socialiste tel que représenté dans les langages artistiques contemporains. Les graphistes cubains ont mis en pratique les préceptes esthétiques d'Ernesto Che Guevara. Le leader argentin trouvait répréhensible que l'art, sous le capitalisme, encourage « l'angoisse insensée » et les « passe-temps vulgaires », tandis que la prétendue liberté de la recherche artistique éloignait l'homme de ses vrais problèmes[2]. Selon Guevara, l'art pouvait être une arme, mais il n'était pas pour autant partisan du réalisme, qu'il considérait hérité de la bourgeoisie du XIXe siècle. Lui voulait mettre les trouvailles formelles de l'art contemporain au service des classes populaires. L'iconographie de l'OSPAAAL crée un sentiment de communauté tricontinentale via l'utilisation de vêtements traditionnels, d'icônes, de divinités et de motifs ornementaux, références facilement assimilables aux nations du Sud global.

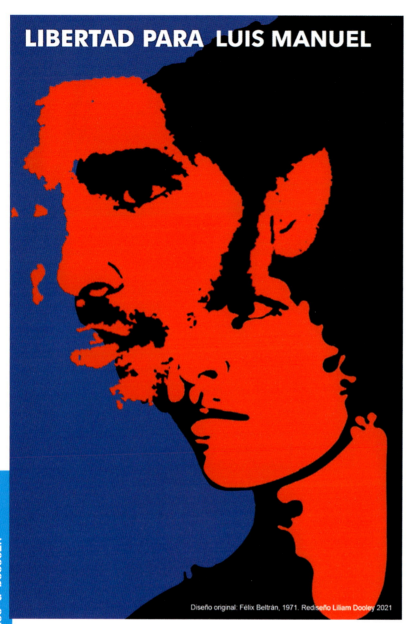

Liliam Dooley, *Freedom for Luis Manuel*, affiche imprimée de façon digitale, 2021.

L'iconographie de l'OSPAAAL constituait la partie émergée d'une politique étrangère dont l'essence était « l'internationalisme prolétarien ». Outre le financement de groupes armés latino-américains, l'entraînement de guérillas internationales, l'octroi de bourses d'études à des étudiants africains et la formation de centaines de cadres politiques du « tiers-monde », la politique étrangère de Cuba incluait l'exportation d'aide militaire, de personnel de santé, d'éducateurs et d'ouvriers. Les médecins cubains étaient fréquemment envoyés en mission dans plus de trente pays différents, avec jusqu'à 64 % des chirurgiens ayant servi à l'étranger en 1982[3]. Dans les années 1970, une brigade de Cubains a construit six hôpitaux au Pérou, tandis que des milliers d'ouvriers se sont rendus au Vietnam, et d'autres en Tanzanie, en Jamaïque, à Madagascar, au Mexique, en Guinée-Bissau, en Angola, à la Grenade et en Éthiopie. Selon le journal *Granma*, entre 15 000 et 20 000 ouvriers du bâtiment cubains auraient été envoyés en missions internationales pendant la seule année 1981[4].

Le coût de cette politique étrangère fut immense pour les Cubains. Des milliers d'hommes ont perdu la vie dans les conflits militaires en Afrique, parmi lesquels la guerre en Angola, qui s'est étalée sur plus de quinze ans. De telles collaborations internationales sont problématiques quand on pense à l'état alarmant des bâtiments, des routes, des rues et des aqueducs d'alors, sans parler des graves problèmes de logement dans tout Cuba. Cet internationalisme prolétarien a été mis en œuvre en parallèle à l'imposition de sacrifices, de privations quotidiennes et d'autres exigences : rationnement des biens de consommation, journées de travail volontaire, coupures d'électricité quotidiennes et longues files d'attente dans les magasins, restaurants et marchés. La solidarité avec les mouvements et les gouvernements pro-marxistes d'Afrique, d'Asie et d'Amérique latine est devenue un moyen de satisfaire l'ambition de Fidel Castro d'occuper le devant de la scène internationale et de devenir un messie. L'internationalisme prolétarien a aussi servi de monnaie d'échange pour nouer des alliances politiques, obtenir un soutien économique et faire de la propagande sur la magnanimité et l'humanisme de la révolution cubaine.

En 2019, l'artiste Luis Trápaga a conçu l'œuvre « Halo Effect » (« Effet de halo ») (p. 245). Elle représente un drapeau cubain avec un mât en bois planté dans des fesses humaines. En psychologie, l'effet de halo se définit comme l'évaluation positive d'une personne, uniquement basée sur les premières impressions. Par exemple, on peut assumer qu'untel, généreux avec un étranger, doit aussi l'être avec ses proches, sans considérer que l'inverse soit aussi possible. Avec son allusion à la sodomie, l'illustration de Trápaga pose cette question : que penser de la défense de l'opprimé quand elle est l'œuvre d'un pouvoir luimême oppressif ? Trápaga a rencontré des difficultés pour imprimer son affiche, aussi bien dans les « services photo » étatiques que sur le marché noir. Selon lui, la personne ayant fini par l'imprimer a par la suite reçu la visite de la police secrète. L'œuvre a été montrée deux fois dans des expositions collectives et clandestines à Cuba[5].

« Halo Effect » rappelle une affiche de l'OSPAAAL réalisée en 1970 par Antonio Mariño (Ñico), pour une journée de solidarité mondiale avec la révolution cubaine (p. 247). Ici, le drapeau apparaît à la pointe d'une montagne composée d'une série de triangles dont les angles supérieurs se courbent. L'emblème national s'élève au-dessus d'un pic de lumière. Ce poster assimile certaines tendances artistiques contemporaines, mises au service du graphisme politique d'un pays socialiste du tiers-monde. Il est possible qu'elle représente le Pico Turquino, sommet associé au mouvement du 26 juillet et souvent gravi à l'occasion d'anniversaires de la révolution. L'année 1970 est aussi celle de l'échec de la récolte sucrière de dix millions de tonnes. Le pays entier est mobilisé pour cet « effort décisif »[6], quand bien même seuls 3 % des habitants ont l'expérience nécessaire. Un objectif irréaliste, mais vers lequel Fidel Castro s'obstine à aller au mépris de l'opinion publique. Cet objectif manqué apparaît aussi en grande pompe sur une série de panneaux d'affichage de l'artiste Olivio Martínez de l'OSPAAAL, et plus tard, sur pas moins de dix posters. Les chiffres annonçant l'atteinte d'un nouveau million passent de façon dynamique au premier plan (« Et de huit », « Plus qu'un et c'est bon ») jusqu'à culminer dans un élan festif qui transforme cette récolte ratée en victoire, comme sur l'affiche de Ñico.

D'autres œuvres, comme le « Christ guérillero » de Rostgaard, parviennent à communiquer ce sentiment de protestation mondiale et de lutte anticolonialiste (p. 263). Ce goût pour la rébellion est l'un des héritages, peut-être imprévu, des affiches de l'OSPAAAL. Depuis la fin des années 2010, un groupe de jeunes graphistes s'inspire des caractéristiques formelles et de certaines images emblématiques des affiches révolutionnaires, des plus explicitement politiques à celles d'institutions comme l'ICAIC ou la Casa de las Americas, pour critiquer le gouvernement. Ce mouvement s'est surtout développé par le biais d'images numériques et sur les réseaux sociaux. Il se compose d'artistes vivant à La Havane, comme Trápaga, Gorki Águila, Julio Llópiz-Casal et Luis Luisovich, et d'autres de la diaspora. Dans de nombreux cas, il s'agit de créateurs formés à l'Institut supérieur de design industriel ou dans des écoles d'art cubaines (p. 256).

La jeunesse a donc subverti la dimension propagandiste des affiches des années 1960 et 1970. Elle trouve des problèmes à dénoncer dans la société cubaine et parodie les affiches révolutionnaires de l'OSPAAAL, de la Casa de las Americas, de l'ICAIC et d'autres institutions cubaines. Dans *Libertad Para Luis Manuel*, appropriation d'une œuvre du designer Felix Beltrán pour le Comité cubain pour la libération de l'activiste noire emprisonnée Angela Davis, Lilian Dooley demande la libération du dissident noir Luis Manuel Otero Alcántara, détenu de façon arbitraire par le gouvernement cubain et condamné à cinq ans de prison (pp. 196, 252). De telles parodies constituent des hommages à la rébellion, souvent exprimée dans l'iconographie de l'OSPAAAL, et dont la société cubaine contemporaine a tant besoin. Dans un même mouvement, ces designers émergents contribuent à défaire l'effet de halo sur la révolution et l'internationalisme prolétarien cubain, que les designers de l'OSPAAAL ont contribué à créer.

1   Marifeli Pérez-Stable, *The Cuban Revolution, Origins, Course and Legacy* (New York, NY: Oxford University Press, 1999).

2   Ernesto "Che" Guevara, "El Socialismo y el hombre en Cuba," dans *Pensamiento y política cultural cubanos: antología*, ed. Nuria Nuiry Sánchez and Graciela Fernández Mayo, vol. 1 (La Habana: Editorial Pueblo y Educación, 1986), 132–34.

3   José de la Osa, "Han prestado su concurso internacionalista un 64 por ciento de los cirujanos Cubanos," *Granma* (8 February 1982), 3.

4   José Gabriel Guma, "Entre 15 y 20 000 constructores tendrá Cuba en el exterior en 1981," *Granma* (30 June 1980), 3.

5   Entretien avec Luis Trápaga, 15 avril 2023.

6   L'année où la récolte de sucre a commencé a été qualifiée de « décisive » par le gouvernement. Ada Ferrer, *Cuba: An American History* (New York, NY: Scribner, 2021), 440.

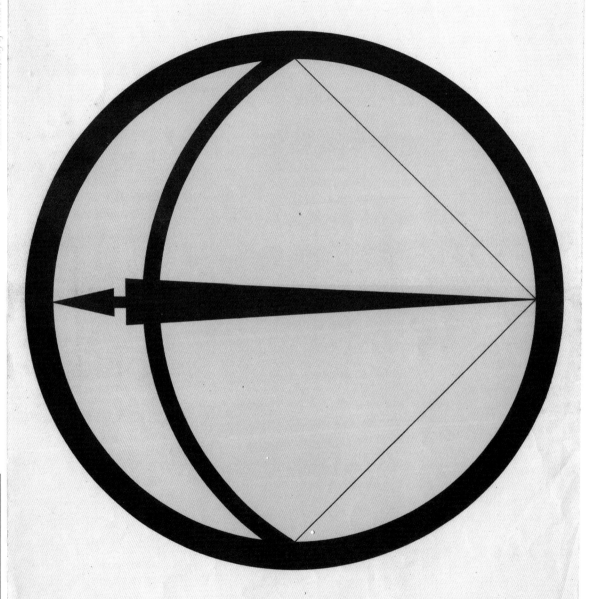

The OSPAAAL Posters and the Halo Effect

Ernesto Menéndez-Conde

> In the end, being a symbol has been too costly for ordinary Cubans.
> —Marifeli Pérez-Stable, XI[1]

Issue number 10 of *Tricontinental* magazine (January–February 1969) contained a design that took advantage of the formal resources of optical art. An octagonal figure was positioned like a map of a labyrinth: at the top, a firearm; underneath was an alternative to be disregarded—the ballot box. The machine gun led directly to the epicenter of the image—another octagon, emphasized in lime green, with the word *Liberación*. In contrast, the path of democratic elections only led to intricate corridors and dead ends. The design asserts that there is no way to achieve liberation through universal suffrage. As such, *Tricontinental* advocated for armed struggle as the paradigm for nationalist movements in Africa, Asia, and Latin America.

The rifle—undoubtedly the most consistent and iconic motif in OSPAAAL's graphics— symbolized armed confrontation as a way to obtain power. Representations of firearms remained until 1989 (after the fall of the Berlin Wall, OSPAAAL's graphics were limited to condemning poverty and neoliberal practices). The rifle has become an iconic motif of the past, alongside the socialisms of Eastern Europe and the Cold War years. OSPAAAL's graphics primarily directed solidarity at movements that opted for armed struggle. This defended the legitimacy of the Cuban model, where the successful experience of guerrilla warfare led, together with the clandestine movement in the cities, to the triumph of the Revolution.

At the same time, the rifle seems to be associated with socialism. A poster by Alfrédo Rostgaard outwardly seemed to celebrate the candidacy of the Venezuelan Communist Party (Unión Para Avanzar (UPA)) in the 1968 parliamentary elections. "Vote" can be read below the image of a laughing politician who proclaims "Democratic Peace" in a text balloon. To the right of the image is the text "Union to Advance." However, a flap built into the poster unmasks the Venezuelan communists' strategy. The bubble is transformed into a heart with a photograph of US President Lyndon B. Johnson, and the phrase "Union to Advance" is completed with "on the path of treason." The ballot box belonged to capitalist societies and was disloyal to the revolutionary struggle. According to the OSPAAAL poster, Venezuelan communists betrayed oppressed peoples of the Third World. The unity of OSPAAAL was that of armed confrontation, as indicated by the hand wielding the rifle in the organization's logo.

The images of rifles, Third World leaders, triumphal fists, peasants, and guerrillas suggest the iconography of socialist realism, represented in contemporary artistic languages. Cuban designers practiced an aesthetic conception formulated by Ernesto Che Guevara. The Argentinian leader found it reprehensible that art under capitalism stimulated "senseless anguish" and "vulgar pastimes" while the supposed freedom of artistic research marginalized people from their real problems.[2] Guevara thought that art could be "a weapon of struggle." Yet, he did not support realism, which he saw as a nineteenth-century aesthetic, a legacy of the bourgeois class. Instead, he thought it necessary to put the formal findings of contemporary art in service of the working classes. OSPAAAL's graphics created a sense of tricontinental community by adding traditional attire, icons, deities, and ornamental motifs as

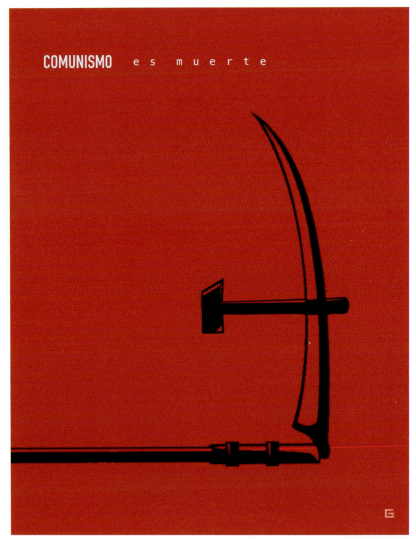

Above: Gorki Águila, *Communismo es Muerte*, digitally produced poster, 2021.
Pages 258–259: Photo illustration for "Unique Ireland," *Tricontinental* 25 (86–87), Jul-Aug 1971.
Page 260: Alfrédo Rostgaard, "The John Birch Game for White Racists," *Tricontinental* 9 (inside front cover), Nov-Dec 1968.
Page 261: Rafael Morante, *Tricontinental* 107 (back cover), 1986.

easily recognizable references to the nations that make up the Global South.

OSPAAAL's graphics were just the tip of Cuba's "proletarian internationalism" foreign policy iceberg. Besides financing Latin American armed groups, training international guerrillas, granting scholarships to African students, and preparing hundreds of political cadres from the "Third World," the foreign policy of the Cuban government included exporting military aid, health workers, educators, and construction workers. Cuban doctors carried out missions in more than thirty countries, with 64 percent of surgeons having served abroad by 1982.[3] In the seventies, a brigade of Cubans erected six hospitals in Peru, and thousands of builders went to Vietnam, while others worked in Tanzania, Jamaica, Madagascar, Mexico, Guinea Bissau, Angola, Grenada, and Ethiopia. The newspaper *Granma* announced that by 1981 there would be between 15,000 and 20,000 construction workers on international missions.[4]

The costs of this foreign policy were immense for Cubans. Thousands of men lost their lives in military conflicts in Africa, including the war in Angola, which lasted more than fifteen years. These international collaborations began to seem like a luxury that contrasted with the alarming conditions of buildings, roads, streets and aqueducts throughout the island, not to mention the serious housing problems facing the population. Proletarian internationalism was implemented alongside imposed sacrifices, daily privations, and demands—the rationing of consumer goods, voluntary workdays, daily cuts to electric service, and long lines in stores, restaurants, and food markets. Solidarity with pro-Marxist movements and governments in Africa, Asia, and Latin America encouraged Fidel Castro's desire for international prominence and messianism. Proletarian internationalism was also a bargaining chip to build political alliances, obtain economic support, and propagandize the magnanimity and humanism of the Cuban Revolution.

In 2019, the artist Luis Trápaga created *Halo Effect* (p. 245). It features a Cuban flag on a wooden flagpole supported by a person's buttocks. In psychology, the halo effect is the positive valuation of someone from only the attractiveness exerted during first impressions. For example, one might believe that someone who behaves generously towards a stranger is equally kind to people close to them (even if they are actually despotic). Trápaga's image—with its allusion to the act of sodomy—raises the question of how to ethically judge a defense of the oppressed when it comes from a power that is in itself oppressive. Trápaga encountered difficulties printing the poster both in the state-run "photo-services" and on the black market. According to Trápaga, the person who finally did print it was subsequently visited by the secret police. "Halo Effect" has been shown in two collective shows in Cuba held in underground galleries.[5]

Halo Effect recalls an OSPAAAL poster made by Antonio Mariño (Ñico) in 1970 for a day of world solidarity with the Cuban Revolution (p. 247). The flag in Ñico's work appears on the cusp of a mountain, constructed as a sequence of triangles whose upper angles become curved. The national insignia rises above a peak of light. The poster creatively assimilated contemporary artistic trends into political graphics for a socialist Third World country. The mountain could represent Pico Turquino, the peak associated with the July 26 movement and often ascended on anniversaries of the Revolution. However, the year 1970 is also remembered for a failed sugar harvest (ten million tons), an uphill battle unto itself. The whole country was mobilized to fulfill the "decisive effort" of collective sugar farming, despite only 3% of the population having experience in this specialized work.[6] The goal was based on unrealistic forecasts, but Fidel Castro persisted, disregarding opinions that contradicted him. The doomed productive goal appeared triumphantly in a sequence of billboards by OSPAAAL artist Olivio Martínez and in ten posters. The numbers announcing the arrival of a new million dynamically advanced to the foreground—"That makes 8," "Just one more"—until culminating in a festive outburst that cast the frustrated sugar harvest as a victory just like Ñico's poster.

Works like Rostgaard's *Cristo guerrillero* [Guerrilla Christ] manage to communicate a sense of global protest and anti-colonialist struggles (p. 263). This sense of rebellion is one of the (perhaps unforeseen) legacies of the OSPAAAL posters. Since the late 2010s, a group of young designers has emerged to take advantage of the formal features and some of the emblematic images of revolutionary posters—both those with more explicitly political content and those created by institutions such as ICAIC and Casa de las Americas—to launch criticisms of the government. This movement has mainly developed in the space of digital images and social networks. It consists of artists living in La Habana (e.g., Trápaga, Gorki Águila, Julio Llópiz-Casal, and Luis Luisovich) and others who work from the diaspora. In many cases, they were trained at the ISDI (Higher Institute of Industrial Design) or at Cuban art schools (p. 256).

Young people subvert the propagandistic dimension of posters from the sixties and seventies. They identify problems in Cuban society and denounce them through parodies of revolutionary posters, including the works of OSPAAAL, Casa de las Americas, ICAIC, and other Cuban institutions. For example, Lilian Dooley's *Libertad Para Luis Manuel* demands the release of Black dissident Luis Manuel Otero Alcántara, who was arbitrarily detained by the Cuban government and sentenced to five years in prison, by appropriating designer Felix Beltrán's work for the freedom of imprisoned Black activist Angela Davis (pp. 196, 252). These parodies are tributes to a dimension of rebelliousness, often expressed in OSPAAAL graphics, which is so pressing for contemporary Cuban society. At the same time, these emerging designers are helping undo the halo effect, which OSPAAAL's designers helped create, about both the Revolution and Cuban proletarian internationalism.

1   Marifeli Pérez-Stable, *The Cuban Revolution, Origins, Course and Legacy* (New York, NY: Oxford University Press, 1999).

2   Ernesto "Che" Guevara, "El Socialismo y el hombre en Cuba," in *Pensamiento y política cultural cubanos: antología*, ed. Nuria Nuiry Sánchez and Graciela Fernández Mayo, vol. 1 (La Habana: Editorial Pueblo y Educación, 1986), 132–34.

3   José de la Osa, "Han prestado su concurso internacionalista un 64 por ciento de los cirujanos Cubanos," *Granma* (8 February 1982), 3.

4   José Gabriel Guma, "Entre 15 y 20 000 constructores tendrá Cuba en el exterior en 1981," *Granma* (30 June 1980), 3.

5   Interview with Luis Trápaga, April 15, 2023.

6   The government called the previous year, when the sugar harvest began, "the year of decisive effort." Ada Ferrer, *Cuba: An American History* (New York, NY: Scribner, 2021), 440.

CUMBRES FRANCO-AFRICANAS: EL FUTURO INCIERTO DE UNA ESTRATEGIA
SOMMETS FRANCO-AFRICAINS: L'AVENIR INCERTAIN D'UNE STRATEGIE
FRENCH-AFRICAN SUMMITS: THE UNCERTAIN FUTURE OF A STRATEGY

Pasafronteras
notas sobre archivos, acción gráfica tricontinental y solidaridad

André Mesquita

El pueblo es capaz de crear y desarrollar el movimiento de liberación sólo si mantiene viva su cultura a pesar de la represión continua y organizada de su vida cultural, al tiempo que resiste culturalmente incluso cuando su resistencia político-militar es destruida.

—Amílcar Cabral, "Identidad y Dignidad en el Contexto de la Lucha de Liberación Nacional", 1972[1]

En cada número de la revista *Tricontinental*, la introducción venía acompañada de la siguiente nota: "Se autoriza la reproducción parcial o total de los contenidos de forma gratuita". Este gesto ponía en práctica el postulado de gratuidad, contra derechos privados de autor de las ideas e imágenes, pues carecen de interés comercial. Hoy en día, los carteles de la OSPAAAL se conservan en universidades, bibliotecas, archivos públicos y espacios autónomos, además de ser fetichizados y capitalizados por el mercado del arte. Si ponemos atención a la cantidad de obra gráfica colaborativa, podemos constatar que estos artistas son productores de "archivos inapropiables", un concepto elaborado por las investigadoras Fernanda Carvajal y Mabel Tapia. Con sus propios recursos y condiciones, lo inapropiable busca la producción de nuevos significados, usos, compromisos e imaginarios para el archivo. Aquí, la falta de tal o cual cartel o documento puede ayudarnos a trazar otras líneas de pensamiento, desarticulando la noción de archivo cerrado como propiedad y mercancía. Hablo de archivos que rechazan las ideas de totalidad y de acumulación, pues "trastoca, desde dentro, las lógicas de propiedad que constituyen el archivo para volcar la atención en su valor de uso".[2] En la articulación de estos carteles revolucionarios subyace una producción de saberes insurgentes y nuevas formas de hacer política.[3]

Las publicaciones militantes de la OSPAAAL surgieron en un mundo polarizado por la Guerra Fría y los efectos de las dictaduras militares. Sus campañas se desarrollaron en un momento en el que muchos países del Cono Sur estaban tejiendo redes secretas de operaciones con la CIA para apoyar el encarcelamiento, la tortura y el asesinato de opositores y disidentes políticos, así como para llevar a cabo programas militares estadounidenses de contrainsurgencia diseñados para aniquilar a guerrilleros y líderes revolucionarios durante la guerra de Vietnam.

En un número de 1969 de la *Tricontinental*, apareció un cartel diseñado por Alfrédo Rostgaard que retrataba a un Cristo guerrillero con un fusil al hombro, subvirtiendo las representaciones tradicionales de mártires católicos. El cartel plasmaba la famosa cita del sacerdote colombiano Camilo Torres Restrepo: "Si Jesús viviera hoy, sería un guerrillero". Vinculado a la Teología de la Liberación, Restrepo fue miembro del Ejército de Liberación Nacional (ELN). Las fuerzas militares lo asesinaron en febrero de 1966. Su cuerpo fue enterrado en un lugar secreto para que no se convirtiera en mártir revolucionario.

Secretos como la desaparición del cuerpo de Restrepo producen saberes que no se quieren o no se pueden decir, y que, sin embargo, no pueden ocultar los traumas y los horrores de las guerras y las dictaduras. Los secretos suelen dejar huellas, incluso cuando están enterrados profundamente. Estos rastros incluso pueden aparecer en forma de documentos oficiales de circulación limitada y publicaciones con información cuidadosamente editada. Este fue el caso de un documento secreto elaborado por el Ministerio de Asuntos Exteriores de Brasil el 11 de junio de

Alfrédo Rostgaard, *[Cristo guerrillero]*, offset printed poster, 1969.

André Mesquita

1976. El documento ha sido divulgado recientemente por la Comisión Estatal de la Memoria y la Verdad Dom Hélder Câmara, y menciona las actividades de "organizaciones fachada del comunismo soviético" que actuaban en diversos países. El documento acusa de "aniquilar Estados democráticos" y de formar parte de una conspiración global a una serie de organizaciones que incluye a la OSPAAAL.[4] Esta información arroja nueva luz sobre la historia de la organización y plantea importantes interrogantes sobre el alcance de su participación en la subversión política durante la Guerra Fría.

Trabajando juntos, mano a mano

En una exposición que curé con la Red Conceptualismos del Sur[5] en 2022, *Giro gráfico. Como en el muro la hiedra*,[6] incluimos una docena de carteles de la OSPAAAL. En una pared se reunieron algunas de las imágenes más conocidas del archivo visual tricontinental, como el cartel que Helena Serrano hizo para el Día del Guerrillero, con el rostro del Che Guevara sobre el mapa de América Latina, utilizando un alucinante y psicodélico diseño pop (p. 237). También se mostró el cartel de Daysi García López con la poderosa silueta del rostro de una mujer negra bajo dos figuras empuñando armas en solidaridad con el pueblo afroamericano (p. 269). Al igual el cartel de Jesús Forjans Boade de 1967, que representa a un hombre afrodescendiente siendo sometido por un policía en una manifestación, y al lado la palabra "¡AHORA!"[7] escrita en negritas (p. 267). Este último cartel está en diálogo con el documental *¡NOW!* de Santiago Álvarez de 1965 y la frase "Libertad ahora" utilizada por el Comité Coordinador de Estudiantes No Violentos.[8] También el icónico cartel que Alfrédo Rostgaard diseñó como respuesta inmediata al asesinato de Martin Luther King Jr. en 1968, con la imagen de una pantera que lleva el nombre "Black Power" en la boca, acompañada de la frase inspirada en Frantz Fanon: "Represalia al crimen: violencia revolucionaria" (p. 204). Este cartel se modificó posteriormente, y la frase original entre los dientes de la pantera se sustituyó por una foto de Huey Newton, líder del Partido Pantera Negra, para exigir su liberación de la cárcel.

En la exposición se presentaron otros carteles contundentes de la OSPAAAL, como el de Rolando Córdova Cabeza en solidaridad con la lucha del pueblo puertorriqueño; el cartel de Ernesto García Peña que incluía la figura de Salvador Allende sosteniendo un arma, más la frase "El pueblo chileno aplastará al fascismo"; o el cartel de Gladys Acosta en solidaridad con la lucha palestina, sobre un fondo morado (p. 270). En este último, un círculo de color naranja intenso resalta las imágenes de un grupo de guerrillas palestinas, como sacadas de una película de acción de los años setenta. El cartel de Acosta fue mi favorito en esta selección debido al movimiento de las imágenes que su diseño genera. Es interesante observar cómo gran parte de esta producción gráfica utiliza ambiciosas construcciones geométricas y composiciones abstractas procedentes de la experimentación de artistas cubanos, haciendo eco de la frase de Fidel Castro: "nuestro enemigo es el imperialismo, no el arte abstracto".

En *Giro gráfico* hemos abarcado diversas formas de acción gráfica callejera y hemos ampliado la noción de lo gráfico para incluir otras prácticas artísticas como el bordado, las intervenciones urbanas, la cartografía, las fotografías y las acciones colectivas. La exposición se organizó siguiendo ciertos principios de solidaridad e internacionalismo, lo cual nos llevó destacar los carteles de la revista *Tricontinental* y la obra gráfica de la OSPAAAL en un núcleo titulado "Pasafronteras". Este concepto se inspira en la Cooperativa Gráfica la Voz de la Mujer, de Argentina, conformada por trabajadoras migrantes provenientes de Paraguay y Bolivia. Comparten entre ellas sus conocimientos de bordado y xilografía, así como sus historias de migración, rotando la elaboración de las imágenes de una artista a otra, de modo que se fomenta el trabajo compartido y la colaboración de mano a mano. En la Cooperativa, una obra gráfica puede ser iniciada por un miembro del grupo, desarrollada por otra artista y concluida por una tercera persona. A partir de esta dinámica colaborativa surgió la idea de *pasafronteras* dentro de la Cooperativa.[9]

El concepto de *pasafronteras* se refiere al cruce de diferentes etapas de una obra y sus técnicas, pero también a las condiciones migratorias, decoloniales, solidarias e internacionalistas del activismo artístico. En *Giro gráfico*, los carteles de la OSPAAAL se insertan en un juego de cruces temporales y espaciales de imágenes, procesos y fronteras. Los carteles se desplazan de Cuba a otros lugares, conviven, dialogan con nuevas imágenes, y se encuentran con viejos compañeros de lucha. En el núcleo "Pasafronteras", los carteles de la OSPAAAL se colocaron junto a una instalación en forma de casa dedicada al Partido Pantera Negra. La instalación fue realizada por el colectivo EDELO (En Donde Era La ONU), conformado por Caleb Duarte y Mia Eve Rollow, y reflexiona sobre la potencia política y estética de dos de los movimientos sociales más importantes del siglo XX: el de la Pantera Negra y el zapatista.[10]

Entre 2012 y 2014, EDELO y el artista Rigo 23 invitaron al Ministro de Cultura del Partido Pantera Negra, Emory Douglas, a viajar a San Cristóbal de las Casas y mantuvieron una serie de encuentros y conversaciones con la comunidad zapatista en el espacio autónomo que mantiene el colectivo. Douglas junto con varias bordadoras y artistas zapatistas de diferentes edades articularon experiencias gráficas que dieron como resultado nuevas y potentes imágenes híbridas: conectaban visual y políticamente los elementos de ambos movimientos. Las bordadoras intervinieron los famosos carteles de Douglas de los años sesenta y setenta, recreándolos con frases y elementos que también refieren al zapatismo (p. 75).

Es posible trazar un diagrama del zigzag histórico, comunitario y solidario de las prácticas *pasafronteras* como las colaboraciones intergeneraciones de Douglas y los artistas zapatistas, los cruces migratorios de La Voz de la Mujer y la experiencia gráfica tricontinental. Este tipo de diagramas de prácticas son capaces de descubrir nuevos significados de la solidaridad internacional. Debemos superar la idea de solidaridad como sinónimo de apoyo moral o caridad. En su lugar, podemos entenderla como un proceso de construcción conjunta de prácticas que transforman las relaciones de poder. La OSPAAAL fue una escuela y una academia visual para Douglas y muchos otros artistas, del mismo modo que los artistas cubanos se inspiraron en la gráfica del Ministro de Cultura e incluso se apropiaron libremente de sus creaciones.

Venceremos

En su "Mensaje a la Tricontinental" (1967), el Che Guevara expresa un deseo, pero también una estrategia:

> "¡Qué tan cerca podríamos mirar un futuro esperanzador si dos, tres o muchos Vietnams florecieran en todo el mundo con su cuota de muertos y sus inmensas tragedias, su heroísmo cotidiano y sus repetidos golpes contra el imperialismo, orillados a dispersar sus fuerzas bajo el ataque súbito y el odio creciente de todos los pueblos del mundo!"[11]

Guevara previó la posibilidad de que proliferaran muchos movimientos de liberación nacional en toda América Latina, Asia y África. Juntos, estos movimientos serían lo suficientemente fuertes como para enfrentarse al poder de Estados Unidos. La historia política nos habla de las utopías de los proyectos de la izquierda revolucionaria y los movimientos guerrilleros que estallaron en muchas partes del mundo. Sin embargo, esta historia también revela los límites y las derrotas de estos proyectos: en América Latina, desaparecieron a muchos militantes y otros grupos revolucionarios fueron masacrados por los agentes del terrorismo de Estado dictatorial. El nacionalismo cobró fuerza en varios países del Sur que declararon su independencia, pero el tricontinentalismo fue superado por el neoliberalismo a escala mundial.

Tras 53 años de actividad, la OSPAAAL puso fin a sus actividades en 2019. Sin embargo, las luchas promovidas por el movimiento tricontinental, como el respeto a la diversidad, la justicia social, la reivindicación de derechos humanos y otros derechos básicos, la lucha contra el extractivismo, etc., siguen siendo urgentes y fundamentales en la agenda de muchas resistencias. Nuevas posibilidades de alianzas internacionales y momentos de solidaridad están abiertas, laten en el corazón de los cuerpos individuales y colectivos. Mirar las memorias fragmentadas de estas múltiples historias y estrategias tricontinentalistas implica navegar las experiencias en una suerte de tiempo espiral. El internacionalismo ha sido reconfigurado por los movimientos antisistémicos contemporáneos: desde el levantamiento zapatista en Chiapas y el activismo anticapitalista global que tomó las calles entre los años 1990 y 2000, hasta los movimientos Occupy. De la insurgencia de Black Lives Matter al espíritu internacionalista de las acciones del colectivo Decolonize This Place en apoyo a los movimientos indígenas, la liberación negra y la solidaridad con la lucha palestina. También la explosión social y las olas feministas en países como Chile y Argentina durante los últimos años, o las numerosas coaliciones de familiares de los asesinados y desaparecidos de las dictaduras militares pero también de las democracias actuales, por parte de policías y militares cuyo objetivo es el exterminio de las poblaciones pobres, negras y periféricas. Incluso podemos incluir dentro de estos movimientos los esfuerzos por recordar a las víctimas de COVID-19 que fallecieron a causa de la negligencia de los gobiernos genocidas. El trabajo solidario de búsqueda de verdad y reparación por la desaparición de los 43 estudiantes de Ayotzinapa en México, o bien, la presencia ancestral, siempre necesaria, de los movimientos indígenas de Brasil contra el exterminio de los pueblos originarios y por el reconocimiento de derechos territoriales.[12]

Las iniciativas de activismo político y artístico en el seno de estas experiencias son múltiples. Desde esta perspectiva, se abren muchas posibilidades de alianzas radicales e inesperadas que rechazan los discursos de orden y opresión, pero también de olvido y de falsos y mentirosos sentimientos de paz. Como dijo James Baldwin, "los artistas están aquí para perturbar la paz [...] Sí, tienen que perturbar la paz. De lo contrario, el caos".[13] La acción gráfica rebelde pretende construir un espacio vital y colectivo de aprendizaje, apoyo mutuo y solidaridad, en el sentido básico de ser, construir y hacer juntos. Al ocupar tanto las calles como las redes sociales, estos artistas también reflexionan sobre las políticas de autorrepresentación, las tácticas colectivas y la creatividad. En este sentido, los movimientos antisistémicos son productores de memoria y archivos inapropiables. Frente a la violencia y el neofascismo que permea hoy en día, es necesario un momento de revuelta. Y la acción gráfica puede ser un ejercicio de imaginación radical para otros mundos posibles.

1   Africa Information Service, ed., *Return to the Source: Selected Speeches by Amilcar Cabral* (Nueva York: Monthly Review Press with Africa Information Service, 1973), 60.

2   Fernanda Carvajal y Mabel Tapia, "Grasping the Inappropriable: Disputes Over Use Value of Archives," en *Archives of the Commons II: The Anomic Archive*, ed. Fernanda Carvajal, Mela Dávila Freire, y Mabel Tapia (Buenos Aires y París: Ediciones Pasafronteras, 2019), 37.

3   Carvajal y Tapia, "Grasping the Inappropriable…"

4   Ministério das Relações Exteriores, Centro de Informações do Exterior, "Apreciação Sumária - Campo Externo," Confidencial, 11 junio 1976, Comissão Estadual da Memória e Verdade Dom Helder Câmara, https://www.comissaodaverdade.pe.gov.br/uploads/r/arquivo-publico-estadual-jordao-emerenciano/6/b/c/6bc02f87d4cb74537ea5ac12214eb3c87187c7faa5e-0a2faeb2c367778199358/cb494316-de72-4011-b46d-38821c80ddoc-BR_AN_BSB_IE_015_006.pdf.

5   La RedCSur se define como una red afectiva y activista que actúa en el campo de las disputas epistemológicas, artísticas y políticas del presente. Formada en 2007, RedCSur trabaja para incidir en la dimensión crítica de las prácticas archivísticas, curatoriales y de movimientos sociales, bajo la idea de que la investigación es un acto político. Véase https://redcsur.net.

6   *Giro gráfico* surgió de un proyecto colectivo de investigación de largo plazo que involucró a treinta investigadores de varios países de América Latina y Estados Unidos. La exposición se celebró en 2022 en el Museo Nacional Centro de Arte Reina Sofía de Madrid y, posteriormente, en el Museo Universitario Arte Contemporáneo (MUAC) de México. La selección de carteles de la OSPAAAL presentados fue diferente en las dos versiones de la exposición, y en este texto me refiero a los carteles que se presentaron en la exposición de Madrid. Para más detalles sobre la exposición, véase https://www.museoreinasofia.es/exposiciones/giro-grafico y https://muac.unam.mx/exposicion/giro-grafico.

7   En el original: *Now!*

8   Brian Holmes, "1968 in the USA: Political Crisis in the Keynesian-Fordist Economy," Continental Drift: the other side of neoliberal globalization, 8 de noviembre 2011, https://brianholmes.wordpress.com/2011/11/08/1968-in-the-usa/.

9   Fernanda Carvajal y Javiera Manzi, "Pasafronteras," en Red Conceptualismos del Sur, *Giro Gráfico: como en el muro la hiedra* (Madrid: Museo Nacional Centro de Arte Reina Sofía, 2022) 176–195.

10   Marc James Léger y David Tomas, eds., *Zapantera Negra: An Artistic Encounter between Black Panthers and Zapatistas*, 2da. ed. (Brooklyn, NY: Common Notions, 2022).

11   Che Guevara, "Message to the Tricontinental," en *Venceremos! The Speeches and Writings of Ernesto Che Guevara*, ed. John Gerassi (Nueva York, NY: MacMillan Company, 1968), 423.

12   Anne Garland Mahler ha realizado una importante y necesaria contribución crítica sobre la influencia y el resurgimiento del tricontinentalismo en varios movimientos sociales contemporáneos, los cuales se mencionan en su libro *From the Tricontinental to the Global South: Race, Radicalism, and Transnational Solidarity* (Durham, NC: Duke University Press, 2018).

13   Fred L. Standley and Louis H. Pratt, eds., *Conversations with James Baldwin*, Literary Conversations Series (Jackson: University Press of Mississippi, 1989), 21.

Página 267: Jesús Forjans, *NOW!*, cartel impreso en offset, 1967.

Passafronteras
notas sobre arquivos, ação gráfica tricontinental e solidariedade

André Mesquita

> O povo só é capaz de criar e desenvolver o movimento de libertação porque mantém viva a sua cultura apesar da repressão contínua e organizada da sua vida cultural e porque continua a resistir culturalmente mesmo quando a sua resistência político-militar é destruída.
>
> —Amilcar Cabral, "Identidade e dignidade no contexto da luta nacional de libertação", 1972[1]

Na introdução de cada edição da *Tricontinental*, o seguinte aviso costumava ser divulgado: "A reprodução parcial ou total é livremente permitida pela revista *Tricontinental*", validando o caráter livre e anticopyright de ideias e imagens sem interesses comerciais. Hoje, os cartazes da OSPAAAL estão preservados em universidades, bibliotecas, arquivos públicos e espaços autônomos, bem como fetichizados e capitalizados pelo mercado de arte. Se voltarmos a nossa atenção para o corpo de trabalho gráfico e colaborativo, veremos que esses artistas são produtores de "arquivos inapropriáveis", usando aqui o conceito sugerido pelas investigadoras Fernanda Carvajal e Mabel Tapia. O inapropriável busca, com seus recursos e condições, a produção de novos significados, usos, compromissos e imaginações para o arquivo. Aqui, a falta deste ou daquele cartaz ou documento pode nos ajudar a criar outras linhas de pensamento e desarticular a noção de arquivo fechado como propriedade e mercadoria. Estamos falando de arquivos que se recusam a uma totalidade e à acumulação, mas que "altera, a partir de dentro, a centralidade colocada no proprietário ou na propriedade para promover seu valor de uso."[2] A articulação desses cartazes revolucionários pode gerar saberes insurgentes e novos modos de fazer política.[3] As publicações militantes da OSPAAAL nasceram no contexto de um mundo polarizado pela Guerra Fria e pelos efeitos das ditaduras militares. Suas campanhas se desenvolvem no tempo em que os países do Cone Sul articulavam redes secretas de operação com o apoio da CIA para a execução de prisões, torturas e assassinatos de opositores e dissidentes políticos, além de programas militares de contrainsurgência lançados pelos Estados Unidos para o aniquilamento de guerrilheiros e líderes revolucionários durante a Guerra do Vietnã.

Um cartaz distribuído em uma edição da *Tricontinental* de 1969 e desenhado por Alfrédo Rostgaard mostra a imagem de um Cristo guerrilheiro levando um rifle a tiracolo, subvertendo as representações tradicionais martirizadas do catolicismo (p. 263). O cartaz corporifica a famosa citação do sacerdote colombiano Camilo Torres Restrepo, de que "Se Jesus estivesse vivo hoje, ele seria um guerrilheiro." Ligado à Teologia da Libertação, Restrepo era integrante do Exército de Libertação Nacional (ELN) e foi morto por forças militares em fevereiro de 1966. Seu corpo foi enterrado em um local secreto, para que um padre guerrilheiro não pudesse ser levado à condição de mártir revolucionário.

Segredos como o desaparecimento dos-restos mortais de Restrepo produzem conhecimentos que não são, não querem ou não pode ser ditos, mas que, todavia, não conseguem esconder os traumas e os horrores de guerras e ditaduras. Segredos deixam rastros, como documentos oficiais de circulação limitada e que um dia são divulgados com informações cuidadosamente editadas. Um documento secreto produzido pelo Ministério das Relações Exteriores do Brasil, em 11 de junho de 1976, e divulgado pela Comissão

Estadual da Memória e Verdade Dom Helder Câmara, menciona as atividades de "organizações de fachada do comunismo soviético" espalhadas em diversos países. Na lista de organizações responsáveis por, segundo o documento, "aniquilar Estados democráticos" e formar parte dos "tentáculos da conspiração", encontra-se, efetivamente, o nome da OSPAAAL.[4] Esta revelação lança uma nova luz sobre a história da organização e levanta questões importantes sobre a extensão de seu envolvimento na subversão política durante a Guerra Fria, bem como o lugar da gráfica política junto a práticas artísticas e movimentos mais amplos.

Fazer junto, de mão em mão

Em uma exposição que realizei a curadoria com a Red Conceptualismos del Sur[5] em 2022, *Giro gráfico: como el muro en la hiedra* [Giro gráfico: como no muro a hera][6], incluímos uma dezena de cartazes da OSPAAAL. Juntas em uma parede estavam algumas das imagens mais conhecidas da gráfica tricontinental, como o cartaz de Helena Serrano feito para o dia do guerrilheiro com o rosto de Che Guevara sobre o mapa da América Latina em um design pop, psicodélico e alucinante (p. 237); o de Daysi García López

Acima: Daysi García, *Day of Solidarity with the Afro-American People*, cartaz impresso em offset, 1968.
Página 270: Gladys Acosta, *Day of World Solidarity with the Struggle of the People of Palestine*, cartaz impresso em offset, 1977.

com o desenho forte da silhueta do rosto de uma mulher negra sob duas figuras empunhando armas em solidariedade ao povo afro-americano (p. 269); o cartaz de Jesús Forjans Boade, de 1967, com um homem negro reprimido por um policial em uma manifestação e a palavra AGORA![7] escrita em letras garrafais (p. 267), em diálogo com o documentário *NOW* (1965), de Santiago Álvarez, e com a frase "Liberdade Já" usada pelo movimento Student Non-Violent Coordinating Committee[8]; e o emblemático cartaz de Alfrédo

Rostgaard, feito imediatamente como resposta ao assassinato de Martin Luther King em 1968, com a imagem de uma pantera levando o nome "Black Power" [Poder negro] em sua boca e acompanhada da potente frase inspirada em Frantz Fanon — "Retaliação ao crime: violência revolucionária" (p. 204). Este cartaz evoluiu mais tarde com a frase original entre os dentes da pantera substituída por uma foto do líder do Partido dos Panteras Negras, Huey Newton, para exigir sua libertação imediata da prisão.

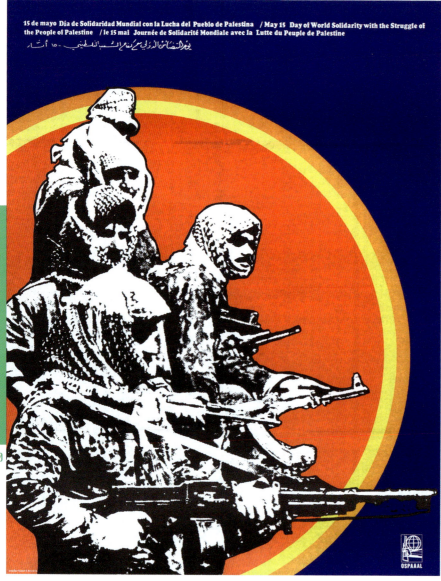

Fidel Castro de que "nosso inimigo é o imperialismo, não arte abstrata".

Em *Giro gráfico*, decidimos trabalharcom diversas formas de ação gráfica de rua e compreender a noção de "gráfico" como um conceito expandido, considerando outras práticas artísticas como bordado, intervenções urbanas, cartografias, fotos e ações coletivas. As noções de solidariedade e internacionalismo guiaram o lugar destinado aos cartazes tricontinentais na mostra e incluímos a gráfica da OSPAAAL em um núcleo intitulado *passafronteras* [passafronteiras]. Esse conceito-chave para a *Giro gráfico* é oriundo das ações da Cooperativa Gráfica La Voz de la Mujer, situada na Argentina e formada por trabalhadoras migrantes do Paraguai e Bolívia. Em trabalhos que mesclam as práticas de bordado e xilogravura, as integrantes do La Voz de la Mujer compartilham entre si os saberes dessas práticas e suas histórias migrantes, passando a construção dessas imagens de umas para as outras — um trabalho gráfico pode ser iniciado por uma integrante do grupo, desenvolvida por outra artista da cooperativa e concluída por uma terceira pessoa. Foi com essa dinâmica de trabalho compartilhado e de mão em mão que surgiu no interior da cooperativa a ideia de *passafronteras*.[9]

Passafronteras alude a cruzar as etapas de um trabalho e de seus suportes e passar de uma técnica a outra, mas também da própria condição migrante, decolonial, solidária e internacionalista de diversas práticas de ativismo artístico. Em *Giro gráfico*, os cartazes da OSPAAAL se

Outros cartazes poderosos da OSPAAAL foram apresentados na exposição, como o de Rolando Córdova Cabeza em solidariedade à luta do povo de Porto Rico; o de Ernesto García Peña com a figura de Salvador Allende segurando uma arma com a frase "O povo chileno esmagará o fascismo", e o de Gladys Acosta em solidariedade à luta palestina — sobre um fundo roxo, um circulo vibrante de cor laranja realça as imagens de um grupo de guerrilheiros palestinos, como se eles tivessem sido tirados de um filme de ação dos anos 1970. O movimento das imagens que o design de Acosta executa nesse cartaz fazia dele o meu favorito daquela seleção. É interessante notar como grande parte dessa produção gráfica se utiliza de construções geométricas e composições abstratas ambiciosas oriundas das experimentações dos artistas cubanos, remetendo à máxima de inserem num jogo de atravessamentos temporais e espaciais de imagens, processos e fronteiras. De Cuba, a gráfica da OSPAAAL se desloca para outros lugares, coabita e dialoga com novas imagens e encontra antigos companheiros de luta. Os cartazes da OSPAAAL que ocuparam o espaço de passafronteras foram colocados próximos de uma instalação no formato de uma casa dedicada a *Zapantera Negra*[10] — projeto impulsionado pelo coletivo EDELO (En Donde Era la Onu), formado pelos artistas Caleb Duarte e Mia Eve Rollow para unir e refletir sobre o poder político e estético de dois dos mais importantes movimentos sociais do século XX: o Movimento dos Panteras Negras e o Movimento Zapatista.

Entre 2012 e 2014, a EDELO e o artista Rigo 23 convidaram o Ministro da Cultura dos Panteras Negras, Emory Douglas, a viajar para San Cristóbal de las Casas e realizar uma série de encontros e conversas com a comunidade zapatista no espaço autônomo mantido pelo coletivo. Douglas, ao lado de mulheres bordadeiras e artistas zapatistas de diferentes idades, articularam juntos experiências gráficas que resultaram em potentes imagens híbridas, novas e surpreendentes, que conectam visualmente e politicamente os elementos dos dois movimentos. As bordadoras interviram nas imagens dos cartazes consagrados de Douglas produzidos nos anos de 1960 e 1970, recriando-os com frases e elementos que também remetem ao Zapatismo (p. 75).

Se pudermos traçar uma espécie de diagrama desse zigue-zague histórico, comunitário e solidário das práticas de *passafronteras* entre a colaboração intergeracional de Douglas e artistas zapatistas, atravessamentos migrantes de La Voz de la Mujer e a experiência gráfica tricontinental, poderemos buscar novos sentidos para uma noção de solidariedade internacional. Precisamos ir além da ideia de solidariedade como mero sinônimo de apoio moral ou caridade, mas como a construção conjunta de práticas que transformam as relações de poder. OSPAAAL foi uma escola visual para Douglas e tantos outros artistas, do mesmo modo que os artistas cubanos também se inspiravam na gráfica do Ministro da Cultura dos Panteras Negras, e mesmo se apropriavam livremente de suas criações.

Venceremos

Em sua "Message to the Tricontinental" (1967), Che Guevara lança um desejo em forma de estratégia:

"Quão perto estaríamos de um futuro brilhante se dois, três ou muitos Vietnãs florescessem em todo o mundo com sua parcela de mortes e suas imensas tragédias, seu heroísmo cotidiano e seus repetidos golpes contra o imperialismo, impelidos a dispersar suas forças sob o ataque repentino e o ódio crescente de todos os povos do mundo!"[11]

Guevara vislumbrava a possibilidade que muitos movimentos de libertação nacional proliferassem pela América Latina, Ásia e África. Unidos, esses movimentos seriam suficientemente fortes para confrontar o poder dos Estados Unidos. A história política nos fala sobre as utopias dos projetos de uma esquerda revolucionária e de uma guerrilha agindo em focos capaz eclodir em muitas partes do planeta. No entanto, essa história também revela os alcances, limites e as derrotas desses projetos — na América Latina, os movimentos de guerrilha levaram os militantes ao desaparecimento e grupos revolucionários foram massacrados pelos agentes do terrorismo do Estado ditatorial. O tricontinentalismo foi suplantado pelo neoliberalismo em escala global e o nacionalismo ganhou força em diversos países do Sul que tiveram suas independências tardiamente declaradas.

Depois de 53 anos de atividades, a OSPAAAL encerrou suas atividades em 2019. Mas lutas promovidas pelo movimento tricontinental, como respeito à diversidade, justiça social, direitos humanos, demanda por direitos básicos e o combate contra o extrativismo, ainda continuam necessárias, urgentes, fundamentais e essenciais na pauta de muitos movimentos de resistência. Novas possibilidades de alianças internacionais e momentos de solidariedade estão em aberto e no coração de corpos individuais e coletivos. Olhar para as memórias fragmentadas dessas múltiplas histórias e das estratégias tricontinentalistas é também navegar sobre o tempo em espiral dessas experiências, sempre abertas e reconfiguradas por movimentos antissistêmicos contemporâneos — desde a insurreição zapatista em Chiapas e o ativismo anticapitalista global que tomou as ruas entre as décadas de 1990 e 2000 aos movimentos *occupy*; da insurgência do Black Lives Matter e do espírito solidário e internacionalista das ações do coletivo Decolonize This Place em apoio a movimentos indígenas, pela liberação negra e pela solidariedade à luta palestina, ao *estalido social* e a maré feminista ocupando, respectivamente, as ruas do Chile e da Argentina; das inúmeras coalizões de familiares de mortos e desaparecidos durante as ditaduras pelos militares e nas democracias pelas forças policiais e milicianos mirando no extermínio da população pobre, preta e periférica, ao trabalho ainda em processo de memória às vitimas da covid-19 mortas por conta do descaso de governos genocidas; do trabalho solidário e coletivo de busca pela verdade e reparação aos 43 estudantes de Ayotzinapa, no México, à presença ancestral e sempre necessária dos movimentos indígenas ocupando o Brasil contra o aniquilamento dos povos originários e pelo direito à demarcação de suas terras.[12]

São inúmeras as iniciativas de militância e de ativismo artístico dentro dessas experiências, são muitas as possibilidades de alianças radicais inusitadas que se recusam à aceitar discursos de ordem, opressão, desmemória e falsos e mentirosos sentimentos de paz. Como bem disse James Baldwin, "artists are here to disturb the peace. [. . .] Yes, they have to disturb the peace. Otherwise, chaos."[13] A ação gráfica rebelde quer construir um espaço vital e coletivo de aprendizado, apoio mútuo e solidariedade, no sentido básico de estar, construir e fazer junto. Movimentos antissistêmicos são produtores de memórias e de arquivos inapropriáveis; eles também refletem sobre políticas de auto-representação em dimensões sociais, táticas e coletivas de performatividade e criatividade na ocupação das ruas e das redes sociais. O momento atual é dere volta diante da violência e do neofascismo que perambulam entre nós ininterruptamente. Com isso, a ação gráfica pode ser um exercício de imaginação radical para outros mundos possíveis.

1   Africa Information Service, ed., *Return to the Source: Selected Speeches by Amilcar Cabral* (New York: Monthly Review Press with Africa Information Service, 1973), 60.
2   Fernanda Carvajal e Mabel Tapia, "Grasping the Inappropriable: Disputes Over of the Use Value of Archives," in *Archives of the Commons II: The Anomic Archive*, ed. Fernanda Carvajal, Mela Dávila Freire, and Mabel Tapia (Buenos Aires and Paris: Ediciones Pasafronteras, 2019), p. 37.
3   Carvajal and Tapia, "Grasping the Inappropriable."
4   Ministério das Relações Exteriores, Centro de Informações do Exterior, "Apreciação Sumária - Campo Externo," Confidencial, June 11, 1976, Comissão Estadual da Memória e Verdade Dom Helder Câmara, https://www.comissaodaverdade.pe.gov.br/uploads/r/arquivo-publico-estadual-jordao--emerenciano/6/b/c/6bc02f87d4cb74537ea5a-c12214eb3c87187c7faa5e0a2faeb2c367778199358/

cb494316-de72-4011-b46d-38821c80ddoc-BR_AN_BSB_IE_015_006.pdf.
5   Red Conceptualismos del Sur (RedCSur, Southern Conceptualisms Network) se define como uma trama afetiva e ativista que busca atuar no campo de disputas epistemológicas, artísticas e políticas do presente. Formada em 2007, a RedCSur trabalha para incidir na dimensão crítica das práticas artísticas, arquivistas, curatoriais e de movimentos sociais, sob a ideia de que a pesquisa é um ato político. Consultar a página https://redcsur.net.
6   *Giro gráfico* nasceu de um projeto de longo prazo, a partir de um trabalho coletivo de trinta investigadores de diversos países da América Latina e dos Estados Unidos, e que também ressalta o seu caráter internacionalista. A exposição foi realizada em 2022, no Museo Nacional Centro de Arte Reina Sofía, Madrid, e em seguida no Museo Universitario Arte Contemporáneo (MUAC), no México. A seleção de cartazes da OSPAAAL apresentados foi distinta nas duas versões da mostra, e neste texto eu me refiro aos cartazes presentes na exposição em Madrid. Para mais detalhes sobre a exposição, consultar as páginas https://www.museoreinasofia.es/exposiciones/giro-grafico e https://muac.unam.mx/exposicion/giro-grafico.
7   No original: *Now!*
8   Brian Holmes, "1968 in the USA: Political Crisis in the Keynesian-Fordist Economy," Continental Drift, November 8, 2011, https://brianholmes.wordpress.com/2011/11/08/1968-in-the-usa/.
9   Fernanda Carvajal and Javiera Manzi, "Passafronteras," in Red Conceptualismos del Sur, *Giro Gráfico: como en el muro la hiedra* (Madrid: Museo Nacional Centro de Arte Reina Sofía, 2022) 176–195.
10   Sobre Zapantera Negra, ver Marc James Léger and David Tomas, eds., *Zapantera Negra: An Artistic Encounter between Black Panthers and Zapatistas* [Second edition] (Brooklyn, NY: Common Notions, 2022).
11   Che Guevara, "Message to the Tricontinental," in *Venceremos! The speeches and writings of Ernesto Che Guevara*, ed. John Gerassi (New York, NY: MacMillan Company, 1968), 423.
12   Anne Garland Mahler traz uma importante e necessária contribuição crítica sobre a influência e o ressurgimento de algumas das bases do tricontinentalismo em diversos movimentos sociais contempor, neos, alguns deles mencionados neste texto, em seu livro. From the *Tricontinental to the Global South: Race, Radicalism, and Transnational Solidarity* (Durham: Duke University Press, 2018).
13   Fred L. Standley and Louis H. Pratt, eds., *Conversations with James Baldwin*, Literary Conversations Series (Jackson: University Press of Mississippi, 1989), 21.

Passafronteras
archives, actions graphiques tricontinentales et solidarité

André Mesquita

« Pour que naisse et prospère un mouvement de libération, le peuple doit maintenir sa culture en vie malgré la répression, et continuer cette lutte culturelle même quand sa résistance politique et militaire est défaite. »
—Amilcar Cabral, *Identity and Dignity in the Context of the National Liberation Struggle*, 1972[1]

Chaque numéro de Tricontinental s'ouvrait sur la consigne « Cette revue autorise la reproduction libre, partielle ou totale de son contenu », façon claire d'adopter une position anti-copyright pour les textes comme les images. Aujourd'hui, les affiches de l'OSPAAAL sont conservées dans des universités, dans des bibliothèques, dans des archives publiques et d'autres espaces autonomes, mais aussi fétichisées et vendues aux enchères. Quiconque prête suffisamment d'attention à ces travaux graphiques collaboratifs constate pourtant qu'ils appartiennent à la catégorie des « archives inappropriables », pour reprendre le terme des chercheuses Fernanda Carvajal et Mabel Tapia. Avec ses propres ressources et dans ses propres conditions, l'inappropriable cherche à produire de nouveaux sens, de nouveaux usages, de nouveaux engagements et de nouveaux imaginaires. Ici, l'absence de telle affiche ou de tel document peut nous orienter vers de nouvelles pistes de réflexion, et nous aider à déconstruire la notion d'archives privées en tant que propriétés et marchandises. Les archives inappropriables refusent la totalité et l'accumulation, mais « altèrent, de l'intérieur, l'attention portée au propriétaire ou à l'objet, afin de promouvoir sa valeur d'usage »[2]. Le contenu de ces affiches peut générer des savoirs insurgés et de nouvelles pratiques politiques[3].

Les publications de l'OSPAAAL sont nées dans un monde polarisé par la guerre froide et les ravages de dictatures militaires. Leurs campagnes de solidarité datent d'une époque où les pays du Sud, de concert avec la CIA, mettaient en place des réseaux d'opérations secrets visant à soutenir l'emprisonnement, la torture et le meurtre d'opposants politiques et de dissidents, ainsi qu'à exécuter les programmes de contre-insurrection de l'armée américaine, pour anéantir les guérillas et les dirigeants révolutionnaires pendant la guerre du Vietnam.

Un numéro de *Tricontinental* de 1969 contenait une affiche d'Alfrédo Rostgaard représentant un Christ guérillero fusil à l'épaule, façon de subvertir les représentations traditionnelles du catholicisme faisant de Jésus un martyr. L'affiche reprenait la citation du prêtre colombien Camilo Torres Restrepo : « Si Jésus était vivant aujourd'hui, ce serait un guérillero ». Partisan de la théologie de la libération, membre de l'Armée de libération nationale (ELN), Restrepo a été assassiné par l'armée en février 1966. Pour éviter qu'il ne devienne un martyr révolutionnaire, son corps a été enterré dans un lieu tenu secret.

Les secrets tels que la disparition du corps de Restrepo produisent un savoir qui n'est pas, ne veut pas ou ne peut pas être dit, mais qui ne peut pas pour autant dissimuler les traumatismes et les horreurs des guerres et des dictatures. Les secrets, même profondément enfouis, laissent souvent des traces. Ces dernières peuvent prendre la forme de documents officiels à diffusion limitée, qui finissent par être publiés après avoir été soigneusement édités. C'est le cas d'un document produit par le ministère brésilien des Affaires étrangères le 11 juin 1976. Récemment divulgué par la Commission d'État de la Mémoire et de la Vérité Dom Helder Camara, ce document

Dessus : Sonia Sanchez, *Home Coming* (Detroit, MI: Broadside Press, 1969). Illustration de couverture par Emory Douglas.
Page 275 : Lorena Rodriguez (Familia Zapatista Morelia, Chiapas), *Amarrillo*, tissu matelassé, 2012. Produit dans le cadre du projet Zapantera Negra.
Page 277 : Jorge Barba, *1 2 3, U.P. U.P. U.P. (Unidad Popular)*, affiche imprimée en offset, 1970. Affiche célébrant les trois ans du gouvernement de Salvador Allende.

mentionne des « chevaux de Troie du communisme soviétique » dans divers pays. La liste des organisations accusées d'« anéantir les États démocratiques » et de faire partie d'une conspiration mondiale inclut l'OSPAAAL[4]. Cette révélation projette une nouvelle lumière sur l'histoire de l'organisation, et soulève d'importantes questions quant à l'ampleur de son implication dans la subversion politique pendant la guerre froide.

Collaborer, main dans la main

Dans une exposition que j'ai organisée avec le Red Conceptualismos del Sur[5] en 2022, *Giro Gráfico. Como en el muro la hiedra* (« Tournant graphique. Comme le lierre sur le mur »)[6], nous avons inclus une dizaine d'affiches de l'OSPAAAL. Ont ainsi été rassemblées certaines des illustrations les plus iconiques des archives visuelles de *Tricontinental*, comme l'affiche d'Helena Serrano réalisée pour la Journée de la guérilla, avec le visage de Che Guevara sur la carte de l'Amérique latine en version pop, psychédélique et hallucinatoire (p. 237). Nous avons également inclus la puissante silhouette du visage d'une femme Noire sous deux personnages brandissant des armes en solidarité avec les Afro-Américains, de Daysi García López (p. 269), ainsi que l'affiche de Jesús Forjans Boade de 1967 représentant un homme Noir réprimé par un policier lors d'une manifestation, avec le mot « NOW » écrit en lettres grasses (p. 267). Ce dernier dialogue avec le documentaire NOW de Santiago Álvarez (1965) et l'expression « Freedom Now » utilisée par le Student Non-Violent Coordinating Committee.[7] Tout comme l'affiche emblématique d'Alfrédo Rostgaard, conçue en réponse immédiate à l'assassinat de Martin Luther King Jr. en 1968, représentant une panthère avec le nom « Black Power » dans sa gueule ouverte, et accompagnée d'une puissante citation inspirée par Frantz Fanon — « Réponse au crime : la violence révolutionnaire » (p. 204). Par la suite, cette affiche a évolué, la phrase originale entre les dents de la panthère y étant remplacée par une photo de Huey Newton, leader du Black Panther Party, pour exiger sa libération immédiate de prison.

D'autres affiches iconiques de l'OSPAAAL furent présentées pendant l'exposition, comme celle de Rolando Córdova Cabeza en solidarité avec la lutte du peuple portoricain, celle d'Ernesto García Peña où Salvador Allende tient une arme avec la phrase « Le peuple chilien écrasera le fascisme », et celle de Gladys Acosta en solidarité avec la lutte des Palestiniens, sur fond violet (p. 270). Ici, un cercle orange vibrant met en valeur l'image d'un groupe de guérilleros palestiniens, qui semble provenir d'un film d'action des années 1970. Le mouvement que le graphisme d'Acosta y fait naître en fait mon affiche préférée de la sélection. Notons qu'une grande partie de cette production graphique use de constructions géométriques ambitieuses et de compositions abstraites issues des expériences d'artistes cubains, en référence à la maxime de Fidel Castro : « Notre ennemi, c'est l'impérialisme, pas l'art abstrait ».

Dans le cadre de *Giro Gráfico*, nous avons organisé des actions graphiques de rue, et élargi la notion de « graphisme » à d'autres pratiques créatives telles que la broderie, les interventions urbaines, la cartographie, la photo, les actions collectives. Les principes de solidarité et d'internationalisme, moteurs de l'exposition, nous ont donné l'idée de mettre en avant les affiches tricontinentales et l'art de l'OSPAAAL dans une section centrale appelée « passafronteras » (« transfrontalières »). Ce concept s'inspire de la coopérative graphique argentine La Voz de la Mujer, composée de migrantes du Paraguay et de Bolivie. Ces dernières partagent leurs savoirs en broderie et en gravure sur bois, ainsi que leurs histoires de migrantes, en favorisant la rotation des tâches et la collaboration – une œuvre peut être commencée par une artiste de la coopérative, continuée par une autre, et achevée par une troisième. C'est dans cet état d'esprit que l'idée des « passafronteras » a émergé dans la coopérative[8].

Le concept de « passafronteras » ne fait pas référence qu'au partage des tâches lors des étapes de création d'une œuvre, mais aussi aux particularités migratoires, décoloniales, solidaires et internationalistes de diverses formes d'activisme artistique. Dans le cadre de *Giro Gráfico*, les posters de l'OSPAAAL ont été

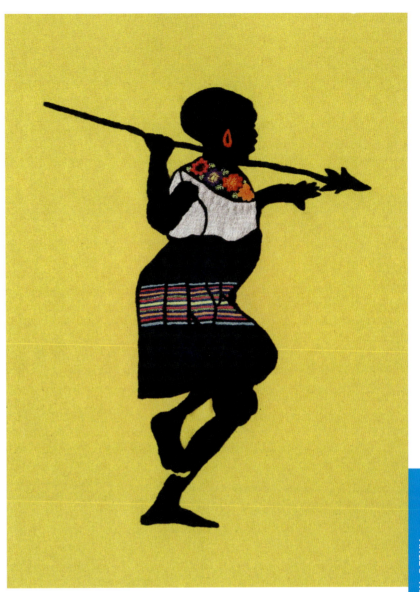

disposés de façon à créer une impression ludique d'échanges spatio-temporels entre images, procédés et frontières. Les images migrent de Cuba vers d'autres endroits, coexistent et dialoguent avec de plus récentes, rencontrent d'anciennes camarades de lutte. Dans l'espace « passafronteras », les affiches de l'OSPAAAL ont été placées près d'une installation en forme de maison dédiée au Black Panther Party. Ce projet, créé par le collectif En Donde Era La Onu (EDELO), lancé par les artistes Caleb Duarte et Mia Eve Rollow, explore le pouvoir politique et esthétique de deux des mouvements sociaux les plus importants du XXe siècle : les Black Panthers et les Zapatistes[9].

Entre 2012 et 2014, EDELO et l'artiste Rigo 23 ont invité Emory Douglas, ministre de la Culture du Black Panther Party, à San Cristóbal de las Casas, dans l'espace autonome du collectif, pour une série de rencontres avec la communauté zapatiste.

Douglas, des femmes brodeuses et des artistes zapatistes de tous âges y ont mené des expériences graphiques débouchant sur de puissantes images hybrides, modernes, surprenantes, qui font le lien, tant d'un point de vue visuel que politique, entre des éléments graphiques des deux mouvements. Les brodeuses se sont inspirées d'affiches bien connues de Douglas des années 1960 et 1970, en les recréant avec des phrases et des éléments qui font aussi référence au zapatisme (p. 75).

En traçant le diagramme de ces échanges historiques, communautaires et solidaires autour des pratiques dites « passafronteras » entre Douglas, un mélange intergénérationnel d'artistes zapatistes, les migrantes de La Voz de la Mujer et l'histoire du graphisme tricontinental, on peut réinventer le sens de la solidarité internationale. Au lieu de concevoir la solidarité comme un simple synonyme de soutien moral ou de charité, nous devrions aussi la voir comme une construction commune de pratiques à même de transformer les relations de pouvoir. L'OSPAAAL a beaucoup appris à Douglas et à de nombreux autres artistes, tout comme les artistes cubains se sont inspirés des graphismes du ministre de la Culture du Black Panther Party et se sont librement approprié ses créations.

Venceremos

Dans son « Message à la Tricontinentale » de 1967, Che Guevara exprime un désir sous forme de stratégie :

> « Quel avenir radieux pourrions-nous envisager si deux, trois ou d'innombrables Vietnam fleurissaient dans le monde, avec leurs lots de morts et d'horribles tragédies, leur héroïsme quotidien et leurs assauts répétés contre l'impérialisme, qui serait poussé à disperser ses forces face aux soudaines attaques et à la haine croissante de tous les peuples du monde ! »[10]

Guevara envisageait la possibilité que de nombreux mouvements nationaux de libération prolifèrent à travers l'Amérique latine, l'Asie et l'Afrique. Ensemble, ils seraient assez forts pour affronter les États-Unis. L'histoire politique nous enseigne la capacité de surgissements de projets révolutionnaires utopiques de gauche et de mouvements de guérilla dans de nombreuses régions du monde. En Amérique latine, des mouvements de guérilla ont entraîné des disparitions de militants, et des groupes révolutionnaires

ont été massacrés par les agents du terrorisme d'État dictatorial. À l'échelle mondiale, le tricontinentalisme a été supplanté par le néolibéralisme et le nationalisme s'est renforcé dans plusieurs pays du Sud dont l'indépendance a été déclarée tardivement.

Après 53 ans d'activisme, l'OSPAAAL a pris fin en 2019. Mais les luttes tricontinentales, telles que le respect de la diversité, de la justice sociale, des droits de l'homme et la résistance à l'extractivisme, sont toujours aussi nécessaires. De nouvelles possibilités d'alliances internationales et de solidarités existent dans les corps individuels comme collectifs. Se pencher sur ces souvenirs fragmentés, sur les multiples histoires de ces stratégies tricontinentales, c'est naviguer dans la spirale temporelle de telles expériences. L'internationalisme contemporain s'est vu réinventé par de nouveaux mouvements. Citons le soulèvement zapatiste au Chiapas, l'activisme anticapitaliste des années 1990 et 2000, le mouvement Occupy, l'insurrection Black Lives Matter, l'esprit internationaliste du collectif Decolonize This Place en soutien aux mouvements indigènes, la solidarité avec la lutte palestinienne, l'explosion sociale et la vague féministe au Chili et en Argentine, les coalitions de parents de personnes tuées et kidnappées (dans des dictatures militaires ou dans des démocraties) par les forces de police et les milices visant l'extermination des populations pauvres, noires et périphériques, le travail de mémoire des victimes du COVID-19 tuées par la négligence de gouvernements génocidaires, le travail collectif et solidaire de recherche de vérité et de justice pour les 43 étudiants d'Ayotzinapa au Mexique, ou encore la présence ancestrale et toujours aussi nécessaire des mouvements indigènes qui occupent le Brésil contre l'anéantissement des populations noires et périphériques[11].

Ces mouvements regorgent d'initiatives d'activisme, artistique ou pas, ainsi que de possibilités d'alliances aussi radicales qu'inattendues. Ils refusent d'accepter les discours d'ordre, d'oppression, d'oubli, ainsi que les sentiments de paix faux et mensongers. Comme l'a dit James Baldwin, « les artistes sont là pour troubler la paix. [...] Oui, ils doivent le faire. Sans quoi, ce sera le chaos »[12]. L'action graphique rebelle vise à construire un espace vital et collectif d'apprentissage, de soutien mutuel et de solidarité, afin d'être, de construire et de faire ensemble. Les mouvements anti-système sont producteurs d'archives inappropriables. Ils réfléchissent aux politiques d'auto-représentations sociales, aux tactiques collectives et à la créativité dans l'occupation des rues et des réseaux sociaux. L'époque actuelle est celle de la révolte face à la violence et au néofascisme qui nous envahissent. Par conséquent, l'action graphique peut être un exercice d'imagination radicale pour aller vers d'autres mondes.

1   Africa Information Service, ed., *Return to the Source: Selected Speeches by Amilcar Cabral* (New York: Monthly Review Press with Africa Information Service, 1973), 60.
2   Fernanda Carvajal and Mabel Tapia, «Grasping the Inappropriable: Disputes Over of the Use Value of Archives», in *Archives of the Commons II: The Anomic Archive*, ed. Fernanda Carvajal, Mela Dávila Freire, and Mabel Tapia (Buenos Aires and Paris: Ediciones Pasafronteras, 2019), 37.
3   Carvajal and Tapia, «Grasping the Inappropriable.»
4   Ministério das Relações Exteriores, Centro de Informações do Exterior, "Apreciação Sumária - Campo Externo," Confidencial, June 11, 1976, Comissão Estadual da Memória e Verdade Dom Helder Câmara, https://www.comissaodaverdade.pe.gov.br/uploads/r/arquivo-publico-estadual-jordao-emerenciano/6/b/c/6bc02f87d4cb74537ea5ac12214eb3c87187c-7faa5e0a2faeb2c367778199358/cb494316-de72-4011-b46d-38821c80dd0c-BR_AN_BSB_IE_015_006.pdf.
5   Red Conceptualismos del Sur (RedCSur, Southern Conceptualisms Network) se définit comme un réseau affectif et activiste qui cherche à agir dans les champs épistémologiques, artistiques et politiques du présent. Formé en 2007, RedCSur s'efforce d'influencer la critique des pratiques artistiques, archivistiques, curatoriales et des mouvements sociaux, en partant de l'idée que la recherche est un acte politique. Voir https://redcsur.net.
6   *Giro gráfico* est un projet internationaliste basé sur le travail collectif de trente chercheurs de différents pays d'Amérique latine et des États-Unis. L'exposition s'est tenue en 2022 au Museo Nacional Centro de Arte Reina Sofía, à Madrid, puis au Museo Universitario Arte Contemporáneo (MUAC), à Mexico. La sélection d'affiches de l'OSPAAAL présentées était différente dans les deux pays ; je me réfère ici aux affiches montrées à Madrid. Pour plus d'informations, voir https://www.museoreinasofia.es/exposiciones/giro-grafico et https://muac.unam.mx/exposicion/giro-grafico.
7   Brian Holmes, "1968 in the USA: Political Crisis in the Keynesian-Fordist Economy," Continental Drift, November 8, 2011, https://brianholmes.wordpress.com/2011/11/08/1968-in-the-usa/.
8   Fernanda Carvajal and Javiera Manzi, "Passafronteras," in Red Conceptualismos del Sur, *Giro Gráfico: como en el muro la hiedra* (Madrid: Museo Nacional Centro de Arte Reina Sofía, 2022) 176–195.
9   Marc James Léger and David Tomas, eds., *Zapantera Negra: An Artistic Encounter between Black Panthers and Zapatistas*, 2nd ed. (Brooklyn, NY: Common Notions, 2022).
10 Che Guevara, "Message to the Tricontinental," in *Venceremos! The speeches and writings of Ernesto Che Guevara*, ed. John Gerassi (New York, NY: MacMillan Company, 1968), 423.
11 Anne Garland Mahler apporte une contribution critique importante et nécessaire sur l'influence et la résurgence du tricontinentalisme dans plusieurs mouvements sociaux contemporains, dont certains sont mentionnés dans son livre : *From the Tricontinental to the Global South: Race, Radicalism, and Transnational Solidarity* (Durham, NC: Duke University Press, 2018).
12 Fred L. Standley and Louis H. Pratt, eds., Conversations with James Baldwin, *Literary Conversations Series* (Jackson: University Press of Mississippi, 1989), 21.

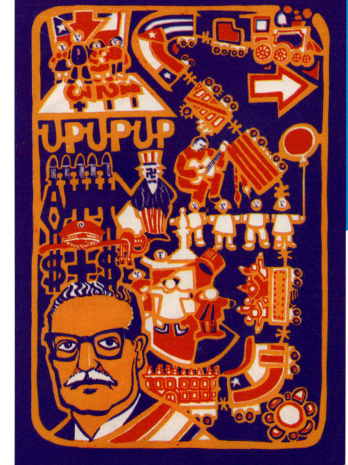

Passafronteras
Notes on Archives, Tricontinental Graphic Action, and Solidarity

André Mesquita

The people are only able to create and develop the liberation movement because they keep their culture alive despite continual and organized repression of their cultural life and because they continue to resist culturally even when their political-military resistance is destroyed.

—Amilcar Cabral, "Identity and Dignity in the Context of the National Liberation Struggle," 1972[1]

Each edition of the *Tricontinental* opened with the statement, "Partial or total reproduction is freely permitted by the *Tricontinental* magazine," to validate an anti-copyright position on ideas and images without commercial interests. Today, OSPAAAL posters are preserved in universities, libraries, public archives, and autonomous spaces, as well as fetishized and capitalized by the art market. However, their graphic artists were producers of collaborative, "not appropriatable" archives. According to Fernanda Carvajal and Mabel Tapia, the unappropriatable seeks, with its resources and conditions, the production of new meanings, uses, commitments, and imaginations for the archive. The lack of this-or-that poster or document helps us create other lines of thought and disarticulate the notion of a closed archive as property and commodity. Such archives refuse totality and accumulation: they "alter, from within, the center placed in the owner or in the property itself in order to promote its use value."[2] The articulation of these revolutionary posters can produce insurgent knowledges and new ways of making politics.[3]

OSPAAAL's militant publications emerged in a world polarized by the Cold War and the effects of military dictatorships. As their campaigns developed, countries in the Southern Cone created secret networks with the CIA to support the imprisonment, torture, and murder of political opponents and dissidents. They also carried out US military counterinsurgency programs to annihilate guerrillas and revolutionary leaders during the Vietnam War.

A 1969 edition of *Tricontinental* contained a poster designed by Alfrédo Rostgaard that depicted a guerrilla Christ carrying a rifle over his shoulder, subverting traditional martyred representations of Catholicism. The poster embodied Colombian priest Camilo Torres Restrepo's famous quote, "If Jesus were alive today, he would be a guerrillero." Restrepo, who was connected to Liberation Theology, was a member of the National Liberation Army (ELN) and was killed by military forces in February 1966. His body was buried in a secret location so that the guerrilla priest would not become a revolutionary martyr.

Secrets, such as the disappearance of Restrepo's body, produce knowledge that is not, does not want to, or cannot be spoken. Nevertheless, it cannot hide the traumas and horrors of wars and dictatorships. Secrets often leave traces, even when buried deep. These traces may come in the form of official documents with limited circulation, which are eventually released with carefully edited information. For instance, the Brazilian Ministry of Foreign Affairs produced a secret document on June 11, 1976. The document had been recently disclosed by the Dom Helder Câmara State Memory and Truth Commission, and mentions the activities of "front organizations of Soviet communism" operating in various countries. The list of organizations—which the document accuses of "annihilating democratic states" and participating in a global conspiracy—includes

OSPAAAL.[4] This revelation sheds new light on the organization's history and raises important questions about the extent of its involvement in political subversion during the Cold War.

Working together, hand in hand

In 2022, I curated the exhibition *Giro Gráfico. Como en el muro la hiedra* [*Graphic Turn. Like the Ivy on the Wall*][5] with the Red Conceptualismos del Sur,[6] which included a dozen OSPAAAL posters. We gathered some of the best-known images from the Tricontinental visual archive, including Helena Serrano's poster for the Day of the Guerrilla with Che Guevara's face over the map of Latin America in a pop, psychedelic, and hallucinatory design (p. 237). We also featured Daysi García López's powerful silhouette of a Black woman's face under two figures wielding weapons in solidarity with African American people (p. 269) and Jesús Forjans Boade's 1967 poster depicting a Black man being repressed by a police officer at a demonstration and the word "NOW!" written in bold letters (p. 267). The latter dialogued with Santiago Álvarez's 1965 documentary *NOW* and the phrase "Freedom Now" used by the Student Non-Violent Coordinating Committee.[7] The exhibition also included Alfrédo Rostgaard's iconic poster made immediately after the assassination of Martin Luther King Jr. in 1968; it features a panther carrying the text "Black Power" in its mouth, with an accompanying powerful phrase inspired by Frantz Fanon—"Retaliation to crime: revolutionary violence" (p. 204). Later evolutions of this poster replaced the text between the panther's teeth with a photo of Black Panther Party leader Huey Newton to demand his immediate liberation from prison.

Other major OSPAAAL posters presented at the exhibition included Rolando Córdova Cabeza's poster in solidarity with Puerto Rican people, Ernesto García Peña's poster of Salvador Allende holding a weapon with the phrase "The Chilean people will crush fascism," and Gladys Acosta's purple poster in solidarity with the Palestinian struggle (p. 270). Acosta's design was my favorite from the selection, as it masterfully executes the movement of the images—a vibrant circle of orange highlights the image of a group of Palestinian guerrillas as if they were taken from a seventies action movie. All the graphic productions use extensive, ambitious geometric constructions and abstract compositions, harkening back to Fidel Castro's maxim that "our enemy is imperialism, not abstract art."

At *Giro Gráfico*, we embraced various forms of graphic street action and expanded the notion of "graphic" to include other artistic practices such as embroidery, urban interventions, cartography, photos, and collective action. The exhibition's principles of solidarity and internationalism led us to highlight the Tricontinental posters and OSPAAAL's graphic art in a group titled *passafronteras* [cross-borders]. The concept was inspired by La Voz de la Mujer Graphic Cooperative in Argentina, whose members are migrant workers from Paraguay and Bolivia. They share their knowledge of embroidery and woo cut practices as well as their migrant histories as they pass the construction of images from one artist to another. This promotes shared work and hand-to-hand collaboration—a graphic work may be initiated by one member of the group, developed by another artist from the cooperative, and concluded by a third person. This dynamic of shared work and hand-to-hand collaboration inspired the idea of passafronteras within the cooperative.[8]

The passafronteras concept extends beyond crossing different stages of a work and techniques; it also applies to the migratory, decolonial, solidary, and internationalist conditions of various artistic activism practices. At Giro Gráfico, OSPAAAL posters were inserted into temporal and spatial crossings of images, processes, and borders. The posters moved from Cuba to other places, coexisted and dialogued with new images, and met with old comrades in struggle. For example, the OSPAAAL posters were placed next to an installation of a house dedicated to the Black Panther Party. This project, driven by the EDELO (En Donde Era La Onu) collective, formed by the artists Caleb Duarte and Mia Eve Rollow, reflects on the political and aesthetic power of two of the most important social movements of the twentieth century: the Black Panther Movement and the Zapatista Movement.[9]

Between 2012 and 2014, EDELO and artist Rigo 23 invited the Minister of Culture of the Black Panthers, Emory Douglas, to travel to San Cristóbal de las Casas for a series of meetings and conversations with the Zapatista community in the collective's autonomous space. Douglas, women embroiderers, and Zapatista artists of different ages jointly articulated graphic experiences that resulted in potent hybrid, new, and surprising images that visually and politically connected the two movements. The embroiderers related to Douglas' well-known posters, produced in the sixties and seventies, and recreated them with phrases and elements of Zapatismo (p. 75).

These historical, community, and solidary zigzag passafronteras practices—Douglas and Zapatista artists' intergenerational collaboration, migrant crossings of La Voz de la Mujer, and the *Tricontinental* graphic experience—can uncover new meanings of international solidarity. We need to move beyond the idea of solidarity as merely a synonym for moral support or charity and instead view it as the joint construction of practices that transform power relations. OSPAAAL was a visual school/academy for Douglas and many other artists, just as Cuban artists drew inspiration from the graphics of the Black Panther Minister of Culture and freely appropriated his creations.

Venceremos

In his "Message to the Tricontinental" (1967), Che Guevara expressed a desire in the form of a strategy:

> "How close we could look into a bright future should two, three or many Vietnams flourish throughout the world with their share of deaths and their immense tragedies, their everyday heroism and their repeated blows against imperialism, impelled to disperse its forces under the sudden attack and the increasing hatred of all peoples of the world!"[10]

Guevara envisaged the possibility of many national liberation movements proliferating throughout Latin America, Asia, and Africa. Together, these movements would be strong enough to confront the power of the United States. Indeed, the utopias of revolutionary left projects and guerrilla movements did erupt in many parts of the world. However, history also reveals the limits and defeats of these projects—in Latin America, guerrilla movements led to the disappearance of militants and revolutionary groups were massacred by the agents of dictatorial state terrorism. Tricontinentalism was eventually superseded by global neoliberalism, and nationalism gained strength in several Southern countries with belatedly declared independences.

After 53 years of activity, OSPAAAL disbanded in 2019. However, struggles central to the tricontinental movement—such as respect for diversity, social justice, human rights; demands for basic rights; and fights against extractivism—are still urgent and fundamental for many resistance movements. New possibilities for international alliances and moments of solidarity are open and in the hearts of individual and collective bodies. The fragmented memories of these multiple histories and tricontinentalist strategies also navigate the spiraling time of these experiences. Internationalism is open and reconfigured by contemporary antisystemic movements—from the Zapatista uprising in Chiapas to the global anticapitalist activism that took the streets in the 1990s, 2000s, and the Occupy movements. Insurgencies support Indigenous movements, Black liberation, and solidarity with the Palestinian struggle (e.g., Black Lives Matter and the internationalist spirit of the Decolonize This Place collective). There are also social explosions and feminist waves occupying the streets of Chile and Argentina. Numerous coalitions comprise the relatives of those killed and disappeared during military dictatorships and by police forces and militias targeting the extermination of poor, Black, and peripheral populations in democracies. The work of remembering the victims of COVID-19, killed by the neglect of genocidal governments, is still ongoing. Collective and supportive work seeks truth and reparation for the forty-three Ayotzinapa students in Mexico. Meanwhile, always-necessary, ancestral Indigenous movements occupy Brazil to fight the annihilation of native peoples and for the recognition of their land rights.[11]

Within these experiences, there are numerous initiatives of activism, artistic activism, and many possibilities for radical and unexpected alliances that refuse to accept order, oppression, forgetfulness, and false feelings of peace. As James Baldwin said, "artists are here to disturb the peace. . . .Yes, they have to disturb the peace. Otherwise, chaos."[12] Rebel graphic action aims to build a vital and collective space of learning, mutual support, and solidarity in the basic sense of being, building, and doing together. Antisystemic movements produce memories and unappropriatable archives. They also reflect self-representation in social dimensions, collective tactics, and creativity in occupying streets and social networks. The current moment is one of revolt against pervasive violence and neofascism. Graphic action is an exercise in radical imagination for other possible worlds.

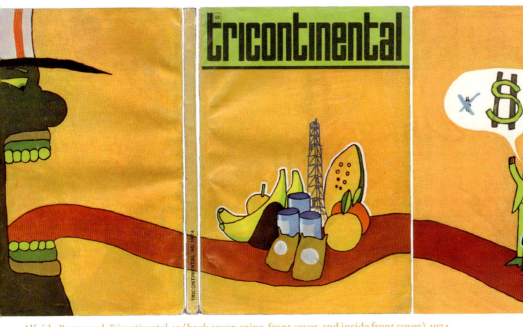

Alfrédo Rostgaard, *Tricontinental* 40 (back cover, spine, front cover, and inside front cover), 1974.

1   Africa Information Service, ed., *Return to the Source: Selected Speeches by Amilcar Cabral* (New York: Monthly Review Press with Africa Information Service, 1973), 60.

2   Fernanda Carvajal and Mabel Tapia, "Grasping the Inappropriable: Disputes Over of the Use Value of Archives," in *Archives of the Commons II: The Anomic Archive*, ed. Fernanda Carvajal, Mela Dávila Freire, and Mabel Tapia (Buenos Aires and Paris: Ediciones Pasafronteras, 2019), 37.

3   Carvajal and Tapia, "Grasping the Inappropriable."

4   Ministério das Relações Exteriores, Centro de Informações do Exterior, "Apreciação Sumária - Campo Externo," Confidencial, June 11, 1976, Comissão Estadual da Memória e Verdade Dom Helder Câmara, https://www.comissaodaverdade.pe.gov.br/uploads/r/arquivo-publico-estadual-jordao-emerenciano/6/b/c/6b-c02f87d4cb74537ea5ac12214eb3c87187c7faa5e0a2faeb2c367778199358/cb494316-de72-4011-b46d-38821c80d-doc-BR_AN_BSB_IE_015_006.pdf.

5   *Giro Gráfico* emerged from a long-term project, based on the collective work of thirty researchers from various countries in Latin America and the United States (highlighting its internationalist character). The exhibition was held in 2022 at the Museo Nacional Centro de Arte Reina Sofía, Madrid, and then at the Museo Universitario Arte Contemporáneo (MUAC), Mexico. The OSPAAAL posters presented were different for each exhibition, and in this text, I refer to the posters present at the exhibition in Madrid. For more details on the exhibition, see https://www.museoreinasofia.es/exposiciones/giro-grafico and https://muac.unam.mx/exposicion/giro-grafico.

6   Red Conceptualismos del Sur (RedCSur, Southern Conceptualisms Network) defines itself as an affective and activist network that seeks to act in the field of epistemological, artistic, and political disputes of the present. Formed in 2007, RedCSur works to impact the critical dimension of artistic, archival, curatorial, and social movement practices, under the idea that research is a political act. See https://redcsur.net.

7   Brian Holmes, "1968 in the USA: Political Crisis in the Keynesian-Fordist Economy," *Continental Drift*, November 8, 2011, https://brianholmes.wordpress.com/2011/11/08/1968-in-the-usa/.

8   Fernanda Carvajal and Javiera Manzi, "Passafronteras," in Red Conceptualismos del Sur, *Giro Gráfico: como en el muro la hiedra* (Madrid: Museo Nacional Centro de Arte Reina Sofía, 2022) 176–195.

9   Marc James Léger and David Tomas, eds., *Zapantera Negra: An Artistic Encounter between Black Panthers and Zapatistas* [Second edition] (Brooklyn, NY: Common Notions, 2022).

10 Che Guevara, "Message to the Tricontinental," in *Venceremos! The speeches and writings of Ernesto Che Guevara*, ed. John Gerassi (New York, NY: MacMillan Company, 1968), 423.

11 Anne Garland Mahler makes an important and necessary critical contribution on the influence and resurgence of tricontinentalism in several contemporary social movements, some of which are mentioned in her book: *From the Tricontinental to the Global South: Race, Radicalism, and Transnational Solidarity* (Durham, NC: Duke University Press, 2018).

12 Fred L. Standley and Louis H. Pratt, eds., *Conversations with James Baldwin*, Literary Conversations Series (Jackson: University Press of Mississippi, 1989), 21.

Este conjunto de once carteles fue producido por Interference Archive en 2015. Se trata de diseños originales de once artistas y colectivos artísticos inspirados por la OSPAAAL pero creados en solidaridad con los movimientos actuales.

Este conjunto de onze pôsteres foi produzido pelo Interference Archive em 2015, com designs criados por onze artistas e coletivos de arte inspirados pela OSPAAAL e solidários com os movimentos atuais.

Cet ensemble de onze affiches a été produit par Interference Archive en 2015, par onze artistes et collectifs inspirés par l'OSPAAAL, en solidarité avec des luttes actuelles.

This set of eleven posters was produced by Interference Archive in 2015. The designs were created by eleven artists and art collectives inspired by OSPAAAL and in solidarity with current movements.

Previous page (poster 1): Josh MacPhee, *Armed By Design*, screen print, 2015. This image was also used as the exhibition poster for Interference Archive's 2015 exhibition, *Armed by Design*.
Poster 2: Jamaa al-Yad, *Last Remaining Kufiyyeh Factory in Palestine*, screen print, 2015.
Poster 3: A3CB, *New Ways to Renunciate War*, screen print, 2015.
Poster 4: Yuko Tonohira, *Solidarity Okinawa*, screen print, 2015.
Poster 5: Friends of Ibn Firnis, *Biji Rojava*, screen print, 2015.
Poster 6: Steven Rodriguez, *Cops is Terror*, screen print, 2015.
Poster 7: Ganzeer, "*If throwing rocks does not work, do guns become more important?*," screen print, 2015.
Poster 8: Sublevarte Colectivo, *Ni una más, ni una menos*, screenprinted poster, 2015.
Poster 9: Tomie Arai, *Solidaridad/Solidarity*, screenprinted poster, 2015.
Poster 10: Un Mundo Feliz, *House's Protest*, screenprinted poster, 2015.
Poster 11: Dignidad Rebelde, *EZLN: For Autonomy and Peace*, screenprinted poster, 2015.

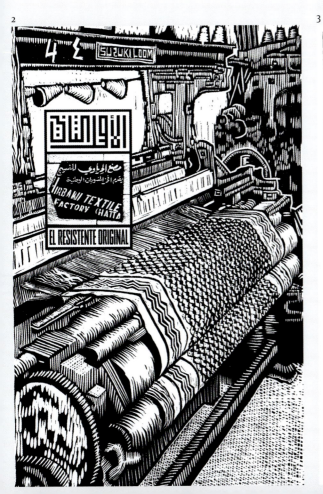

4

5

6

11

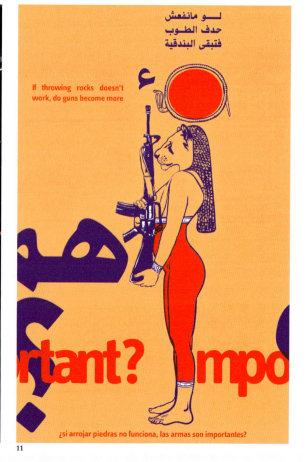

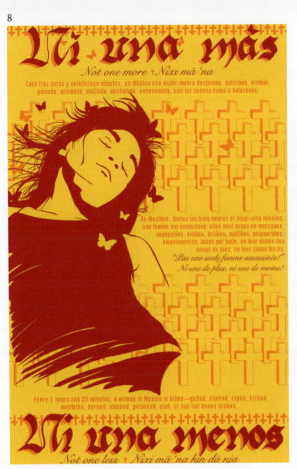
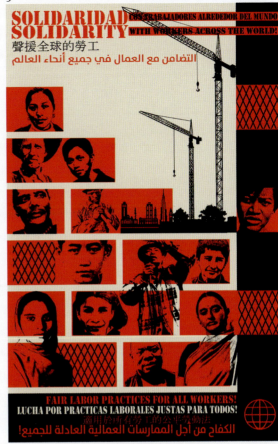

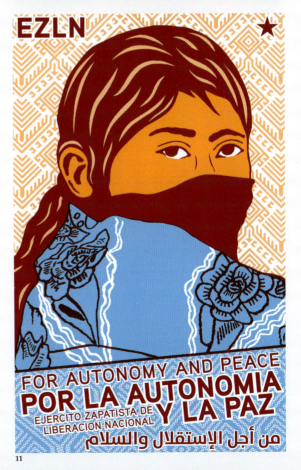

Entre dos mundos

conversación con Joseph Orzal

A principios de 2021, Interference Archive se puso en contacto con Joseph Orzal, de NoMüNoMü, por el amor que tenemos en común por la obra de la OSPAAAL. Joseph pidió prestado material para una exposición, *Entre dos mundos*, que finalmente se inauguró en NoMüNoMü en abril de 2022. Desde nuestra exposición de materiales de la OSPAAAL de 2015 en Interference Archive, muchas instituciones y galerías han tomado prestados algunos de estos materiales para sus propias programaciones, sin embargo, la de NoMüNoMü exhibió de forma única el archivo, lo llevó al espacio de una galería, en diálogo con personas, otras obras de arte y hasta plantas. Nos inspira el uso que hace Joseph del diseño gráfico de la OSPAAAL para crear un espacio dinámico y enfocado en el trabajo solidario de la comunidad. De igual manera, nos entusiasma poder continuar aquí con el intercambio.

Para empezar, ¿podrías hablarnos un poco de ti y cómo te conectaste por primera vez con el trabajo de la OSPAAAL?

Creo que estaba en el bachillerato cuando me topé con el libro de Lincoln Cushing *¡Revolución!* Además la imagen del Che ya era popular en esos años por aquella famosa e irónica camiseta de Jay-Z en *MTV Unplugged*. El hecho de que apareciera en la portada y en la camiseta me atrajo. Quedé totalmente asombrado. No hacía más que mirar las imágenes. No creo que haya leído ni una palabra de ese libro hasta el día de hoy. Sin embargo, muchos años después, paseando por Nueva York, volví a ver los carteles del libro a través de una ventana. Fue justo cuando estaba a punto de abrir mi galería en Baltimore. La exposición que vi resultó ser *Notes on Solidarity*, en la Galería James del Graduate Center, comisariada por Debra Lennard. Fue entonces cuando empecé a indagar en la OSPAAAL y en lo que significaban estos carteles más allá de que fueran impresionantes.

Creaste NoMüNoMü, un nuevo espacio comunitario en Baltimore, en 2022. Háblanos de este espacio y de la exposición Entre dos mundos *que organizaste allí.*

El título de la exposición tenía un triple sentido: NoMüNoMü se creó para tender un puente entre el arte y el activismo, era un espacio que intentaba tender un puente entre estos dos mundos. Pero también observamos que, desde que fueron creados a la fecha, nos encontramos en un mundo totalmente distinto: el del cambio climático y el fin del mundo, para no ir más lejos. Además, partíamos de la premisa de que nuestra situación actual es la de unos estadounidenses que están viviendo las primeras fases del colapso de un imperio. La exposición trataba de entrelazar estas tres cosas. Se mostraba una mezcla de carteles de solidaridad que ilustra la gran cantidad de resistencias que ha habido y sigue habiendo en respuesta a la expansión imperialista. Mi esperanza era que la gente pudiera ver que, como espacio artístico, también estamos en sintonía con la política plasmada en los carteles, que nos viera como un espacio que apoya el trabajo de estos movimientos.

En la exposición examinaste la solidaridad de los movimientos antiimperialistas mundiales desde la perspectiva de un amplio espectro de artistas visuales. ¿Puedes explicarnos por qué te pareció importante incluir el trabajo histórico de la OSPAAAL en una conversación amplia y actual de organización y solidaridad?

Me pareció importante porque la OSPAAAL es muy directa, tanto en contenido como en color. Como sabemos, son diseños para difundir la lucha armada revolucionaria. El hecho de que estos carteles sean tan directos ayuda a destacar la gravedad de la opresión y el imperialismo hoy en día. En cambio, los trabajos impresos más contemporáneos presentados en la exposición tendían a señalar al agresor o al opresor pero a partir de demandas y acciones concretas, fuera de la militancia como forma de lucha.

En relación con esto, ¿puedes contarnos un poco más de cómo lograste que voluntariamente el público se involucrara con el material, sea a través de la programación, eventos, colaboraciones organizadas, etc.?

Como espacio comunitario, para mí era muy importante conectar las ideas contenidas en los carteles con un compromiso comunitario tangible, que ayude a visibilizar a las comunidades e informe sobre las luchas anticoloniales. Así que programamos muchas actividades. Organizamos talleres sobre plantas para comprender sus lugares de origen, su conexión en regiones específicas. Hicimos noches de cine en colaboración con Malaya, una organización filipina antiimperialista. Incluso organizamos talleres de yoga que ayudaron a todos a relajarse. Hubo una noche cultural palestina en colaboración con PYM (Movimiento Juvenil Palestino). Otra noche fue de poesía indígena queer. Tuvimos varios eventos musicales y artísticos afines y que respondían a la muestra. La lista continúa. Mi política era decir que sí a tantas cosas como fuera posible para que la gente tuviera varios puntos de entrada.

¿Esperas que el trabajo visual de la OSPAAAL contribuya a inspirar el trabajo de solidaridad antiimperialista actual y en el futuro? ¿Cómo?

Creo que la OSPAAAL seguirá siendo un estilo impactante e inspirador en el que vale la pena fijarse. Su proceso de creación de imágenes en aquel momento era muy distinto. Sin duda encarnan una confianza específica y un sentido de la solidaridad únicos de la época. Cuando miramos esas obras visuales hoy en día, los sentimientos que expresan transmiten una especie de añoranza que, sin embargo, puede ser muy atractiva. Para la comprensión de una verdadera solidaridad, sentir o saber que se avanza juntos hacia la liberación, los carteles serán un emblema de lo posible.

Abajo: Alfrédo Rostgaard, "Use It", *Trincontinental* 7 (contraportada), Jul–Aug 1968.
Página 286: Lázaro Abreu, *intitulado*, cartel impreso en offset, 1974.

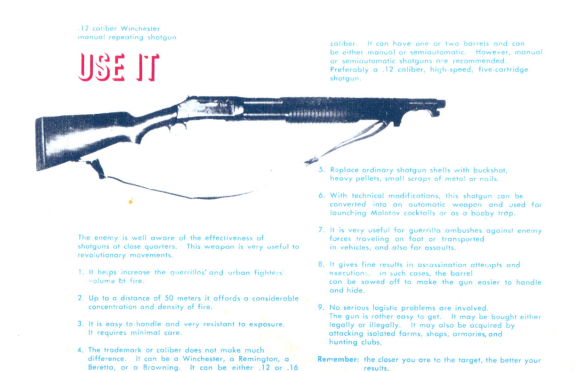

Entre dois mundos

uma conversa com Joseph Orzal

No começo de 2021, o Interference Archive entrou em contato com Joseph Orzal, do NoMüNoMü, por compartilharem o amor pelo trabalho da OSPAAAL. Joseph pediu emprestado material para uma futura exposição intitulada "Entre dois mundos", com abertura na NoMüNoMü em abril de 2022. Desde a exposição de material da OSPAAAL no Interference Archive em 2015, muitas instituições e galerias pediram emprestado esse material para suas próprias programações. No entanto, esta exposição trouxe o material para fora do arquivo e o colocou em um espaço de galeria em diálogo com pessoas, plantas e outras obras de arte. Estamos inspirados pelo uso do design gráfico da OSPAAAL por Joseph para criar um espaço de movimento que coloca o trabalho de solidariedade comunitária em destaque e estamos animados para continuar construindo essa relação aqui.

Para começar, você poderia falar um pouco sobre você e como rolou a conexão com o trabalho da OSPAAAL pela primeira vez?

Eu acredito que eu estava no ensino médio quando eu encontrei o livro de Lincoln Cushing chamado *¡Revolution!*. A imagem do Che era muito presente quando eu estava no ensino médio (com a famosa camiseta irônica do Jay-Z no *MTV Unplugged*), e acho que o fato dela estar na capa me atraiu para o livro. Mas, sim, fiquei completamente impressionado. Tudo o que eu fazia era olhar para as imagens. Até hoje, acho que nunca li uma palavra neste livro. Saltando para muitos anos depois, eu estava caminhando em Nova York e vi esses cartazes novamente através de uma janela. Isso foi logo quando eu estava prestes a abrir minha galeria em Baltimore.

A exposição que eu vi acabou sendo a mostra *Notes on Solidarity* na James Gallery do Graduate Center, organizada por Debra Lennard. Foi lá que comecei a mergulhar na OSPAAAL e no que esses cartazes significavam, além de serem muito irados.

Você criou o NoMüNoMü, um novo espaço comunitário em Baltimore, em 2022. Conta pra gente sobre esse espaço e a exposição Entre dois mundos *que você organizou lá.*

O título da exposição funcionava com um certo triplo sentido: o NoMüNoMü foi criado para unir arte e ativismo, sendo um espaço que tenta unir dois mundos. Mas também podemos ver, no espaço de tempo que engloba a criação dos cartazes até o presente, que estamos herdando um mundo completamente diferente: toda a questão da mudança climática/fim do mundo. Além disso, estávamos antecipando a nossa situação atual como estadunidenses experimentando as fases iniciais de um império em colapso. A exposição tentou unir essas três coisas, exibindo uma mistura de cartazes de solidariedade que ajudam a ilustrar o acúmulo de resistência que ocorreu e está ocorrendo em resposta à expansão imperialista. Minha esperança era que as pessoas pudessem perceber que, como um espaço de arte, estamos alinhados com a política representada nos cartazes, de forma que sejamos reconhecidos como um espaço que apoia esse trabalho de base.

Na exposição Entre dois mundos, *nós analisamos a solidariedade dos movimentos anti-imperialistas globais a partir da perspectiva de uma ampla variedade de artistas visuais. Você pode compartilhar o porquê de incluir o trabalho histórico da OSPAAAL em uma conversa que também tinha como objetivo o trabalho atual de organização e solidariedade?*

Me pareceu importante porque a OSPAAAL é muito marcante tanto no conteúdo quanto na cor: eles foram projetados para comunicar a luta armada pela revolução. Esses cartazes tão claros ajudam a enfatizar a gravidade da opressão e do imperialismo. Os cartazes mais contemporâneos apresentados na exposição tendiam a apontar para o agressor ou opressor, com demandas por ações específicas ou destacando os esforços fora da militância como formas de luta.

Em relação a isso, você pode comentar sobre como você organizou o envolvimento/engajamento intencional com esse material por meio de programações ou parcerias?

Como um espaço comunitário, foi muito importante para mim conectar as ideias por trás dos cartazes a um engajamento comunitário tangível que ajuda a destacar cada comunidade e informar as pessoas sobre as lutas únicas contra o imperialismo. Por isso, tivemos muitas programações. Realizamos oficinas de plantas para estabelecer a compreensão da indigeneidade das plantas e sua conexão com regiões específicas. Tivemos colaborações de noites de projeção de filmes com Malaya, uma organização filipina anti-imperialista, que ajudou a destacar as lutas dos filipinos através do cinema. Hospedamos oficinas de ioga que ajudaram todos a relaxar. Teve também uma noite cultural palestina em colaboração com a PYM (Palestinian Youth Movement), e uma noite de poesia queer indígena. Tivemos várias apresentações musicais e artísticas respondendo à exposição. A lista é grande. Minha política era dizer sim a tantas coisas quanto possível para que as pessoas tivessem vários pontos de entrada para a educação.

Como você espera que o trabalho visual da OSPAAAL desempenhe um papel inspirador de solidariedade anti-imperialista atualmente? E nos próximos anos?

Eu acredito que a OSPAAAL certamente continuará a ser uma estética impactante e inspiradora para as pessoas se orientarem. Seu processo de criação de imagens na época era tão peculiar. Eles certamente incorporam uma confiança específica e um senso de solidariedade que estava muito presente na época. Os sentimentos que eles transmitem carregam um tipo de anseio que, quando olhamos para essas obras visuais hoje, acredito que seja o que continua me atraindo para elas. Até voltarmos a entender a verdadeira solidariedade, até voltarmos a sentir ou saber que estamos nos movendo juntos em direção à libertação, os cartazes serão símbolos de que isso é possível.

Acima: Artista desconhecido, ilustração pontual da *Tricontinental*.
Abaixo: Conjunto de ícones de seção, *Tricontinental* 23 (152), Mar–Apr 1971.
Página 291: Olivio Martinez, *World Day of Solidarity with the Struggle of the People of Mozambique*, cartaz impresso em offset, 1970.
Página 293: Alfrédo Rostgaard, "On peut et on doit creer un monde nouveau avec des formes, techniques, et des idees nouvelles", *Tricontinental* 3 (contracapa interna), May–Jun 1968.

Entre deux mondes
entretien avec Joseph Orzal

Début 2021, l'équipe d'Interference Archive a rencontré Joseph Orzal, du collectif NoMüNoMü, avec qui nous partageons une passion pour l'OSPAAAL. Joseph a emprunté une partie de nos archives pour l'exposition *Between Two Worlds*, dont le vernissage a eu lieu dans les locaux du NoMüNoMü en avril 2022. Depuis notre propre exposition sur l'OSPAAAL, à Interference Archive en 2015, de nombreuses institutions et galeries nous ont emprunté ces affiches pour leur programmation. Mais la façon dont Joseph les a sorties de leurs placards a été bien particulière, de par les personnes, les plantes et les œuvres avec qui elle leur a permis de dialoguer. Enthousiasmés par cette utilisation des archives de l'OSPAAAL dans un espace de solidarité communautaire, nous avons été ravis de nous entretenir avec Joseph et de consolider nos liens.

Pour commencer, peux-tu nous parler un peu de toi, et nous raconter comment tu as découvert le travail de l'OSPAAAL ?

Je crois que j'étais au lycée quand je suis tombé sur le livre *¡Revolucion!: Cuban Poster Art* de Lincoln Cushing. L'image du Che était très répandue à l'époque (avec le fameux T-shirt que Jay-Z a porté de façon ironique lors de sa session *MTV Unplugged*), et je crois que le voir en couverture m'a attiré. Quoi qu'il en soit, ce livre m'a époustouflé. Tout ce que j'en ai fait, ça a été de regarder les images. Vraiment, à ce jour encore, je ne pense pas en avoir lu un seul mot. Avance rapide, des années plus tard, je me baladais à New York quand j'ai aperçu ces mêmes affiches à travers une vitrine. Á l'époque, je m'apprêtais à ouvrir ma propre galerie à Baltimore. L'exposition en question, celle sur laquelle je suis tombé à New York, s'appelait *Notes on Solidarity*. Elle se tenait à la James Gallery du Graduate Center, et était organisée par Debra Lennard. C'est là que j'ai vraiment commencé à m'intéresser à l'OSPAAAL et à ce que ces affiches signifiaient, au-delà de leur seul génie graphique.

En 2022, tu as donc créé le NoMüNoMü, un espace solidaire à Baltimore. Parle-nous-en un peu, ainsi que de l'exposition Between Two Worlds *que tu y as organisée.*

Le titre de l'exposition avait en quelque sorte un triple sens. Premièrement, le but du NoMüNoMü, c'est de faire le lien entre art et militantisme, par le biais d'un espace qui tente de créer un pont entre ces deux mondes. Deuxièmement, par rapport à la période de création de ces affiches, on était conscients d'évoluer dans un monde radicalement différent, avec le dérèglement climatique/la fin du monde. Et puis, en tant qu'Américains vivant les premières étapes de l'effondrement d'un empire, on avait en quelque sorte prémédité notre situation actuelle. L'exposition tentait donc de relier ces trois pôles, en présentant au public un mélange d'affiches solidaires qui permettaient d'illustrer la quantité de résistance, passée et présente, en réponse à l'expansion impérialiste. J'espérais aussi que les gens constatent qu'en tant qu'espace artistique, le NoMüNoMü se reconnaissait dans le message transmis par ces affiches, et qu'il soit ainsi perçu comme un lieu idéologiquement proche de ce mouvement.

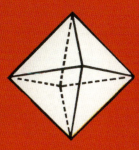

ON PEUT ET ON DOIT CRÉER UN MONDE NOUVEAU AVEC DES FORMES, TECHNIQUES ET DES IDÉES NOUVELLES

Au moyen de la Révolution et contre l'impérialisme: la construction d'un nouveau monde pour un homme nouveau

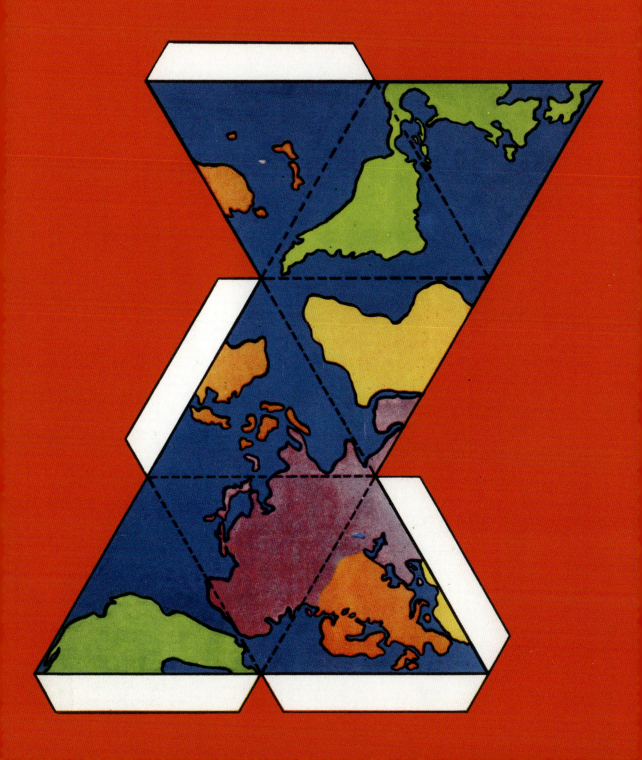

APARTHEID

Dans cette exposition, tu mettais en avant les liens de solidarité entre les mouvements anti-impérialistes internationaux, via la production d'un large panel d'artistes visuels. En quoi était-il important d'inclure le travail de l'OSPAAAL dans une conversation aussi axée sur les méthodes contemporaines de lutte et de solidarité ?

Ça me semblait important parce que les affiches de l'OSPAAAL sont extrêmement directes, tant au niveau du contenu que des couleurs, et pour cause : leur but, c'était de répandre des pratiques de lutte armée révolutionnaire. Et cette radicalité du message permettait de souligner la gravité de l'oppression et de l'impérialisme. De leur côté, les affiches les plus contemporaines de l'exposition tendaient à désigner l'agresseur ou l'oppresseur, et à réclamer tel ou tel changement hors d'un cadre militant.

Dans le même ordre d'idées, comment t'y es-tu pris, en termes de programmation ou de collaborations, pour susciter les interactions désirées avec ce matériau ?

Dessus : Alfrédo Rostgaard, *Tricontinental Bulletin* 47 (couverture), 1970.
Page 294 : Concepteur non attribué, "Apartheid," *Tricontinental* 8 (couverture intérieure avant), 1968.

Le NoMüNoMü étant un local communautaire, il était très important pour moi de relier les idées derrière ces affiches à des pratiques concrètes de solidarité, qui puissent aider à mettre en valeur chaque communauté, et à informer à propos de telle ou telle lutte contre l'impérialisme. On a donc proposé de nombreuses activités. On a organisé des ateliers botaniques pour faire comprendre l'indigénéité des plantes et leur lien avec des régions spécifiques. On a proposé des soirées cinéma en collaboration avec Malaya, une organisation anti-impérialiste philippine, ce qui a permis de mettre en valeur les luttes des Philippines. On a organisé des ateliers yoga, qui ont permis aux gens de se détendre. Il y a aussi eu une soirée palestinienne en collaboration avec le Palestinian Youth Movement (PYM), ainsi qu'une soirée de poésie indigène queer. On a organisé plusieurs concerts et performances artistiques en lien avec l'exposition. Et la liste est encore longue. Mon parti pris, c'était de dire oui à autant de propositions que possible, afin que les gens puissent se cultiver de différentes façons.

Aujourd'hui et à l'avenir, comment espères-tu que les affiches de l'OSPAAAL contribuent à inspirer la solidarité anti-impérialiste ?

Déjà, oui, je me dis que le travail de l'OSPAAAL continuera d'être une source d'inspiration. À l'époque, le processus de création de ces affiches était si particulier... Elles illustraient des formes alors bien réelles d'optimisme et de solidarité. Aujourd'hui, elles véhiculent une certaine nostalgie, et je crois que c'est ça qui continue de m'attirer vers elles. Tant qu'on n'aura pas retrouvé cette compréhension intime de la solidarité, et cette certitude d'avancer tous ensemble vers la libération, ces affiches continueront de nous rappeler qu'un autre monde est possible.

Early in 2021, Interference Archive connected with Joseph Orzal of NoMüNoMü, over a shared love of OSPAAAL's work. Joseph borrowed material for an exhibition, *Between Two Worlds*, which opened at NoMüNoMü in April 2022. Since our 2015 OSPAAAL exhibition at Interference Archive, many institutions and galleries have borrowed this material for their own programming. However, this exhibit uniquely brought the material out of the archive and into a gallery space and in dialogue with people, plants, and other artworks. We're inspired by Joseph's use of OSPAAAL's graphic design to create a movement space that centers community solidarity work, and are excited to connect here to continue building this relationship.

To get started, could you share a little about yourself and how you first connected with the work of OSPAAAL?

I believe I was in high school when I came across the Lincoln Cushing book ¡*Revolution!* The Che image was really prevalent when I was in high school (with the famously ironic Jay-Z *MTV Unplugged* shirt), and I think that being on the cover drew me to the book. But yeah, I was completely blown away. All I did was stare at the images. I don't think I've ever read a word in that book to this day. Flash forward, however, many years later, I was walking around New York City and I saw these posters again through a window. This was right when I was about to open my gallery in Baltimore. The exhibition I saw turned out to be the *Notes on Solidarity* show at the Graduate Center's James Gallery, curated by Debra Lennard. That's where I started to dig into OSPAAAL and what these posters meant beyond just being really dope.

You created NoMüNoMü, a new community space in Baltimore, in 2022. Tell us about that space and the Between Two Worlds *exhibition you organized there.*

The show's title operated as a kind of triple entendre: NoMüNoMü was created to bridge art and activism—in that, it was a space trying to bridge two worlds. But also, we could see in the span of the posters being created up to now that we are inheriting an entirely different world: the whole climate change/end of the world thing. Additionally, we were kind of premising our current situation as Americans experiencing the early stages of a collapsing empire. The exhibition was trying to weave these three things together by displaying a mix of solidarity posters that help illustrate the amount of resistance that has happened and is happening in response to imperialist expansion. My hope was that people could also see that, as an art space, we are in alignment with the politics embodied in the posters, so that we are seen as a space that is supportive of this movement work.

In the Between Two Worlds *exhibition, you examined the solidarity of global anti-imperialist movements from the perspective of a wide range of visual artists. Can you share why it felt important to include the historic work of OSPAAAL in a conversation that was also focused on current organizing and solidarity work?*

It felt important because OSPAAAL is so in your face both content and color-wise: they were designed to convey armed struggle for revolution. These posters being so in your face helps punctuate the severity of oppression and imperialism. More contemporary print work featured in the show tended to point to the aggressor or oppressor with demands for particular actions or [to] highlight efforts outside of militancy as forms of struggle.

Related to this, can you share anything about how you organized intentional engagement with this material through programming or organized collaborations?

As a community space, it was very important for me to connect the ideas behind the posters to tangible community engagement that helps highlight each community and inform people of unique struggles against imperialism. So, we had a lot of programming. We held plant workshops to establish [an] understanding of plant indigeneity and [its] connection to specific regions. We had movie night collaborations with Malaya, a Filipino anti-imperialist organization, which helped highlight the struggles of Filipinos through film. We hosted yoga workshops that helped everyone relax. There was a Palestinian Cultural night in collaboration with PYM (Palestinian Youth Movement) and a queer Indigenous poetry night. We had several music performances and artistic performances responding to the exhibit. The list goes on. My policy was to say yes to as many things as possible so that people had several points of entry for education.

How do you hope the visual work of OSPAAAL will play a role in inspiring present and future anti-imperialist solidarity work?

I believe that OSPAAAL will definitely continue to be an impactful and inspiring style for people to look toward. Its image-making process at

Above: Rolando Córdoba, *Tricontinental* 65 (inside cover), 1979.
Page 298: Jesús Forjans, International Week of Solidarity with Latin America, screenprinted poster, 1969.
Page 299: Jesús Forjans, Day of Solidarity with Palestine, offset printed poster, 1968.

the time was so distinct. They certainly embody a specific confidence and sense of solidarity that was obviously present at the time. The sentiments they convey carry a type of longing when we look at those visual works today, which I think is what keeps drawing me to them. Until we get back to that understanding of true solidarity, until we get back to that feeling or knowing that we are moving together towards liberation, the posters will be emblematic of what is possible.

JORNADA DE SOLIDARIDAD CON PALESTINA/15 DE MAYO/DAY OF SOLIDARITY WITH PALESTING/ MAY 15/JOURNEE DE SOLIDARITE AVEC PALESTINE/ 15 MAI

يومية التضامن مع فلسطين ١٥ ايار

Arriba: Rafael Morante, *El Salvador: Lucha por su Salvacion*, cartel serigrafiado, 1981.
Page 301: Eladio Rivadulla Pérez, *Giron: XXX Anniversario, Socialismo o Muerte*, cartel serigrafiado, 1991.

LEITURA ADICIONAL
LECTURES COMPLÉMENTAIRES

LEITURA ADICIONAL
ADDITIONAL READING

Chase, Michelle. *Revolution within the Revolution*. Chapel Hill: University of North Carolina Press, 2015.

Chase, Michelle. "'Hands Off Korea!': Women's Internationalist Solidarity and Peace Activism in Early Cold War Cuba." *Journal of Women's History* 32, no. 3 (2020): 64–88.

Chase, Michelle, and Isabella Cosse. "Revolutionary Positions: Sexuality and Gender in Cuba and Beyond." *Radical History Review* 2020, no. 136 (January 1, 2020): 1–10.

"El espacio de la utopía: los unamitas y la Revolución Cubana," 2015.

Garcia, Alberto. *La Imagen Tricontinental. La Feminidad, El Che Guevara y El Imperialismo a Través Del Arte Gráfico de La OSPAAAL*. Santiago, Chile: Ariadna Ediciones, 2022.

González, Dra Patricia Calvo. "La Organización Latinoamericana De Solidaridad (Olas) A Través Del Boletín De Información De Su Comité Organizador (1966-1967)" 22 (n.d.).

Grenat, Stella. "El Príncipe armado El estudio de la Tricontinental y la OLAS en América latina: una tarea pendiente." *Intellèctus* 19, no. 1 (July 17, 2020): 287–317.

Grenat, Stella Maris. "La Internacional Guerrillera. Una historia de la conferencia Tricontinental y de la Organización Latinoamericana de Solidaridad (1965-1967)," 2023.

Lee, Sohl. "Out of Sync in Havana: Two Socialist Visions of Global Contemporary Art." *Art History* 45, no. 5 (2022): 1102–25.

Molinero, Alberto García. "Historia, género y feminidad en el arte-gráfico de la Tricontinental (1966-1990)." *Revista Izquierdas* 52 (2023).

Molinero, Alberto García, and Teresa María Ortega López. "Voices of Women in the Global South: Tricontinental Magazine and the New Feminist Narrative (1967-2018)." *Women's History Review* 0, no. 0 (2023): 1–22.

Mor, Jessica Stites. *South-South Solidarity and the Latin American Left*. University of Wisconsin Pres, 2022.

Padilla, Fernando Camacho, and Moira Cristiá. "La Resistencia Cultural a Las Dictaduras Del Cono Sur. Un Estudio Comparado de La Solidaridad Desde Francia y Suecia Con Chile y Argentina a Partir de La Gráfica Política (1973–1990)." *Revista Eletrônica Da ANPHLAC* 21, no. 30 (2021): 182–239.

Padilla, Fernando Camacho, and Jessica Stites Mor. "Presence and Visibility in Cuban Anticolonial Solidarity: Palestine in OSPAAAL's Photography and Poster Art." *In Palestine in the World: International Solidarity with the Palestinian Liberation Movement*, 167. Bloomsbury, 2023.

Taylor, Moe. "A New Kind of Vanguard: Cuban–North Korean Discourse on Revolutionary Strategy for the Global South in the 1960s." *Journal of Latin American Studies* 53, no. 4 (November 2021): 667–90.

———. *North Korea, Tricontinentalism, and the Latin American Revolution, 1959–1970*. Cambridge University Press, 2023.

Page 303: Collage of "Tricontinental on the March" logo used in *Tricontinental* and an unattributed photograph from *Tricontinental* 107 (56), 1986.

Page 304: Alfrédo Rostgaard, photo maquette, "Free all political prisoners," *Tricontinental* 33 (inside front cover), 1973.

ÍNDICE POR NACIÓN
INDEX PAR NATION
*denota una imagen   *denota uma imagem

ÍNDICE POR NAÇÃO
INDEX BY NATION
*désigne une image   *denotes an image

África do Sul/Afrique du Sud: see Sudáfrica

Afganistán: 93*
Afeganistão: 93*
Afghanistan : 93*
Afghanistan: 93*

Afroamericana: 21, 24, 67*, 192, 196*, 197*, 204*, 205*, 264, 269*
Afro-americano: 27, 31, 67*, 196, 196*, 197*, 204*, 205*, 269, 269*
Afro-Américain : 33, 36, 67*, 196* 197*, 204*, 205*, 269*, 274
African American: 37, 41, 67*, 196* 197*, 204*, 205*, 206, 269, 269*, 279

Angola: 20, 21, 76, 79*, 91*, 93*, 96*, 99*, 100*, 106, 109, 185*, 190*, 191*, 245
Angola: 26, 27, 78, 79*, 91*, 93*, 96*, 99*, 100*, 112, 114, 185*, 190*, 191*, 195, 249
Angola : 32, 33, 79*, 82, 91*, 93*, 96*, 99*, 100*, 117, 118, 185*, 190*, 191*, 200, 252
Angola: 37, 38, 40, 79* 84, 91*, 93*, 96*, 99*, 100*, 106, 109, 112, 114, 117, 118, 122, 124, 185*, 190*, 191*, 204, 256

Arabia Saudita: 133
Arábia Saudita: 141
Arabie saoudite : 148
Saudi Arabia: 155

Argelia: 21, 132–133
Argélia: 27, 139–141
Algérie : 33, 147–148
Algeria: 38, 154–155

Argentina: 244, 264, 265
Argentina: 248, 270, 271
Argentine : 251, 275, 276
Argentina: 255, 279, 280

Bangladés: 20
Bangladesh: 26
Bangladesh : 32
Bangladesh: 37

Benín: 76, 93*
Benín: 78, 93*
Bénin : 82, 93*

Benin: 84, 93*

Bolivia: 21, 22, 91*, 96*, 110, 264
Bolívia: 27, 28, 91*, 96*, 115, 270
Bolivie : 33, 35, 91*, 96*, 120, 275
Bolivia: 38, 91*, 96*, 125, 279

Brasil: 63*, 89*, 92*, 105*, 110, 262–263, 266
Brasil: 63*, 89*, 92*, 105*, 115, 268–269, 271
Brésil : 63*, 89*, 92*, 105*, 120, 273
Brazil: 63*, 89*, 92*, 105*, 125, 278, 280

Cabo Verde: 75*, 221*, 243*
Cabo Verde: 75*, 221*, 243*
Cap-Vert : 75*, 221*, 243*
Cape Verde: 75*, 221*, 243*

Camboya: 104*, 105*, 127*
Camboja: 104*, 105*, 127*
Cambodge : 104*, 105*, 127*
Cambodia: 104*, 105*, 127*

Chile: 20, 46, 90*, 91*, 95*, 110, 208*, 264, 265, 277*
Chile: 26, 52, 90*, 91*, 95*, 115, 208*, 270, 271, 277*
Chili : 32, 62, 90*, 91*, 95*, 120, 208*, 275, 276, 277*
Chile: 37, 68, 90*, 91*, 95*, 125, 208*, 279, 280, 277*

China: 22, 51, 77, 132, 164, 188
Chine: 28, 60, 79, 139, 169, 194
China : 33, 67, 83, 147, 174, 199
China: 38, 72, 84, 154, 178, 203

Colombia: 97*, 102*, 262
Colômbia: 97*, 102*, 268
Colombie : 97*, 102*, 273
Colombia: 97*, 102*, 278

Congo: 43*, 76, 164, 215*
Congo: 43*, 78, 169, 215*
Congo : 43*, 82, 174, 215*
Congo: 43*, 84, 178, 215*

Corea del Norte: 8, 51, 164–168, 105*, 165*, 173*, 177*, 179*, 181*
Coreia do Norte: 11, 59–60, 105*, 165*, 169–173, 173*, 177*, 179*, 181*
Corée du Nord : 13, 66, 105*, 165*, 173*, 174–176, 177*, 179*, 181*
North Korea: 14, 72, 105*, 165*, 173*, 177*, 178–181, 179*, 181*

305

Costa de Marfil: 164, 170*
Costa do Marfim: 169, 170*
Côte d'Ivoire : 170*, 174
Ivory Coast: 170*, 178

Cuba: 8, 9, 15* 20, 21, 46, 48, 50, 76, 87*, 88*, 90*, 91*, 96*, 97*, 98*, 99*, 101*, 102*, 106, 108, 110, 111, 116*, 126*, 132, 135, 136, 164, 188–193, 212, 224-227, 225*, 244–246, 245*, 247*, 252*, 301*
Cuba: 10, 11, 15* 26, 27, 52, 55, 59, 78, 87*, 88*, 90*, 91*, 96*, 97*, 98*, 99*, 100*, 101*, 102*, 112, 113, 115, 116, 116*, 126*, 139, 143, 144, 169, 194–197, 214, 225* 228-231, 245*, 247*, 248–250, 252*, 301*
Cuba : 12, 13, 15*, 32, 33, 62, 64, 66, 82, 87*, 88*, 90* 91*, 96* 97*, 98*, 99*, 100*, 101*, 102*, 116*, 117, 118, 119, 120, 121, 126*, 147, 150, 152, 174, 199–202, 216, 225*, 232–235, 245*, 247*, 251-253, 252*, 301*
Cuba: 14, 15, 15*, 37, 38, 68, 69, 72, 87*, 88*, 90*, 91*, 97*, 98*, 99*, 100*, 101*, 102*, 116*, 122, 123, 124, 125, 126, 126*, 154, 157, 158, 178, 180, 203-206, 218, 224–227, 225*, 236–239, 245*, 247*, 252*, 255–257, 301*

Dominican Republic: see República Dominicana

Ecuador: 212
Equador: 214
Équateur : 216
Ecuador: 218

Egipto: 22, 50, 132–137, 284*
Egito: 28, 59, 133*, 139–144, 284*
Egypte : 35, 66, 133*, 147–152, 284*
Egypt: 40, 72, 133*, 154–158, 284*

El Salvador: 96*, 300*
El Salvador: 96*, 300*
Salvador : 96*, 300*
El Salvador: 96*, 300*

España: 136, 227, 285*
Espanha: 144, 231, 285*
Espagne : 152, 235, 285*
Spain: 158, 238, 285*

Estados Unidos: 8, 20, 22, 47, 48, 51, 67*, 86*, 88*, 91*, 95*, 100*, 101*, 102*, 108, 121*, 135, 188–193, 207*, 210–211*, 212–213, 227, 240–241*, 262, 265, 267*, 269*, 287, 295*, 297*
Estados Unidos: 10, 26, 28, 52, 58, 60, 67*, 86*, 88*, 91*, 95*, 100*, 101*, 102*, 114, 121*, 143, 194–197, 207*, 210–211*, 214-215, 216-217, 231, 240–241*, 267*, 268, 269*, 271, 289, 295*, 297*
États-Unis : 12, 32, 33, 35,62, 65, 66, 67*, 86*, 88*, 91*, 95*, 100*, 101*, 102*, 118, 121*, 150, 199–202,

207*, 210–211*, 235, 240–241*, 267*, 269*,273, 276, 292, 295*, 297*
United States: 14, 38, 40, 67*, 69, 71, 72, 86*, 88*, 91*, 95*, 100*, 101*, 102*, 121*, 124, 157, 203-206, 207*, 210-211*, 218-219, 238, 240–241*, 267*, 269*, 278, 280, 295*, 296, 297*

Etiopía: 96*, 99*, 245
Etiópia: 96*, 99*, 249
Éthiopie : 96*, 99*, 252
Ethiopia: 96*, 99*, 256

Filipinas: 288
Filipinas: 290
Philippines : 295
Philippines: 297

Francia: 24, 134
França: 31, 142
France : 36, 149
France: 40, 155, 157

Ghana: 21
Gana: 27
Ghana : 33
Ghana: 38

Granada: 245
Granada: 249
Grenade : 252
Grenada: 256

Guatemala: 34*, 43*, 44*, 105*, 217*
Guatemala: 34*, 43*, 44*, 105*, 217*
Guatemala : 34*, 43*, 44*, 105*, 217*
Guatemala: 34*, 43*, 44*, 105*, 217*

Guinea portuguesa: ver Guinea-Bisáu

Guinea-Bisáu: 43*, 50, 75*, 76, 98*, 182*, 221*, 243*, 245
Guiné-Bissau: 43*, 59, 75*, 78, 98*, 182*, 221*, 243*, 249
Guinée-Bissau : 43*, 66, 75*, 82, 98*, 182*, 221*, 243*, 252
Guinea-Bissau: 43*, 72, 75*, 84, 98*, 182*, 221*, 243*, 256

Haití: 88*, 93*, 313*
Haiti: 88*, 93*, 313*
Haïti : 88*, 93*, 313*
Haiti: 88*, 93*, 313*

Iémen: veja Yemen

Pages 307 and 309: Photographer/designer unattributed, illustrations for "A Voice from the Monster," *Tricontinental* 23 (124, 126), Mar–Apr 1971.

Indonesia: 21, 90*
Indonésia: 27, 90*
Indonésie : 33, 90*
Indonesia: 38, 90*

Irak: 134
Iraque: 142
Irak : 149
Iraq: 157

Irlanda del Norte: 258–259*
Irlanda do Norte: 258–259*
Irlande du Nord : 258–259*
Nothern Ireland: 258–259*

Israel: 98*, 102*, 134, 149, 151*
Israel: 98*, 102*, 135, 150, 151*
Israël : 98*, 102*, 142, 151*,157
Israel: 98*, 102*, 143, 151*, 158

Italia: 24
Itália: 31
Italie : 36
Italy: 40

Ivory Coast: see Costa de Marfil

Jamaica: 245
Jamaïque: 249
Jamaica : 252
Jamaica: 256

Japón: 91*, 283*, 284*
Japão: 91*, 283*, 284*
Japon : 91*, 283*, 284*
Japan: 91*, 283*, 284*

Jordania: 133–137
Jordânia: 141–144
Jordanie : 148–152
Jordan: 155–158

Korea: see Corea

Kurdistán: 284*
Curdistão: 284*
Kurdistan : 284*
Kurdistan: 284*

Laos: 50, 86*, 89*, 131*, 164, 168*, 254*
Laos: 59, 86*, 89*, 131*, 168*, 169, 254*
Laos : 66, 86*, 89*, 131*, 168*, 174, 254*
Laos: 72, 86*, 89*, 131*, 168*, 178, 254*

Líbano: 93*, 132–136, 133*, 135*, 151*, 152*, 156*
Líbano: 93*, 133*, 135*, 139–143, 151*, 152*, 156*
Liban : 93*, 133*, 135*, 147–150, 151*, 152*, 156*

Lebanon: 93*, 133*, 135*, 151*, 152*, 154–158, 156*

Madagascar: 245
Madagáscar: 249
Madagascar : 252
Madagascar: 256

Marruecos: 21, 43*, 105*, 133, 140*, 141*, 148
Marrocos: 27, 43*, 105*, 136, 140*, 141*, 152
Maroc : 33, 43*, 105*, 140*, 141*, 141, 155
Morocco: 38, 43*, 105*, 140*, 141*, 144, 158

Mauritania: 136
Mauritânia: 144
Mauritanie : 152
Mauritania: 158

México: 110, 227, 245, 265–266, 285*
México: 115, 231, 249, 271, 285*
Mexique : 120, 235, 252, 276, 285*
Mexico: 125, 238, 256, 280, 285*

Mongolia: 223*
Mongólia: 223*
Mongolie : 223*
Mongolia: 223*

Mozambique: 20, 50, 97*, 291*
Moçambique: 26, 59, 97*, 291*
Mozambique : 32, 66, 97*, 291*
Mozambique: 37, 71, 97*, 291*

Namibia: 100*
Namíbia: 100*
Namibie : 100*
Namibia: 100*

Nicaragua: 43*, 93*, 96*, 98*, 99*
Nicarágua: 43*, 93*, 96*, 98*, 99*
Nicaragua : 43*, 93*, 96*, 98*, 99*
Nicaragua: 43*, 93*, 96*, 98*, 99*

North Korea: see Corea del Norte

Nothern Ireland: see Irlanda del Norte
Omán: 133
Omã: 139, 141
Oman : 147, 148
Oman: 154, 155

Palestina: 87*, 88*, 93*, 96*, 98*, 100*, 102*, 104*,
        106, 132–135, 238*, 264, 265, 270*, 288, 299*,
        320*
Palestina: 87*, 88*, 93*, 96*, 98*, 100*, 102*, 104*, 112,
        139–142, 144*, 146*, 238*, 270*, 270, 271, 290,
        299*, 320*
Palestine : 87*, 88*, 93*, 96*, 98*, 100*, 102*, 104*,

308

117, 144*, 146*, 147–149, 238*, 270*, 274, 275, 295, 299*, 320*
Palestine: 87*, 88*, 93*, 96*, 98*, 100*, 102*, 104*, 122, 144*, 146*, 154–157, 238*, 270*, 279, 280, 297, 299*, 320*

Panamá: 100*
Panamá: 100*
Panama : 100*
Panama: 100*

Paraguay: 90*, 91*, 96*, 264
Paraguai: 90*, 91*, 96*, 270
Paraguay : 90*, 91*, 96*, 275
Paraguay: 90*, 91*, 96*, 279

Perú: 245
Peru: 249
Pérou : 252
Peru: 256

Philippines: see Filipinas

Polonia: 108
Polónia: 114
Pologne : 118
Poland: 124

Portugal: 90*
Portugal: 90*
Portugal : 90*
Portugal: 90*

Portuguese Guinea: see Guinea-Bisáu

Puerto Rico: 47, 89*, 92*, 95*, 96*, 104*, 105*, 106, 107*, 117, 128*, 191, 193*, 213, 213*, 264
Porto Rico: 54, 89*, 92*, 95*, 96*, 104*, 105*, 107*, 109, 118–119, 128*, 193*, 195–196, 213*, 215, 269
Porto Rico : 63, 89*, 92*, 95*, 96*, 104*, 105*, 107*, 112, 122, 128*, 193*, 200–201, 213*, 217, 274
Puerto Rico: 69, 89*, 92*, 95*, 96*, 104*, 105*, 107*, 114, 124, 128*, 193*, 204, 213*, 219, 279

Reino Unido: 134
Reino Unido: 142
Royaume-Uni : 149
United Kingdom: 157

República Dominicana: 43*, 64*, 99*
República Dominicana: 43*, 64*, 99*
République dominicaine : 43*, 64*, 98*
Dominican Republic: 43*, 64*, 98*

Rusia/Rússia/Russie/Russia; see Unión Soviética

Sahara Occidental: 96*, 99*, 136, 160–161*
Saara Ocidental: 96*, 99*, 144, 160–161*
Sahara occidental : 96*, 99*, 150–152, 160–161*
Western Sahara: 96*, 99*, 158, 160–161*

Saudi Arabia: see Arabia Saudita

Seychelles: 76
Seicheles: 78
Seychelles : 82
Seychelles: 84

Soviet Union: see Unión Soviética

Spain: see España

Sudáfrica: 74*, 96*, 97*, 98*, 101*, 242*, 294*, 316*
África do Sul: 74*, 96*, 97*, 98*, 101*, 242*, 294*, 316*
Afrique du Sud : 74*, 96*, 97*, 98*, 101*, 242*, 294*, 316*
South Africa: 74*, 96*, 97*, 98*, 101*, 242*, 294*, 316*

Sudan: 133
Sudão: 141
Soudan: 148
Sudan: 155

Syria: 133–137, 153*
Síria: 141–144, 153*
Syrie : 148–152, 153*
Syria: 153*, 155–158; see also / véase también / veja também / voir aussi Kurdistan

Tanzania: 21, 245
Tanzânia: 27, 249
Tanzanie : 33, 252
Tanzania: 38, 256

Timor Oriental: 96*
Timor-Leste: 96*
Timor oriental : 96*
East Timor: 96*

Ucrania: 76
Ucrânia: 78
Ukraine : 82
Ukraine: 84

Unión Soviética: 22, 51, 77, 97*, 136, 164, 224–226
União Soviética: 28, 60, 79, 97*, 144, 169, 228–230
Union des républiques socialistes soviétiques : 33, 67, 83, 97*, 152, 174, 232–234
USSR: 38, 72, 84, 97*, 158, 178, 236–238

United Kingdom: see Reino Unido

United States: see Estados Unidos

Uruguay: 93*, 97*, 110, 113*, 130*
Uruguai: 93*, 97*, 113*, 115, 130*
Uruguay : 93*, 97*, 113* 120, 130*
Uruguay: 93*, 97*, 113* 125, 130*

Venezuela: 23, 86*, 244
Venezuela: 29, 86*, 248
Venezuela : 35, 86*, 251
Venezuela: 40, 86*, 255

Vietnam: 20, 47, 77, 87*, 88*, 90*, 91*, 92*, 93*, 94*, 95*, 99*, 100*, 101*, 105*, 106, 109*, 110, 127*, 132, 167, 186–187*, 189*, 190, 240–241*, 245, 262
Vietnã: 26, 54, 78, 87*, 88*, 90*, 91*, 92*, 93*, 94*, 95*, 99*, 100*, 101*, 105*, 109*, 112, 115, 127*, 139, 172, 186–187*, 189*, 195, 240–241*, 249, 268
Vietnam : 32, 62, 63, 82, 87*, 88*, 90*, 91*, 92*, 93*, 94*, 95*, 99*, 100*, 101*, 105*, 109*, 117, 120, 127*, 147, 175, 186–187*, 189*, 200, 240–241*, 252, 273
Vietnam: 37, 68, 69, 84, 87*, 88*, 90*, 91*, 92*, 93*, 94*, 95*, 99*, 100*, 101*, 105*, 109*, 122, 125, 127*, 154, 180, 186–187*, 189*, 204, 240–241*, 256, 278

Western Sahara: see Sahara Occidental

Yemen: 92*, 133
Iémen: 92*, 141
Yémen : 92*, 148
Yemen: 92*, 155

Zimbabwe: 92*, 164, 171*, 219*
Zimbabwe: 92*, 170, 171*, 219*
Zimbabwe : 92*, 171*, 174, 219*
Zimbabwe: 92*, 171*, 178, 219*

Page 311: Photographer unknown, "Only for Whites," *Tricontinental* 26 (inside cover), 1971.
Below: Advertisement for *Tricontinental* from Spanish language edition.
Page 313: Rafael Enriguez, "Haiti," *Tricontinental* 100 (back cover), 1985.
Page 314: Alfrédo Rostgaard, photo maquette, *Tricontinental* 33 (cover), 1973.
Page 315: Alfrédo Rostgaard, *Tricontinental Bulletin* 56 (front and back cover), Nov. 1970.

Revista TRICONTINENTAL

Deseo suscribirme por un año_____ por dos años_____
En idioma Español_____ Inglés_____ Francés_____ Arabe_____
Nombre_____
Dirección_____
_____ País _____
Adjunto cheque_____ Giro_____ Otro_____
por la cantidad de_____ Firma _____

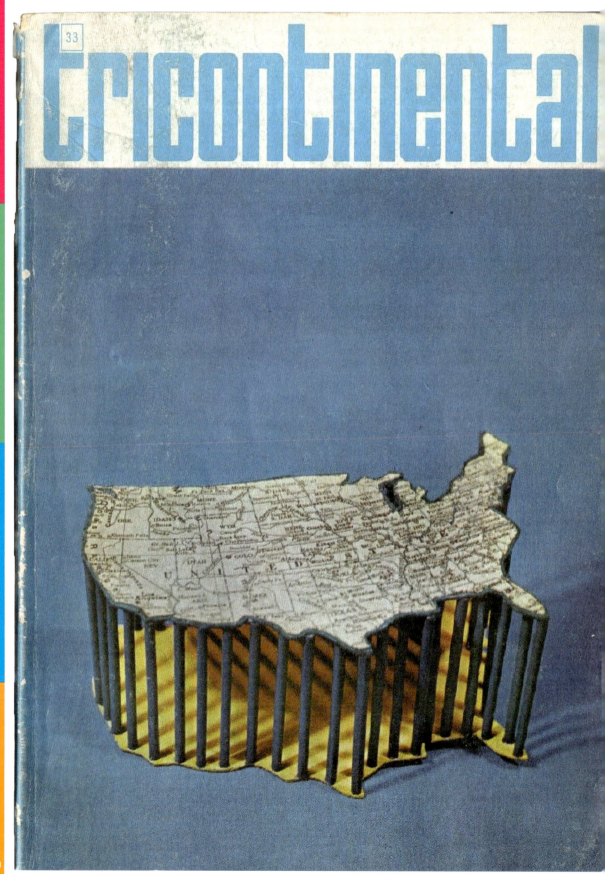

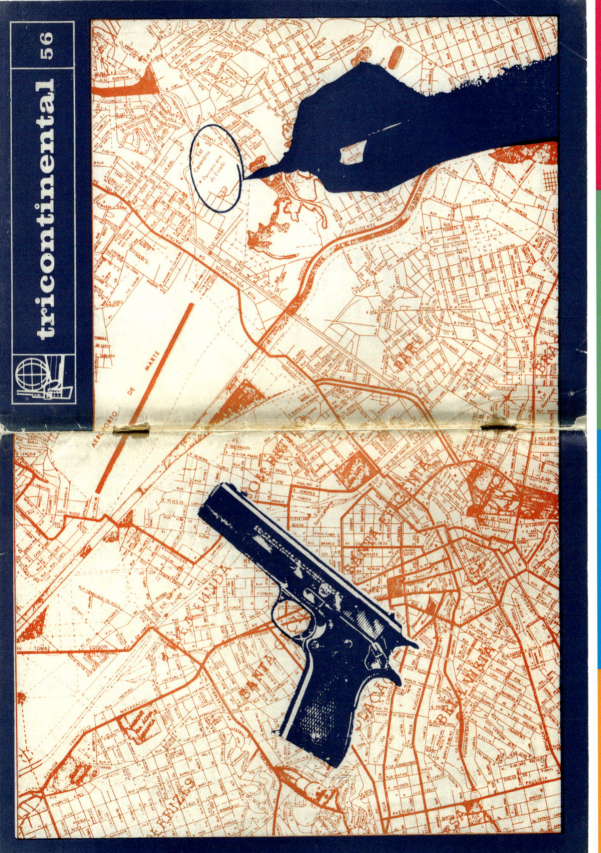

MATERIAL DE REFERENCIA

Agradecimientos a nuestros traductores: Andrea Ancira, Monyque Assis Suzano, Adrián Pío Flores, Fabiana Gibim Espinoza, Alex Ratcharge y Lindsey Shilleh. Nuestros correctores: Erika Biddle, Arthur Dantas, Jacob Henry, Clément Riandey y Neil Mauricio Andrade Ruiz.

Este proyecto recibió apoyo de la Fundación Puffin; el Fondo Mishler; la Beca de Archivos Comunitarios de la Fundación Mellon. Este proyecto recibió apoyo gracias a un PSC-CUNY Award, financiado conjuntamente por el Congreso de Personal Profesional y la Universidad de la Ciudad de Nueva York. Una versión anterior de algunos de los textos incluidos aquí fue financiada por Humanities NY.

Nuestra investigación fue apoyada por Interference Archive, Freedom Archives y el Instituto Internacional de Historia Social.

BACKMATTER

Agradecimentos a nossos tradutores: Andrea Ancira, Monyque Assis Suzano, Adrián Pío Flores, Fabiana Gibim Espinoza, Alex Ratcharge e Lindsey Shilleh. Nossos editores de texto: Erika Biddle, Arthur Dantas, Jacob Henry, Clément Riandey e Neil Mauricio Andrade Ruiz.

Este projeto recebeu apoio da Puffin Foundation; Mishler Fund; Mellon Foundation Community Archives Grant. O apoio para este projeto foi fornecido por um PSC-CUNY Award, financiado conjuntamente pelo The Professional Staff Congress e pela The City University of New York. Uma iteração anterior de alguns dos textos incluídos aqui foi financiada pela Humanities NY.

Nossa pesquisa foi apoiada pelo Interference Archive, Freedom Archives e pelo International Institute for Social History.

RETOUR

Merci à nos traducteurs : Andrea Ancira, Monyque Assis Suzano, Adrián Pío Flores, Fabiana Gibim Espinoza, Alex Ratcharge et Lindsey Shilleh. Nos réviseurs : Erika Biddle, Arthur Dantas, Jacob Henry, Clément Riandey et Neil Mauricio Andrade Ruiz.

Ce projet a reçu le soutien de la Puffin Foundation, du Mishler Fund, du la Mellon Foundation Community Archives Grant. Le soutien à ce projet a été fourni par un PSC-CUNY Award, financé conjointement par le Professional Staff Congress et la City University of New York. Une version précédente de certains des textes inclus ici a été financée par Humanities NY.

Nos recherches ont été soutenues par Interference Archive, les Freedom Archives et l'International Institute for Social History.

BACKMATTER

Thank you to our translators: Andrea Ancira, Monyque Assis Suzano, Adrián Pío Flores, Fabiana Gibim Espinoza, Alex Ratcharge, and Lindsey Shilleh. Our copyeditors and proofreaders: Erika Biddle, Arthur Dantas, Jacob Henry, Clément Riandey, and Neil Mauricio Andrade Ruiz.

This project received support from the Puffin Foundation; Mishler Fund; Mellon Foundation Community Archives Grant. Support for this project was provided by a PSC-CUNY Award, jointly funded by the Professional Staff Congress and the City University of New York. A previous iteration of some of the texts included here was funded by Humanities NY.

Our research was supported by Interference Archive, the Freedom Archives, and the International Institute for Social History.

In addition, we thank the team at Common Notions for their publishing, production, and marketing support, including: Malav Kanuga, Sydney Rainer, Erika Biddle, Stella Becerril, Lana Pochiro, Jeff Waxman, and Rebecca McCarthy.

Página 316: Diseñador sin atribución, "Libertad para Nelson Mandela", *Tricontinental* 107 (contraportada interior), 1986.
Página 319: Diseñador sin atribución, *Tricontinental* 46/47 (contraportada interior), 1976.
Página 320: Rafael Morante, "El Estado Palestino", *Tricontinental* 107 (contraportada), 1986.

An earlier edition of this publication, which included versions of the essays by Lincoln Cushing, Nate George, Sarah Seidman, and Jesse Maceo Vega-Frey, was published in 2015 by Interference Archive.

Armed By Design: Posters and Publications of Cuba's Organization of Solidarity of the Peoples of Africa, Asia, and Latin America (OSPAAAL)
© Interference Archive, Individual Contributors

This edition © 2025 Common Notions, in cooperation with Rebozo Cooperativa, sobinfluencia, and Tumbalacasa Ediciones

This is work is licensed under the Creative Commons Attribution-NonCommercial 4.0 International. To view a copy of this license, visit https://creativecommons.org/licenses/by-nc/4.0/

ISBN: 978-1-945335-14-3
eBook ISBN: 978-1-945335-39-6
LCCN: 2024949226
10 9 8 7 6 5 4 3 2 1

Discounted bulk quantities of our books are available for organizing, educational, or fundraising purposes. Please contact Common Notions at the address above for more information.

Cover and page design by Josh MacPhee
Printed in the United States on acid-free paper

Common Notions
commonnotions.org
210 South 45th Street
Philadelphia, PA 19104 USA

Rebozo Cooperativa
elrebozo@riseup.net
Monterrey, México

sobinfluencia
sobinfluencia.com
Galeria Metrópole
Av. São Luís, 187, Sala 12, Piso 1 - República
São Paulo, Brasil

Tumbalacasa Ediciones
www.instagram.com/tumbalacasaediciones
Guaymas 33-20 06700
Ciudad de México, México